como ESTUDAR *para* CONCURSOS

Alexandre Meirelles

como ESTUDAR *para* CONCURSOS

5ª Edição
REVISTA E AMPLIADA

Prefácio
DEMÉTRIO DE MACEDO PEPICE

2021

www.editorajuspodivm.com.br

www.editorajuspodivm.com.br

Rua Canuto Saraiva, 131 – Mooca – CEP: 03113-010 – São Paulo – São Paulo
Tel: (11) 3582.5757
• Contato: https://www.editorajuspodivm.com.br/central-de-relacionamento

Copyright: Edições JusPODIVM

Diagramação: Edições JusPODIVM

Capa: Ana Caquetti

• A Editora JusPODIVM passou a publicar esta obra a partir da 4.ª edição.

M499c   Meirelles, Alexandre
            Como estudar para concursos / Alexandre Camara Meirelles – 5. ed. rev. e ampl. – Salvador: Juspodivm, 2021.
            496 p.

            ISBN 978-65-5680-561-0.

            1. Método de estudo. 2. Concursos. 3. Exames - Manuais, guias etc. I. Meirelles, Alexandre. II. Título.

                                                                             CDD: 371.425

Todos os direitos desta edição reservados a Edições JusPODIVM.

É terminantemente proibida a reprodução total ou parcial desta obra, por qualquer meio ou processo, sem a expressa autorização do autor e das Edições JusPODIVM. A violação dos direitos autorais caracteriza crime descrito na legislação em vigor, sem prejuízo das sanções civis cabíveis.

5.ª ed., 2.ª tir.: dez./2023; 3.ª tir.: fev./2024; 4.ª tir.: abr./2024; 5.ª tir.: jun./2024; 6.ª tir.: set./2024; 7.ª tir.: fev./2025; 8.ª tir.: abr./2025; 9.ª tir.: jul./2025; 10.ª tir.: set./2025.

O Autor

Alexandre Meirelles ocupa desde 2006 o cargo de Agente Fiscal de Rendas do Estado de São Paulo, cargo mais conhecido pelos concurseiros como "Fiscal de ICMS de SP".

Ex-aluno da Escola Preparatória de Cadetes do Exército.

Graduado em Informática pela UFRJ.

Especialista em Matemática e Estatística pela UFLA.

Mestre em Estatística pela UFMG.

Pós-graduando em Direito Tributário pela Rede LFG/Anhanguera.

Aprovado nos seguintes concursos e exames:

- Agente Fiscal de Rendas do Estado de São Paulo – 2006;
- Auditor Fiscal da Receita Federal do Brasil – 2005;
- Auditor Fiscal da Receita Estadual de Minas Gerais – 1993;
- Auditor Fiscal de Tributos Municipais da Prefeitura de Belo Horizonte – 1992, cargo que exerceu por 11 anos;
- Técnico de Finanças e Controle do Ministério da Fazenda – 1993, cargo que exerceu por menos de um ano;
- Vestibular de Informática – UFRJ – 1988;
- Vestibular de Informática – UFF – 1987;
- Vestibular de Informática – UERJ – 1987;
- Escola Preparatória de Cadetes do Exército (EsPCEx) – 1984;
- Escola Preparatória de Cadetes da Aeronáutica (EPCar) – 1984;
- CEFET/RJ – 1984.

Reprovado nos seguintes concursos:

- Auditor Fiscal do Tesouro Nacional (atual AFRFB) – 1994;
- Conferente de Carga e Descarga do Porto de Santos – 1993;
- Vestibular de Informática – UFRJ – 1987;
- Vestibular de Direito – UniRio – 1991;
- Vestibular de Direito – UERJ – 1991;
- Colégio Naval – 1984.

Autor do livro "Concursos Fiscais" e de um dos textos mais conhecidos sobre concursos, o "Manual do Concurseiro", já lidos por dezenas de milhares de candidatos.

Autor de diversos artigos em revistas da área.

Desde 2006 ministra palestras em instituições e feiras especializadas em concursos, nas quais fornece diversas dicas sobre como estudar de forma otimizada. Dezenas de milhares de candidatos já assistiram às suas palestras.

Seu canal no YouTube possui mais de 100.000 assinantes.

Desde maio de 2020 coordena a área fiscal do Gran Cursos Online, no qual utiliza seu canal do YouTube para fornecer dicas de estudo semanais.

E-mail: alexmeirelles@gmail.com

Instagram: @profalexandremeirelles

YouTube: Prof. Alex Meirelles

Dedicatória

Dedico este livro aos milhares de concurseiros que me enviaram suas dúvidas, críticas, sugestões e agradecimentos nos últimos seis anos.

Também dedico aos milhares de leitores das edições anteriores desta obra, que me fizeram ter ainda mais a certeza de que o livro está sendo realmente útil ao mundo concurseiro.

A todos vocês deixo o meu eterno agradecimento e o desejo de que conquistem logo seus cargos tão sonhados.

E ao Demétrio, o nosso "Deme", prefaciador deste livro, um grande amigo que deixou este mundo tão jovem, mas que em sua curta passagem por aqui nos brindou com ensinamentos que perdurarão para o restante da vida de muitos.

Milhares de concurseiros, já aprovados ou não, também lhe agradecem.

Agradecimentos

Sempre tive muito apoio de todos os parentes e amigos durante a minha vida de concurseiro, desde 1984.

São tantas pessoas para agradecer que não seria o caso mencionar centenas de nomes aqui. Mas, em especial, agradeço:

A Deus, por ter me dado saúde e paz para estudar durante todos esses anos, assim como por ter me colocado no mundo no meio de família e amigos maravilhosos.

Aos meus pais, três irmãos, três sobrinhos, diversos tios e primos, que foram meus maiores referenciais, sempre acreditando no meu sucesso. A eles devo tudo e serei eternamente grato. Em especial ao meu saudoso pai, Luiz, e à minha mãe, Cida, por sempre terem me dado todas as condições para vencer na vida por meio dos estudos. Graças à educação recebida dos meus pais, que chamo carinhosamente de meus "coroas", somos uma família muito unida, amorosa e bem-sucedida.

À Andrea, minha principal incentivadora, com a qual espero passar o resto dos meus dias.

Ao Victor, meu filho nascido em janeiro de 2014, que veio ao mundo para que eu pudesse descobrir novas sensações de amor, alegria e realização como homem.

Às dezenas de amigos que possuo, desde os meus 13 anos de idade, quando descobri o que era estudar realmente e decidi prestar concursos para escolas militares. Além desses meus grandes amigos de infância com os quais convivo até hoje, muitos deles também fiscais nos mais diferentes Fiscos, tenho os amigos das famílias Araújo e Castro, de Belo Horizonte; da Turma FEB, da EsPCEx; das graduações em Informática e Matemática; da Especialização em Matemática e Estatística, na UFLA; do Mestrado em Estatística, na UFMG; do meu antigo cargo de Fiscal da Prefeitura de Belo Horizonte; do Curso de Formação do AFRFB; e os atuais colegas da Sefaz-SP; entre outros.

Aos amigos do meio concurseiro, que acreditaram em mim quando comecei a dar minhas palestras e aulas e sempre foram meus incentivadores, como a Sirlene, o Francisco Fontenele, o Ricardo Ferreira, o Alexandre Naves, o Boni, entre outros.

À professora Junia Andrade Viana, que muito me auxiliou com o novo capítulo sobre provas discursivas.

Ao meu saudoso amigo Demétrio, o fenômeno, que tanto contribuiu com o conhecimento exposto neste livro, e à Sylvia (Pecê), fundadora do Fórum Concurseiros e uma grande amiga.

Aos colegas da Sefaz-SP: Lílian, Guilherme e Luiz Muniz, que fizeram uma crítica detalhada deste livro já quase na versão final, retornando-me com sugestões muito boas para aprimorá-lo.

Ao Vauledir, da Editora Juspodivm, e à Oriene e Camila, da Editora Método/Gen, por terem acreditado no meu potencial como autor e me disponibilizado todo o suporte necessário para escrevê-lo.

Prefácio

Conheci o Alexandre alguns dias após a divulgação do resultado do concurso para Auditor Fiscal da Receita Federal (AFRF) de 2005. Na época, nós participávamos ativamente de um fórum de discussão sobre concursos públicos e tínhamos duas coisas em comum: a paixão pelo processo de preparação e a vontade de transmitir, àqueles que ainda não haviam sido aprovados, toda nossa experiência neste universo, inclusive nossos erros e acertos nessa jornada de estudos que envolve otimismo, alegrias, decepções e, sobretudo, muita disciplina e perseverança.

O que logo me chamou a atenção foi o fato de que, mesmo com trajetórias completamente diferentes, nós havíamos utilizado técnicas e ideias muito semelhantes para planejar e executar nosso estudo, em todas suas fases e aspectos.

Também fiquei impressionado com a rapidez com que ele obteve êxito em sua aprovação no concurso de AFRF, e, posteriormente, no de Agente Fiscal de Rendas do Estado de São Paulo de 2006, cargo que ocupamos. Com certeza, isso ocorreu, principalmente, devido aos métodos utilizados por ele em sua preparação. Nenhum detalhe no que se refere ao planejamento e sua execução foi perdido, pois o conhecimento que ele acumulou sobre o assunto sem dúvida fez a diferença em relação à imensa maioria dos demais candidatos. Outras qualidades suas a destacar foram a curiosidade e o empenho para aprender cada vez mais sobre novos métodos de estudo, o que fez dele o maior *expert* que conheço nesta área.

Com o passar do tempo, tornamo-nos grandes amigos e passamos a ministrar palestras em diversos cursos preparatórios com o objetivo de ajudar aqueles que, assim como nós um dia, procuravam o caminho mais curto e eficiente para a aprovação.

Tudo isso me levou cada vez mais a acreditar que é possível definir algumas regras básicas relativas a planejamento e estratégia de preparação, que podem ser aplicáveis aos candidatos em geral, com o potencial de otimizar muito o trabalho de preparação para um concurso público.

O Alexandre não é aquela pessoa que sempre conseguiu ser aprovada em todos os concursos públicos que prestou, atingindo excelentes colocações. O Alexandre é, e sempre foi, aquele ser humano normal, que para alcançar o sucesso enfrentou muitas dificuldades, desafios, problemas, alguns desapontamentos, e – o que mais importa – desenvolveu métodos e soluções para superar essas barreiras e chegar ao seu objetivo. Justamente por esta característica, comum para a maior parte dos concurseiros que conheço, ele pode falar de *Como Estudar para Concursos* com muita propriedade.

Tenho a absoluta certeza de que este trabalho veio para se tornar o livro de cabeceira de todos os concurseiros que realmente desejam elevar o nível de sua preparação. Deve ser lido e consultado muitas vezes.

É um daqueles livros que me fazem indagar: "Por que eu não tinha um livro destes para ler quando comecei a estudar?". Certamente eu teria economizado muitas horas estudando por métodos que posteriormente identifiquei como prejudiciais (mas ainda bem que consegui corrigi-los a tempo).

Desejo a todos os felizardos leitores desta obra uma ótima leitura e sucesso em seus concursos, assim como nós dois obtivemos.

Demétrio de Macedo Pepice
(sempre presente: 12.03.1979 – 31.10.2011)
1º Colocado Nacional – Inspetor da Comissão de Valores Mobiliários – 2003.
1º Colocado Nacional – Auditor Fiscal da Receita Federal – 2005.
2º Colocado – Agente Fiscal de Rendas do Estado de São Paulo – 2006.

Nota do Autor à 5ª Edição

Após quatro anos sem atualizar este livro, chegou a hora de cumprir mais esta missão. Ao longo desse tempo, li alguns livros, fiz cursos e tive mais de mil alunos numa mentoria na minha antiga Liga da Aprovação, da Método de Estudo.

Muita coisa mudou no mundo dos concursos. Hoje, há diversos "coaches" para concursos e canais no YouTube, assinaturas de cursos preparatórios etc. Confesso que foi difícil acompanhar todas essas mudanças, mas acredito que tenha tido sucesso em tudo isso também.

Eu aprendi nesses quatro anos mais conhecimentos sobre métodos de estudo? Sim, aprendi, mas o principal foi aprender mais a lidar com os alunos, principalmente, com meu contato com as centenas de mentorados que tive. Pude entender mais de perto suas angústias e adaptar cada técnica a cada tipo de pessoa.

Com isso, hoje sou ainda mais confiante nesse trabalho que exerço desde 2006 orientando candidatos(as).

Esta nova edição não traz grandes mudanças em relação à anterior, somente atualizei alguns métodos de estudo e referências, como a banca ESAF que acabou e o Cespe que virou Cebraspe.

De mais importante mesmo nesta nova edição, é a divulgação de um método de revisão que utilizo com meus alunos desde 2015, que chamo de Método do Terço ou RAM – Revisão do Alexandre Meirelles. Criei esse novo método por não acreditar mais no antigo método das revisões periódicas que tanto ajudei a difundir desde a primeira edição deste livro em 2011, e que ainda é utilizado pela maioria dos coaches país afora. Eu descrevo esse novo método no capítulo de revisões.

Bem, esclarecido isso, faça bom proveito de mais uma edição desta obra que se tornou tão consagrada no mundo concurseiro, servindo de base para o trabalho de diversos especialistas, o que muito me dá satisfação. Além de diversos agradecimentos quase diários de concursandos(as) pelo que aprenderam com ele, o que me dá ainda mais satisfação, com certeza.

O autor

Nota do Autor
à 4ª Edição

Foram quase três anos para escrevê-la. Neste meio tempo, houve uma grande mudança para mim, que foi publicar esta nova edição por outra editora, a Juspodivm, depois de vários anos na Método/Gen, a qual eu só tenho a agradecer.

Nesse triênio procurei me aprimorar cada vez mais para poder orientar ainda melhor meus alunos, fazendo cursos de Programação Neurolinguística (PNL), *coaching*, *mentoring* etc. Além de ter lido praticamente todos os livros que encontrei sobre técnicas de estudo surgidos ou descobertos por mim neste período, que foram algumas dezenas. Este conhecimento pôde ser repassado em parte para esta nova edição.

Este livro já está bastante reconhecido e elogiado pelos concurseiros país afora, de todas as áreas. Vê-lo sempre com qualificações máximas em todos os sites de venda traz-me muito orgulho. Mas o principal motivo desse orgulho, claro, é a quantidade de agradecimentos que recebo diariamente pelo seu conteúdo.

Nota do Autor
à 3ª Edição

Levei quase dois anos para escrevê-la. Seria fácil eu acrescentar um parágrafo qualquer e lançar como nova edição, mas não gosto disso. Por isso tive que esperar surgir mais materiais que pudessem realmente fazer jus a um novo lançamento.

Aproveitei esse tempo para coordenar alguns livros da Editora Método e escrever um novo livro, que trata somente de concursos da área fiscal e similares. Adianto que ele não tem nada que tem neste livro sobre como estudar, pois trata das atribuições de cada tipo de fiscal; das carreiras; das diferenças entre os fiscos da União, dos estados e dos municípios; das remunerações; de como estudar cada disciplina da área; de como são as provas etc. Enfim, é um livro que, para quem pensa em fazer provas da área fiscal ou correlatas, tais como TCU, CGU, MPOG etc., complementa bastante este aqui.

Voltando a esta nova edição, a verdade é que ela alterou e acrescentou menos pontos do que quando escrevi a segunda edição. O motivo principal para isso é que não chegou quase nenhum pedido de abordagem de novo assunto, pelo contrário, praticamente só recebi elogios de que a obra estava muito completa e útil, sem nada a acrescentar. É ótimo saber disso, claro, fiquei muito feliz, mas é ruim quando queremos acrescentar coisas novas ao livro, porque não nos apresenta desafios. Somente havia a necessidade de atualizar algumas informações e a vontade de fazer alguns pequenos acréscimos, a seguir descritos.

A primeira alteração, que é a mais visível, foi a inserção de várias historinhas do Calvin. Para quem nunca teve o prazer de ler suas aventuras, que ao todo formam 3.600 tirinhas, todas publicadas no Brasil pela Editora Conrad, ele é um menino de seis anos endiabrado. Anda sempre acompanhado de seu tigre de pelúcia, o Haroldo (Hobbes, no original em inglês), mas que com sua imaginação fértil ele o imagina como um tigre de verdade e por isso interage com seu bichinho o tempo todo. É um terror para seus pais, sua professora e sua vizinha e colega de sala de aula, a Susie. E, como quase todo pestinha, odeia ir à escola e estudar, rendendo quadrinhos bem cômicos que caíram como uma luva em várias passagens deste livro.

A segunda alteração mais visível foi o acréscimo de um novo capítulo sobre como usar *tablets* nos estudos. Pesquisei bastante sobre o assunto e escrevi um novo capítulo que acredito que tenha ficado bem legal, com informações muito úteis para quem quiser começar a usar ou já usa esses aparelhos eletrônicos, mas não os utiliza com todo seu potencial.

Fora a inserção do Calvin e do novo capítulo sobre uso de *tablets*, aproveitei para ler tudo que foi publicado sobre os assuntos abordados neste livro, a fim de dar uma atualizada nele, mas confesso que foram poucas as informações úteis que obtive. As que foram úteis, inseri, e também aproveitei para atualizar alguns dados, explicar melhor alguns trechos que despertaram dúvidas de alguns leitores e consertar pequenos erros de digitação.

Hoje posso dizer que sou muito realizado com esta obra. O sonho que eu tinha de escrever algo que fosse realmente útil aos estudantes foi concretizado. Tenho a certeza disso pelas centenas de agradecimentos que recebi nesses últimos anos, incluindo de diversos aprovados. É esse o tipo de realização que não tem preço. Como exemplo de leitores das primeiras edições que me agradeceram, inseri na contracapa dois depoimentos de primeiros lugares em concursos dificílimos.

Bem, o que acrescentei nesta nova edição foi isso aí. A grande mudança que houve mesmo foi em minha vida particular, com a chegada do meu primeiro filho, o Victor, no dia 25.01.2014, que já nasceu viciado em sua canção de ninar favorita: *"Constituição Federal para Bebês"*. Seja bem-vindo, meu filho, você me tornou agora uma pessoa realizada em todos os sentidos: como servidor público há mais de 20 anos, como autor de um livro muito elogiado e como pai. Agora já cumpri aquela famosa missão que todo ser humano deve realizar: plantar uma árvore, escrever um livro e ter um filho. Só espero que o Victor, quando tiver seis anos, não seja nem um pouco parecido com o Calvin. E já sei que, ao contrário do pai, será viciado em iPad desde criança. Então acredito que ele vai gostar deste livro, assim como espero que você goste também.

Nota do Autor
à 2ª Edição

O sucesso da primeira edição desta obra, cercada de inúmeros elogios, deixou-me muito feliz. Foram muitas felicitações pelo trabalho, vindos de concurseiros de todas as áreas, incluindo a OAB, e até de vestibulandos. Dezenas de vezes eu li em diversos sites que se trata de um material definitivo e imprescindível a quem deseja realmente ter algum diferencial em sua preparação. Confesso que quando lia um depoimento desses a minha vontade era ir para casa, abrir uma cerveja de trigo e bebê-la com extrema felicidade. E também confesso que fiz isso algumas vezes.

Contudo, toda hora apareciam elogios com uma ressalva, a de que infelizmente ele só não era um livro completo porque eu não analisei as provas discursivas e redações. E isso me incomodava, porque eu sempre quis escrever o melhor livro sobre o assunto, mas, com essa ressalva constante, eu corria o risco de não realizar esse meu sonho. E, teimoso e sonhador que sou, botei na cabeça que iria escrever um capítulo muito bom sobre esse tipo de prova para a segunda edição.

A tarefa foi árdua, pois confesso que eu não tinha tanta experiência com esse tipo de prova, pois não fazia uma dessas há quase 20 anos. Assim, tive que estudar vários livros sobre o tema e conversar com alguns especialistas. Não queria escrever um capítulo superficial, só para dizer que meu livro agora tinha o assunto, o famoso texto "pastel de vento", pois isso diminuiria a boa fama que meu livro já tinha adquirido com somente uma edição na praça. Assim, escrevi 40 páginas sobre as tais provas discursivas, tornando-se, disparado, o maior capítulo da obra. Não se trata de um material que é suficiente para que o concurseiro faça uma ótima prova dessas, afinal, nem é esse o objetivo deste livro, mas com certeza o ajudará bastante, pois nele tem a base de tudo que você encontrará pela frente, com informações e dicas valiosíssimas.

Fora esse capítulo, acrescentei mais 40 páginas de trechos diversos, inserindo alguns pontos novos e consertando pequenas falhas cometidas, que, para meu alívio, foram poucas e irrelevantes.

Agora sim tenho a certeza de que meu livro está mais completo e espero que você faça bom proveito do seu conteúdo.

Sumário

SIGLAS UTILIZADAS 24

O RECOMEÇO E O INÍCIO 25

COMO O LIVRO ESTÁ DIVIDIDO 32

UNIDADE I – COMEÇANDO SUA VIDA DE CONCURSEIRO
COM O PÉ DIREITO 37

1) Organizando seu ambiente de Estudo 39
2) Cuidados com a alimentação e energéticos 53
3) A necessidade de fazer exercícios físicos 64
4) Desvendando nosso cérebro 67
5) Atenção e concentração 73
6) Memória e memorização 80
7) A importância de dormir bem: como nosso cérebro memoriza
o que estudamos 93
8) Descobrindo os melhores horários para estudar: respeitando
nossorelógio biológico 107
9) Escolhendo os materiais de estudo 113
10) A temida relação candidato por vaga: um grande engodo.... 121
11) Concurso é só para gênios? 124
12) Devo estudar para ser o primeiro lugar? 127
13) Estudo em grupo: isso funciona? 129
14) Devo prestar ou não um concurso que não é o dos meus
sonhos? 131

15) Estabelecendo metas, objetivos e motivação........................ 137

16) Administrando seus recursos financeiros............................. 144

17) Utilizando a internet.. 146

18) Tendo uma conversa com os familiares e amigos................ 150

Conclusão da Unidade I.. 156

UNIDADE II – COMO ESTUDAR ANTES DO EDITAL........ 157

1) Como saber se é necessário fazer um cursinho preparatório..... 159

2) Como se portar em uma sala de aula.................................... 164

3) Como utilizar aulas gravadas em áudio................................ 167

4) Como elaborar resumos e mapas mentais............................ 169

5) Como fazer revisões... 198

6) Como aproveitar os exercícios ao máximo.......................... 216

7) Como estudar um material da forma correta....................... 233

8) Como posso obter mais tempo para estudar?...................... 250

9) Como estabelecer uma quantidade ideal de horas de estudo diário? (e aproveitando o assunto para trocar umas figurinhas)... 257

10) Como controlar o tempo de estudo para aumentar o desempenho.. 272

11) Como fazer intervalos durante seu estudo.......................... 279

12) Como saber a hora de estudar cada disciplina.................... 282

13) Como organizar o estudo? (utilizando os ciclos)................. 284

14) Como podemos classificar as disciplinas............................. 313

15) Como dividir as fases do estudo de uma disciplina............. 319

16) Como encontrar provas e exercícios da instituição organizadora.. 322

17) Como se preparar para provas discursivas e redações......... 331

18) Como utilizar um tablet para estudar.................................. 373

Conclusão da Unidade II... 385

UNIDADE III – O ESTUDO APÓS O EDITAL.................... 387

1) Orientações iniciais... 389

2) Extraindo o que interessa do edital 394

3) Estudando de acordo com o critério de mínimos 397

4) Calendário de estudos: como elaborar o seu 403

5) Quadro de controle de estudo: que bodega é essa? 408

6) A semana da prova 416

7) O dia da prova 424

8) Resolvendo a prova 433

9) Dicas sobre como chutar 445

10) A hora de marcar o gabarito 455

Conclusão da Unidade III 460

UNIDADE IV – APÓS A PROVA 461

1) Conferindo o gabarito e elaborando recursos 462

2) Passei! O que eu faço além de comemorar muito? 466

3) Não passei! E agora, é o fim do mundo? 472

4) Um sonho 478

Conclusão da Unidade IV 482

THE END 483

APÊNDICE – DICAS DE OUTRAS LEITURAS 485

BIBLIOGRAFIA 493

SIGLAS UTILIZADAS

AFRF – Auditor-Fiscal da Receita Federal (nome do cargo até 2007)

AFRFB – Auditor-Fiscal da Receita Federal do Brasil, antigo AFRF

ATRFB – Analista-Tributário da Receita Federal do Brasil

AFR-SP – Agente Fiscal de Rendas do Estado de São Paulo

CE-BRASPE/ UNB – Centro de Seleção e de Promoção de Eventos da Universidade de Brasília
(Banca organizadora de concursos)

CF – Curso de Formação – Fase eliminatória de treinamento que alguns cargos exigem, após a aprovação no concurso propriamente dito

ESAF – Escola de Administração Fazendária
(Banca organizadora de concursos)

FCC – Fundação Carlos Chagas
(Banca organizadora de concursos)

FGV – Fundação Getulio Vargas
(Banca organizadora de concursos)

CGU – Controladoria-Geral da União

TCU – Tribunal de Contas da União

TRE – Tribunal Regional Eleitoral

TRT – Tribunal Regional do Trabalho

O Recomeço e o Início

Locais: Rio de Janeiro, minha terra natal, e Belo Horizonte, minha terra de adoção nos últimos anos.

Época: Virada do ano 2004 para 2005.

Situação: *Ocupava o cargo de Auditor Fiscal da Prefeitura de Belo Horizonte e muitos questionamentos passavam pela minha mente, tais como: "Não estou satisfeito com o que ganho hoje, poderia ter continuado meus estudos e conquistado um cargo no qual eu ganhasse mais"; "Este ano o mundo comemorará os 60 anos do fim da 2ª Grande Guerra Mundial, por que eu não tive coragem de batalhar minha 2ª Grande Guerra dos Concursos?"; "Estou com 34,5 anos, será que ainda consigo concorrer de fato com estes milhares de candidatos mais jovens e/ou que não trabalham, não têm estas dores nas costas que tenho e que ainda estão com o raciocínio e a memória que eu tinha na idade da maioria deles?"; "Devo terminar a disciplina mais difícil do meu mestrado antes de começar a estudar para concursos ou devo desistir de um deles?"; "Quantos anos estou disposto a me matar de estudar até passar ou desistir?"; "Terei saúde e persistência para esta nova vida?"; "Faz 10 anos que não estudo para concursos, então como enfrentarei hoje uma concorrência muito maior do que na época em que fui aprovado nos meus concursos para fiscal?"; "Se eu não passar após um longo tempo estudando, como encararei meus familiares e amigos, sabendo que eles me verão agora como um fracassado e não mais como um homem de relativo sucesso?"; "Quais são minhas vantagens e desvantagens em relação aos outros candidatos?"; etc.*

Bem, agora que você já entendeu um pouco sobre o lugar, a época e a situação em que eu me encontrava, podemos começar nossa introdução de fato. Peço para que não a pule, pois será importante para entender várias passagens deste livro.

A lista de preocupações e dúvidas naquela época era enorme, mas não muito distinta da que aflige centenas de milhares de pessoas que pensam em melhorar a vida enfrentando este tão temido mundo dos concursos. Afinal, por que comigo seria diferente?

Entretanto, dentre todos os questionamentos que eu relatei, qual é o mais importante? Bem, pelo menos para a finalidade deste livro, é o último, sem dúvida alguma, pois foi ele que fez realmente com que me preocupasse em aprender mais sobre como poderia estudar corretamente e assim diminuir as desvantagens que eu tinha em relação a milhares de concorrentes.

E quais eram minhas desvantagens em relação à média dos milhares de concorrentes? As principais eram: tempo limitado, porque eu trabalhava e fazia mestrado; uma memória horrorosa para os estudos, pois havia dias em que, logo após ter estudado, já tinha esquecido quase tudo (acredite, minha memória para estudar é bem fraca); dores intensas nas costas, ombros, joelhos e nuca; falta de tempo e grana para fazer cursinhos. Fora outras.

E as vantagens, quais eram? Uma ótima base em Exatas, afinal, foram anos dedicados a duas graduações, em Informática e em Matemática, uma especialização em Matemática e Estatística e um mestrado em Estatística em andamento; maturidade bem melhor do que quando mais jovem; e condição financeira suficiente para poder comprar meus materiais de estudo, pois era Fiscal da Prefeitura de Belo Horizonte. Além disso, possuía experiência em estudar para exames seletivos desde os 14 anos, quando prestei concursos para as escolas militares, depois aos 17-18 anos para alguns dos vestibulares mais difíceis da época, e dos 21 aos 24 estudando e prestando quatro concursos da área fiscal, tendo sido aprovado em três e reprovado em um, além de outros seis a oito meses estudando para concursos entre 1998 e 1999, dos quais desisti antes de prestar qualquer prova. Outros pontos a meu favor eram a habilidade em "fazer prova"; sempre ter gostado de ler livros e artigos sobre memória e sobre como estudar; e ter posto em prática alguns destes métodos, vendo quais funcionavam para mim e quais não. E, por último, tinha um apoio excepcional dos familiares e amigos.

Após analisar profundamente cada um desses pontos, tomei as seguintes resoluções:

1º) não iria começar a estudar para concursos no primeiro semestre do ano que estava para começar (2005). Decidi terminar a última disciplina do meu mestrado, que eu tanto temia, Inferência Estatística, e adiantar minha dissertação, mas aproveitaria este primeiro semestre para ler tudo o que tivesse de dicas sobre como estudar e pegaria informações sobre os melhores livros. Também imprimiria os editais e as provas dos últimos concursos e descobriria bons sites sobre concursos. Enfim, iria entrar no mundo dos concursos, mas sem estudar por enquanto;

2º) passado este semestre, já de posse dos melhores materiais de estudo e com as informações necessárias, iria enfiar a cara nos livros até passar, visando primeiramente pegar uma boa base já nos dois concursos dos meus sonhos que estavam por vir no final do ano, segundo os boatos, de Auditor Fiscal da Receita Federal (AFRF – hoje chamado de AFRFB, pois incluíram em 2006 um "do Brasil" no final do nome do cargo) e de Agente Fiscal de Rendas da Secretaria da Fazenda do Estado de SP (AFR-SP).

Minha prova final no mestrado foi no dia 1º de julho de 2005, quando fui aprovado na temida disciplina. No dia seguinte, meu aniversário, dia que marca exatamente a metade do ano, comecei a estudar para concursos, afinal, o tempo já estava limitadíssimo até as provas e eu não poderia me dar ao luxo de descansar uns dias. Sabia que seria muito difícil passar nos concursos que estavam próximos, mas pelo menos queria ganhar o máximo de conhecimento possível para os concursos seguintes, que geralmente ocorrem alguns meses ou anos depois.

Tinha a certeza de que para ter alguma chance de obter sucesso com tão pouco tempo de estudo, deveria ser totalmente metódico e organizado na hora de estudar. E isso felizmente eu aprendi a ser. Era minha grande vantagem, mas que talvez fosse insuficiente para suplantar o maior conhecimento e a melhor saúde mental e física da maioria dos bons concorrentes. Porém, era minha maior chance, e eu teria que me apegar a ela com unhas e dentes.

Chegou o dia 24 de outubro de 2005 e foi publicado o edital do AFRF. Passadas algumas horas de pânico absoluto, destrinchei o edital e resolvi a partir daquele dia só receber luz para fazer a fotossíntese, afinal, iria virar um vegetal. Tirei aquele dia para me organizar e meti a cara naqueles 55 dias que me separavam da prova. Senti que havia uma diferença enorme de conhecimento em relação aos concorrentes. Resolvi concorrer para as 54 vagas que havia no estado que tão bem havia me acolhido há 10 anos e que eu amo tanto, Minas Gerais.

Dia 16 de janeiro de 2006, dia da publicação do resultado, lá estava eu aprovado em sexto lugar, fui o 103° dos mil aprovados no país. Tinha deixado para trás 80 mil candidatos. Foi o dia mais feliz da minha vida até o nascimento do meu filho. Só de lembrar enquanto escrevo este parágrafo, passados oito anos, fico com os olhos cheios d'água. Juro! Você pode achar que é exagero de minha parte, mas tenho muito orgulho de sentir isso, pois foi uma das maiores conquistas de minha vida, a realização de um grande sonho não só para mim, como também para os meus próximos.

Vieram inúmeras e intensas comemorações. Orgulho e autoestima elevadíssimos. Senti-me com uns três centímetros a mais de altura, andava olhando para frente, doido para alguém me perguntar como eu estava, para poder contar minha proeza. Pode parecer coisa de gente metida, mas quando você for aprovado, também vai ficar assim. Porém, tenha uma "metidez" saudável, aquela de querer contar para todo o mundo o que aconteceu não para se gabar e pisar nos outros, e sim para passar uma mensagem positiva a quem gosta de você.

E veio o dia 17 de março de 2006, com a publicação do edital para o AFR-SP. Por motivos diversos, que expliquei em um artigo indicado no apêndice deste livro, lá fui eu estudar igual a um doido para aquelas provas, que aconteceriam em apenas 45 dias. Cerca de 60% do conteúdo delas eu praticamente nunca tinha visto na minha vida. Quando vi o resultado, no dia 24 de maio, lá estava eu aprovado em 49° lugar das 350 vagas. Tinha ultrapassado 40 mil candidatos com, novamente, muito pouco tempo de estudo.

Desde agosto de 2006 moro em Jundiaí-SP, onde sou Agente Fiscal de Rendas do Estado de SP (AFR-SP), mais conhecido pelos concurseiros como Fiscal de ICMS de SP, e lá pretendo trabalhar e viver o resto dos meus dias. Trabalho há 16 anos como fiscal, sendo 11 em BH e cinco em SP, um cargo que considero muitíssimo importante para a sociedade; curto minha vida como posso e ajudo os concurseiros com o conhecimento que adquiri ao longo dos anos.

A esta hora muito provavelmente você deve estar pensando: *"Este cara é um nerd geniozinho, só sendo um para passar com tão pouco tempo de estudo, olhe o currículo do cara: duas graduações, especialização, mestrado, ainda por cima tudo em Exatas, que é coisa de doido"*. Colega, **não sou gênio**, com certeza absoluta, então **qual foi meu grande diferencial em relação aos demais candidatos, uma vez que estudei muito menos horas que milhares deles?** Foi **saber como estudar, organizar-me**, ter **disciplina**, utilizar **técnicas para memorizar** melhor, saber **escolher bons materiais de estudo** etc. Enfim, saber "como estudar para concursos". E foi a partir do momento em que tomei consciência dessa constatação que este livro começou a nascer.

Bem, até agora escrevi sobre metade do título deste tópico, que foi a respeito do "recomeço", que terminou quando fui aprovado nos dois concursos com que mais sonhava após ter ficado dez anos tomando coragem para voltar aos estudos. Agora explicarei o porquê de ter usado a palavra "Início" no título também.

O "Início" se refere ao meu período como orientador de concurseiros. Isso começou após ter escrito um texto chamado "Manual do Concurseiro", que talvez tenha sido o mais lido sobre concursos até hoje, em que relatei um pouco da minha experiência. E a partir do dia em que o escrevi, minha vida mudou mais ainda. Passei a receber milhares e milhares de e-mails de candidatos, convites para ministrar palestras e aulas e para escrever livros e artigos. Até apareci no Fantástico, em novembro de 2009, como referência no mundo dos concursos. Por pouquíssimos segundos, verdade, mas que já valeram muito orgulho e felicidade para os meus próximos, que é o que me importa mais. Após a primeira edição deste livro, apareci juntamente com o Deme e mais oito aprovados na revista Veja, em julho de 2011, em uma matéria de capa entitulada "Concursos Públicos – As Lições dos Campeões". Caramba, quem diria que um cara que foi reprovado em alguns concursos daria este orgulho para seus pais um dia.

Ministrei diversas palestras, que foram assistidas por dezenas de milhares de pessoas. No início foram com o Deme, e depois foram sozinho mesmo. Além disso, houve uma em que eu dividi o palco com o grande guru William Douglas e o Luiz Flávio Gomes, criador da rede LFG, para 25 mil candidatos, que a assistiram via satélite.

Sempre brinco que se fosse cobrar um chopp de cada aprovado que me agradeceu por ter recebido dicas que considerou importantes para seu sucesso, já estaria morto de cirrose. Desses candidatos, muitos passaram em primeiro lugar em concursos conhecidos pela dificuldade de aprovação, incluindo os que gentilmente me agradeceram na contracapa desta obra. E isso me deu a certeza de que os **métodos** que utilizei e que estava anunciando eram comprovadamente úteis e que poderiam servir para muitos candidatos, que não os utilizam por desconhecimento ou por preconceito.

Virei uma espécie de referência na área. E talvez a maior consequência dessa repentina "fama" foi o fato de me despertar para a pesquisa sobre métodos de estudo. Devo ter lido, sem exagero algum, uns 80 livros e centenas de artigos, em português, espanhol e até em inglês, língua na qual meu nível é "the book is on the table". Também li dezenas de revistas nacionais e internacionais e assisti a muitos documentários e vídeos.

Enfim, saber cada vez mais sobre esses assuntos virou meu hobby, meu passatempo nos momentos de lazer. Investi uma boa grana nisso, verdade, mas aprendi muito. E fui guardando todas essas informações durante quase cinco anos, pensando em um dia, finalmente, escrever o meu livro sobre como estudar para concursos. Considerando o tempo que tive para me dedicar ao assunto e tudo o que aprendi e vivenciei, tenha certeza de que o conteúdo desta obra foi pensado e elaborado objetivamente para oferecer a você, concurseiro, os melhores métodos de estudos para concursos.

Não me considero um ex-concurseiro, e sim um concurseiro que não irá mais prestar concursos, pois ninguém sai deste mundo tão facilmente quanto entrou. Estudar para concursos com muito compromisso deixa uma marca no sangue, é como uma tatuagem feita na alma. Uma pessoa que viveu efetivamente neste meio nunca mais conseguirá ver um jornal de concursos pendurado em uma banca de revistas e não ler pelo menos suas manchetes.

Bem, antes que me perguntem quem é, Deme é um amigo meu chamado Demétrio Pepice. Eu o considero o maior fenômeno da história dos concursos fiscais, tendo sido aprovado no AFRF em 2005 em 1º lugar nacional com a nota mais espetacular da história, além de ter sido 1º lugar nacional na CVM em 2003 e 2º lugar no AFR-SP de 2006. Um cara daqueles que você não quer nem ver perto quando for fazer seu concurso. Um amigo para todas as horas, pessoa excepcional, que também muito contribuiu para o meu conhecimento sobre como estudar corretamente. Pena que passou a praticar mergulho desvairadamente e desistiu desta vida de ministrar palestras e escrever artigos, porque os fazia muito bem. Neste livro vou fazer referência a ele diversas vezes, sempre o tratando por "Deme". Enfim, é um grande referencial para os concurseiros, um excelente amigo que possuo e por isso o convidei para ser o prefaciador desta obra.

Entretanto, com muito pesar, sou obrigado a dizer que no dia 31/10/2011, poucos meses após o lançamento da primeira edição desta obra, nosso querido Deme faleceu de parada cardíaca enquanto dormia. Faleceu "do nada", tinha saúde ótima, era um exímio mergulhador, foi uma dessas coisas que ninguém explica. Tinha apenas 32 anos, deixando inúmeros amigos e parentes com muitas saudades.

Ajudou centenas de concurseiros a conquistarem seus cargos, sendo sempre tão disponível e humilde.

A sala número um do cursinho que ele tanto frequentou em SP, o Uniequipe, recebeu uma placa em sua homenagem, que foi descerrada por mim e pela dona do curso, a Sirlene, na presença do pai dele. As fotos daquela noite de tanta emoção e saudade estão no meu Facebook.

Melhor parar por aqui, se quiser saber mais sobre quem foi este ser humano excepcional e como ele ajudou tantos concurseiros, procure na internet por um texto que escrevi intitulado *Homenagem ao Menino Fenômeno*", que foi publicado em diversos sites sobre concursos. Ele deu origem a um livro entregue aos seus pais com mais de quinhentas mensagens de agradecimento por parte de concurseiros já aprovados ou ainda não, mas que reconheceram a importância de seus ensinamentos e exemplos em suas trajetórias e fizeram questão de relatar a ajuda recebida pelo Deme para seus pais.

Como o livro está dividido

O resultado de 25 anos dedicados ao estudo para exames e concursos, principalmente nos últimos nove anos, está neste livro. Busquei compilar todas as informações que julguei interessantes e utilizei um linguajar suave, pois queria um livro de fácil entendimento. Nesse sentido, o conteúdo se revelou útil **para todas as áreas de concursos, vestibulares e exames de admissão**, como os das **escolas militares e técnicas**.

Como minha experiência maior é com concursos para a área fiscal, meus exemplos e situações são para esta área, entretanto, o leitor pode perfeitamente adaptá-los a qualquer outra, adequando-os às suas necessidades e particularidades.

Procurei, sempre que possível, não perder tempo com explicações técnicas, nomes científicos etc., quis explicar o que interessa realmente para um concurseiro saber. Quando achei interessante comprovar o funcionamento da dica, expliquei um pouco mais tecnicamente, mas na grande maioria dos casos o enfoque principal foi a aplicação de cada dica. Para a leitura ficar mais agradável, sempre buscando um link com o tema, procurei inserir diversas brincadeiras, dicas de filmes etc.

Tentei escrever como se estivesse conversando com você pessoalmente, pois, afinal, é isso que eu queria de fato, poder bater um papo sobre estes assuntos em uma mesa de boteco, dando risadas, tomando uma cervejinha Baden-Baden bem gelada e comendo um mexidão, meu prato preferido dos tempos que morei em Minas.

Não escrevi com o intuito de ser motivador ou com relatos de aprovados, histórias de sucesso etc., mas sim sobre como estudar para concursos. Existem outros bons materiais no mercado com a finalidade de tentar motivá-lo a estudar. No decorrer deste livro darei algumas indicações de sites, produtos e livros interessantes. Contudo, por favor, não ache que recebi alguma espécie de participação financeira para fazer essas indicações, o famoso "jabá". Não seria louco de me queimar por bobagem. Se indiquei algo, é porque acho que será útil para muitos leitores deste livro, só por isso, ainda correndo o risco de ser xingado por quem não foi recomendado.

O livro foi dividido em quatro unidades e contém um apêndice no final.

A **primeira unidade** contém **orientações gerais**, na qual foram utilizados conhecimentos mais técnicos que nas demais unidades. Por possuir uma gama de informações muito úteis para você, não a pule de forma alguma. Ela poderá parecer superficial no início para alguns, mas com certeza levará você a aprender um pouco mais e a melhorar seus métodos de estudo, pois contém a essência daquelas centenas de livros e artigos aos quais me refiri anteriormente. Realmente fará com que você comece com o pé direito nesta vida ou, caso já esteja no caminho certo, endireitará sua passada, como dizíamos nos meus tempos de cadete do Exército.

A **segunda** é a **unidade** do "como". Não o "como" do verbo "comer", e sim do modo ideal de "como" estudar antes do edital, fase esta que você vivenciará possivelmente por muitos meses e até por anos. Também contém muito conhecimento técnico, mas em menor quantidade do que na primeira unidade. Irá lhe ensinar realmente sobre **como estudar de forma correta**.

A **terceira unidade** é sobre a **preparação após a publicação do edital**. Acredito que este foi o meu grande diferencial nos últimos concursos que prestei. Essa unidade contém **métodos de organização do estudo** após a publicação do edital que considero muito importantes. Sem eles, com o pouco tempo de estudo e conhecimento que tinha quando foram publicados os editais, não teria chegado nem perto de ser aprovado. Possui dicas que nunca vi em lugar nenhum. São informações que utilizei, achei importantíssimas e que depois, ao explicar parte delas em meus artigos e palestras para milhares de outros candidatos, centenas destes me procuraram, após serem aprovados, para agradecer por esses valiosos macetes. A realização da prova propriamente dita também merece atenção, dessa forma, são apresentadas dicas importantes nesse sentido.

A **quarta unidade** traz informações muito úteis sobre o que fazer após a prova e fornece orientações preciosas de como continuar na luta caso não seja aprovado.

Ao final do livro, após estas quatro unidades, inseri um apêndice, que contém dicas de mais livros indicados para leitura posterior e os sites para encontrar meus artigos.

Na bibliografia você encontrará diversos livros que li sobre esses assuntos. Juro que li todos e não incluí outros tantos que, por terem me ajudado muito pouco ou nada para a formação e elaboração deste livro, não mencionei, pois a lista já estava bem extensa. Li muita porcaria. Livros sem o mínimo fundamento científico ou prático, que, por estas características, me ensinaram o "como não fazer". Mas estes foram poucos, ainda bem, pois tem muita coisa boa espalhada pelo mercado nacional e internacional.

Como são muitas informações passadas no decorrer do texto e a importância é variável de uma pessoa para outra, sugiro que marque com caneta marca-texto amarela aquelas que julgar relevantes, e, assim, você poderá acessá-las mais facilmente. É comum acharmos uma dica legal, a esquecermos de colocá-la em prática em razão de esquecimento. Por isso, destaque-a! Com o uso do marcador de texto, e uma posterior releitura das marcações isso fica resolvido. Não precisa marcar todo o parágrafo daquele assunto, em muitas vezes bastará destacar o título. É diferente de destacar o que estudamos, quando precisamos memorizar muitas passagens de texto. Este livro apresenta a dica e a explica. Como são coisas práticas, quase sempre bastará ler o título para se lembrar do que se trata.

Leia este livro com calma e reflita sobre as dicas fornecidas. Livre-se dos preconceitos. Experimente cada dica. Muitas delas servem para algumas pessoas e não para outras, mas não deixe de experimentá-las. Às vezes, quando lemos uma dica, achamos que ela não vale para nós, mas quando a testamos por alguns dias comprovamos sua eficiência, por isso é importante experimentar.

O meu objetivo é que, ao final da leitura, você encontre o seu método de estudo, pois cada pessoa possui um método próprio. Isto é, ao colocar os candidatos A e B lado a lado, estes farão algumas coisas em comum ao estudar, mas que não necessariamente serão as mesmas coisas que haverá de comum entre os candidatos C e D ou A e C, por exemplo.

Existem candidatos que trabalham e outros que não; dentre os que trabalham, há os que ralam muito e os que não; os que são bons de Exatas e os que não; os que memorizam facilmente e os que não; os que precisam passar o mais rápido possível e os que não; os que têm grana para investir em cursos e livros e os que não; os que cuidam de filhos e parentes e os que não; os que estão motivados e os que não; os que desistirão no primeiro fracasso e os que não.

Mas será que existe uma fórmula mágica que seja a mesma para todos esses diferentes tipos de candidatos? Existe sim, é a famosa HBC, sigla para Hora-Bunda-Cadeira, que é o número de horas que você vai passar estudando. Ela sim o levará à tão sonhada aprovação, desde que você se organize e utilize métodos de estudo eficientes.

Foi para isso que escrevi este livro, para ajudá-lo a aproveitar corretamente suas HBCs, e adquirir o máximo de rendimento possível, aumentando consideravelmente sua chance de aprovação.

Esteja certo de que esta obra o ajudará em todas as fases de sua vida de concurseiro, pois ela trata de todos os aspectos voltados à preparação e planejamento para iniciar os estudos, aborda a fase de estudos propriamente dita, com todas as suas particularidades, antes e após o edital, e finaliza com dicas e orientações para aqueles que foram aprovados e para aqueles que ainda serão.

Antes de terminar essa introdução, e para me redimir de um erro que cometerei dezenas de vezes neste livro, saiba que o certo seria chamar quem estuda para concursos de "concursando", e não de "concurseiro", mas não tem jeito, a palavra "concurseiro" já está entranhada em meu cérebro e no da maioria dos concurseiros, ou melhor, concursandos. Para saber a diferença entre as palavras, procure por "concursando ou concurseiro? - Ernani Pimentel" no Google, pois o professor Ernani explicou muito bem a diferenciação. Resumindo, as palavras terminadas em "eiro" indicam profissão, como barbeiro, sapateiro, marceneiro etc., e as terminadas em "ndo" indicam um estágio transitório de sua vida, como vestibulando, mestrando, formando etc. Para tranquilizá-lo, tenha a certeza de que este livro foi escrito para que você seja um concursando, e não um concurseiro, como há milhares por aí. Mas vou fingir que não li este artigo, ok?

Qualquer crítica sobre este livro, seja ela positiva ou negativa, por favor, mande-me um e-mail relatando-a. Meu e-mail é: alexmeirelles@ gmail.com. Também posso ser encontrado no Facebook, procurando por esse mesmo e-mail.

Desejo a todos uma boa leitura e sucesso no mundo dos concursos.

Unidade I

Começando sua Vida de Concurseiro com o Pé Direito

Muitas pessoas quando começam a estudar desconhecem várias informações básicas a serem seguidas, tais como tirar o melhor aproveitamento do cérebro na hora de estudar; adequar um local para que sirva como seu ambiente de estudo; aproveitar o sono, a alimentação e os exercícios físicos; utilizar a internet como sua aliada; concentrar-se melhor; escolher os melhores horários para estudar etc.

Nesta primeira unidade escrevi bastante sobre esses temas e outros mais, então não a despreze. Se for lida com a devida atenção, certamente trará enorme contribuição para a eficiência de seus estudos.

Estudar para um concurso concorrido requer preparação diária e melhora gradativa do desempenho, dentro do menor tempo possível, claro. Afinal, concurseiro não é profissão, e sim um período na vida de toda pessoa que almeja passar em um concurso público e que se dedica com afinco para alcançar esse sonho.

O período para obter a tão sonhada aprovação é, quase sempre, de mais de um ano. Logo, se você não souber se preparar corretamente para estudar várias horas por dia durante todo esse tempo, reduzirá suas chances de aprovação e poderá prejudicar sua saúde se deixar de lado algumas recomendações básicas.

Por isso, é importante que você saiba como começar a estudar antes de sair enfiando a cara nos livros de forma desordenada, desperdiçando energia e comprometendo seu futuro nesta fase como concurseiro.

Muitos concurseiros ficam anos estudando e não passam. Destes, vários estão cometendo erros básicos, sem se darem conta. Estudam pelos melhores livros e cursos, acham que estão muito bem preparados, mas nunca são aprovados. Por isso, mesmo para os concurseiros mais experientes, recomendo a leitura desta unidade, assim, talvez identifiquem em sua trajetória erros básicos que estejam comprometendo o sucesso na prova e a inserção de seu nome no Diário Oficial, afinal, "ninguém tropeça em montanhas, você tropeça em pequenas pedras".

Esta unidade não conta com uma ordem lógica a ser seguida, é composta por assuntos diversos, quase sempre independentes uns dos outros, mas que juntos serão muito úteis para obter sucesso na preparação para as provas.

Alguns assuntos que comentarei aqui já foram abordados em diversas colunas minhas, mas senti a necessidade de inserir mais informações e melhorar os textos. Certamente seu conhecimento sobre eles será ampliado, mesmo que já tenha lido tudo que escrevi antes.

Fique tranquilo, pois meu objetivo é que ao final dessa unidade você saiba todas as informações necessárias para que comece seus estudos com o pé direito. Confie em mim, vou acompanhá-lo passo a passo, ou melhor, página por página, fazendo com que se sinta mais seguro para começar a estudar ou melhorar a forma como vem estudando.

Esta é a unidade mais pesada deste livro, mas é nela que você encontrará a base para seguir em frente e ter pleno aproveitamento das unidades seguintes. Você vai levar umas duas horas lendo-a, mas garanto que este pouco tempo investido será bastante recompensado depois.

Leia a unidade com atenção e comece desde já a usar sua caneta marca-texto amarela. Nas próximas duas horas você vai começar a ampliar o seu conhecimento sobre como estudar com mais eficiência.

1) Organizando seu ambiente de Estudo

Por ser um tópico que contém as respostas a centenas de dúvidas enviadas para o meu e-mail nestes últimos anos, resolvi escrevê-lo sob a forma de perguntas e respostas.

a) Preciso de uma boa cadeira para estudar?

Sim, sua cadeira para estudar deve ser a mais confortável possível. Ela precisa ter braços, diversas regulagens e um bom estofado. Nada de estudar nessas cadeiras de cozinha, de plástico, de madeira etc. Caso contrário, sofrerá com dores nas costas e no pescoço, desconcentrando-o de seu estudo. E, consequentemente, por causa das dores, ficará muitas horas a menos sentado na cadeira acumulando HBC. Aliás, acho que vou mudar essa sigla para HBCC (Horas-Bunda-Cadeira-Confortável).

Mesmo que gaste uns R$ 200,00 ou mais na compra de uma, saiba que será um excelente investimento. Não se preocupe com bobagens como a aparência da cadeira, compre a melhor que seu bolso permitir, mesmo que não combine com os outros móveis. Quando passar no concurso, decore sua casa do jeito que quiser, mas agora não é hora de pensar nisso.

Aquelas cadeiras grandes chamadas de "executivo" ou "presidente" geralmente não são boas, porque não encaixam bem nas costas. Também não são aconselháveis aquelas cadeiras muito estofadas, que alguns lugares chamam de "cadeira do papai", porque nos deixam longe da mesa e de tão confortáveis nos induzirão ao sono.

A mesa de estudos tem que possuir uma altura adequada, pois se for muito alta, seus ombros vão doer, e se for baixa, suas costas que irão sofrer. Regule aumentando a altura da sua cadeira ou colocando calços na mesa.

Se você sempre estudar com os braços apoiados na mesa, a cadeira não precisará ter braços, o que pode baratear sua compra. Caso utilize os braços da cadeira, estes deverão estar na altura dos cotovelos, sem forçar os ombros para cima.

Devemos apoiar as costas principalmente na área da curvatura da coluna, e não somente na sua parte superior.

As suas pernas deverão estar dobradas fazendo um ângulo de 90°, com os pés totalmente plantados no chão ou em algum apoio próprio para eles. Não cruze as pernas, muito menos se sente em cima dos pés ou canelas, como se estivesse em posição de meditação, porque isso força sua coluna e prejudica a circulação do sangue, tão importante para o bom funcionamento do seu cérebro. Procure não balançar as pernas, estude com elas paradas, pois esse movimento prejudica a atenção.

Também evite estudar deitado de barriga para baixo, porque é um veneno para suas costas. Você pode até argumentar que sempre estudou no colégio ou na faculdade assim, mas pondero que eram por poucas horas, e agora, nesta sua fase de concurseiro, deverá passar os próximos meses estudando. Além de fazer um mal terrível para a sua coluna, traz desconcentração e sono.

b) Necessito utilizar um suporte para livros?

Sim, pois ao estudar por horas a fio com a cabeça abaixada, com o passar dos meses você começará a sentir muitas dores na nuca, refletindo depois nas costas.

E de uns anos para cá, com o intenso uso do celular, as dores crônicas na nuca aumentaram muito. A especialidade médica que vai mais faturar futuramente será a Ortopedia, não tenha nenhuma dúvida disso. Imagine todas essas crianças crescendo desde seus primeiros anos sem largar o celular, não há cervical que aguente. Isso vale para os adolescentes e para nós também, de tanto que lemos mensagens nele. Já tem até um nome: "Síndrome do Pescoço de Texto". Veja na figura a seguir em quanto aumentam os quilos que nossa cervical tem que suportar conforme inclinamos nossa cabeça. Isso também é válido para nosso estudo, não só para o uso do celular.

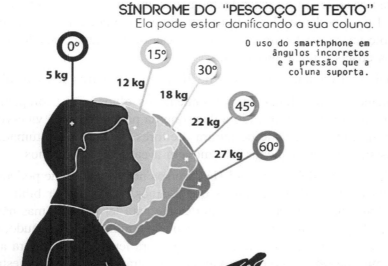

http://antenormazzuia.com/sindrome-do-pescoco-de-texto/

Quando estudamos sem um suporte, abaixamos muito a cabeça para lermos o livro "deitado" em cima da mesa. Com o suporte, você vai inclinar o livro uns 30 a 45 graus e forçará menos sua nuca, porque olhará mais reto e menos para baixo. Se o livro ainda estiver baixo, coloque livros grossos embaixo do suporte para aumentar a altura, eu mesmo sempre fazia isso, melhorando muito a dor que sentia na nuca e que me atrapalhava bastante.

Outra vantagem que o suporte possui é que ele mantém a mesma distância da primeira e da última linha da página em relação aos seus olhos. Quando um livro está deitado em cima da mesa, essa distância varia, causando uma distorção (alongamento) na letra, que embora seja praticamente imperceptível, causa um ligeiro cansaço na vista. Com o suporte, esse tipo de cansaço visual desaparece. Pode parecer um mero detalhe, mas já foi provado que este efeito de distorção da letra ocasiona realmente um cansaço visual após horas de leitura.

Tem gente que reclama que ao usar um suporte não tem como fazer marcações no livro. É só saber se adaptar. Eu, por exemplo, marcava a lápis o início e o fim do que era para destacar, para só depois passar a caneta marca-texto. Na hora de fazer as anotações, tire-o do suporte e anote, mas você vai ver que a maior parte do tempo em que estudamos, ou estamos só lendo ou fazendo anotações em um rascunho em cima da mesa. Logo, podemos ler o livro em cima do suporte tranquilamente. Até hoje eu só sei ler livros, seja na mesa ou na cama, usando um. E minhas costas e nuca agradecem.

Deixe o livro a uma distância de 30 a 45 centímetros dos seus olhos.

Quando estiver lendo, mova somente os olhos, não acompanhe a leitura com a cabeça movendo-a da esquerda para a direita e vice-versa. Isso diminui a velocidade de leitura. Leitores rápidos e acostumados a ler bastante desde pequenos não movem a cabeça, só os olhos.

Mas qual modelo comprar? Há diversos no mercado, que podem ser de acrílico; de madeira, como os que usamos para suportar bíblias, ou de qualquer outro material. Há suportes até para ler deitado, mas não os recomendo para estudo, porque a posição não é indicada para estudo, pois causa sono. Eu utilizo um destes até hoje para ler livros de leitura antes de dormir, mas aí o sono é bem-vindo, ao contrário do horário de estudo.

No site <www.mercadolivre.com.br> você encontra ótimos suportes. Há até uma empresa especializada nisso, a Lector Brasil <www.lectorbrasil.com.br>.

Uma busca no Google também mostrará inúmeras opções. A vida tornou-se impossível sem este site, então o utilize para quase tudo, inclusive para encontrar rapidamente editais de concursos e provas.

Se você ou algum conhecido viajar para os EUA, o site da Amazon (<www.amazon.com>) possui vários muito bons à venda por preços excelentes. Entre no site e pesquise por *"desktop book stands"*. Alguns são entregues no Brasil, talvez compensem o preço mesmo se tiver de pagar o frete e os impostos.

Não deixe de utilizar um suporte, pode parecer uma dica boba, mas ajudará muito o seu estudo. Talvez estranhe seu uso no início, mas logo se acostumará e não saberá mais viver sem ele.

c) Como escolho um local para estudar?

Primeiramente, o **local** deve ser o mais **silencioso** e **sem interferências externas** possível. Isso é óbvio, não é? Mas e se você não tiver um local assim? Pense em utilizar alguma biblioteca. É uma ótima dica, porque lá suas distrações serão muito menores, principalmente para quem tem família e filhos em casa. Mas evite sentar voltado para uma porta ou janela, para não se distrair, ou seja, de preferência, sente-se virado para uma parede e longe da entrada. Algumas bibliotecas possuem uma iluminação muito fraca, então, no caso destas, talvez tenha que se sentar próximo à janela, para aproveitar a luz natural, ou leve uma luminária portátil à bateria. Existem umas bem pequenas e baratas, que quebram um bom galho.

Porém, a biblioteca ou outro local propício para estudar não pode fazê-lo perder muito tempo com deslocamento. Se você gastar duas horas diariamente para ir até ela e voltar, no final do ano representará 700 horas de estudo a menos. O barulho, os familiares incomodando, o tempo gasto se **deslocando para** o seu **local de estudo**, enfim, tudo isso tem que ser levado em conta na hora de escolher um lugar para estudar.

Há diversos "tampões de ouvido" ou abafadores de ruído que também podem ser usados. Alguns não são muito eficientes, como os de silicone que usamos para natação, mas mesmo estes ajudam um pouco, são melhores do que nada. Os melhores são encontrados em lojas de roupas e acessórios para segurança no trabalho. Eu recomendo fortemente que utilize um destes, caso não estude em um local silencioso.

O fabricante Peltor possui excelentes abafadores de ruído, daqueles utilizados em estandes de tiro. Eu comprei o modelo H10A nos EUA por somente US$ 18,00, mas a 3M os vende aqui no Brasil. No site da 3M (www.3m.com.br) você os encontra, junto a outros diversos abafadores e protetores. No site também há endereços de diversos revendedores, dos quais alguns enviam por Sedex para todo o país, a partir de algum valor mínimo de compra para pessoa física, geralmente de R$ 50,00.

Apesar de recomendar os de tipo concha da Peltor, esses pesam na cabeça após um tempo de uso, então sugiro que tenha também um chamado "Polimer", que custa uns R$ 2,00 e é todo verde. Eis o dito cujo e a melhor forma de inseri-lo:

(imagens disponíveis no site: www.3m.com.br)

Não se esqueça de abrir a boca na hora de colocar. Quando for retirá-lo, não puxe pela corda. Basta apertar aquele pedacinho de carne que fica na orelha, logo acima do protetor (o nome técnico desse pedaço é "trago"; enfim, é aquela bolinha em que alguns adolescentes põem um piercing), e puxar o protetor com cuidado. Garanto que sairá facilmente (a não ser que exista um piercing lá, rs.).

Colocando-o conforme o desenho, abafará muito melhor o ruído. Deixe-o sempre guardado no saquinho ou caixinha de plástico que vem com ele, pois a cera do ouvido atrai insetos, e lave-o regularmente, mas só com água, não use sabão, álcool ou detergente, nem o deixe no sol, pois tudo isso o resseca.

Não espere que ele abafe o ruído tanto quanto um Peltor, mas ajuda bastante e não incomoda quase nada. Ele consegue reduzir o ruído em 16dB. Tem uma versão chamada "3M Pomp Plus" que tem a mesma aparência, mas é laranja com a cordinha branca, que reduz 18dB. O Peltor H10A do tipo concha reduz 27dB, mas é mais caro e um pouco pesado. Existe uma versão mais barata e mais leve, que reduz 20dB, a chamada 1426, que custa uns R$ 30, veja-a no site da 3M.

Você pode ainda fazer uma combinação: nos momentos mais críticos de barulho use o Peltor com um desses internos que indiquei. Se optar por usar um abafador, prepare-se para ficar lindo estudando com aquilo na cabeça, parecendo o Mickey ou a Minnie.

Outra boa opção é um que nunca encontrei no Brasil, uma bolinha rosa meio dura, mas revestida de algodão, chamada Ohropax classic, do fabricante Ohropax, que vende outros protetores mais comuns, mas piores que o Classic. Não incomoda quase nada, abafa 22dB e não fica saindo o tempo todo, como os de silicone. Comprei seis pares por US$ 8 na Amazon nos EUA, mas eu não o encontrei em nenhuma farmácia americana, só na Amazon. Como ele é alemão, talvez seja encontrado em farmácias europeias. Eu gostei dele, mas alguns alunos já me disseram que não gostaram. É este aqui:

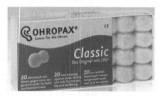

(imagem disponível no site: www.rplusj.eu)

E mais uma recomendação importante: além de procurar um local silencioso, **evite ao máximo sofrer interrupções externas durante o seu estudo.**

UNIDADE I – Começando sua Vida de Concurseiro com o Pé Direito | **45**

Alguns pesquisadores estudaram o prejuízo que ocorre quando estamos bem concentrados estudando e somos interrompidos. Constataram que se você estiver em seu nível máximo de concentração e for incomodado por algum barulho, como alguém lhe chamando ou um telefone tocando, você vai levar em torno de 15 a 25 minutos para voltar ao seu estágio anterior de concentração. Se você for mulher, levará um pouco menos. Sabendo disso, pense no quanto você vai se prejudicar ao atender a um telefonema ou a um chamado de algum parente para comer.

Bem, então qual é a primeira coisa a fazer após saber desse estudo? Desligue seus telefones! Ponha-os no modo silencioso e longe de você, para nem os escutar vibrando, o que também irá desconcentrá-lo. Depois retorne as ligações.

Algumas pessoas, principalmente as mães, ficam preocupadas com seus filhos caso algo aconteça na escola, por exemplo, e nunca desligam os celulares, recebendo assim centenas de ligações que não são urgentes (ainda bem). Caso seja este o seu caso ou algo parecido, se possuir um telefone fixo, peça para que seus familiares mais próximos liguem para você no fixo, nunca no celular, deixando-o no silencioso e distante. Pense nisto: as ligações que realmente importam são as para seu telefone fixo, basta avisar os mais próximos. Infelizmente, essa dica não vale para o imenso número de pessoas que só possuem o celular ou que estudam fora de casa, mas ainda assim servirá para muitos.

Ainda tem outra maneira, que também funciona para quem estuda fora de casa: compre um celular vagabundo, que pode ser pré-pago, e passe o número somente para seus contatos de emergência, como seu filho e a escola dele e seus pais. Não passe esse número para sua lista de contatos. Quando estiver estudando, deixe somente este vagabundo ligado e o seu bonitão desligado.

Além disso, quando ligar para alguém, estabeleça um tempo máximo para despender com a ligação. Você tem que voltar a estudar logo caso tenha sido interrompido. Claro que não estou me referindo às suas horas de lazer, e sim da hora em que poderia estar estudando em vez de perder seu tempo precioso falando bobagem ao telefone.

Peça para ser incomodado somente em último caso. Por *último caso* entenda aquelas situações extremas, tais como: sua casa pegando fogo, seu filho se machucando ou o vizinho gritando que o Ricardão está com sua mulher naquele momento, porque, afinal, você só pensa em estudar e não dá a atenção devida para a patroa. Explique para sua mãe ou outro parente qualquer que tem programação para a hora de parar de estudar para almoçar, não os deixe interromper seu estudo gritando o tradicional: *Fulano, vem comer logo, porque seu bife vai esfriar!*. Se fizerem isso, o que vai esfriar vai ser seu cérebro. Saiba a hora aproximada de fazer suas refeições e assim que achar conveniente parar seu estudo para ir comer, faça isso.

Soube de um rapaz que trabalhava durante o dia e quando chegava em casa havia muito barulho por causa dos filhos. Ele passou a estudar dentro do carro na garagem do seu prédio e, mesmo nesta circunstância, passou em um concurso concorridíssimo. É como reza o ditado: *Quem quer arruma um jeito; quem não quer, arruma uma desculpa.*

Para finalizar este item, apresento o resultado de um artigo recentemente publicado, que afirma o contrário do que todos os especialistas sempre recomendaram: que se deve ter um local fixo para estudar. Este artigo mostrou que é melhor que haja sempre alteração do local de estudo, pois se constatou que, quando precisarmos nos lembrar de uma informação, será mais fácil nos recordarmos quando conseguimos associá-la ao local no qual a estudamos.

Sinceramente, não concordo com isso. Até acredito que o local diferente nos ajude a lembrar, mas isso se aplica para quem não estuda com tanta frequência como nós. Como fazer para alterar toda hora o local se o estudante terá que estudar por meses e meses? Impossível, concorda comigo? Você mora em uma mansão com dezenas de quartos disponíveis para estudar? Apesar de não concordar com esse estudo, por achar que não se adéqua à nossa vida de concurseiro, não quis deixar de mencioná-lo, para que você tome conhecimento e possa refletir.

d) A mesa de estudo deve ser organizada de que forma?

Primeiramente, sua mesa não pode estar muito ocupada, nem o ambiente à sua volta. A desordem causa uma tensão visual, uma sensação de caos e de falta de motivação, devido à sobrecarga de estímulos.

Logo, não acumule mil livros e outros objetos em cima de sua mesa. Deixe-os por perto, mas não em cima da mesa, a não ser que tenha espaço suficiente para escrever e manusear seus materiais. Entretanto, deixe sempre em cima dela o suporte para livros, canetas coloridas, régua, luminária, água etc.

Não acumule também inúmeras canetas e lápis que raramente utiliza. Coloque as canetas comuns, a caneta marca-texto e as lapiseiras dentro de um pote, guardando aquelas que quase nunca utiliza em um local diferente da mesa de estudos.

UNIDADE I – Começando sua Vida de Concurseiro com o Pé Direito 47

Sempre que for estudar uma disciplina, deixe à mão os materiais que geralmente utiliza, para que não precise se levantar da cadeira, causando desconcentração. Exemplo: se for estudar Direito Constitucional, pegue o(s) livro(s) que sempre usa e a Constituição Federal e deixe-os ao alcance de suas mãos.

Não deixe materiais de disciplinas diferentes da que você for estudar em cima da mesa para não causarem distração.

Outra dica que aconselho e que utilizei na prática é colocar um tampo de vidro em cima da sua mesa, deixando-a totalmente plana para escrever. Eu gastei uns R$ 40,00 com ele. Embaixo desse vidro coloquei um papel com algumas frases curtas, que me faziam estudar mais e que guardo até hoje como lembrança. Eu escrevi "Estude!", "Raça, guerreiro!", "No final tudo compensa" e outras mais. Há pessoas que colocam um papel com o salário que querem conquistar ou até mesmo um xerox de um contracheque ("holerite", para os paulistas) de um amigo. Alguns colocam fotos de lugares que querem conhecer no futuro. Enfim, coloque aquilo que lhe dê ânimo. Você vai precisar!

Esses tipos de mensagens são importantes para que você obtenha um gás a mais nos momentos de desânimo enquanto estiver estudando. Escreva frases curtas. Elas podem estar embaixo do tampo de sua mesa, como eu fiz, ou coladas na parede em frente ou em qualquer outro lugar de fácil visualização.

No meu caso, também coloquei uma planilha com o número de questões que caíam em cada prova, com seus respectivos pesos, e até um cartaz de um carro novo, que eu iria comprar quando conquistasse o salário almejado.

e) Como ilumino o ambiente de estudo?

A iluminação do seu local de estudo não pode ser muito forte, para não arder seus olhos, nem muito fraca, pois vai ocasionar desconcentração e, consequentemente, sono.

De preferência, aproveite a luz natural, porque é melhor do que a artificial. Mas não é para deixar a luz do sol incidir diretamente no seu material de estudo, e sim para deixar entrar a luz que vem indiretamente por sua janela. Experimente estudar na praia com o sol incidindo diretamente em seu material de estudo e sentirá o incômodo que ele causa.

E mesmo a luz artificial também não pode incidir diretamente em cima do papel, ela tem que ser difusa, caso contrário, como o papel branco reflete em média 85% da luz, os seus olhos começarão a arder com o passar das horas e o seu estudo renderá menos. Projete-a na parede, para que só o seu reflexo atinja o papel.

Nunca deixe uma lâmpada piscando em seu ambiente de estudo porque vai atrapalhar bastante sua concentração. Troque-a o quanto antes, de preferência por uma lâmpada fria (fluorescente comum ou compacta ou LED). A compacta é aquela que chamamos de eletrônica, com bocal igual ao de uma lâmpada incandescente comum, já a fluorescente comum é aquele tubo grande que colocamos no teto. Há ainda uma fluorescente compacta, que é chamada de "não integrada" porque não tem aquela rosca da lâmpada comum, e sim dois pininhos. Sua iluminação é melhor que a da compacta comum, mas pouca coisa; não vale gastar mais só por isso. A comercialização da incandescente com 60W ou mais está proibida desde 2015, logo, inevitavelmente, você terá que colocar uma lâmpada fria em seu ambiente de estudo. Seu bolso, na hora de pagar a conta de luz, agradecerá.

Evite fazer sombra em cima do material de estudo. Logo, se for destro, coloque a iluminação vindo da esquerda, e se for canhoto, da direita, pois assim sua mão e seus outros objetos de estudo, como canetas e régua, farão menos sombra no material.

Caso sinta seus olhos ardendo ou cansados, experimente esfregar suas mãos uma na outra até aquecê-las bem e coloque-as sobre os olhos por uns 30 segundos. Isso ajudará a relaxá-los.

Estudos recentes mostraram que pessoas de todas as idades comumente aumentam o grau de miopia ao atravessarem uma fase de estudos, como vestibulares e concursos, então seguir essas dicas sem dúvida minimizará a chance disso acontecer.

f) De que forma organizo este monte de materiais impressos que possuo?

Organize seu material por disciplina. Os livros até podem ser colocados todos na mesma estante, pois são fáceis de serem localizados, mas os materiais impressos devem ser separados em diferentes pastas, gavetas ou prateleiras. Economiza muito tempo de estudo.

UNIDADE I – Começando sua Vida de Concurseiro com o Pé Direito | **49**

No início, você achará que isso é exagero meu, mas, com o passar do tempo, a quantidade de materiais impressos, como apostilas, exercícios, resumos, provas, dicas etc. será imensa, e se não estiver tudo muito bem dividido, tomará uma boa quantidade do seu precioso tempo de estudo a constante busca desses materiais.

Imagine-se estudando concentradamente uma matéria quando no meio do estudo decide consultar algo em outro material da mesma disciplina. Se estiver tudo muito bem organizado, rapidamente achará o que quer e voltará ao estudo, sem muita perda na concentração. Agora, se demorar a achar o que quer encontrar, além do tempo perdido, quando voltar a estudar, estará com uma concentração muito menor.

Essa dica é muito simples de ser implementada: se imprimiu uma dica sobre como estudar ou algum boato de concurso, coloque-a em uma pasta própria. Se foi uma prova, idem. Se foi um edital, idem. Se foi um texto sobre alguma disciplina, coloque-o na pasta reservada para ela. Vai ser muito mais fácil estudar dessa forma, deixando uma pasta só com provas, outra só com editais etc. Ao final de meses estudando, terá poupado muitas horas de estudo.

O mesmo vale para a utilização do computador. Organize tudo em pastas e subpastas. Abra uma pasta para cada disciplina, subdividindo-a em apostilas, exercícios, resumos etc.; outra pasta para provas, subdividida por banca examinadora; outra para editais; outra para dicas de estudo; outra para textos diversos etc.

g) Estudar ouvindo uma música de fundo ajuda ou atrapalha?

Inúmeros estudos já foram publicados provando que ouvir música atrapalha ou melhora a concentração e a atenção. Depende do tipo de música.

Se for uma música erudita ao fundo, preferencialmente a barroca, que possui como principais compositores Bach, Handel, Vivaldi, Corelli e Couperin, será boa para os seus estudos. Não sabe por onde começar? Ouça "As quatro estações" de Vivaldi, que certamente você já conhece, ou "Música Aquática", de Handel. Cada uma dura mais do que 40 minutos, e você pode deixá-las em *loop*. Ouvir Mozart também é indicado, apesar de já ser do período clássico. Se for de outro estilo, como Axé, Pagode, Rock ou MPB, prejudicará sua concentração.

Nunca estude ouvindo um idioma que você entenda. Se você fizer isso, sua concentração será muito prejudicada. Eu garanto, isso já está mais do que comprovado cientificamente. Nem vou fazer você perder seu tempo aqui explicando o porquê, só acredite em mim.

Quando começamos uma sessão de estudo, precisamos relaxar um pouco antes de começá-la. Se você começar a estudar ainda muito elé-trico, no estado beta, vai aproveitar muito pouco do conteúdo. A música barroca ajuda a conduzir seu cérebro para o estado de ondas alfa, que são as mais propícias para o estudo porque aumentam seu poder de concentração e memorização.

Quando a música não é barroca, ela atrapalha que você entre em alfa. Se for Iron Maiden, minha segunda banda favorita, você estará em "beta turbo master". Não é à toa que quando passei para o AFRFB, logo coloquei Iron no talo e dirigi pela cidade berrando e cantando alto. Coisa de doido, eu sei, mas quem disse que você não ficará assim quando for aprovado? Nada de entrar em alfa no dia que isso acontecer, entre em estado "beta turbo master blaster advanced". E nada como o Iron tocando "The Evil that Men Do" nessas horas.

Quando nosso cérebro entra em alfa, o aprendizado é melhor. É o chamado estado de vigília relaxada, em que o batimento cardíaco, a respiração e as ondas cerebrais estão sincronizados, com a mente concentrada e pronta para o aprendizado. Enquanto estamos acordados e não devidamente relaxados, nosso cérebro está no estado conhecido como beta, que é ruim para o aprendizado. Pesquisadores demonstraram que quando estamos neste estado mental, obtemos no máximo 25% no nível de concentração. Esses estudos começaram com um búlgaro cha-mado Georgi Lozanov nos anos 1960. O Dr. Lozanov dizia que, após um relaxamento inicial escutando uma música barroca, somos capazes de atingir 95% ou mais no nível de concentração.

Quer outra dica? Pratique meditação. Várias universidades compro-varam que ela melhora bastante a concentração nos estudos, a respiração e o sono e reduz o stress, dentre outros benefícios. Depois de somente um mês praticando-a, o resultado já será nítido, comprovado por meio de imagens do cérebro. Não é balela para vender livro de autoajuda, é

UNIDADE I – Começando sua Vida de Concurseiro com o Pé Direito | **51**

coisa séria mesmo, muito eficiente, e independe de sua religião. Agora adivinhe: qual é o estado em que estamos quando praticamos meditação? É o alfa, claro, por isso seu cérebro passará a se concentrar melhor nos estudos, pois você saberá entrar e permanecer em alfa mais facilmente e por mais tempo.

Não precisa necessariamente frequentar uma aula de meditação, assista a vídeos que a ensinam no *Youtube* e pratique em casa se não tiver acesso a uma aula presencial. Contudo, realmente é indicado que faça uma aula pelo menos no primeiro mês porque é difícil aprender a se concentrar, por isso que ajuda tanto em nossa concentração no estudo. Há vários vídeos no *Youtube* e CDs com músicas para ouvir durante sua prática.

A título de curiosidade, existem mais três níveis de estado mental, que são o teta, que ocorre quando estamos em sono leve; o delta, que ocorre quando estamos em sono profundo e o gama, que é quando estamos muito ativos mentalmente, como no medo. Durante a fase teta é mais fácil nos lembrarmos dos sonhos, já na fase delta é muito difícil isso acontecer.

Voltando à história de estudar ouvindo música barroca, uma boa notícia é que você nem precisa estar ouvindo a música de fato, pois pode colocar o volume no mínimo, que faz praticamente o mesmo efeito. Obviamente, você deve evitar o som com volume alto; tem que ser bem baixinho, praticamente inaudível, mas o volume pode ser aumentado se houver barulho o incomodando.

Se estudar perto do micro, é só arquivar em uma pasta do seu disco rígido ou pen drive um monte de músicas em MP3 ou então colocar para tocar no *Youtube* e deixar tocando sem parar com volume baixo.

Enquanto escrevia este livro, às vezes escutava Vivaldi bem baixinho pelo micro. Quando tentava colocar outro tipo de música, desconcentrava-me totalmente, o que não acontecia quando ouvia música erudita. E olhe que nem sou fã desse tipo de música, meu negócio é rock mesmo.

Outro som também indicado ultimamente é o "binaural", que pode ser encontrado em diversos vídeos no YouTube, por exemplo. Detalhe: ele só funciona bem se for usado com fones de ouvido.

Para servir como um pequeno resumo deste capítulo, a seguir inseri uma foto da minha mesa de estudo dos áureos tempos de concurseiro.

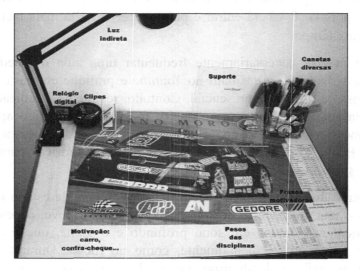

Ela continha, à esquerda, uma luminária voltada para a parede (sou destro), um suporte para livros, canetas de diversas cores, uma foto do carro que eu queria comprar na época (um Astra), algumas frases motivacionais, uma planilha com os pesos das disciplinas na prova e um relógio digital para anotar o tempo de estudo (veremos isso na próxima unidade). Era uma mesa simples, mas, para melhorar seu uso, comprei um tampo de vidro para colocar em cima.

2) Cuidados com a alimentação e energéticos

Nos últimos anos foram publicados diversos estudos, livros e revistas sobre este assunto, que é muito importante para os concurseiros.

Quando começamos a estudar, o cérebro passa a ser o nosso melhor amigo. É ele que vai fazer você conquistar algo neste mundo dos concursos. Mais adiante, vamos entender como ele funciona, mas agora vamos analisar o que ele precisa para funcionar bem, e não só ele, mas o resto do corpo também.

Nosso cérebro, que possui massa em torno de 1,3kg, consome de 20 a 25% das calorias e 1/3 do oxigênio diários, isso "pesando" somente cerca de 2% da nossa massa corporal. Nós respiramos aproximadamente 20 mil vezes por dia. Por minuto ele precisa de pelo menos 750ml de sangue circulando constantemente. Essa quantidade de sangue é tão seriamente controlada e necessária que se a diminuirmos em 1% já bastará para termos alguma espécie de mal-estar ou desmaio.

O cérebro, ao contrário dos músculos, não consegue armazenar carboidratos, e por isso requer um suprimento constante de glicose, que somente pode chegar a ele por meio da circulação sanguínea. Ele queima 120g de glicose diariamente. Quando seu nível cai, nós perdemos a capacidade de concentração. Porém, manter a taxa muito alta também é ruim, então não podemos exagerar.

Sendo assim, para você se manter em boas condições mentais precisa tomar um bom café da manhã e fazer pequenos lanches e refeições ao longo de todo o dia, evitando permanecer várias horas sem se alimentar.

Para metabolizarmos a glicose, necessitamos de ferro. Se você for mulher, preocupe-se mais ainda com o consumo desse mineral, por causa do período menstrual. Baixos índices de ferro no organismo prejudicam imensamente o funcionamento do cérebro. A hortaliça com maior concentração de ferro é o brócolis, mas é aconselhável que ele seja cozido, porque quando cru contém certas enzimas que prejudicam a absorção de seus nutrientes. Convém salientar que o ferro encontrado nos alimentos de origem animal é melhor que o de origem vegetal. Também é bom saber que o ferro encontrado em suplementos às vezes afeta nossa digestão, causando diarreia, então prefira seu consumo por meio de alimentos.

Tudo bem, precisamos nos preocupar com nossa alimentação, mas basta ingerirmos qualquer alimento? Óbvio que não, precisamos nos preocupar com qual tipo de alimento estamos mandando para nosso cérebro. Ingerindo os alimentos corretos, aumentamos a capacidade de raciocínio, aprendizado e memória.

Então quais seriam os alimentos mais indicados? São vários, tais como: cereais integrais, frutas, legumes, vegetais, ovo, lecitina de soja, alimentos que possuem ômega 3 (salmão, atum, sardinha e óleo de linhaça), azeite de oliva, castanha-do-pará, chocolate amargo ou meio amargo, frutas vermelhas, frango, peixes, banana, feijão, maçã e brócolis. Há estudos que aconselham também nozes e espinafre.

Cada alimento mencionado possui uma função diferente para o bom funcionamento do seu cérebro, mas não nos cabe aqui tratar detalhadamente uma a uma.

Ingira um bom café da manhã, preferencialmente com frutas, cereais, leite e seus derivados, como iogurtes. Ele deve conter de 20 a 25% das calorias diárias e se for reforçado, seu almoço será menos pesado, reduzindo o sono que surge à tarde. Uma alimentação ruim ao acordar compromete todo o seu desempenho físico e mental durante o resto do dia. Inclua nele pelo menos meia banana, de preferência uma inteira, devido ao seu potássio. Uma fruta que tenha vitamina C também é bastante indicada, como laranja, limão ou kiwi.

Se você tiver filhos, acostume-os a comerem bem assim, logo de manhã. Vai ser importante para o futuro deles. Você ainda não sabe se serão concurseiros (rs.).

Caso não seja acostumado a comer ao acordar, pelo menos tome uma vitamina de frutas ou algo parecido e com o tempo melhore seu desjejum, mas em hipótese alguma deixe de ingerir bons alimentos pela manhã. Sei que há diversas pessoas que não comem nada pela manhã, ficam até a hora do almoço sem praticamente nada no estômago e ainda afirmam que rendem bem nos estudos matutinos. Saiba que poderá até render bem de manhã em jejum, mas seu desempenho no restante do dia ficará seriamente prejudicado.

Para você se convencer definitivamente da importância do café da manhã, um estudo mostrou que crianças que ingeriam refrigerantes e doces nessa refeição tinham o mesmo nível de atenção e memorização das informações de pessoas com 70 anos de idade. E mais, outro es-

UNIDADE I – Começando sua Vida de Concurseiro com o Pé Direito

55

tudo mostrou que pessoas que não consomem nada no café da manhã possuem 4,5 vezes mais chances de se tornarem obesos do que as que consomem um bom café da manhã.

E quais são os vilões? Açúcar, álcool, gorduras e carnes vermelhas, principalmente se preparadas em frituras.

Há um ditado que diz: *Tome um café da manhã de um rei, almoce como um príncipe e jante como um plebeu.* Siga-o.

Acrescentando mais informações aos tipos de alimentos mais recomendados, é interessante sabermos quais são os mais indicados para consumirmos durante o estudo ou uma prova, por exemplo. Os ricos em açúcar elevam rapidamente o nível de glicose, mas o efeito dura pouco e você pode, em um curto espaço de tempo, ficar com um estado mental pior do que antes do seu consumo. O consumo de açúcar pode levar a uma queda no nível de glicose 20 minutos após sua ingestão, antes do final da sua prova, por exemplo. Os alimentos mais recomendados nessas horas são os ricos em amido e fibras, como pães integrais, barras de cereal, legumes e vegetais, pois promovem um aumento lento e moderado da glicose, durando mais tempo. Obviamente, os dois primeiros exemplos são mais indicados para levar para uma prova, espero que ninguém leve uma berinjela ou um pé de couve-flor. Estudos recentes mostram que esses tipos de alimento promovem uma maior resistência mental. Ciente disso, leve para a prova uma barra de cereal, em vez de uma de chocolate, como muita gente recomenda.

Falando de chocolate, ele pode não ser indicado para consumo durante a prova, mas no seu dia a dia de estudante é indicado sim, desde que seja amargo ou meio amargo. Ele libera dopamina, que traz prazer e motivação. Logo, se estiver desanimado para estudar, coma um pedaço. Claro que não é para abusar de seu consumo porque engorda, mas um pedaço de vez em quando vai ser bom para seu estudo. Bem, eu como todos os dias desde adolescente, então sou suspeito para dar essa dica (rs.).

O consumo de ômega 3 é muito importante para o bom funcionamento do cérebro, mas dê ênfase ao seu consumo por meio de peixes ou suplementos, pois o que é encontrado na linhaça, nozes, soja, alimentos enriquecidos de ômega 3 etc. não é bem processado pelo nosso corpo humano. Esclarecendo, consumir alimentos como linhaça, nozes, castanhas etc. continua sendo uma boa recomendação para sua saúde cerebral, mas não quanto aos efeitos do ômega 3. Os peixes mais indicados são os de águas frias e profundas, como salmão, sardinha, arenque, atum e linguado. Ressalto que não devemos fritar os peixes, pois esse processo elimina o ômega 3.

O problema é que já li mais de uma vez que o salmão encontrado em nossos restaurantes é criado em cativeiro, onde consome ração, e por isso não tem quase nada de ômega 3, porque este vem das algas marinhas, fonte de alimento do salmão solto na natureza. Fora que para receber os benefícios recomendados, você teria que comer o equivalente a três latas de atum por dia. Portanto, é bem melhor ingerir o ômega 3 por meio de suplementos. Caso consuma sardinha ou atum em lata, compre o com óleo, mas retire o óleo antes de comer. No caso de usar em cápsulas, ingira-as pelo menos 30 minutos antes de uma refeição. Resumindo, é bem mais garantido ingerir o ômega 3 por meio de suplementos.

Falando de suplementos, vamos a mais algumas dicas importantes. O ômega 3 que vem em peixes é basicamente composto pelos ácidos graxos DHA e EPA. Preocupe-se mais em ingerir o DHA, e quando suplementar com cápsulas, o que recomendamos veementemente, elas têm que possuir mais DHA que EPA. Se você estiver pensando em suplementar sua alimentação para aumentar sua performance nos estudos e tiver que escolher um tipo de suplemento, escolha o DHA.

Não é indicado consumir suplementos que contenham o ômega 6, pois este já ingerimos em quantidade mais do que suficiente por meio de óleos de vegetais e gordura de animais. Mas o ômega 3 não, este temos que correr atrás mesmo. E o ômega 6 ainda atrapalha a absorção do ômega 3, então evite suplementos que contenham os dois. A ingestão de gorduras hidrogenadas e trans, encontradas em *junk foods*, também atrapalha bastante a absorção do ômega 3, então cuidado com os hambúrgueres, ok?

Complicado esse tal de ômega 3, né? Bem, preste atenção nessas informações e, se possível, consuma ômega 3 da forma indicada, assim seu cérebro agradecerá, e muito. É melhor saber disso tudo do que gastar dinheiro com qualquer suplemento de ômega 3 que não vai adiantar nada, não é?

UNIDADE I – Começando sua Vida de Concurseiro com o Pé Direito | **57**

Em relação aos alimentos ricos em gorduras, é importante destacar que nem todos são prejudiciais ao cérebro, afinal, ele mesmo é quase todo formado por gordura. Os alimentos ricos em gordura ômega 3 são altamente recomendáveis. Logo, ao contrário da ideia do consumo de carnes vermelhas, nas quais devemos evitar as gordurosas, ingerir peixes gordurosos de vez em quando é uma boa ideia, pois são os que possuem maior concentração desta gordura.

Seu cérebro consome muita energia, por isso produz grandes quantidades de radicais livres, tornando-se muito importante o consumo de antioxidantes para combatê-los. Os vegetais são alimentos ricos em nutrientes antioxidantes, principalmente folhas verdes e vegetais crucíferos, como brócolis, couve-flor, repolho e couve. Brócolis no vapor e salada de espinafre são ótimos para combater os radicais livres. Além dos vegetais, outros alimentos muito indicados são amoras pretas, nozes, morangos, alcachofras, uvas-rubi e framboesas, pois possuem uma concentração de antioxidantes por peso até maior do que a dos vegetais.

Sinceramente, não sei se esses alimentos ricos em nutrientes para o cérebro farão tanta diferença no seu desempenhho nos próximos meses. Com certeza a longo prazo farão, mas talvez você já tenha até sido aprovado, tomara. Mas uma coisa é certa: uma alimentação balanceada vai te dar muito mais energia para estudar, além de dormir melhor. Não existe uma pílula ou alimento mágico, mas manter bons hábitos alimentares o tornarão uma pessoa mais concentrada e produtiva nos estudos.

Consumir bebidas cafeinadas em quantidade limitada, como café e chás, é benéfico para a concentração, a atenção, o aprendizado e a memória. Mas antes que você vicie de vez ou aumente o consumo dessas bebidas, vamos aprender um pouco mais sobre café, chás e energéticos, para estar ciente dos seus inconvenientes também.

O café é a bebida mais consumida mundialmente, depois da água, claro. Ele fica somente atrás do petróleo quanto a dólares comercializados no mundo. Logo, a maioria dos leitores deste livro o consome, e por isso vou comentar mais sobre ele do que sobre as outras bebidas.

O efeito do café ocorre por volta de 20 minutos após seu consumo, quando 90% da cafeína já está no seu cérebro, durando aproximadamente 45 minutos se for uma xícara pequena. Se for uma xícara média, seu efeito pode se estender por duas a seis horas. O efeito do chá é mais fraco, porém, é mais duradouro, porque sua cafeína é liberada de forma mais lenta.

A notícia ruim é que a ingestão de muita cafeína, quatro xícaras ou mais de café, por exemplo, reduz a concentração. O consumo tem que ser moderado, caso queira fazer uso desses tipos de bebida. O ideal é tomar quantidades menores com maior frequência, e não tomar um copo grande de uma vez, que faz um efeito rápido, mas de curta duração.

As bebidas cafeinadas (café, chá e energéticos), assim como outros produtos ricos em cafeína, agem como uma droga, podendo causar sintomas de dependência, como irritação, ansiedade e dores de cabeça na sua abstinência. E com outro efeito colateral grave: seu organismo pode exigir um aumento progressivo do seu consumo.

Só é aconselhável ingerir até três miligramas de cafeína por quilo de massa corporal. Então, se você tiver 70kg, poderá ingerir até 210mg, o equivalente a menos de três latas de um energético. Consumir mais de 500mg de cafeína pode causar uma intoxicação, quantidade correspondente a três xícaras de café expresso forte, por exemplo.

A bebida energética, cujo melhor exemplo é o Red Bull, possui 80mg de cafeína em uma lata de 240ml, contra 40 a 65mg em 100ml de uma xícara de café comum, 100mg em 50ml de café expresso, 34mg em uma lata de Coca-Cola, 70mg em 355ml de chá, 30mg em uma barra de 170g de chocolate amargo ou 10mg em uma barra de chocolate ao leite. Seu consumo exagerado não é aconselhável, principalmente junto com bebida alcoólica.

Apesar de alguns países, como França e Dinamarca, terem proibido seu consumo, em 2007 foram vendidos 3,5 bilhões de latas no mundo e em 2009 o Brasil consumiu 40 milhões de litros de energéticos.

Como curiosidade, saiba que o Red Bull foi baseado em uma bebida consumida na Tailândia. Neste país se chamava *Krating Daeng*, que em tailandês quer dizer "touro vermelho", por isso seu símbolo são os dois touros vermelhos. Eu estive de férias na Tailândia em 2009, onde se vende uma lata de Red Bull que diziam ser proibida no Ocidente, por possuir componentes mais fortes que os permitidos. Não sei se era lenda para que o pessoal consumisse mais ou se era verdade.

Nos EUA há uma bebida chamada *Cocaine* que possui 280mg de cafeína em uma lata de 240ml. Aqui no Brasil ela é proibida, pois o limite estabelecido pela Anvisa, por coincidência, é o mesmo do Red Bull, ou seja, 80 mg.

UNIDADE I – Começando sua Vida de Concurseiro com o Pé Direito | **59**

Recentemente, nossas farmácias começaram a vender comprimidos com 200 mg de cafeína, que já eram vendidos lá fora há vários anos. Mais uma vez, se souber de alguém que esteja indo para os EUA, sai muito mais barato, mas muito mesmo.

Um dos produtos que mais contêm cafeína é o guaraná em pó, que é produzido comercialmente somente no Brasil. Comparando com a mesma quantidade de café, contém cerca de cinco vezes mais cafeína. Recentemente começou a ser vendido em cápsulas, com dose indicada de uma cápsula por dia, porém, é bom relembrar que seu consumo poderá trazer diversos efeitos colaterais, como dor de cabeça, insônia, taquicardia, náusea, tremores nas mãos etc.

Aproveito para fazer mais um alerta muito importante: nunca consuma essas bebidas à noite, porque atrapalham seu sono e, consequentemente, sua memorização, conforme veremos adiante.

O Gingko Biloba (GB) é o suplemento fitoterápico para memória mais consumido no mundo e um dos poucos energéticos que não deve seu efeito estimulante à cafeína. Só nos EUA movimenta 250 milhões de dólares por ano.

Raramente seus consumidores apresentam efeitos colaterais, que geralmente são: náusea, vômito, dor de cabeça, tontura, zumbido nos ouvidos e erupções na pele. Mas repito, isso ocorre muito raramente, desde que observadas a dosagem recomendada, em torno de 120mg diários, e a produção segundo padrões adequados. Em hipótese alguma consuma este produto fresco ou seco, utilizando partes da planta em chás ou em contato direto com a pele, pois há substâncias que podem provocar alergias ou reações tóxicas no sistema nervoso. Hoje há uma comercialização indiscriminada de suas folhas secas, mas elas não devem ser utilizadas, repito. Se quiser utilizar este produto, que não seja dessa maneira, e sim sob a forma de cápsulas ou comprimidos.

Bem, mas e os efeitos sobre o aprendizado e a memória, são realmente eficientes? Diversos estudos já tentaram provar isso. Um deles relatou que no início observa-se uma melhora, mas que após alguns meses seu efeito torna-se inexistente e, por vezes, até mesmo prejudicial.

Um grande estudo americano sobre os efeitos do GB para a memória, o maior já realizado até hoje sobre este produto, foi divulgado amplamente no final de 2009, inclusive na Rede Globo. Ele concluiu que o efeito sobre a memória é inexistente.

Sei que alguns colegas e especialistas irão discordar de mim, mas não fui eu que provei isso, e sim pesquisadores americanos. Logo, caso queira consumir o GB, beleza, pois muito raramente ocorrerão efeitos colaterais, mas saiba que poderá estar gastando dinheiro à toa, que poderia ser mais bem utilizado na aquisição de livros de estudo, por exemplo. Ou, quem sabe, no máximo terá um ganho psicológico com o famoso "efeito placebo", o que também não deixará de ser positivo, pois poderá aumentar sua autoconfiança.

Começam a surgir no mercado remédios prometendo aumento da concentração, inteligência, memória etc. São chamados de drogas inteligentes ou nootrópicas. Nos EUA recentemente foram abertas lojas chamadas de "smart shops" (lojas inteligentes) especializadas nesses produtos. Alguns já foram aprovados pela agência americana que regula os remédios, a FDA, mas a maioria dos produtos que foi liberada por ela não o foi para esse fim específico, e sim para outros, como tratar o mal de Alzheimer.

A primeira e mais famosa substância usada para "melhorar nosso cérebro" é o metilfenidato, que é conhecido pelo seu nome comercial, Ritalina, descoberta em 1956. É receitada para milhões de crianças com Distúrbio de Déficit de Atenção (DDA) em quase todo o mundo, mas não é totalmente segura, pois pode causar efeitos colaterais bem graves, como taquicardia, convulsões, psicose ou perda de libido.

A Ritalina serve para pessoas que possuem insuficiência de algumas substâncias no cérebro. Caso este não seja o seu caso, não entre neste barco, porque é furado. O cérebro vai receber uma overdose dessas substâncias e terá que se defender delas regulando suas quantidades, podendo resultar em dependência química, que requererá um tratamento bastante complicado, afinal, ela tem o mesmo mecanismo de ação da cocaína. Há inúmeras pessoas com sérios problemas de dependência química dessa droga. Acredito que uma das últimas coisas que um concurseiro pode desejar em sua fase de estudos é entrar em alguma dependência química, então nem pense em começar a usá-la por conta própria.

O uso da ritalina por pessoas que não possuem DDA não ajuda em nada o aprendizado, já foi mais do que comprovado, e ainda pode trazer dependência e os efeitos colaterais já apontados. Só que no Brasil ela virou uma epidemia, somos o segundo país em consumo dessa droga, somente atrás dos EUA (sempre ele). Lá nos EUA, 9% das crianças

UNIDADE I – Começando sua Vida de Concurseiro com o Pé Direito | **61**

estão sendo tratadas com medicamentos para déficit de atenção. Enquanto isso, na França, somente 0,5%. E adivinha qual país estamos seguindo? Nossos colegas da América, claro. E essa mania se expandiu para muitos concurseiros, que buscam remédios milagrosos, sem pensar nos efeitos colaterais que terão e que podem estar sujeitos a eles a troco de nada.

A Ritalina prejudica sua memorização, então você se engana achando que tá rendendo melhor no estudo, porque se sente mais disposto, mas memoriza bem menos quando for dormir.

Se você ainda estiver em dúvida sobre o uso da Ritalina, quando ela é realmente indicada, suas vantagens e desvantagens, assista a estes vídeos no YouTube: *"Ritalina e Concursos Públicos: Divã do Concurseiro"*, de 18/8/2020, e *"TDAH ou ansiedade? Diferenças e tratamento"*, de 3/12/2020, porque aí não sou eu que não tenho formação na área que estou dizendo, e sim uma psicóloga e um médico com formações específicas em aprendizagem.

Outra substância bastante conhecida é o modafinil, mas que também pode causar efeitos graves, como irritações na pele. E não pense que é bobagem essa coceira, pois pode levá-lo à morte. E, por isso, o governo americano não o liberou para crianças.

A revista *SuperInteressante* de novembro de 2009, cuja matéria de capa foi intitulada *A Pílula da Inteligência*, tratou muito bem dessas duas substâncias e outras mais. O repórter da matéria utilizou o modafinil por uma semana e, de acordo com o seu relato, não foi nada agradável, e acabou abandonando o uso no sexto dia. O mais interessante é que ele fez um teste de QI na véspera de começar a usar e outro no sexto dia de uso da substância. Seu teste usando-a foi oito pontos menor que sem o seu uso, ou seja, seu desempenho mental piorou.

Eu acredito que o remédio mais utilizado pelos concurseiros no Brasil seja o Pharmaton. Contudo, é só lermos seus componentes que veremos que são vitaminas e outras substâncias comuns que uma dieta adequada já contém. Quando estudei em 2005 eu o utilizei por uns dois ou três meses, mas, sinceramente, acho que seu efeito foi mais psicológico, puro "efeito placebo". Em vez de comprar na farmácia convencional, comprava nas farmácias de manipulação, pois saía bem mais barato quando a própria farmácia o fabricava.

Sem querer me meter muito em suas escolhas pessoais, quer um conselho? Esqueça esses remédios que prometem melhorar sua memória ou raciocínio. Possuem efeitos colaterais que não compensam o uso, ou não cumprem o que prometem. Até acredito que nos próximos anos surgirão substâncias mais seguras e que realmente funcionarão bem, mas ainda não chegamos lá. E mais: como algumas substâncias ainda são muito recentes, não sabemos se o uso contínuo por alguns meses ou anos causará danos irreversíveis ao seu cérebro. Sinceramente, penso que se meu cérebro me deu quase tudo que tenho na vida, não vale a pena correr o risco de danificá-lo. Espero que siga o meu conselho.

Outra questão é que milhões de brasileiros consomem remédios calmantes. Somos o maior consumidor mundial de Rivotril (clonazepam), que é um dos remédios mais consumidos no país. Entre 2006 e 2010 o consumo dos remédios com base nessa substância aumentou 42%. Consumimos mais de 15 milhões de caixas só de Rivotril anualmente, fora outros, como Frontal, Valium, Lorax, Dormonid, Lexotam etc. E olhe que estes remédios são de tarja preta, ou seja, somente podem ser vendidos com receita médica.

E por que eles são tão consumidos? Porque viraram solução para tudo. Está com depressão, ansiedade, insônia ou brigou com o(a) namorado(a)? Tome Rivotril ou algo parecido. Simples assim. Fora que uma caixa de Rivotril custa meros R$ 8,00, outro motivo para o seu alto consumo. É claro que para muitas pessoas esse remédio realmente é necessário, mas para a grande maioria não é. Bem, e qual o problema de consumir um remédio destes se todo o mundo toma? Ora, meu amigo, ele não tem a tarja preta à toa. Ele causa dependências química e psicológica, e com poucas semanas de uso.

Mas por que eu estou condenando quem toma esses remédios calmantes em um livro de dicas sobre como se preparar para concursos? Pelo simples fato de que **estes medicamentos prejudicam a atenção e a concentração e causam perda de memória**, principalmente após um uso prolongado por alguns meses ou anos. E se o seu médico disser que isso é bobagem, faça uma simples pesquisa no Google que achará diversos estudos provando como seu uso é prejudicial.

Então, caro concurseiro, se você quiser tomar esses remédios após sua aprovação, porque estará estressado em decidir para onde viajará nas férias, ou qual balada frequentar no final de semana, ou a qual filme assistir às 18h após o trabalho, ou de qual cor será seu carro novo, que seu médico o prescreva e você faça seu uso ou não, isso é com você. Meu compromisso neste livro é ajudá-lo até sua aprovação. Após isso, é com você, OK? Mas enquanto estiver nesta vida de concurseiro, fique

UNIDADE I – Começando sua Vida de Concurseiro com o Pé Direito

bem consciente do prejuízo que poderá causar em coisas de que você "não precisa muito". São só a memória, a atenção e a concentração, nada de tão importante, pode dormir tranquilo usando seu remédio favorito.

Deixo bem claro que não sou médico e não sou eu que vou dizer se você tem a real necessidade de tomar ou não um desses remédios. Só quis deixar o alerta de que não é para tomar essas coisas como a galera toma, achando que são sucos de fruta e que fazem pouco mal à saúde. Se for para tomar, que seja realmente necessário e sob orientação médica, e de preferência com uma opinião embasada de mais de um médico.

Falta ainda comentar um pouco sobre o cigarro e o álcool, que são verdadeiros venenos para a oxigenação do cérebro.

O álcool prejudica principalmente a memória de curta duração, logo, dificulta muito a retenção de novas informações. Alguns estudos demonstraram que mesmo o consumo de pouca quantidade prejudica a memorização. Claro que não estou aqui dizendo que é para deixar de tomar seu choppinho semanal, caso goste, mas sim para estar consciente de que até mesmo o consumo de baixas quantidades afetará seu cérebro. Principalmente após o lançamento do edital, pense seriamente em fazer uma abstinência total ou quase completa. Quando você bebe em demasia, além de prejudicar seus neurônios, compromete seriamente todo o seu estudo do dia seguinte. É bom de vez em quando sair para relaxar, mas como diz o Ministério da Saúde: *Beba com moderação.*

O fumo diminui a quantidade de oxigênio que chega ao cérebro e o envio de nutrientes para as células. Bem, preciso dizer mais alguma coisa? Talvez mencionar um estudo que provou que, em média, indivíduos que fumavam um ou dois maços de cigarro por dia apresentavam desempenho pior em testes de memorização quando comparados a pessoas não fumantes.

E antes que eu me esqueça, pois também é uma dica essencial: beba muita água, pois ela é importantíssima para o seu bom desempenho mental, porque facilita as sinapses, que são as ligações entre os seus neurônios. Sua absorção é imediata, ao contrário de sucos e refrigerantes, por exemplo. Logo, sempre dê preferência à água, e não a outras bebidas. Acostume-se a estudar com um copo d'água ao seu lado e beba um gole a cada dez minutos. Não se esqueça de que seu cérebro precisa de bastante água, principalmente quando você está estudando.

3) A necessidade de fazer exercícios físicos

E os exercícios físicos, são realmente importantes para o concurseiro? Sim, muito. A simples prática de 20 minutos a uma hora três vezes por semana aumenta em torno de 15% sua capacidade de concentração e aprendizado, você passa a pensar com mais clareza e melhora sua memória, entre outros benefícios.

No próximo capítulo estudaremos o hipocampo, que é a região cerebral associada à memória e à aprendizagem. Por agora, saiba que a prática regular de exercícios aeróbicos torna essa região muito mais ativa.

Sabemos que o exercício físico por si só não vai nos fornecer oxigênio e nutrientes, mas ele dá ao nosso corpo mais condições de acessar esses recursos.

É comum lermos em artigos e livros sobre aprendizado que a atividade aeróbica é importante porque melhora a oxigenação do cérebro, e isso sem dúvida é essencial, mas o principal fator de aumento no aprendizado é o químico.

O neurônio é uma célula especializada do cérebro, todos sabem disso. O que interessa saber agora é que quando um neurônio transmite informações dentro dele próprio, essa transmissão é elétrica, mas quando a transmissão é de um neurônio para outro, ela é química. Um neurotransmissor, que é uma substância química, é liberado pelo neurônio na sinapse, que é a responsável pela comunicação entre os neurônios.

Quando realizamos atividades físicas aeróbicas, uma proteína chamada BDNF tem sua produção consideravelmente aumentada. E a BDNF mantém os neurônios saudáveis, ajudando no processo de transmissão e também estimula a neurogênese, isto é, o nascimento de novas células cerebrais. Esse é o grande ganho que a atividade física proporciona.

E como acontece a melhora devida à maior oxigenação do cérebro? O nosso cérebro não consome 1/3 do oxigênio diário? Sendo assim, temos que oxigená-lo muito bem, o que conseguimos principalmente fazendo exercícios físicos aeróbicos, como caminhar, correr, nadar, pular corda, fazer uma arte marcial, andar de bicicleta etc. Outras ótimas

UNIDADE I – Começando sua Vida de Concurseiro com o Pé Direito **65**

opções para melhorarmos nossa respiração são a dança de salão e a ioga. Enfim, existem diversas opções. Faça aquela de mais fácil acesso e prazer para você. Seja qual for a atividade, é importante que ela seja prazerosa e relativamente intensa. Um simples passeio na rua para levar o cachorro para fazer xixi não serve como atividade física, mas somente para aliviar um pouco sua cabeça e seu pobre cãozinho (rs).

Não precisa ser um exercício extenuante, pois nunca devemos perder o fôlego demasiadamente, uma caminhada rápida já fará muito bem. Seu corpo todo agradecerá, principalmente seu cérebro, tanto pela melhora na química dos neurônios quanto na melhor oxigenação.

O efeito dos exercícios físicos sobre nossa capacidade de adquirir conhecimento aumenta até certo ponto, a partir do qual começa a declinar. Pensando em um gráfico, tem a forma de um "U" de cabeça para baixo. Portanto, caso realizemos exercícios físicos em excesso, nosso aprendizado piorará.

O alongamento e os exercícios anaeróbicos, como a musculação, também possuem seus benefícios, pois melhoram o aprendizado, ajudam a fortalecer as suas costas, prevenindo ou diminuindo suas dores, e melhoram sua autoestima. Mas estabeleça como prioridade os exercícios aeróbicos. Se quiser se matar de malhar após sua aprovação, beleza, seja conhecido como o "Fiscal Schwarzenegger" ou a "Juíza Feiticeira", mas até a aprovação tente pertencer à geração saúde. Sabemos que ter uma barriga "tanquinho" durante os tempos de concurseiro é bem difícil, mas não a deixe tornar-se uma barriga de versão mais moderna: com a aparência de uma máquina de lavar.

Estudos demonstraram que a prática de um exercício aeróbico junto com um anaeróbico proporciona uma melhora ainda maior no aprendizado, mais do que só fazendo o aeróbico. Logo, se puder fazer um exercício aeróbico e um pouco de anaeróbico, será melhor para o seu estudo.

Ainda, o exercício físico aumenta a fase de sono profundo, tão importante para a memorização do conteúdo que você estudou, conforme veremos no capítulo sobre o sono.

Também não podemos nos esquecer de nos alongar. Quando estamos muito tensos, estudando várias horas por dia, ficamos muito encurtados, prejudicando a circulação do sangue e ocasionando dores.

É aconselhável que, após algumas horas de estudo, alonguemos pelo menos a nuca, o pescoço e os ombros.

Dois alongamentos muito eficientes que podemos fazer facilmente são os seguintes:

1º) sentado em cima de uma cadeira com encosto reto, apoie suas costas nele, encoste lentamente o queixo no peito e rotacione a cabeça para a direita e depois para a esquerda, um lado de cada vez, duas vezes cada um. Isto é, faça uma rotação para a direita, outra para a esquerda, depois para a direita de novo e finalize com uma para a esquerda. Ou o contrário, claro. Não pare entre uma rotação e outra, faça as quatro voltas continuamente. As rotações devem ser feitas bem lentamente, durando de 15 a 20 segundos cada uma. Logo, em menos de dois minutos já terá terminado o alongamento;

2º) sentado ou em pé, entrelace os dedos das duas mãos, apoie as palmas das mãos na nuca o mais embaixo que conseguir, com os "dedões" encostando no início das costas, mantendo os braços abertos. Portanto, não é para deixar os cotovelos apontados para a frente, é para deixá-los apontados para os lados, sentindo o peito abrir. Nesta posição, empurre lentamente os cotovelos o mais para trás e para baixo que conseguir, sem forçar o pescoço. Segure a pressão por uns sete segundos, repetindo três vezes, com uma pequena pausa entre uma e outra.

No YouTube há vários vídeos sobre como alongar a cervical e a lombar. Sugiro, dentre outros, o canal do Marcelo Garcia. Para a cervical, veja um vídeo dele de cinco minutos chamado: "Como um sim e um não curam sua Coluna Cervical".

Não deixe de fazer esses alongamentos, pois ajudam a diminuir a tensão muscular na região e minimizam as dores, melhorando sua concentração ao estudar. Hoje pode parecer exagero, mas isso poderá fazer muita diferença no seu estudo, mas muita mesmo.

O grande autor e palestrante Jim Rohn uma vez disse uma frase muito sábia: "Tenha cuidado com seu corpo, é o único lugar que você tem para viver".

4) Desvendando nosso cérebro

Este capítulo é um pouco mais "pesado" que os demais, então, desculpe-me por ter falhado de leve na minha promessa lá na introdução de ter evitado a todo custo entrar em detalhes mais técnicos neste livro. Tentei de todas as formas dar uma "amaciada na carne", mas ainda assim reconheço que ela não ficou muito macia. Por favor, pode me xingar (a minha doce mãezinha não, só a mim, ok?), mas leia-o, são poucas páginas, levará uns dez minutos somente, que servirão para dar base a algumas próximas passagens, que prometo que serão mais leves.

A partir do dia em que você decidiu vencer na vida estudando, seu cérebro passou a ser muito mais requisitado e você se tornou ainda mais dependente dele para alcançar seus objetivos. É claro que você sempre dependeu do seu cérebro para tudo, o que quero passar aqui é que até hoje você pode ter vivido no "automático", sem muito conhecimento do funcionamento dele, mas a partir de agora vai ser muito mais produtivo se souber como ele funciona, pelo menos no que nos interessa para os estudos. E é para ajudá-lo neste ganho de conhecimento que escrevi este capítulo, e que em diversas outras partes deste livro também inseri outras informações úteis para entendermos o funcionamento e as características do melhor amigo dos concurseiros.

Nosso cérebro adulto possui entre 1.200 e 1.400 gramas e é proporcionalmente maior em relação ao resto do corpo dentre todos os seres vivos. Se "pesássemos" toda a nossa pele, ela teria o dobro de massa que o cérebro. Nosso "parente" mais próximo, o chimpanzé, tem um cérebro de aproximadamente 400 gramas. O extinto (ainda bem) dinossauro Tyrannosaurus Rex tinha 8 toneladas de peso e apenas 200 gramas de cérebro. Para não perder o vício de ser concurseiro, vale um lembrete: não se esqueça de que o certo é "duzentos gramas", no masculino, ok?

Ter um cérebro com mais massa que outro ser humano não significa ser mais inteligente que o outro. O cérebro de Einstein tinha 1.230 gramas, massa inferior à maioria de nós, e foi um dos maiores gênios da história e tido como o maior gênio do século XX por muitos. O cérebro de um elefante possui 4kg e o de uma baleia, 9kg, e logicamente não são mais inteligentes que nós.

O cérebro é composto por 78% de água, 10% de gordura, 8% de proteína, 1% de sal, 1% de carboidrato e 2% de outras substâncias. Possui aproximadamente 100 bilhões de neurônios, e cada um desses neurônios pode realizar entre mil e várias centenas de milhares de sinapses, sabendo que sinapse é a junção entre dois neurônios adjacentes. Portanto, podemos ter até mil trilhões, isto é, um quatrilhão de conexões. Dezenas de milhares de neurônios cabem em uma mera cabeça de alfinete. Ainda assim não somos os animais com o maior número de neurônios; a baleia azul, por exemplo, possui mais neurônios que nós.

O córtex é a região externa do nosso cérebro, a que envolve todo ele ("córtex" quer dizer "casca" em latim) e que possui de 1 a 4mm de espessura no total de suas seis camadas. Basta juntar umas 20 folhas deste livro para ter uma ideia aproximada da sua espessura. O córtex pode parecer pequeno, mas se o estendêssemos, ocuparia a área de uma página de jornal. Quase todo ele é formado pelo neocórtex, que recebeu o prefixo *neo* porque foi a última parte do córtex a ser desenvolvida com o passar dos séculos.

A parte responsável pela memória de curto prazo é o hipocampo, que possui uns quatro centímetros de comprimento e que durante a noite transmite as informações a serem gravadas na memória de longo prazo no córtex cerebral, conforme veremos mais adiante na seção em que explicaremos a importância de dormirmos bem. O prefixo "hipo" é porque seu formato lembra um cavalo marinho. É só analisar a figura a seguir, que contém, à esquerda, um hipocampo e, à direita, um cavalo-marinho, para verificar que realmente são parecidos.

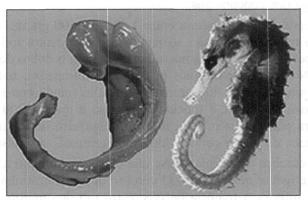

Fazendo algumas analogias entre o nosso cérebro e um computador, a capacidade de processamento do cérebro é equivalente a 36,8 petaflops, ou seja, 36,8 quatrilhões de operações por segundo. Seria equivalente a um milhão de computadores caseiros trabalhando conjuntamente. O computador mais rápido já construído até 2012 fez 16,32 petaflops, menos da metade da nossa caixola.

O hipocampo seria nossa memória RAM, enquanto o córtex seria nosso disco rígido (*Hard Disk* – HD). Assim como acontece com a memória RAM, ao dormirmos, o hipocampo é esvaziado, jogando quase tudo no lixo e memorizando algumas informações na memória permanente, o córtex, deixando o hipocampo livre para utilizar informações novas ao acordarmos. Um dos meus grandes objetivos neste livro é ensiná-lo a salvar melhor no seu HD as informações gravadas provisoriamente na RAM.

Tente relembrar as primeiras imagens de sua infância, as mais antigas que conseguir. Muito provavelmente elas serão a partir dos quatro anos, pois até essa idade, apesar de ser a fase de nossa vida que aprendemos mais rapidamente, como andar, falar etc., nosso neocórtex ainda não está totalmente formado, e isso explica em parte o porquê de não nos lembrarmos de nada anterior a essa idade.

Se fôssemos muito rigorosos tecnicamente com a analogia da memória de computador, o hipocampo não poderia ser chamado de memória RAM, pois não é totalmente esvaziado ao dormirmos, porque mantém uma associação de cada memória com o córtex por aproximadamente dez anos. Após esse prazo, e só depois, a associação deixará de existir e a informação ficará permanentemente gravada no córtex. Logo, se você danificar gravemente o seu hipocampo, muito provavelmente somente se lembrará de fatos anteriores a esses 10 anos, pois os fatos que aconteceram nos últimos dez anos, sem o hipocampo para associar com o córtex, estarão perdidos para sempre. E se é para sermos realmente rigorosos tecnicamente, o mais correto seria chamarmos de "hipocampos", pois há um em cada hemisfério do cérebro, mas nunca encontramos nosso grande amigo escrito no plural. Eis nosso querido amigo em duas figuras, a primeira com sua localização dentro do nosso cérebro e a segunda com ele em destaque:

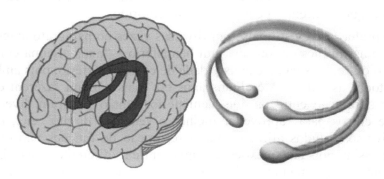

Há um filme de 2004, muito legal, que as meninas geralmente adoram, chamado *"Como se Fosse a Primeira Vez"* ou *"50 First Dates"*, no título original. Ele relata bem o que é a vida de uma pessoa com o hipocampo prejudicado, no caso, a Drew Barrymore, a mesma atriz que fez a menininha do filme ET em 1982. Ela não danificou totalmente seu hipocampo, por isso se lembra de tudo até o dia em que sofreu o acidente que a deixou daquele jeito, mas não consegue guardar mais nenhuma informação após esse dia, pois todos os dias, quando dorme, "zera" a memória do dia anterior. O "brabo" é depois aturar sua companheira perguntando se você faria por ela o que o cara do filme fez (rs.).

Conforme vamos lotando nosso hipocampo, nosso corpo vai se sentindo cansado, e é principalmente por isso que sentimos sono ao final de um dia, devido à necessidade de esvaziar a RAM, até mais do que a necessidade de descansar o restante do corpo. Como bem disse Pierluigi Piazzi: *Sono não é corpo cansado, é cérebro entupido.*

E você ainda se lembra da necessidade de fazer uma atividade física? aqui vai mais um motivo: estudos mostraram que quanto maior sua barriga, menor seu hipocampo, ou seja, menos você memoriza. E um estudo mostrou que se você tiver um Índice de Massa Corporal (IMC) maior que 30, que nem é o de obesidade mórbida, e sim o de obesidade grau I, você tem menos 8% de tecido cerebral, em média, correspondendo a um cérebro de uma pessoa 16 anos mais velha. E aí, já começou a fazer uma atividade aeróbica ou precisa de algum motivo mais?

Nosso cérebro é dividido em dois hemisférios: o esquerdo e o direito. O esquerdo é mais lógico, matemático, sequencial, disciplinado, detalhista, analítico, racional e verbal, sendo mais responsável pela comunicação oral e pela matemática. O hemisfério direito, por sua vez, é mais sistêmico, musical, artístico, generalista, imaginativo, emocional, criativo e analógico. O lado esquerdo "pensa" mais em preto e branco, enquanto que o direito "pensa" mais em colorido.

Eu preferi escrever "mais" por diversas vezes no parágrafo anterior porque é assim mesmo, ou seja, um hemisfério é "mais alguma coisa" do que o outro, mas não é exclusividade de cada hemisfério, pois ambos fazem todas as coisas. Até alguns anos era mais comum fazerem este tipo de separação entre os dois hemisférios, então surgiram diversos livros e cursos para "aproveitar melhor o seu lado direito" etc., mas hoje diversos estudos afirmam que a separação de funções não é tão distinta assim, pois há conexões múltiplas entre as diferentes áreas. Eles trabalham conjuntamente e são separados por uma parte do cérebro chamada corpo caloso, que é responsável pela comunicação entre os hemisférios, entre outras coisas.

Enquanto estamos estudando, utilizamos mais intensamente o lado esquerdo, e o nosso lado direito aos poucos vai nos induzindo à distração, à desconcentração e até mesmo ao sono. Ao comentar mais à frente sobre o uso de resumos, aproveitarei para dar dicas de como fazer nosso hemisfério direito nos atrapalhar menos no estudo e torná-lo muito importante para o nosso aprendizado.

Algumas pessoas utilizam mais um lado do que o outro. Pessoas com o lado esquerdo mais desenvolvido tendem a ser melhores em Matemática, por exemplo, enquanto que os que possuem o lado direito mais aprimorado tendem a gostar mais de Música ou Artes, também por exemplo. Obviamente que uma pessoa pode ser ótima em Matemática e também em música, uma coisa não impede a outra.

Calvin & Hobbes, Bill Watterson © 1990 Watterson / Dist. by Universal Uclick

Sherlock Holmes, no seu primeiro livro, chamado *Um Estudo em Vermelho*, afirmou:

"Considero o cérebro de um homem como sendo inicialmente um sótão vazio, que você deve mobiliar conforme tenha resolvido. Um tolo atulha-o com quanto traste vai encontrando à mão, de maneira que os conhecimentos de alguma utilidade para ele ficam soterrados, ou, na melhor das hipóteses, tão escondidos entre as demais coisas que lhe é difícil alcançá-los. Um trabalhador especializado, pelo contrário, é muito cuidadoso com o que leva para o sótão da sua cabeça. Não quererá mais nada além dos instrumentos que possam ajudar o seu trabalho; destes é que possui uma larga provisão, e todos na mais perfeita ordem. É um erro pensar que o dito quartinho tem paredes elásticas e pode ser distendido à vontade. Segundo as suas dimensões, há sempre um momento em que para cada nova entrada de conhecimento a gente esquece qualquer coisa que sabia antes. Consequentemente, é da maior importância não ter fatos inúteis ocupando o espaço dos úteis."

Apesar de toda a inteligência notória do nosso amigo Sherlock, ele disse uma tremenda bobagem. Não existe isso de termos que esquecer algo para introduzirmos uma informação nova. Mas tudo bem, podemos desculpar o seu criador, Sir Arthur Conan Doyle, pois ele escreveu esse livro em 1887. Ainda gosto muito de seus livros mesmo assim, afinal, não os leio para aprender mais sobre como estudar, e sim para me distrair com uma ótima leitura.

Não ligue para o nosso detetive querido, nunca ache que seu cérebro está com a memória esgotada, como alguns alunos tendem a afirmar certas vezes dizendo a famosa frase "no meu cérebro não entra mais nada". Nosso cérebro poderia armazenar, teoricamente, dez milhões de livros com mil páginas cada um. E nunca foi realizado um concurso que tenha pedido para armazenarmos tanta coisa, pelo menos ainda não. Se estudássemos dez horas por dia, levaríamos 400 anos para esgotarmos a capacidade de armazenamento e processamento de nosso córtex. Logo, capacidade para armazenarmos informações na memória nós temos de sobra, o que precisamos é ter persistência para inserirmos nela informações suficientes para fazermos uma boa prova.

Isso me fez lembrar de um mito mundialmente conhecido que afirma que somente utilizamos dez por cento de nosso cérebro. Isso não é verdade, apesar de muitas pessoas terem ganhado muito dinheiro prometendo desenvolver os outros 90% dos nossos cérebros, seja por meio de livros, seja por aparelhos. Sabemos que podemos desenvolver cada vez mais nossa capacidade de raciocínio, memorização etc., mas não quer dizer que só utilizamos pequena parte do nosso cérebro, pois todas as regiões do cérebro são utilizadas diariamente.

E por último, para que também parem de acreditar que as pessoas mais velhas possuem muito menos células cerebrais em atividade, aos 70 anos de idade temos 97% da quantidade de células cerebrais que tínhamos aos 25 anos. O consumo de oxigênio e o fluxo de sangue para o cérebro são os mesmos entre pessoas saudáveis, tenham elas 20 ou 75 anos de idade. O problema é a velocidade de aprendizagem, que diminui conforme envelhecemos.

No decorrer deste livro apresentaremos muitas outras informações sobre nosso cérebro e sobre como você poderá aproveitá-lo melhor em seus estudos.

5) Atenção e concentração

Ao longo deste livro várias dicas serão dadas para facilitar sua concentração, tais como:

1) escolher um local silencioso para estudar, se possível usando uma boa cadeira;
2) estudar com a postura correta;
3) praticar exercícios físicos e se alimentar adequadamente;
4) iluminar corretamente sua mesa de estudos;
5) acompanhar a leitura com uma régua, tira de papel ou os dedos.

Mas o que seria a concentração? E a atenção? Como saber se temos problemas sérios em relação a elas? Para responder a essas perguntas, procuraremos agora explicar um pouco melhor esses temas.

Primeiramente vamos diferenciar atenção de concentração, pois são "coisas" diferentes, apesar de comumente confundidas. Às vezes você está atento, mas não está concentrado, e em outros momentos acontece o oposto. Sendo assim, além de serem coisas diferentes, elas podem acontecer em momentos distintos. O ideal, obviamente, é que nos mantenhamos atentos e concentrados a maior parte do tempo de estudo.

Conforme os especialistas Élson Teixeira e Andrea Machado definiram em 1999, "atenção é estar com os sentidos voltados para o foco de uma questão, enquanto que concentração é se envolver no foco da questão".

Para entender melhor a diferença de um para o outro, vamos exemplificar. Você pode estar lendo este livro agora totalmente concentrado nos seus ensinamentos, mas não ter reparado em alguma palavra impressa erroneamente, ou seja, está concentrado, mas não está atento. Como exemplo do contrário, imagine-se dirigindo de volta para casa após o trabalho, seguindo um caminho que está mais do que acostumado a fazer todos os dias. Muito provavelmente está prestando atenção no trânsito (pelo menos assim espero), mas está desconcentrado, pensando em sua vida.

Há pessoas que possuem distúrbios graves quanto à atenção ou à concentração, mas na maior parte das pessoas não há nenhum distúrbio, e sim a falta de motivação e prática em estudar. Se faz anos que você não estuda com afinco, e com certeza a grande maioria das pessoas nunca estudou bastante de fato, o cérebro ainda não está acostumado a passar horas e horas concentrado e atento nos livros ou nas aulas. Mas isso melhora com o tempo, acredite. Insista em estudar, pois, fazendo isso, constatará que cada vez mais sua concentração e sua atenção irão melhorar.

Quer um exemplo para constatar que você não tem problemas de concentração? Suponhamos que você está em uma aula, distraído, não prestando atenção em nada e totalmente desconcentrado. Como se diz popularmente, está "pensando na morte da bezerra" ou "no mundo da lua". De repente, você, cabra macho, vê subir no palco a Paola Oliveira, que começa a fazer um *striptease* fenomenal. Será que você vai continuar desconcentrado, sem prestar atenção no show? Obviamente que não, prestará atenção como nunca antes em sua vida, e vai guardar em sua memória muito do que verá, por muito tempo. O mesmo vale para uma concurseira que vê entrar o Reynaldo Gianecchini na mesma situação, até certo limite, claro, porque sei que todas vocês são muito bem comportadas e saberão a hora de fechar os olhos no meio do show.

Ué, então cadê o colega que estava desconcentrado e desatento, sumiu? Você não tinha um problema grave nessas duas áreas? A conclusão que tiramos deste simples exemplo é que você não é sempre desconcentrado e/ou desatento, você está assim em determinados momentos. E espero que minha esposa não leia esse exemplo.

Quanto à distração, existem dois tipos: a interna e a externa. A interna corresponde ao diabinho que fica na nossa mente, nos desviando do estudo, pensando na praia, no trabalho, ou seja, fazendo você sonhar acordado, ou como se dizia nos meus tempos, "pensando na morte da bezerra". A externa pode ser o telefone tocando, sua mãe chamando você para comer ou a música do vizinho. Seja ela de que tipo for, podemos minimizá-la aprendendo a estudar mais concentrados, em um ambiente mais silencioso, usando um protetor de ouvido etc. Coisas que já vimos e ainda veremos no decorrer deste livro.

Muita gente acha que as pessoas nascem com maior concentração ou não. Não é verdade, a concentração pode ser exercitada e, consequentemente, melhorada. Além de exercícios específicos apresentados por especialistas, o fato de aumentar sua motivação e insistir cada vez mais em estudar trará grandes benefícios a esta sua capacidade.

UNIDADE I – Começando sua Vida de Concurseiro com o Pé Direito   **75**

Eu, sinceramente, nunca realizei esses exercícios específicos, porque os desconhecia quando era concurseiro, mas se eu os conhecesse na época, teria tentado alguns dias, com certeza, pois minha concentração não era tão boa quanto eu gostaria que fosse. Não custam nada, são rápidos e indolores, podendo ser chamados de, na pior das hipóteses, "chatos".

Apresentarei os mais conhecidos a seguir e sugiro que realize por alguns dias. Não basta, obviamente, fazer alguns minutos por poucos dias e depois reclamar que não adiantaram nada. Insista pelo menos de duas semanas a um mês. Todos os dias exercite por alguns minutos fora do seu horário de estudo. Se estiver em alguma fila, esperando o médico, no banheiro etc., faça um deles. Vamos a eles:

a) Pegue um relógio analógico, espere o ponteiro dos segundos passar pela posição das 12 horas e acompanhe mentalmente os segundos. Assim que qualquer outro pensamento que não seja a contagem vier à sua mente, pare, espere que passe novamente pelo 12 e recomece. Geralmente no início não conseguirá passar dos três segundos. É absolutamente normal não passar de pouquíssimos segundos, pois esse exercício, apesar de simples, é extremamente difícil. Se quiser ganhar tempo, não espere até passar pelo 12, recomece quando passar pelo 6, ou seja, do ponteiro lá embaixo. Claro que o objetivo é, após alguns dias, aumentar o número de segundos contados.

Não adianta se iludir, ficando com preguiça de recomeçar. Se pensar em algo diferente da contagem, pare-a, respire fundo e recomece do zero.

b) Inicie no número 100 e vá diminuindo-o de dois em dois, assim: 100, 98, 96, 94 etc. As instruções são basicamente as mesmas do exercício anterior: pensou em algo diferente da contagem regressiva? Recomece do 100. Conforme forem passando os dias, dificulte a contagem, diminuindo de três em três, ou sete em sete. Alguns especialistas conseguem começar do 1.000 e zerar a contagem, com o rádio ligado. Mas não se iluda, é muito difícil chegar neste nível. Mas o quanto puder alcançar, já será bom para sua concentração, seja qual for o exercício que tenha escolhido para fazer.

Uma variação desse exercício é pensar em dois números ao mesmo tempo, cuja soma seja igual a 100, começando o primeiro em zero e aumentando-o de dois em dois e o segundo número começando no cem e diminuindo-o de dois em dois, assim: 0 – 100, 2 – 98, 4 – 96, ..., 98 – 2, 100 – 0.

c) Imagine-se na seguinte situação: você está no saguão do edifício Empire States, em Nova Iorque, com seus mais de cem andares, e o elevador está lá em cima. Imagine-o descendo desde o 100º andar e você acompanhando sua descida olhando para aqueles números iluminados de amarelo em cima da porta do elevador. Nem preciso explicar muito mais este exercício, basta imaginar-se acompanhando o elevador descendo calmamente do centésimo andar até o térreo, de um em um andar. Não pense em uma contagem muito rápida, como é a do elevador daquele prédio, imagine um andar por segundo, aproximadamente. Obviamente, se pensar em algo diferente da contagem, como um concurseiro imaginando a loira do filme King Kong esperando-o ao abrir o elevador, recomece do zero, ou melhor, do centésimo andar.

d) Conte seus passos ao andar na rua, começando em 100 e depois aumentando aos poucos.

E se cair em algum buraco ou for atropelado, a culpa não é minha, pois seu problema não era de concentração, e sim de atenção (rs.).

e) Brinque de "ding-dong".

Quando eu estava na faculdade, minha turma de amigos e eu sempre brincávamos disso nos churrascos. Quem perdia, tinha que virar um copo de cerveja. Claro que o objetivo era dar risadas, encher a cara e zoar quem perdesse mais, pois este amigo não ficava de pé.

Para brincar com isso, basta contar, o mais rápido possível, do um até o primeiro erro, recomeçando do zero ao errar. Em uma turma de amigos, cada um fala um número e o do lado fala o seguinte, no meio de uma roda, até o primeiro errar, que vira a cerveja e recomeça a contagem. Só que no nosso caso é para fazermos a contagem sozinhos, mentalmente e, quando errarmos, não é para virarmos cerveja nenhuma, obviamente. Mas onde entram os dings e os dongs?

No lugar dos múltiplos de cinco, tem que falar "ding" em vez do número e no dos múltiplos de sete, "dong". Assim: 1, 2, 3, 4, ding, 6, dong, 8, 9, ding, 11, 12, 13, dong, ding, 16, 17, 18, 19, ding, dong, 22, 23, 24, ding-ding, 26, 27, dong, 29, ding, 31, 32, 33, 34, ding-dong, 36 etc.

UNIDADE I – Começando sua Vida de Concurseiro com o Pé Direito

No lugar do 25, é ding-ding, pois é cinco ao quadrado; no do 35, é ding-dong, pois é cinco vezes sete; no do 49 é dong-dong, pois é sete ao quadrado e por aí vai.

Nunca vi passar de mais de 30 nos churrascos, porque fazer isso na pressa, com seus amigos berrando nos seus ouvidos e já tendo tomado um monte de cerveja, fica bem complicado.

É uma brincadeira, sei disso, mas é um ótimo exercício para a concentração. Especialistas recomendam exercícios bem parecidos com este, já os encontrei em artigos e livros, mas ainda acho o "ding-dong" mais engraçado, o que aumenta nossa vontade de exercitar.

f) Monte quebra-cabeças. Comece por alguns menores, de 500 peças, por exemplo, e vá aumentando. Só cuidado com as dores na nuca e na coluna, que são comuns caso fique muito tempo com a cabeça abaixada olhando para as peças. Após virar fiscal em São Paulo, este se tornou um dos meus passatempos favoritos. Passei a comprar alguns bem bonitos com imagens panorâmicas das cidades que visitava e montava ao chegar ao Brasil. Já montei um de Las Vegas e outro de Hong Kong. Ultimamente, parei, porque estava me dando muita dor na nuca, mas retomarei em breve este passatempo, assim que deixar de ser idiota e souber parar com a montagem após, no máximo, uma hora sentado.

Para que melhore sua concentração, tem que montá-lo por um certo tempo, não adianta montar por cinco minutos, por exemplo. Tem que ser por pelo menos meia hora. Garanto, o tempo passará muito mais rápido do que você imagina. Pior do que navegar na internet.

Houve um dia em que cheguei do trabalho e comecei a montar um do mapa-múndi. Tinha 540 peças, mas o legal é que todas eram curvas e de plástico, formando o globo terrestre. Ele vinha com um suporte para deixá-lo em pé e girar. Juro, fiquei seis horas direto sentado montando-o, até acabar. Não levantei nem para comer. Simplesmente entrei em transe durante aquelas seis horas, que passaram voando. Quando acabei a montagem e fui me levantar, estava todo torto, parecendo o Corcunda de Notre Dame. Fiquei vários dias ferrado da coluna por causa daquela imbecilidade. E desde então não montei mais nenhum. Mas a culpa não foi do quebra-cabeça, e sim do louco que escreve estas palavras.

Uma coisa que fiz para facilitar a montagem foi ir a uma marcenaria e pedir para cortarem uma madeira do tamanho das dimensões dos quebra-cabeças, que sempre vêm indicadas na caixa. E montava o dito cujo em cima da madeira. Assim, quando terminava, bastava embalar com papel ou apoiar outra madeira em cima e levar para colocar um vidro na frente, formando um quadro. Fica muito legal na parede. E dá o maior orgulho olhar para aquele quadro e saber que foi você que o montou.

Eis alguns dos principais sites que vendem quebra-cabeças:

www.ravensburger.com

www.buffalogames.com

www.grow.com.br

g) Um passatempo bastante recomendado por especialistas é o *sudoku*, pois exige concentração, atenção, lógica, planejamento e flexibilidade mental; estimulando simultaneamente diferentes áreas do cérebro. As pessoas mais idosas conseguem "rejuvenescer" o cérebro em até 14 anos, segundo um estudo feito com três mil idosos na Irlanda. Ainda comentarei mais sobre ele na segunda unidade, pois ele traz outro ganho nos seus estudos.

Existem sudokus de diversos níveis, comece pelo fácil e aos poucos aumente a dificuldade. Nas bancas existem várias revistas só de sudokus divididas por nível.

Há vários sites que liberam sudokus gratuitamente e ensinam como jogar. A regra é bem simples. Eis alguns deles, todos com versões em português e divididos por nível de dificuldade:

• www.sudoku.com

• passatempo.ig.com.br

Complementando este capítulo, após ter apresentado alguns exercícios mentais, é útil que você saiba que, quando lemos algo, nosso lado direito do cérebro se encontra mais ocioso do que o esquerdo, e como é uma de suas características, ele vai lentamente o induzir à distração, desconcentração, sono etc.

Então como podemos utilizar esta característica do lado direito do cérebro a nosso favor, tornando-o nosso aliado na hora dos estudos, e não nosso inimigo? É só colocá-lo para trabalhar enquanto estudamos, adotando medidas simples, como:

UNIDADE I – Começando sua Vida de Concurseiro com o Pé Direito | **79**

a) durante a leitura, observe com atenção o texto para memorizar palavras, regras e fórmulas;

b) preste atenção nos números, gráficos e tabelas, imaginando-os com o máximo de nitidez;

c) procure imaginar situações, lugares, objetos e personagens;

d) se achar conveniente, faça resumos e/ou marque as passagens mais importantes com uma caneta marca-texto amarela, conforme veremos adiante.

Antes de terminarmos este capítulo, explicarei mais uma informação muito útil, principalmente para quem teima em dizer que seu cérebro consegue estudar e ouvir a TV ao mesmo tempo, e que rende melhor nos estudos assim.

Nosso cérebro não realiza uma multitarefa real, ou seja, ele não presta atenção em duas coisas ao mesmo tempo, pois faz tudo sequencialmente, uma tarefa de cada vez. Você pode até achar que ele está prestando atenção ao mesmo tempo em duas coisas, como ler um livro e assistir a um programa na TV, mas não está, ele toda hora para com uma tarefa e passa para a outra, sequencialmente, mesmo que faça essa transição em menos de um segundo.

Alguns discordarão de mim, afirmando que o cérebro realiza funções simultaneamente sim, afinal, se estamos lendo este livro ao mesmo tempo em que ele controla a respiração e o batimento cardíaco, é porque o cérebro faz essas coisas simultaneamente. Sim, concordo, mas não foi isso que escrevi, eu somente expliquei que ele não presta atenção em duas coisas ao mesmo tempo. E enquanto você lê este livro, não está prestando atenção no seu batimento cardíaco. Para comprovar isso, é só fazer uma experiência bem simples: pare de ler o livro por alguns segundos e repare no seu batimento cardíaco ou em sua respiração. Agora, sem deixar de prestar atenção na atividade que escolheu, continue lendo o livro. Conseguiu? Ler e prestar atenção na respiração ao mesmo tempo? Eu duvido. Sua leitura com certeza será mais lenta.

Saber disso nos leva a rever certos hábitos enquanto estudamos, como deixar ligada a TV ou o som tocando um rock ou estudar em um ambiente muito sujeito a distrações. E também entendemos por que os riscos de causar um acidente aumentam quando dirigimos falando ao celular.

6) Memória e memorização

O que mais desejamos quando estudamos para concursos é memorizar o máximo de informações possível. Mas como podemos obter esta sonhada memorização máxima? Primeiramente, vamos entender mais sobre a memória.

Sempre reclamamos que esquecemos muitas coisas, mas saiba que se não fosse este processo de esquecimento das informações, estaríamos completamente loucos. O ato de o cérebro esquecer diversas informações todos os dias nos mantém sãos. De acordo com Iván Izquierdo, um dos maiores estudiosos mundiais sobre a memória, *"esquecemos para poder pensar, e esquecemos para não ficar loucos; esquecemos para poder conviver e para poder sobreviver"*. Logo, só reclame de esquecer o que não poderia ter esquecido, como os assuntos estudados.

Uma americana chamada Jill Price se lembra de tudo que aconteceu em sua vida nas últimas décadas. É só perguntar qualquer dia que ela diz o que comeu, como estava vestida etc. Mas só se lembra do seu dia a dia, ou seja, sua memória para o estudo, por exemplo, não tem nada de anormal. Como ela não se esquece de nada do que passou, possui sérios problemas psiquiátricos. Há um livro sobre sua vida chamado "A mulher que não consegue esquecer – relatos da síndrome de hipermemória", publicado em 2010 pela editora ARX. Eu li o livro, e garanto: você não gostaria de passar pelo que ela passa.

Uma vez que aprendemos que o esquecimento é essencial para sobrevivermos normalmente, vamos conhecer mais sobre o funcionamento da memória.

Há diferentes tipos de classificação das memórias. Há quem as divida em memória de curta duração, intermediária e de longa duração; há quem as divida em memória de trabalho, de curta e de longa duração; ou ainda em imediata, evocativa e de longo prazo.

Eu prefiro classificá-la da forma que acho mais didática:

a) Memória de trabalho, operacional ou de curtíssima duração

Dura somente alguns minutos ou segundos. O exemplo tradicional é a memorização de um número de telefone somente para discar no aparelho, sendo rapidamente esquecido logo após a discagem. Geralmente suporta até sete palavras ou um número de dez dígitos, e apenas por 10 segundos. Seu esquecimento rápido é próprio de sua natureza, não é uma falha humana, ela é feita para ser assim mesmo.

Quando há falhas nesta memória, pode ocorrer a esquizofrenia. Esta doença é a que constatamos ao ver o excelente filme "*Uma Mente Brilhante*", vencedor de quatro Óscares, sobre a vida do gênio John Nash, ganhador do prêmio Nobel de Economia, vivido no filme pelo "Gladiador" Russell Crowe.

Outra doença que prejudica tanto esta memória quanto a de curta duração é a Amnésia de Korsakoff, que acontece principalmente quando ingerimos bebidas alcoólicas ou sofremos uma pancada na cabeça. Você já encheu a cara de whisky ou vodka e no outro dia não se lembrou de quase nada da noite anterior? Bem, nosso amigo Korsakoff explica, até nome parecido com os das vodkas ele tem.

b) Memória de curta duração ou de curto prazo

Ela se forma em minutos, mas seu esquecimento geralmente ocorre no máximo em 24 horas. É a que mais usamos quando viramos uma noite estudando para a prova no dia seguinte. Vai funcionar para aquela prova, mas depois esqueceremos quase tudo, conforme veremos melhor mais adiante.

O excelente filme "*Amnésia (Memento)*", do ano 2000, mostra um homem (Guy Pearce) que se lembra das coisas passadas antes de ter recebido uma pancada em sua cabeça, mas é incapaz de memorizar qualquer coisa nova em sua memória de longo prazo, porque perdeu a capacidade de transmitir as informações da memória de curto prazo para a de longo prazo. Veja este suspense, é realmente muito bom, apesar de um pouco complicado.

c) Memória de longa duração ou de longo prazo

Leva várias horas para ser formada, mas a memorização é mantida por meses, anos ou até mesmo por décadas, formando a chamada "consolidação". Requer repetições, atenção e/ou ideias associativas.

Além da importância da repetição para memorizarmos a longo prazo, também é importante o intervalo entre as repetições. Logo, não basta ficar lendo a mesma frase cinco vezes seguidas, é muito melhor ler a mesma frase cinco vezes com intervalos de horas ou dias entre as leituras.

Obviamente que na nossa vida de concurseiro a última memória é a que mais nos interessa e as suas dúvidas sobre ela serão respondidas em poucas páginas, neste tópico e nos seguintes.

Os melhores exercícios para sua memória são a leitura e a redação. Quanto mais lermos textos saudáveis e escrevermos, mais melhoraremos nossa capacidade de memorização. Há outras tarefas também indicadas, como: assistir a filmes inteligentes, fazer palavras cruzadas, jogar xadrez, fazer sudoku, ensinar alguma matéria aos colegas etc.

Jogar videogame não auxilia em quase nada a memorização em si, mas aumenta nossa capacidade de prestar atenção, o que é positivo para nosso cérebro.

Não memorizamos o que não entendemos, no máximo decoramos o assunto, que será mais facilmente esquecido. Sendo assim, procure sempre entender o que está tentando memorizar, evitando a decoreba pura.

Decorar é diferente de memorizar. Decorar é repetir sem entender, já memorizar é repetir após entender.

Sempre que possível, não interrompa o estudo para buscar palavras no dicionário ou ler outros materiais, somente sublinhe ou faça anotações. Depois de lido o assunto e buscada a sua compreensão, volte e memorize o que tiver para ser memorizado.

Sempre que possível tente visualizar o assunto que está estudando, pois esse exercício aumentará consideravelmente sua memorização. Melhor ainda se imaginar que no dia seguinte terá que dar uma aula sobre o assunto. Imagine-se explicando os pontos principais e tirando as dúvidas dos alunos. Estará utilizando o lado direito do cérebro para ajudá-lo, o que traz um ótimo resultado.

Sei que existem pessoas que possuem uma memória excelente e outras que não. Eu mesmo considero minha memória péssima para algumas coisas, sendo constantemente motivo de chacota dos amigos, mas já para outros assuntos é excelente. Acredito que quase todo mundo seja assim, bons para memorizar alguns tipos de assunto e ruins para outros. Para meu azar, minha memória de assuntos estudados é bem ruim e é ótima para lembrar-me de situações, histórias, nomes, rostos etc., o que não importa muito para concursos.

UNIDADE I – Começando sua Vida de Concurseiro com o Pé Direito | 83

O consolo de quem xinga constantemente sua memória é que ela vai se tornando cada vez melhor conforme a treinamos, seja em qual tipo de assunto for. Você tem que descobrir quais são as condições que o fazem memorizar mais: qual hora do dia rende melhor no estudo, quantas horas de sono necessita, se precisa ficar escrevendo quase tudo o que lê, se precisa fazer resumos, se tem que ler muitas vezes a teoria antes de partir para os exercícios, se é o contrário, ou seja, estuda pouco a teoria e parte logo para os exercícios etc. Portanto, não há uma receita de bolo universal, cada um é de um jeito.

Não existem milagres, não acredite em cursos que garantem a você uma ótima memória sem muito treino. Memorizar requer muita prática.

Existem umas técnicas de memorização famosas cujas aplicações na hora de estudar para concursos não consegui verificar na prática. Já fiz cursos sobre elas, tentei, mas não consegui. Acredito que sirvam para outras coisas, como decorar listas de supermercado ou das tarefas a fazer durante o dia, mas para isso prefiro usar a velha e famosa agenda. Então não quis abordá-las aqui neste livro, que é sobre como estudar.

Porém, existem técnicas nas quais eu acredito, as chamadas técnicas mnemônicas, como acrósticos, acrônimos, resumos, mapas mentais, flash cards etc. Os dois primeiros veremos neste capítulo, já os demais veremos na próxima unidade.

Antes de começarmos, gostaria de fazer um esclarecimento, que aprendi com o colega Alberto Dell'Isolla, recordista latino-americano de memorização. Sei que é comum ouvirmos pessoas afirmando que é melhor entender o assunto do que perder tempo tentando memorizar por meio de alguma técnica.

Ora, quem diz isso está fazendo uma tremenda confusão, por falta de conhecimento do que está falando. É claro que é para sempre tentarmos entender os assuntos a ser estudados, só que em inúmeras ocasiões não há o quê entender, é simplesmente decorar. É para essas situações, incontáveis em nossa vida de concurseiro, que precisamos dessas técnicas, pois são muito mais eficientes, sem dúvida alguma, do que tentarmos decorar na base da força bruta, ou seja, ficarmos lendo e relendo o texto infinitas vezes.

O que você tem para entender quando se depara com aqueles inúmeros prazos no Direito? Ou quais são os ramos do Direito privativos da União e quais são os concorrentes entre os entes? Ou qual a ordem dos planetas do nosso sistema solar? Caramba, são coisas sem muito sentido, é simplesmente decorar e ponto final.

As técnicas de memorização também são muito úteis quando, após entendermos o assunto todo, temos que decorar a ordem dos passos a serem seguidos. Na sequência, veremos o exemplo das participações societárias usadas na Contabilidade. É fato que de nada vai servir decorar a ordem das participações se não soubermos quando utilizá-las e como calcular cada uma, mas, uma vez entendido o assunto, será muito fácil confundir a ordem correta para serem calculadas, caso não utilize alguma técnica para memorizá-las.

Feito esse esclarecimento, espero que tenha concluído que é muito importante utilizarmos algumas técnicas de memorização em nosso estudo, que são bem fáceis. Continue lendo este capítulo, tenho mais do que certeza de que concordará comigo até o final dele.

Uma das maneiras mais antigas e indicadas para memorizarmos é usando acrônimos e acrósticos. O acrônimo é formado pelas letras iniciais de cada palavra e o acróstico é uma frase formada pelas primeiras letras ou sílabas. Também são chamados respectivamente de "técnica da primeira letra" ou "oração criativa".

Eles são utilizados quando você já possui uma relativa familiaridade com cada uma das palavras que pretende memorizar, de preferência sem importar a ordem.

Quando a ordem é importante, geralmente é melhor utilizar um acróstico, e não um acrônimo, pois quase sempre a sigla formada pelas iniciais das palavras é de difícil memorização.

Vamos a vários exemplos, fornecendo muitas dicas de como podemos obter diversos macetes que nos ajudarão a memorizar em várias situações. Poderíamos escrever muitos exemplos mais, mas acredito que a lista apresentada já seja suficiente para despertar boas ideias em sua imaginação.

Entretanto, antes faço uma ressalva. Não assuma o conteúdo destes exemplos como verdades absolutas, pois pode ser que algum professor da respectiva disciplina faça algumas ressalvas. Foram exemplos que inventei ou copiei de colegas, logo, podem conter alguns erros que desconheço. Alguns eu peguei de diversos autores no Fórum Concurseiros. Por favor, se encontrar algum erro ou ressalva nestes exemplos, envie-me um e-mail relatando-o. Agradecerei de coração.

UNIDADE I – Começando sua Vida de Concurseiro com o Pé Direito | **85**

Exemplo 1) Minha Vó Tem Muitas Joias e Só Usa No Pescoço.

Esse acróstico apresenta os nove planetas em ordem a partir do Sol: Mercúrio, Vênus, Terra, Marte, Júpiter, Saturno, Urano, Netuno e Plutão. Eu confundia qual "M" era de Mercúrio e qual era de Marte. Aí pensei que se ficasse mais perto do Sol, ficaria todo machucado, logo, precisaria de mercúrio. E assim decorei que Mercúrio era o mais próximo do Sol.

Em 2006 cortaram o pescoço da pobre vovozinha, pois Plutão deixou de ser considerado um planeta clássico, sendo chamado agora de planeta anão, deixando o grupo dos planetas do nosso sistema solar só com oito.

Exemplo 2) MP3.COM.

Eis os cargos privativos de brasileiro nato, conforme o artigo 12 da Constituição Federal (CF): Ministro do Supremo Tribunal Federal, Presidente e Vice-Presidente da República, Presidente da Câmara dos Deputados, Presidente do Senado Federal, Carreira diplomática, Oficial das Forças Armadas e Ministro de Estado da Defesa.

Esse acrônimo dá uma ajuda, mas não fornece tantos detalhes, como dizer quais são os ministros, deixa o Vice-Presidente de fora etc. Mas é só usar um pouco de bom-senso para notar que se o Presidente tem que ser nato e se este falecer ou se ausentar, será substituído pelo Vice, logo, o Vice também terá que ser nato. A mesma ideia vale para os presidentes da Câmara, do Senado e do STF, que são os sucessores seguintes.

Em questões de prova costumam perguntar se Deputados, Senadores ou Governadores são cargos privativos de brasileiros natos. Ora, você está vendo as iniciais "D", "S" ou "G" no "MP3.COM"? Não, né? Então não são. Muito mais simples com a ajuda desse acrônimo, não acha?

Como curiosidade, nos EUA quem não é americano nato também não pode ser Presidente, mas pode ser Governador, igualzinho aqui. Então o Schwarzenegger poderia ser Presidente após ter sido duas vezes Governador da Califórnia? Não, porque é austríaco de nascença e americano por naturalização. Governador ele pôde ser, mas não poderia virar presidente, assim como se fosse aqui.

Exemplo 3) CAPACETE de PM.

São os dez Direitos de competência privativa da União, conforme o artigo 22 da CF, que são: Civil, Agrário, Penal, Aeronáutico, Comercial, Eleitoral, Trabalho, Espacial, Processual e Marítimo.

Exemplo 4) PETFU.

São os cinco Direitos de competência concorrente entre União, estados e o Distrito Federal, conforme o artigo 24 da CF, que são: Penitenciário, Econômico, Tributário, Financeiro e Urbanístico.

Eu, como vascaíno, lembro-me bem do gol do Petkovic nos últimos minutos contra o meu time, na decisão de 2001, ainda mais que eu estava no Maracanã naquele maldito dia. Assim, o PET, como todos o chamam, fulminou meu time. Não pensei em um verbo "mais feio", porque sou vascaíno, logo, tenho inteligência suficiente para saber que este verbo é com "O", e não com "U" (rs.). Poderia simplesmente ter pensado em "PETFUtebol", bem mais simples.

Para quem não se liga em futebol, pode pensar em umas garrafas "pet" de refrigerantes bem fuleiras ou bem fundas ou virando fumaça, por exemplo.

O problema com esse acrônimo é que as iniciais "P", "E" e "T" também estão no acrônimo anterior. A culpa tinha que ser do Pet, claro. É um dos melhores jogadores que vi jogar, inclusive no meu time, mas tinha que ter acertado aquele pombo sem asas?

Então, por causa do Pet, teremos que pensar em uma historinha para memorizar melhor. No meu caso, o que pensei? Depois daquele gol, o Pet deveria estar preso (Penitenciária) pagando impostos (Tributário) com seu dinheiro (Econômico).

Se você pensou na associação entre as garrafas "pet", pense que quem as joga nos rios deveria estar preso, pagando taxas com sua grana (grana dele, claro, e não a sua).

Exemplo 5) MARIO.

São os verbos que se conjugam da mesma forma que odiar, que é mais fácil de lembrar: Mediar, Ansiar, Remediar, Incendiar e Odiar. Logo, não falamos "ele intermedia", o certo é "ele intermedeia", assim como "ele odeia, anseia ou incendeia".

Exemplo 6) SoCiDiVaPlu.

São os fundamentos do Brasil, conforme o artigo 1º da Constituição Federal: SOberania, CIdadania, DIgnidade da pessoa humana, VAlores sociais do trabalho e da livre iniciativa, e PLUralismo político.

UNIDADE I – Começando sua Vida de Concurseiro com o Pé Direito 87

Exemplo 7) Em Contabilidade, temos que guardar a ordem das contas das participações societárias, pois as calculamos sucessivamente em cima do saldo que sobrou de cada uma das anteriores. São elas, na ordem: Debenturistas, Empregados, Administradores, Partes beneficiárias e Fundos assistenciais, cujas iniciais formam a sigla DEAPF.

A sigla não ajuda nem um pouco, não é? Repare que não podemos, nesse caso, trocar a ordem das letras para formarmos as palavras DEFAP ou PADEF, por exemplo, pois o mais importante a ser memorizado é justamente a ordem das contas. O professor Sílvio Sande forneceu um acrônimo bem interessante para decorarmos essa sequência: Dedicação Exclusiva À Prova de Fiscal.

Pronto! Quem quer virar fiscal, tem que ter dedicação intensa ao concurso, logo, a frase ficou perfeita.

Vimos anteriormente que, quando temos de memorizar as palavras em uma determinada ordem, quase sempre é preferível utilizar um acróstico a um acrônimo, porém, no exemplo da DEAPF, foi relativamente fácil usarmos um acrônimo, mas imagine se a sigla a memorizar fosse "EIXTC", concorda que seria melhor inventar um acróstico do que memorizar esta sigla nesta ordem?

Bem, e qual acróstico eu poderia sugerir nesse exemplo louco? Sei lá, poderíamos pensar "Einstein Inventou o Xadrez Tomando Cerveja". Imagine nesta cena: o maior gênio do século XX estava tomando uma cervejinha quando teve a brilhante ideia de inventar o xadrez. Daí seria só pensar nesta cena algumas vezes, repetindo a sigla para nunca mais se esquecer, e digo nunca mais mesmo, afinal, faz seis anos que não vejo Contabilidade na minha frente e não me esqueço da tal DEAPF. Não seja rigoroso nos detalhes históricos ou morais, como achar ridículo este exemplo porque não foi o Einstein que inventou o xadrez, que o jogo foi inventado séculos antes dele, que é imoral imaginá-lo tomando cerveja etc. O que importa é que seja algum texto fácil de memorizar, e quanto mais esdrúxula e engraçada for a situação, melhor será sua memorização.

Alguns dos maiores memorizadores da história, e isso há muitos séculos, tentavam sempre utilizar cenas com sexo em seus exemplos, pois tinham a certeza de que assim lembrariam melhor das situações.

Bem, só não me peçam para eu fazer isso neste livro, OK?

Exemplo 8) OS SeTe Poloneses.

São os calcogênios da tabela periódica: Oxigênio, Enxofre (S), Selênio, Telúrio e Polônio.

Quando estudei em 1984 para os exames de admissão às escolas militares, tínhamos que decorar as principais colunas da tabela periódica. Meus amigos e eu fizemos umas frases para decorá-las e, acredite, lembro-me delas até hoje, passados 25 anos. Um dia as perguntei para dois amigos da época e eles lembraram delas também, sem fazer quase nenhum esforço.

Como curiosidade, eis algumas delas, que podem ser entendidas olhando rapidamente qualquer tabela periódica encontrada facilmente no Google: Li Na Karta: Rubídio Casou-se com o Frâncio; o Berílio Magoou o Cálcio e o Estrôncio Bateu no Rádio; o Flúor Clorificou o Bromo e Ionizou o Astato.

Sei que algumas não fazem o mínimo sentido, que inventei verbos etc., mas não importa, a memorização foi feita muito efetivamente. Eu não tenho essas frases escritas em nenhum lugar e as lembro mesmo depois de tanto tempo, comprovando que os acrósticos realmente são eficientes.

Exemplo 9) Puta Velha Não Rejeita Tarado.

Antes de explicá-la, desculpe-me pela obscenidade, mas esse acróstico é tão famoso nos cursinhos pré-vestibular que já caiu no conhecimento de quase todo mundo. Ele mostra a fórmula $PV = nRT$, que é a lei dos gases ideais.

Poderíamos ficar aqui listando vários exemplos de acrósticos, esses foram só alguns dos mais famosos. Sempre que puder resumir uma lista (conjunto) em uma palavra ou frase, será melhor para sua memorização, mas infelizmente são poucas as vezes em que conseguimos isso.

Outra forma boa de memorização é tentarmos inventar uma historinha sobre o conteúdo a ser memorizado.

Exemplo 1) Eu sempre confundia as palavras *niece* e *nephew* em inglês, nunca sabia qual era a tradução de sobrinho ou de sobrinha. Até que percebi que *niece* é quase um nome de mulher (Nice), logo, era para sobrinha, sobrando *nephew* como tradução para sobrinho.

UNIDADE I – Começando sua Vida de Concurseiro com o Pé Direito | **89**

Claro que nesse exemplo fui ajudado pelo nome Nice, mas se fosse o contrário, eu não faria a associação e ponto final. Como escrevi, é para tentar fazer alguma associação. Se der, beleza, se não der, tem que partir para outro método.

Exemplo 2) Ao encontro de x de encontro a.

Eu nunca sabia quando usar um e quando usar o outro, só sabia que um era o oposto do outro, pois um indica a favor e o outro, contra. Até que fiz a seguinte associação: *ao encontro de* é *a favor de* e *de encontro a* é *contra a*. Só pela ordem dos "de" e dos "a" em cada expressão hoje os diferencio rapidamente.

Exemplo 3) Na CF há estes quatro artigos: *"O Superior Tribunal de Justiça compõe-se de, no mínimo, trinta e três Ministros"*, *"O Supremo Tribunal Federal compõe-se de onze Ministros"*, *"O Tribunal Superior do Trabalho compor-se-á de vinte e sete Ministros"* e *"O Tribunal Superior Eleitoral compor-se-á, no mínimo, de sete membros"*.

Com quantos anos Jesus faleceu? 33, certo? Logo, o "J" de Jesus é relacionado ao **STJ**.

Quantos jogadores tem um time de futebol? 11, certo? Logo, o "F" de futebol é relacionado ao **STF**.

Quanto é trinta sem três? 27, certo? Logo, TST (Trinta Sem Três) tem 27 Ministros. Outra forma de memorizar é pensar nos números em inglês: TST = Ten Seven Ten = 10 + 7 + 10 = 27. O problema dessa segunda dica é que poderemos confundir "Seven" com "Six" ou "Ten" com "Two", mas bastará você ler "ten seven ten" algumas vezes que não haverá mais esse perigo de confundir.

Qual é a palavra formada passando o "T" da sigla TSE para o final? SET, certo? Logo, o TSE (SET) tem sete membros. Uma ideia para memorizar melhor seria desenhar em um papel a palavra TSE com uma seta puxando o "T" para o final, formando o "SET".

Pode parecer maluquice, mas fazendo essas associações você nunca mais vai se esquecer do número de ministros ou membros de cada um deles.

Exemplo 4) Às vezes inventamos uma historinha, mas como nem tudo casa perfeitamente do jeito que gostaríamos, precisamos memorizar as exceções. Se as exceções forem muito enroladas, talvez seja melhor desistir da historinha. A seguir apresentarei uma historinha com uma exceção fácil de memorizar.

Quando estudamos os diferentes tipos de constituições, nós temos que saber distinguir as que foram promulgadas das que foram outorgadas. As promulgadas são: 1891, 1934, 1946 e 1988; e as outorgadas: 1824, 1937, 1967 e 1969.

Quem tem um bom conhecimento de história e de datas de cada período de Governo memoriza isso mais facilmente, pois é só lembrar se estava em um ano de regime militar ou não etc. Mas muitos não sabem disso, então o mais fácil é tentar construir alguma historinha ou associação.

Repare que quatro delas são números pares e quatro são ímpares. Quase que ficou tudo certinho, do jeito que sonhamos, as pares de um tipo e as ímpares do outro, mas não demos essa sorte toda, pois há uma exceção para cada um dos lados. Porém, basta reparar que as exceções são as duas primeiras constituições, as mais antigas. Assim, as duas primeiras são as exceções, 1824 e 1891, e o resto segue a divisão entre pares e ímpares.

Entretanto, como diferenciar qual é o grupo das pares e qual é o das ímpares? Ora, Promulgada começa com "P", logo, é o das Pares. O outro grupo, o das outorgadas, será o das ímpares, por eliminação. Também podemos associar que o das outorgadas é o das ímpares porque ambas as palavras começam por vogal, ou então, para quem souber que a palavra "odd" em inglês quer dizer "ímpar", é só associar o "O" de Odd com o de Outorgada.

Sei que no exemplo acima a brincadeira não ficou tão perfeita, mas veja que se pensar nessa historinha, nunca mais vai se esquecer. Primeiro, as duas constituições mais antigas, uma outorgada dois anos após a Independência em 1822 e a outra promulgada também dois anos após a Proclamação da República, em 1889, foram as exceções. Até pela ideia de que uma é com participação do povo e a outra não, fazendo a associação entre Império e República, já dá para sacar como foi elaborada cada uma. Depois, as outras, se forem Pares, foram Promulgadas ("P" com "P"), e se forem Ímpares, foram Outorgadas (por eliminação, por serem vogais ou por causa do "odd"). Acabou, muito melhor do que ficar tentando decorar a relação delas a vida inteira.

UNIDADE I – Começando sua Vida de Concurseiro com o Pé Direito   **91**

Exemplo 5) No Exército temos que memorizar a ordem das patentes militares. É a primeira coisa a se fazer, depois de cortar o cabelo, claro. Precisamos saber "quem manda mais que quem". As últimas patentes são as três espécies de Generais: de Brigada, de Divisão e de Exército, nessa ordem. Para memorizar a ordem é muito simples, basta notar que estão em ordem alfabética (BDE), logo, um General de Brigada obedece ao de Divisão, que por sua vez obedece ao de Exército.

Como mera curiosidade, acima do General de Exército existe ainda o Marechal, mas só em tempo de guerra. O último Marechal brasileiro faleceu em 2009 aos 108 anos. Chamava-se Waldemar Levy Cardoso e foi coautor da famosa frase "*senta a pua!*".

Uma das coisas mais difíceis de serem memorizadas são os conjuntos. Por exemplo, memorizar os cargos privativos de brasileiro nato, os Direitos que são exclusivos da União, os planetas do sistema solar, os elementos químicos de cada coluna da tabela periódica etc.

Os conjuntos são o grande problema da memorização, porque quase nunca possuem uma explicação, ou seja, não existe muita lógica por trás. Por exemplo, como memorizar a ordem dos planetas? Você por acaso já viajou por eles para se lembrar da ordem? E os elementos químicos de cada coluna da tabela? Logo, principalmente porque na maioria das vezes não há uma explicação, torna-se difícil memorizar conjuntos.

Portanto, sempre que tiver que memorizar uma relação de elementos, ou seja, um conjunto de elementos, tente utilizar os acrônimos, os acrósticos e as "historinhas". Veja que quase todos os exemplos anteriores tratavam de diferentes conjuntos, e com o uso desses recursos a memorização ficou muito mais fácil.

Faça a seguinte experiência, caso ainda esteja duvidando do poder desses métodos: daqui a alguns dias leia só os títulos de cada exemplo e tente se lembrar do assunto. Ou então leia os artigos da CF citados em alguns casos e tente se lembrar dos nossos exemplos. Tenho certeza de que sentirá que realmente funcionam.

Tive o prazer de conhecer pessoalmente e conversar bastante com os dois memorizadores mais famosos do país, Renato Alves e Alberto Dell'Isolla, que já participaram de campeonatos de memória, possuem livros publicados sobre o assunto, apareceram em diversos programas de TV etc. Ambos afirmam a mesma coisa: para melhorarmos a memória, precisamos utilizar alguns métodos aplicáveis a cada caso e treinar bastante. Afirmam que há alguns anos possuíam péssima memória e, por isso, decidiram treiná-las bastante.

Não acredita nisso? Acha que estes caras famosos, por terem ótima memória, nasceram assim e são capazes de memorizar tudo o que veem pela frente? Bem, em 1993 foi feito um estudo com os oito primeiros colocados do campeonato mundial de memória. Para quem não sabe, nesse tipo de campeonato eles são submetidos a diversos testes, tais como decorar a maior sequência de cartas de baralho contínuas, centenas de fotos de pessoas e associá-las aos respectivos nomes etc. Todos os participantes treinam exaustivamente esses tipos de teste todos os dias. Neste estudo, eles foram submetidos a testes de memória diferentes dos que existiam nos campeonatos e o desempenho deles não foi muito superior ao dos demais mortais.

O que demonstra esse estudo? Que necessitamos treinar nossa memória para o que queremos fazer. Estes campeões de memória não nasceram sabendo decorar sequências imensas de cartas de baralho, eles utilizaram métodos para fazer esta tarefa e treinaram muito. Assim como todos nós podemos fazer quando estudamos. Necessitamos encontrar qual é o método melhor para estudar cada tipo de disciplina e estudar bastante o utilizando.

E que me desculpem os colegas que a indicam para concursos, mas não acredito muito na famosa Leitura Dinâmica na hora de memorizar informações a longo prazo. Só acredito nesse tipo de leitura para a memória de curta duração, tornando-se útil para livros de leitura, mas não muito para concursos. A leitura feita na hora de estudar deve ser atenta, detalhada, reflexiva, não pode ser expressa. Comentaremos mais adiante sobre outras formas de ler melhor um material de estudo.

No decorrer deste livro mostraremos diversas outras dicas para memorizarmos melhor o que estudamos. Experimente-as.

No capítulo a seguir muito do que precisamos saber sobre como obter uma melhor memorização nos estudos será respondido. Ele é um complemento ao capítulo que terminamos aqui. Leia-o com atenção e concentração.

7) A importância de dormir bem: como nosso cérebro memoriza o que estudamos

Este é um dos maiores capítulos do livro, tamanha é a importância que dou a este assunto. Optei por inserir diversas curiosidades sobre o tema, para tornar a leitura mais agradável e enriquecedora.

Os cientistas ainda não possuem todas as respostas para sabermos por que, ao dormirmos pouco, ficamos mais propensos a erros, com menor capacidade de concentração, mais frágeis emocionalmente e mais vulneráveis a infecções. Mas isso todos nós sabemos por nossa própria vivência. O que tentarei fazer neste tópico é convencê-lo de que você precisa se preocupar com a qualidade do seu sono, pois isso será fundamental para sua aprovação.

Primeiro, dormir bem não é sinônimo de dormir muito. Dormir bem é ter um sono com qualidade e com um mínimo de horas que o deixe em condições de render satisfatoriamente no seu dia a dia, seja no estudo, no trabalho ou nas atividades físicas.

Vários estudos mostram que devemos dormir entre seis e oito horas diárias, sendo mais aconselhado de sete a oito horas, pois alguns aspectos da consolidação da memória somente acontecem após seis horas de sono. A simples redução de uma hora e meia no seu sono diário diminui em 32% seu estado de alerta durante a manhã, prejudicando seu estudo, aumentando as chances de causar um acidente no trânsito etc. Infelizmente, as pessoas dormem cada vez menos. De acordo com um estudo publicado em 2010, há 40 anos os paulistanos dormiam em média sete horas e meia, mas atualmente só dormem seis horas e meia.

Cerca de 90% das pessoas precisam dormir oito horas seguidas para completarem cinco ciclos completos de sono, que é a quantidade ideal. Cada ciclo de sono leva em torno de 90 minutos para ser completado.

Sei que muitas pessoas dormem mais do que isso, afirmando que têm que dormir no mínimo dez horas diárias, caso contrário não conseguem estudar, de tanto sono que sentem. Eu recomendo que, se for o seu caso, tente se acostumar a dormir menos aos poucos para aproveitar mais estas horas com estudo. Não será possível de um dia para o outro passar a dormir sete ou oito horas. É para ir dormindo 30 minutos a menos por dia, por algum tempo, suponhamos de uma a duas semanas, depois ir tirando mais 30 minutos e assim por diante, até atingir umas sete ou oito horas de sono diárias.

Sabemos que há pessoas que realmente precisam de mais do que oito horas de sono para se concentrarem e terem uma vida mais saudável, mas eu acredito que a maioria dessas dormem mais por serem preguiçosas do que por precisarem biologicamente mesmo. Então, se você sentir mesmo essa necessidade de dormir mais do que oito horas diárias, faça essa experiência.

Então, por favor, com raras exceções, nada de dormir doze horas por dia, acreditando que dormir muito é bom para a memória. O que é bom para a memória é dormir bem, e não dormir muito. Afinal, se estudar pouco, de que vai adiantar dormir muito, se não terá quase nada para memorizar? Vai memorizar o quê? Os sonhos que teve durante sua hibernação?

Calvin & Hobbes, Bill Watterson © 1987 Watterson / Dist. by Universal Uclick

Todos nós conhecemos pessoas que ingerem estimulantes e energéticos, como café e guaraná em pó, para dormirem menos e assim conseguirem estudar mais horas. Ingerir duas ou três xícaras de café fará seu sono ser adiado em até seis horas. Isso não é aconselhável de forma alguma. Mas por que esta recomendação, se na faculdade ou na escola fazíamos isso e nos saíamos bem nas provas do dia seguinte? Bem, para que eu a responda melhor, precisarei aprofundar um pouco este assunto, então vamos lá. Não pule esta parte, ela é muito importante.

Entenda uma coisa essencial para você saber nessa vida de concurseiro: <u>Nosso cérebro praticamente só memoriza enquanto estamos</u>

UNIDADE I – Começando sua Vida de Concurseiro com o Pé Direito | **95**

dormindo, e não é qualquer sono, tem que ser um sono de boa qualidade. Se você estudar horas e horas seguidas e não dormir adequadamente, grande parte do conteúdo estudado será descartada pelo cérebro durante o sono. Ele simplesmente vai jogar quase tudo no lixo.

E aí eu sei que você vai discordar de mim e dizer: *"Então por que dormir pouco, muitas vezes à base de bebidas cafeinadas, dava certo nos meus tempos de escola?"*. A resposta é bem simples: *"Porque você não estava utilizando sua memória de médio ou de longo prazo, estava usando simplesmente a memória de curto prazo, aquela que dura poucas horas ou dias"*. E é por isso que dias após a prova ou no máximo na semana seguinte não se lembrava de mais nada do que tinha estudado, pois não houve sono suficiente para que as conexões neurais estivessem devidamente estabelecidas. Meu amigo, se você fizer isso para estudar para concursos, quando é comum fazermos uma prova somente daqui a uns meses, estará lascado de verde e amarelo, para não escrever um palavrão bem tradicional aqui.

Compensa muito mais estudar sete horas e dormir outras sete, por exemplo, do que estudar dez horas e dormir só quatro horas à base de estimulantes. Isso porque, ao estudar para concursos, a coisa é bem diferente, pois não usamos quase nada da memória de curto prazo, usamos muito mais a memória de longo prazo, e a consolidação desta em seu cérebro só ocorre durante uma boa noite de sono.

É uma conta assim, em números hipotéticos, somente para ilustrar o que afirmo:

Rotina diária	Páginas estudadas/dia	Percentual de memorização	Páginas memorizadas
10h de estudo e 4h de sono	200	25%	200 x 0,25 = 50
7h de estudo e 7h de sono	140	60%	140 x 0,60 = 84

Entendeu agora? Não adianta estudar mais e dormir pouco, porque memorizará muito menos.

E não basta uma noite bem dormida dias após ter estudado, intercalada com noites de pouco sono, você tem que ter uma boa noite de sono imediatamente após seu dia de estudo, diariamente, e isso tem que ser uma rotina em sua vida. Já que mencionei a palavra rotina, procure seguir uma para o seu horário de dormir, pois o cérebro e, consequentemente, a memória, agradecerão.

Uma noite mal dormida atrapalha seu rendimento por vários dias, mesmo que você durma mais no dia seguinte. Por isso que um concurseiro, quando sai para uma "balada" e chega muito tarde em casa, prejudica seu estudo muito mais do que aquelas simples horas em que ficou fora de casa. Aquele sono não vai ser recuperado tão cedo, principalmente se tiver havido ingestão de bebidas alcoólicas.

E por falar em bebida alcoólica associada ao sono, a ingestão dela faz você dormir mais rapidamente, mas torna muito ruim a qualidade do seu sono. Para o estudante, seu efeito é péssimo. Logo, é totalmente errado o que fazem certas pessoas que ingerem bebidas alcoólicas achando que estão curando suas insônias, pois, na verdade, só estão piorando. Elas começarão a dormir mais facilmente, é verdade, mas acordarão piores do que se não tivessem bebido, pois o sono não será revitalizador. É aconselhável que você não beba álcool nas três horas anteriores à hora de ir dormir. Saiba também que o álcool diminui a duração e o número de ciclos REM do sono, cuja importância veremos agora.

Nosso sono é dividido em cinco fases, que são: a fase REM (*Rapid Eye Movement* – movimento rápido dos olhos) e a fase Não REM (NREM), dividida em fases de sono leve I e II e de sono profundo III e IV. Quanto maior o número da fase, mais profundo é o sono.

Às vezes o sono é dividido em somente quatro fases, mas para o que queremos saber, não faz diferença. Conforme já sabemos, cada passada por essas cinco fases durante a noite leva cerca de 90 minutos. No decorrer da noite, as fases de sono profundo vão se tornando cada vez mais curtas e as fases de sono leve e a fase REM se tornam mais longas.

Uma noite normal de sono passa pelas seguintes fases, nesta ordem: I – II – III – IV – III – II – REM – II – III – IV – III – II – REM – II – ... – I. Logo, você começa na fase I, depois vai aprofundando seu sono até o máximo, que ocorre na fase IV, depois o sono vai ficando mais leve até a fase II, entrando depois no sono REM, depois passando para a fase II para começar a aprofundar o sono de novo, repetindo

UNIDADE I – Começando sua Vida de Concurseiro com o Pé Direito | **97**

esse ciclo, até já perto da hora de acordar, quando entra na fase I e depois desperta. Isso se seu sono não for interrompido no meio, claro.

A fase REM também é chamada de sono paradoxal, pois há um aparente paradoxo durante ela, porque ao mesmo tempo em que a atividade cerebral é similar à de quando estamos acordados, apresentamos uma ausência do tônus muscular, menor até do que o da fase de sono mais profundo, a fase IV. As outras quatro fases compõem o sono ortodoxo.

Todas as fases são importantes para a memorização, é bom que isso fique bem claro antes de prosseguirmos.

Lembra-se daquela analogia com as memórias de um computador no capítulo em que explicamos um pouco do cérebro? Então, durante o dia, enquanto aprendemos e vivenciamos novas situações, armazenamos essas informações em nossa memória RAM (hipocampo). Quando dormimos, ao passarmos primeiro pelas fases NREM do sono, as informações são gravadas no disco rígido, mas ainda estarão desorganizadas, com pouca utilidade. Durante a fase REM, que se segue à fase NREM, desfragmentamos o disco, ou seja, organizamos os dados, construímos novas conexões, solucionamos problemas etc., e aí sim gravaremos as informações de forma que possam ser bem recuperadas depois. Durante a noite, repetimos esse processo de escrita-desfragmentação das informações obtidas durante o dia até que os dados da RAM estejam organizadamente gravados no nosso HD (córtex) e a RAM esteja esvaziada para ser usada novamente no dia seguinte. Ao acordarmos, nosso computador é religado, com a memória RAM vazia e o HD cada vez mais cheio, mas com este HD não há problema de falta de espaço disponível, então não se preocupe com sua capacidade.

Sendo assim, o sono é importante em dois aspectos para melhorarmos a memorização: além de ser o momento em que o cérebro armazena as informações estudadas durante o dia na memória de longo prazo, ele deixa o cérebro pronto para receber novas informações no dia seguinte, pois a RAM estará vazia.

É na fase III que ocorre a maior parte do armazenamento das informações estudadas durante o dia, e é na fase REM que elas são organizadas na memória de longo prazo. Essa fase do sono é assim chamada porque nossos olhos, mesmo fechados, movimentam-se intensamente. A banda americana de rock REM é assim chamada em homenagem a essa fase do sono, responsável por muitos dos nossos sonhos. Aliás, considerei o nome bem inteligente para uma banda de música, afinal, todas elas querem exatamente isso, fazer-nos sonhar.

O tempo de sono da fase REM diminui conforme nossa idade vai avançando. Quando bebês, passamos 80% do nosso tempo de sono nessa fase, mas após os 70 anos, somente 10%, em média. Jovens adultos passam de 20 a 25% do tempo nessa fase durante a noite, que acontece umas quatro ou cinco vezes por noite, durando de três a dez minutos no início da noite até quase uma hora já perto de acordar, ou seja, a duração dessa fase vai aumentando conforme passa a noite. Entendeu agora, de uma vez por todas, por que não é aconselhável dormir pouco? É principalmente porque você só terá tido fases curtas de sono REM, que é muito importante para armazenar as informações na memória de longo prazo. Se tiver dormido pouco, terá ficado pouco tempo na fase REM, não havendo tempo suficiente para memorizar bem o que tiver estudado. Este gráfico mostra bem como é dividido nosso sono:

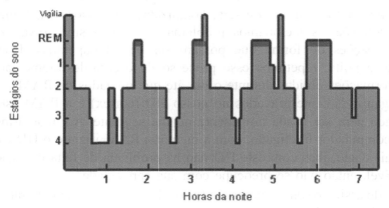

(Imagem disponível em: www.neurofisiologia.unifesp.br)

Perceba nele que a duração das fases REM vai aumentando conforme vão passando as horas de sono.

Assumindo que você, leitor deste livro, é um jovem adulto, se dormir oito horas por dia, cerca de um mês por ano passará nessa fase, sonhando, porque é nela que temos quase todos os nossos sonhos, que são mais longos que os sonhos das fases NREM.

Embora os olhos estejam se movimentando durante a fase REM, nosso corpo permanece paralisado, e é assim de propósito, para que

UNIDADE I – Começando sua Vida de Concurseiro com o Pé Direito | **99**

nosso corpo não se envolva fisicamente com nossos sonhos, caso contrário, coitados dos nossos cônjuges, pois seriam espancados e chutados em várias noites, e nós também poderíamos nos machucar.

Assista ao filme "A Origem", com o Leonardo DiCaprio, e repare como os personagens permanecem imóveis durante os sonhos, mesmo com o mundo desabando.

Deixe-me explicar ainda mais o que ocorre no nosso sono. Aqui vou ser um pouquinho mais técnico, porque sei que muita gente discorda deste assunto sobre a importância do sono e eu ainda tenho a esperança de convencê-los, pelo menos os mais apegados a explicações técnicas.

Está lembrado do hipocampo, que é a parte responsável por guardar temporariamente as informações que estudamos durante o dia? Então, a substância que armazena estas informações se chama acetilcolina. A memória de longo prazo se encontra em outra região, chamada neocórtex. Então aqui vai uma pergunta: você sabe quando os neurônios conseguem formar uma rede para migrar as informações do hipocampo para o neocórtex? Quando a acetilcolina está inerte. E adivinhe em qual parte do dia ela está inerte? Somente quando você está dormindo. Conclusão: ao dormir, a acetilcolina fica inerte e as informações são passadas da memória de curto prazo para a de longo prazo. Simples, não? Sim, muito simples, mas só vai funcionar se você dormir bem, ora bolas.

E se você virar um concurseiro-morcego, ou seja, dormir durante o dia e estudar durante a noite, vai funcionar da mesma forma? Não exatamente, pois o sono diurno não é tão bom quanto o noturno, porque durante o dia os períodos de sono REM são mais curtos, logo, o sono diurno é menos profundo e revitalizador e memoriza menos que o noturno. Mas há pessoas que funcionam melhor bancando o Batman, vem da sua própria genética. São chamados de "corujas radicais" pelos pesquisadores. Se você funcionar melhor assim e tiver certeza disso, beleza, mande bala do seu jeito, pois se tentar mudar para o "normal", renderá menos. Mas esteja ciente de que há outros problemas que podem ser causados por esta vida de morcego, que são: obesidade, hipertensão arterial, arritmias e outras doenças cardíacas.

Outros estudos também demonstraram que pessoas que tiram um cochilo após o almoço memorizam mais do que pessoas que não fazem isso. Então, se puder, dê uma cochilada após o almoço. Seu estudo renderá mais depois e as informações serão mais bem armazenadas. Mas evite dormir por mais de uma hora neste período, porque estará realmente perdendo tempo de estudo. Seu aprendizado será melhor se dormir por quase uma hora e depois estudar por três horas com boa concentração do que se ficar por quatro horas pandiculando em cima dos livros. Nós dizemos que "pandiculamos" quando bocejamos e nos espreguiçamos.

Os estudos mostraram que entre as 13h e as 14h30 um sono de 15 ou 20 minutos diminui seu cansaço e melhora seu desempenho cognitivo. E dormir de 45 minutos a uma hora melhora ainda mais seu aprendizado, mas se dormir tanto assim necessitará de uns 20 minutos para se recuperar do estado de sonolência após acordar, ou seja, se dormir por uma hora, para engrenar no estudo de novo precisará de 1h20 (entendeu agora por que utilizei a expressão "quase uma hora" no parágrafo anterior?).

Há outros estudos que indicam somente um cochilo de 20 a 40 minutos, no máximo, pois, se dormir mais, poderá acordar mais cansado do que antes.

Ainda, o cochilo após o almoço é determinado por sua genética. Por isso, existem pessoas que não conseguem cochilar, ou, se cochilarem, acordam piores ainda. Outras que só precisam cochilar poucos minutos para acordarem bem dispostas. Portanto, caso você não consiga, tudo bem, não force a barra. Terá mais tempo para estudar.

Sei que agora confundi suas ideias, pois, afinal, qual estudo está certo, o que indica menos que 40 minutos ou o que diz que é melhor dormir de 40 minutos a uma hora? Não acredito que exista uma resposta exata, acredito, sim, que esse tempo máximo de cochilo varia de pessoa para pessoa e de um dia para outro. Se tiver dormido bem à noite, cochile pouco tempo, mas, se tiver tido uma noite ruim, arrisque uma hora e meia e veja como será seu estudo à tarde.

O que sempre me adaptei foi dormir uns 30 a 40 minutos e voltar a estudar efetivamente 15 minutos após acordar. Eu sou assim até hoje, inclusive no trabalho. Você pode tentar fazer isso por uma semana e ver se ficou bem adaptado a esse ritmo. Caso não, tente de outro jeito. Mas nem pense em dormir duas horas, OK? Sua concorrência agradecerá bastante se você fizer isso. E, como já expliquei, se não conseguir cochilar, beleza, tudo bem também, seu organismo é assim.

UNIDADE I – Começando sua Vida de Concurseiro com o Pé Direito **101**

Outra dica, para quem gosta de café, é beber uma xícara de café imediatamente antes de deitar para cochilar, pois como ele demora um tempo para fazer efeito, quando você despertar, estará menos sonolento.

Perceba também naquele gráfico que mostra as fases do sono que logo na primeira rodada do seu sono você não passa pela fase REM, vai direto da I à II, III e IV e só passa pela REM quando o sono está "voltando". Sendo assim, nos cochilos que tiramos à tarde, não memorizamos quase nada, pois, como eles não devem ser maiores do que uma hora, não dá tempo de passar pela fase REM, mas mesmo assim eles são importantes para descansar nosso cérebro e corpo. Se você dormir mais do que uma hora à tarde, vai passar pela fase REM, mas só faça isso se realmente tiver dormido mal à noite, porque aí valerá a pena um cochilo maior, pois não vai adiantar nada estudar cheio de sono acumulado da noite.

Prosseguindo com nosso papo sobre o sono, preciso fazer um alerta muito importante: deixe de dormir após o almoço pelo menos umas duas semanas antes de seu concurso, caso tenha de fazer provas neste horário. Se você não desacostumar seu corpo, no dia "D" sentirá muito sono justamente durante a sua prova da tarde, prejudicando seu desempenho.

OK, mas e se você dormiu as horas indicadas e enquanto estiver estudando bater aquele soninho desgraçado? Bem, eu já o aconselhei a não tomar remédios estimulantes, nem muito café, guaraná em pó etc., mas e se o sono vier, há algo mais inofensivo que possa fazer? Sim, fora os conselhos mais do que conhecidos de levantar e lavar o rosto ou tomar um banho, de preferência frio, ou tomar chá verde, que muitas vezes funcionam, há outra dica, que pode parecer bobagem, mas não é: Mascar chiclete! Sim, segundo um neurologista da Unifesp, *"O chiclete estimula o nervo trigêmeo, que fica na região do maxilar. Esse nervo tem ligação com áreas do cérebro responsáveis por mantê-lo acordado. Além disso, enquanto você mastiga, manda para o cérebro a informação de que está se alimentando e ele mantém o seu corpo alerta para terminar essa suposta refeição".*

Experimente, de preferência escolha um sem açúcar para não engordar muito. Nunca mastigue chiclete em jejum, pois favorece o surgimento de úlceras, então não abuse, OK? Não vai ser por isso que vai mastigar chiclete o tempo todo, pois poderá ter problemas de saúde. Como diria o Ministério da Saúde: *"Masque chiclete, mas com moderação".* E se depois engordar ou desenvolver alguma úlcera ou coisa parecida, não me culpe, culpe esta vida de concurseiro (rs).

Só para terminar o assunto chiclete, se, depois que for aprovado, resolver curtir férias no exterior, cuidado, pois em alguns países o chiclete é proibido, podendo até dar cadeia, como em Singapura, que cobra a multa bem módica de oito mil reais caso o peguem jogando chiclete no chão. Contudo, se for a Portugal, tudo bem, não será multado, mas na hora de comprar peça por "pastilha elástica", porque ninguém sabe o que é chiclete por lá.

Outros procedimentos indicados para quando estiver com sono e quiser estudar um pouco mais seriam levantar-se e dar uns pulinhos ou ler em voz alta por alguns minutos.

Ler no *tablet* dá menos sono do que ler no papel, pois a luz do leitor diminui a produção de melatonina, que é a substância responsável pelo sono. Por isso que é muito mais fácil varar uma noite no computador ou no videogame do que lendo. Eu não sou muito a favor de sempre estudar pelo *tablet*, mas nas horas de sono acredito que seja uma boa dica, sim. Na segunda unidade indicarei softwares que marcam o texto em pdf, permitem anotações etc., mas, mesmo assim, ainda prefiro o bom e velho papel, mas talvez seja questão de costume mesmo (ou porque já estou meio velhinho).

Em um estudo realizado em 2010 pelo Instituto do Sono, da Unifesp, foi verificado que 77% dos paulistanos possuem algum problema relacionado ao sono. Desses, 15% sofrem de insônia crônica e 5% tomam remédio para conseguir dormir. As mulheres têm duas vezes mais problemas para dormir que os homens.

Ter algumas noites de insônia é comum. O problema é quando elas acontecem pelo menos três vezes por semana dentro de um mês. Aí sim realmente você pode considerar que está com um distúrbio no seu sono.

Caso você tenha dificuldade para dormir, saiba que há certas atitudes muito comuns que comprometem nosso sono, tais como:

- comer alimentos pesados à noite ou dormir com fome;
- ingerir estimulantes como café, chocolate, refrigerantes e nicotina;
- dormir com a TV ou o aparelho de som ligado;
- assistir a programas violentos;
- ouvir música alta antes de dormir;
- dormir com os pés desaquecidos;

UNIDADE I – Começando sua Vida de Concurseiro com o Pé Direito · **103**

- fazer ginástica próximo à hora de dormir. Dê pelo menos 3 horas de intervalo entre o exercício e o início do sono;
- não ter uma rotina de horário para dormir;
- dormir em um ambiente claro. Invista em cortinas, "blackouts" etc.;
- dormir demasiadamente durante o dia;
- utilizar sua cama para outras tarefas, tais como: comer, trabalhar, falar ao telefone ou ver TV.

Outra dica que auxilia a ter sono é tomar um banho quente umas duas horas antes de se deitar.

Atente-se bem para o consumo de estimulantes à noite, pois, além do café, existem outras substâncias que também poderão prejudicar seu sono, como chocolate, anti-inflamatórios, refrigerantes à base de cola, medicamentos com cafeína e o cigarro, pois a nicotina é ainda mais forte do que a cafeína.

Procure corrigir esses desvios, caso os cometa, e busque dormir cada vez melhor, de preferência sem tomar remédios. Se seu caso realmente for mais sério, procure um médico ou alguma instituição especialista no assunto. Uma bem famosa é o Instituto do Sono: <www.sono.org.br>.

Escolha um colchão que não seja nem muito duro nem muito macio. O travesseiro deve ocupar o espaço entre o ombro e a cabeça, ou seja, a cabeça não pode ficar muito caída nem muito levantada. Não durma de bruços, o ideal é que durma na posição fetal. Se for dormir de barriga para cima, use uma almofada debaixo dos joelhos, para encaixar a coluna. Seguindo essas dicas, seu sono será melhor, e mais: preservará sua coluna, que será tão castigada após horas de estudo diário.

Os especialistas também aconselham que, se a pessoa estiver com problemas para dormir, é melhor que saia do quarto para ler ou ouvir música, retornando ao quarto quando estiver mais sonolento. Nessas horas, nunca assista à TV, resolva problemas ou use o computador, que são tarefas que o despertarão ainda mais. Recomendam também que seja estabelecido um horário para dormir todas as noites, assim como um pequeno ritual para isso antes de ir dormir, como escovar os dentes, diminuir a claridade de casa etc.

Se passarmos um dia buscando uma solução para um problema, durante a noite nosso cérebro continuará tentando encontrá-la. Devido a isso, várias invenções e descobertas foram realizadas durante uma noite de sono. Acredito que você mesmo já tenha acordado durante a noite ou um pouco antes da hora de acordar pensando: *"Puxa, que boa ideia, amanhã farei isso"*. Esta ideia poderá ser lembrada de manhã ou não, o que vai deixá-lo encucado pelo resto do dia, caso isto aconteça.

Uma coisa que passei a fazer há alguns anos e que já se mostrou útil em diversas ocasiões é manter um bloco de anotações e um lápis ao meu lado enquanto durmo. Principalmente quando estou próximo da hora de acordar, algumas vezes ocorrem-me boas ideias, e anoto-as, sem acender a luz para não despertar de vez. Ao acordar, decifro os garranchos que escrevi e tento pôr em prática as ideias. E assim tive a ideia de escrever alguns artigos, de coisas novas a fazer no meu trabalho etc.

Lembra-se do desenho da tabela periódica, aquela que estudamos em Química? Era um grande mistério montá-la, até que um químico russo, Dmitri Mendeleyev, imaginou seu formato durante o sono, acordou e a desenhou. Posteriormente a tabela foi ampliada com a descoberta de inúmeros outros elementos, mas a base do seu desenho foi descoberta por ele, dormindo. Você conhece a música mais famosa dos Beatles, *"Yesterday"*? Sua melodia foi criada em um sonho de Paul McCartney. E *"Satisfaction"*, o maior sucesso dos Rolling Stones? Também surgiu em um sonho de Keith Richards. Frederick Banting ganhou o Prêmio Nobel em Fisiologia em 1923 por ter sonhado com a solução que levaria à descoberta de como extrair a insulina para posterior utilização. Como curiosidade, ele vendeu a patente para a Universidade de Toronto por um dólar. Ainda poderia relatar outros inúmeros casos mais para demonstrar que durante o sono não estamos com o cérebro inerte, ele realmente trabalha intensamente durante a noite.

Não acredite nesses cursos que prometem aprendizado durante seu sono, escutando fitas, MP3 etc. Isso ficou muito famoso faz algumas décadas, mas caiu em completo desuso, pois alguns estudos mostraram que não faziam efeito e que ainda poderiam perturbar o seu sono, prejudicando o aprendizado do que estudou durante o dia. Era chamado de *sleep learning* ou hipnopedia.

Em 2010, um estudo sugeriu que este método poderia reforçar o aprendizado do que se tinha estudado durante o dia, caso escutasse exatamente o que havia sido estudado. Mas repare bem: não serve para aprender uma informação nova, como se acreditava antigamente, quando eram vendidos cursos de aprendizado de línguas, por exemplo,

UNIDADE I – Começando sua Vida de Concurseiro com o Pé Direito | **105**

e sim para reforçar o que tiver sido estudado durante aquele mesmo dia. Mas como foi um estudo sob condições muito limitadas e ainda sujeito a diversos estudos mais aprofundados que deverão se suceder a este, sinceramente, se eu fosse você, esqueceria isso e aproveitaria sua noite de sono para dormir em paz, sem ouvir nada.

Se eu ainda não o convenci da importância de dormir adequadamente, saiba que estudos demonstraram que quem dorme pouco tem duas vezes mais chances de se tornar obeso em relação a quem dorme adequadamente. Por exemplo, um estudo com nove mil pessoas mostrou que quem dorme 6h/noite tem 27% de chances a mais de ficar acima do peso de quem dorme de sete a nove horas. E quem dorme 5h/noite tem 73% de chances de ficar acima do peso. E dormir menos què seis horas por noite aumenta em 12% as chances de você morrer em um período de 25 anos, conforme outro estudo.

A título de curiosidade, vamos prolongar um pouco mais nosso conhecimento acerca do sono, sem muita relação com a vida de concurseiro. Cientificamente está mais do que comprovado que, se formos despertados no meio de uma fase de sono mais profundo, acordaremos mais propensos a nos sentirmos cansados e/ou mal-humorados, enquanto que se formos despertados na fase REM, ficaremos mais bem-humorados, dispostos e descansados. A fase REM fornece uma boa transição entre o sono e o despertar. Então aqui temos um fato interessante: podemos dormir seis horas e 40 minutos e acordarmos mais bem dispostos do que se dormirmos sete horas, pelo simples fato de termos acordado na primeira hipótese durante a fase REM ou outra mais leve, e na segunda hipótese, durante uma fase de sono mais profundo. Obviamente, não basta então acordarmos logo na nossa primeira fase mais leve do sono, tendo dormido pouco tempo ainda, estamos falando de acordar em uma diferença de, no máximo, 30 minutos da duração normal da sua noite de sono.

Bem, mas de que adianta sabermos disso, uma vez que não temos ideia de em qual fase estaremos quando o despertador tocar? Hoje em dia existem diversos aplicativos para iPhone ou Android que monitoram seu sono e o despertam na fase mais indicada, tais como o "Sleep as Android" e o "Sleep Cycle". Eles pedem somente para deixar o celular embaixo do travesseiro, estipular o horário para despertar e um intervalo de tempo máximo para que ele desperte antes do horário marcado caso verifique ser seu melhor horário para acordar. Confesso que nunca os utilizei. Bem, são de graça, não custa tentar. Afinal, como se diz popularmente, "de grátis" até ônibus errado, injeção na testa etc.

Esses aplicativos são baseados nesses estudos que relatei: você marca no despertador a hora que deseja acordar, às 7h, por exemplo, e o despertador vai tentar tocar durante uma fase REM ou outra mais leve do seu sono. Ele vai monitorar os 30 minutos que antecedem a hora que você indicou para acordar, no nosso exemplo, das 6h30 às 7h, e vai acordar você no instante imediatamente anterior ao de você entrar em uma fase de sono mais pesado, ou seja, vai aproveitar ao máximo o seu período de sono mais leve e vai acordá-lo antes de entrar em uma fase profunda, mas nunca após a hora indicada, para você não perder seu compromisso. Sendo assim, mesmo que você acorde às 6h45min, por exemplo, acordará mais bem disposto do que se tivesse acordado às 7h, no meio de uma fase ruim para ser despertado.

Também existem alguns relógios que monitoram nosso sono noturno, como os da chinesa Xiaomi. Eu os uso diariamente desde 2019. Tem uns que são como pulseiras emborrachadas (como o Xiaomi Mi Band) e outros possuem a aparência de um relógio mesmo (como o Amazfit Bip S). No YouTube existem inúmeros vídeos de brasileiros comparando cada modelo. Só não indico o Apple Watch, pois além de ser muito mais caro, você tem que carregar todo dia, provavelmente na hora de dormir, então não servirá para essa função de monitormaento do sono. A bateria desses da Xiaomi duram semanas. Se você nunca ouviu falar na Xiaomi, acredite, pode confiar em tudo que ela fabricar, porque é muito boa. Isso vale para celulares, tênis, relógios etc.

Adiante comentaremos sobre os melhores horários para estudar e como funciona seu relógio biológico. Assim você complementará o conhecimento sobre toda esta relação entre sono e aprendizado.

Depois destes ensinamentos, não tenha mais consciência pesada ao "cair nos braços de Morfeu", o Deus grego dos sonhos, filho de Hipnos, Deus do sono. Como curiosidade, saiba que a droga morfina vem do seu nome, pois leva a pessoa à sonolência.

Por fim, não use este capítulo para ser um preguiçoso e ainda colocar a culpa em mim. Se você quiser hibernar igual a um urso, a concorrência agradecerá. Lembre: Dormir bem não é dormir muito!

8) Descobrindo os melhores horários para estudar: respeitando nosso relógio biológico

Faz alguns anos que vários cientistas buscam encontrar as horas do dia mais indicadas para estudar, dormir, malhar etc. É a chamada cronobiologia, que estuda o nosso "relógio biológico", assim chamado pelos especialistas. Baseado nesses estudos, hoje podemos afirmar quais horários são os mais indicados para dormir, estudar, tirar uma sesta e fazer suas revisões. É isso que explicaremos agora.

Inicialmente, faremos a suposição de que você possui um dia inteiro para estudar.

A tabela a seguir exemplifica esses horários, que serão mais bem detalhados a seguir. Eu o dividi em fases, para facilitar nossa explicação.

Fase	Horário	Atividade	Motivo
1	06h – 08h	Acordar e fazer atividade física leve ou moderada	Neurônios ainda inertes e temperatura agradável
2	08h – 12h	Estudar	O corpo libera hormônios que estimulam a atividade dos neurônios
3	12h – 13h	Almoçar	O corpo libera hormônios que conferem sensação de fome
4	13h – 14h	Dormir	A digestão provoca lentidão dos neurônios. Uma sesta potencializará seu estudo depois
5	14h – 18h	Estudar	Idem ao horário das 8 às 12h
6	18h – 21h	Revisar o estudo	Horário ideal para solidificar o conhecimento adquirido anteriormente
7	21h – 23h	Curtir a família, assistir à TV, preparar-se para dormir, organizar o estudo do dia seguinte etc.	O corpo libera um hormônio chamado melatonina, que nos induz ao sono e torna nosso cérebro mais lento para o estudo
8	23h – 06h	Dormir	Menor claridade, maior silêncio e temperatura mais baixa

Antes de aprofundarmos mais no assunto, quero explicar que os horários acima são aproximados. Nada impede que você prefira dormir das 23h às 7h, ou das 0h às 7h, por exemplo. Os horários são aproximados e é cada um que sabe como seu organismo reage melhor a cada tarefa, além de o ritmo e as obrigações da vida de cada um serem distintos. Aproximadamente 80% das pessoas funcionariam melhor seguindo essas recomendações, mas há os 20% que não, que teriam que fazer alguns ajustes ou até mesmo proceder de forma diferente, por possuírem cronotipias não apropriadas a esses horários, como veremos ainda. Não entre de cabeça na onda do livro "O Milagre da Manhã", do Hal Elrod, um dos livros mais vendidos no mundo em 2019, porque as dicas dele se aplicam a quem rende bem acordando cedo, que pode ser seu caso ou não. Caso queira, experimente por alguns dias, mas caso não dê certo, tudo bem, você pode ter muito sucesso na vida sem madrugar, sem problema nenhum.

Vamos às explicações das diferentes fases do seu dia.

Fase 1 – Hora de acordar) É difícil conseguir uma boa concentração no estudo logo que acordamos. Nossos neurônios ainda estão, grosso modo, "dormindo", e necessitam geralmente de umas duas horas para estarem totalmente alertas. Estudos mostraram que o desempenho cerebral nos primeiros 30 minutos após o despertar é pior do que o desempenho obtido após termos ficado acordados por 24 horas seguidas e são tão ruins quanto o desempenho ao ficarmos mediamente bêbados. É o melhor momento para ingerirmos um bom café da manhã e fazermos uma atividade física moderada, como uma caminhada, yoga ou até mesmo uma corrida leve, se já estivermos acostumados. Se sua pretensão for fazer uma atividade física mais pesada, este não é o melhor horário, o melhor é entre o final da tarde e o início da noite, mas nunca perto da hora de dormir, para não atrapalhar seu sono.

Quem sai da cama aproximadamente às 8h reduz o período mais propício ao estudo. Os neurônios dessa pessoa só estarão "despertados" quase às 10h e logo depois estará perto da hora de almoçar, porque raramente as pessoas almoçam após as 14h.

Entretanto, se você tem pouco tempo para estudar após o despertar, antes de ir trabalhar, por exemplo, comece logo, acorde seus neurônios na marra.

UNIDADE I – Começando sua Vida de Concurseiro com o Pé Direito | **109**

Fase 2 – Estudo matinal) Cerca de duas horas após acordar seus neurônios estarão prontos para estudar e assim permanecerão até a hora de almoçar, quando seu corpo começará a sabotar seu estudo, pedindo por comida. Para que você aproveite bem seu período de estudo matinal, é importante que tenha ingerido um bom café da manhã. Caso você tenha comido mal ao acordar, seu estudo estará comprometido, pois seu cérebro funcionará mal. O ideal é que você ingira um bom café da manhã e no meio da manhã coma uma fruta, um iogurte ou uma barra de cereal, para manter seu cérebro em plena atividade.

Fase 3 – Almoço) Seu corpo produzirá hormônios que farão você sentir fome. Seu estudo ficará seriamente comprometido. Hora da boia, ou do rancho, como dizíamos no Exército. Aproveite este tempo para conferir as ligações telefônicas recebidas e retorná-las, se for o caso.

Fase 4 – Hora do cochilo) Por cerca de uma hora seu organismo estará comprometido com a digestão. Seu aproveitamento no estudo será baixo se insistir em estudar nesse período. Durma sem dor na consciência. Não pense que estará perdendo tempo de estudo, pois após a sesta a qualidade do seu estudo compensará o tempo "perdido" dormindo. Muitas vezes esse cochilo após o almoço o permitirá estudar um pouco mais à noite. Durma de 20 minutos a, no máximo dos máximos, em um dia em que esteja bastante cansado, uma hora e meia. Mais do que isso você estará realmente jogando fora seu tempo de estudo. Logicamente que esse conselho para fazer uma sesta não é obrigação nenhuma, há inúmeras pessoas que não conseguem, ou não podem, dormir nesse horário, mas, de qualquer maneira, pense em descansar nesse horário, evitando tarefas pesadas.

Fase 5 – Estudo vespertino) Após o breve cochilo, opcional, a fase cinco assemelha-se à fase dois, a do estudo matinal. Acumule mais HBCs. Não deixe de fazer um lanche à tarde, pois seu cérebro precisa constantemente de glicose para funcionar bem, nunca se esqueça disso.

Fase 6 – Estudo do final da tarde e início da noite) Estudos indicaram que cerca de 12 horas após você acordar seu cérebro se preocupa mais em recapitular o seu dia. Esse fenômeno é chamado pelos especialistas de "reverberação". É uma boa hora para revisar o que estudou durante o dia ou em dias anteriores e fazer exercícios. Nessa hora você estará com o cérebro mais cansado, então ele será mais bem aproveitado se não se preocupar muito em absorver novos conteúdos, e sim em revisar o que já sabe. Como está chegando a hora de dormir, e sabemos que é quando dormimos que o cérebro seleciona o que vai memorizar e o que vai jogar no lixo, ao revisarmos a matéria perto da hora de dormir, mesmo que sob a forma de exercícios, ele saberá melhor o que memorizar à noite.

Assim, faz sentido recomendar que você tente aproveitar os momentos de melhor concentração para absorver novos conteúdos e os de pior concentração e cansaço para revisar e fazer exercícios, conforme veremos melhor mais adiante.

Fase 7 – Preparação para dormir e lazer) Após um dia extenuante de estudo, chegou a hora de ver sua novela ou seu futebol (sempre com moderação), curtir a família, ligar para amigos e parentes, checar e-mails, procurar informações sobre concursos na internet e organizar o estudo do dia seguinte. Obviamente que você já poderá ter feito algumas dessas coisas durante o dia, em seus momentos de intervalo.

Fase 8 – Hora de dormir) Não adianta brigar com o seu organismo, pois de qualquer forma ele produzirá melatonina, que o induzirá ao sono.

Reparem no quadro anterior e somem a quantidade de horas de sono e de estudo. Serão oito horas de sono, sendo sete durante a noite e uma após o almoço, e 11 horas brutas de estudo. Para a maioria das pessoas, oito horas de sono garantem um bom rendimento diário, conforme já vimos, entao considerei um exagero dormirmos oito horas seguidas à noite e mais uma após o almoço, totalizando nove horas de sono diário. Das 11 horas brutas de estudo, fazendo intervalos e outras paradas mais, você obterá umas oito horas líquidas de estudo, uma quantidade que considero excelente. Isso dormindo oito horas, fazendo exercícios e tendo um mínimo de lazer e descanso. Nos dias em que não fizer exercícios físicos poderá estudar mais ou ter mais lazer.

Para aconselhar quem trabalha e não possui o dia livre, ainda não encontrei estudos sobre como seria essa rotina diária, mas posso fazer algumas recomendações, baseadas na minha própria experiência e no relato de diversos amigos aprovados.

Suponhamos que você acorde às 7h para trabalhar e só chegue a sua casa às 19h. Há pessoas que conseguem estudar logo em seguida e obtêm uma razoável qualidade no estudo, e outras que não. Para essas que chegam esgotadas em casa e não conseguem estudar logo, há duas formas de obter um aproveitamento razoável depois. Na dúvida, experimente ambos os casos por uns dias e veja qual melhor se aplica para você. A primeira é descansar, jantar, tomar um bom banho, conversar um pouco com a família e estudar de umas 21h até meia-noite, aproximadamente. A segunda é fazer como o Deme fazia, dormindo logo ao entrar em casa, suponhamos umas 21h, logo após o banho e o jantar, e acordar de madrugada, digamos umas 4h, estudando até as 7h.

Há pessoas que funcionam melhor sempre assim, ou seja, independentemente se trabalham ou não, elas rendem melhor no dia a dia dormindo do início da noite até o meio da madrugada, quando acordam para renderem bem logo no início da manhã. São chamadas de "cronotipo matutino" ou de "cotovia" pelos pesquisadores, pois imitam o ritmo desse pássaro. São diferentes das "corujas" que vimos no capítulo anterior, também conhecidas como de "cronotipo vespertino", que não costumam sentir sono antes das 3h.

Calvin & Hobbes, Bill Watterson © 1995 Watterson / Dist. by Universal Uclick

As corujas e as cotovias radicais formam os dois tipos mais comuns de cronotipos diferentes encontrados nas pessoas, ou seja, são as pessoas que fogem do horário normal do resto da população. As pessoas que parecem cotovias representam 10% da população, enquanto que as corujas são em torno de 20%. O restante da população, os 70% "normais", é chamado de "beija-flor". Conhece os quadrinhos do "Dilbert"? Seu criador, Scott Adams, é uma cotovia nata, sempre produzindo suas tiras entre 6h e 7h.

Ser cotovia ou coruja vem da natureza do nosso relógio biológico, não tem como você escolher ser de um outro tipo, no máximo ficará parecido com outro tipo devido a outras obrigações, como horários de trabalho, mas nunca será um tipo diferente do que nasceu. O que o Deme fez foi se adaptar ao trabalho que tinha e aproveitar mais o seu estudo bancando uma cotovia, mas depois que deixou de ser concursei-ro, voltou ao horário normal. Foi uma experiência para analisar como poderia aproveitar melhor o seu estudo chegando cansado do trabalho, e foi feliz em sua escolha. Mas isso foi uma fase de sua vida, ele não era uma cotovia de fato, como muitas outras pessoas.

Estudos já comprovaram que, no caso de uma pessoa de sono nor-mal, haverá o auge do funcionamento do cérebro de 2h30 a 4h após o despertar. Assim, se ela acordar às 8h, é recomendável deixar para estudar a matéria mais complicada após as 10h30. Contudo, isso não vale para quem é noturno, por exemplo, pois para essa pessoa o auge ocorrerá somente no final da tarde.

Conforme eu já recomendei, experimente de qual forma você rende mais e aproveite-a. Depois que for aprovado, volte ao normal, ou não, se descobrir que é de fato uma coruja ou uma cotovia.

Quem trabalha tem que fazer esses sacrifícios a mais para conseguir uma aprovação, não há outra forma. Se possível, siga outros conselhos apresentados neste livro, como escutar aulas gravadas no trânsito, es-tudar na hora do almoço etc. Cada 15 minutos a mais que conseguir aqui e ali farão uma diferença enorme ao final de um bom período de estudo. E deve estudar mais nos finais de semana, feriados e férias, logicamente. Para essas pessoas, recomendo que deixe esses dias dis-poníveis inteiramente para estudar para acumular novos conhecimentos e estudar o que mais tem dificuldade, e os dias da semana para revisar, fazer exercícios e estudar as matérias em que possui mais facilidade.

9) Escolhendo os materiais de estudo

A escolha de materiais de estudo adequados é um dos fatores mais determinantes para a sua aprovação.

Evite comprar o primeiro material que encontrar. Procure se informar com concurseiros mais experientes sobre qual material é mais indicado ao seu caso e, se possível, busque opiniões de diferentes colegas.

Passe longe de sebos, que são as livrarias especializadas em livros usados e antigos. Alguns livros podem até ser comprados neles, mas raramente encontrará livros para concursos atualizados. E essa economia de dinheiro poderá prejudicar muito seu estudo. Alguns livros de Exatas podem ser comprados perfeitamente em sebos, mas livros de Direito, Códigos, gramáticas anteriores ao novo acordo ortográfico etc. nem pensar.

Buscar um material mais resumido, como apostilas que são vendidas em bancas de jornal ou pelo correio, reduzirá enormemente suas chances de sucesso em concursos mais difíceis, simplesmente porque o conteúdo delas é insuficiente. Elas geralmente são insuficientes para encarar concursos de nível superior, mas ressalvo que muitas vezes podem ser boas para concursos de nível médio. Vai depender de qual é o concurso pretendido. Não me refiro às apostilas dadas em aula por bons professores, pois estas podem ser muito boas, dependendo do autor e do concurso, mas mesmo assim não saia comprando várias delas se não for para acompanhar as aulas, pois quase sempre os livros são melhores, a não ser que sejam muito recomendadas pelos colegas.

Na capa das apostilas vendidas em bancas haverá uma mensagem afirmando que abrange todo o programa do concurso. Sim, concordo, realmente conterá informações sobre cada ponto do programa, mas em nível muito insuficiente em relação ao que você vai encontrar nas questões da prova. Você vai se enganar achando que sabe tudo e na hora da prova vai pensar que ela veio escrita em grego ou aramaico. Mas repito: isso vale para os concursos mais difíceis, pois para alguns concursos com questões que costumam ser mais fáceis e que geralmente cobram somente a literalidade da lei e questões mais simples, elas podem ajudar bastante e até mesmo serem importantes para o seu sucesso.

Se o seu concurso for mais exigente, saiba que hoje existem diversas editoras especializadas no ramo de concursos públicos, com diversas opções de livros para cada disciplina.

Livros acadêmicos também não costumam ser indicados para concursos, ou seja, um livro pode ser muito usado em faculdades e não ser bom para concursos. Aliás, isso é quase uma regra. Assim, não pergunte a algum conhecido que livro usou na faculdade para determinada matéria, pois essa dica provavelmente será bem furada.

Entretanto, como "para toda regra há uma exceção", há no mínimo duas exceções para esta dica de não utilizar livros acadêmicos: quando são concursos de nível superior da área jurídica ou para as áreas da própria formação universitária do candidato. Portanto, neste último caso, quando um candidato pretende fazer um concurso para sua formação específica, como para cargos de biólogo, médico, engenheiro, analista de sistemas etc. Para esses exames, muito dificilmente, encontrará algum material de concurso com as matérias que cairão, então o candidato terá que usar livros universitários mesmo.

É muito importante que você possua a legislação cobrada em seu concurso. Não é necessário comprar códigos caros na grande maioria dos casos, basta entrar no site da Presidência da República <www.presidencia. gov.br>, acessar o link "Legislação" e imprimir da forma que preferir. Aconselho que cole o texto da lei no Word e imprima duas páginas de texto por página do papel, ou seja, imprima em formato de paisagem (papel deitado), sem bordas, e encaderne. Terá a cara de um livro deitado com duas colunas de texto em cada página. Fica fácil de estudar e possui custo muito baixo, somente o da impressão e da encadernação.

Quanto a ter sempre a legislação atualizada, sugiro que de vez em quando entre no site da Presidência (que também se chama site do Planalto) e procure as principais leis. Busque em cada uma os textos que estiverem com comentários em azul, pois estes são os que foram atualizados. Os textos antigos estarão com um risco horizontal (tachados). Caso queira facilitar ainda mais sua busca, procure pelos últimos anos (2019, 2020, 2021...) com um CTRL + F ou CTRL + L (dependendo do navegador), pois assim já aparecerão as partes que foram alteradas nesses anos. Se for o caso, imprima só o pedaço que foi atualizado e cole-o por cima do seu material de estudo. E estude-o muito bem, pois as bancas adoram cobrar esses artigos mais novos.

UNIDADE I – Começando sua Vida de Concurseiro com o Pé Direito | **115**

Por exemplo, o parágrafo 4º do artigo 66 da Constituição Federal foi alterado em 2013 pela Emenda Constitucional nº 76. No site do Planalto você encontrará desta forma:

"§ 4º O veto será apreciado em sessão conjunta, dentro de trinta dias a contar de seu recebimento, só podendo ser rejeitado pelo voto da maioria absoluta dos Deputados e Senadores, em escrutínio secreto.

§ 4º O veto será apreciado em sessão conjunta, dentro de trinta dias a contar de seu recebimento, só podendo ser rejeitado pelo voto da maioria absoluta dos Deputados e Senadores. (Redação dada pela Emenda Constitucional nº 76, de 2013)."

Estará tudo em preto, mas esse último trecho entre parênteses estará em azul. Perceba que só alteraram o finalzinho do parágrafo, não exigindo mais o "escrutínio secreto", mas é justamente isso que a banca poderá cobrar de você.

Daqui a alguns meses, você não precisará mais perder tempo olhando os anos de 2018, 2019, 2020 etc., bastará olhar a partir do último ano que você já pesquisou, claro.

Às vezes são incluídos novos textos na lei, mas, pesquisando pelas partes em azul ou pelo ano da publicação, você os encontrará facilmente também.

É muito comum um concurseiro comprar um livro novo só porque na capa contém um balãozinho escrito "Atualizado até a Emenda Constitucional XX de 2020". É claro que, quanto mais atualizado o livro estiver, melhor, mas comprar um livro novo só por causa disso na maioria das vezes é bobagem pura. Contudo, às vezes as mudanças no livro são bem maiores do que isso, aí pode valer a pena trocá-lo, sim.

Evite estudar cada disciplina por diversas fontes diferentes. Há colegas que gostam de estudar um assunto em três ou mais livros diferentes de cada vez. O cérebro não gosta disso, ele gosta de ter familiaridade com o material. Tenha um bom livro de cada disciplina e estude sempre por ele, no máximo possuindo mais um para complementar alguns capítulos. Não estou me referindo a livros de exercícios, porque estes você pode ter à vontade, falo dos livros teóricos.

Lembre-se de que nada impede que, caso você já tenha estudado muito bem este material, não possa estudar por outro, para complementar o conhecimento. O que afirmo não ser recomendável é você resolver estudar um assunto, como "Atos Administrativos", e ler primeiro o respectivo capítulo em um livro, depois no outro, depois no outro. Seu cérebro assimilará muito mais se você ler três vezes o mesmo livro do que ler em três fontes diferentes, com certeza.

Quantas vezes você foi fazer algum exercício e pensou: *"Isto está no canto esquerdo do meu livro X, então eu me lembro da resposta direitinho".* Se você estudar por diversas fontes, perderá esse referencial, que pode ser muito importante na hora da prova.

E como ter certeza se aquele livro teórico que você está utilizando é bom para o seu concurso? Bem, além de ouvir as opiniões dos colegas mais experientes, outra indicação é se, ao resolver as questões dos últimos concursos, o livro ajudou muito ou não. Se encontrar pelo menos 70 a 80% das questões explicadas no livro, beleza, caso não, talvez haja outro livro mais indicado. Esse que é o grande problema de muitas apostilas vendidas no mercado para os concursos mais difíceis. Você as lê e entende tudo, mas na hora que tenta resolver as questões das provas, passa longe desse percentual de acertos.

Outra coisa a saber é que muitas vezes um livro é ótimo para determinado concurso, mas é ruim para outro. Geralmente os livros mais indicados para concursos difíceis de nível superior não servem para concursos de nível médio, e vice-versa.

Muitos concursos de nível superior geralmente cobram mais conceitos, jurisprudência e doutrina, enquanto que os de nível médio quase sempre são mais decorebas, ou seja, as questões caem ao pé da letra da lei. Sendo assim, vários livros para concursos de nível superior nem possuem a legislação dentro dele, só possuem explicações em cima dos assuntos mais cobrados nas provas. Se você pegar, por exemplo, um livro para concursos de nível superior de Direito Constitucional, provavelmente nem encontrará dentro dele o texto da Constituição Federal. Então cuidado com dicas de colegas que estudam para outras áreas, pois o tipo de questão a ser cobrada na prova costuma ser bem diferente.

Faça marcações nos livros à vontade. Não temos que ter pena dos livros de concurso, porque daqui a poucos anos já estarão totalmente defasados, principalmente os de Direito, pois nossas leis mudam toda semana. Rabisque, sublinhe e marque com caneta marca-texto.

UNIDADE I – Começando sua Vida de Concurseiro com o Pé Direito | **117**

Periodicamente entre no site da editora para ver se o livro foi atualizado e se há algum arquivo com a atualização para baixar. Não precisa trocar de livro a cada nova edição, somente quando ela for bem alterada mesmo. Se você ficar trocando de livro, perderá as anotações feitas nele, que facilitam muito seu estudo e servem para lembrar mais facilmente na prova.

Quando eu comprava algum livro grosso, de difícil manuseio, mandava cortar a lateral e encadernava. Ficava muito mais fácil para estudar depois. Que se dane o quanto eu tinha pagado nele, eu queria um material fácil de manusear, pois quem gosta de livro bonitinho é colecionador ou livreiro, não é concurseiro. Eu tinha um professor que falava que quem tinha livro com cara de novo não passava em nada, e que só acreditava no sucesso de quem tinha livro todo amassado, sujo, rabiscado etc. E tinha razão, com certeza.

Durante seu estudo, já aconteceu de um livro grosso se fechar provocando a perda da sua concentração e do seu tempo procurando pela página? Pois bem, encaderne o bicho que este problema acaba. Se for muito grosso, divida-o em dois, sem dó nem piedade. Aliás, uma coisa que eu não gostava era de estudar por livro de capa dura. Eita coisa ruim para manusear. Eu tirava a capa na hora e ainda reclamava por ter pagado mais no livro por causa daquilo. Perdia grana de duas formas: a primeira ao pagar mais pelo livro e a segunda por me forçar a encadernar.

Hoje em dia é muito comum que se estude por materiais em arquivos PDF. Eu também estudei por vários destes, mas nunca consegui estudar olhando para a tela do computador, eu precisava imprimir tudo, facilitando as marcações, anotações, manuseio etc. E também porque considero que a tela cansa muito a vista após algumas horas de estudo. Hoje há alguns softwares que regulam a luminosidade da tela conforme a hora do dia, e assim você fica com a vista mais descansada após horas de leitura. Um deles é o *"f.lux"*.

No entanto, confesso que meu principal problema para não ler pelo computador era não poder utilizar a caneta marca-texto. Contudo, agora há programas que permitem que você manipule o PDF. Assim, se você quer realmente estudar diretamente na tela, aconselho que instale um programa gratuito chamado *"Foxit Reader"*, pois ele possibilita que se marque de amarelo o texto, sublinhe-o, rabisque-o etc. Na hora de instalar, sugiro que não instale a *"Toolbar"* e o *"Ask"*; não precisa saber o que são, basta desmarcar as caixinhas na hora da instalação. É fácil encontrar o *Foxit Reader*, basta inserir seu nome no velho amigo Google que você o achará, assim como o *"f.lux"*. Se você usar o Windows 10, ele já vem com uma opção chamada "luz noturna" para realizar essa mudança nas cores da tela automaticamente.

Colega, mesmo com todos os alertas que fiz na primeira edição deste livro sobre quem me pergunta ou pede coisas facilmente obtidas no Google, continuei recebendo centenas desses e-mails. Então, vou avisar antes: se me pedir alguma coisa que é obtida de cara em uma simples busca no Google, vou jogar uma praga para que você nunca passe em seu concurso (rs.). Pode perguntar à vontade, estou aqui para colaborar, mas tenha certeza de que não achará a resposta facilmente no Google, porque, se eu achá-la, vou jogar uma mandinga daquelas de fazer inveja ao Lord Voldemort, vilão dos filmes do Harry Potter, e você não escapará dela nem se tiver um raio tatuado na testa.

Também aconselho que compre uma boa impressora, de preferência a laser, caso vá imprimir milhares de páginas durante seu estudo. Hoje em dia é comum que o pessoal estude por materiais gigantescos em PDF, então o uso de uma boa impressora vai tornar seu estudo muito mais barato e agradável. A impressora a laser é mais cara que a de jato de tinta, mas com o tempo compensa, porque a recarga dela dá para muito mais impressões. Antes de comprar uma impressora, seja ela a laser ou a tinta, pergunte a um desses caras que recarregam cartuchos qual ele aconselha, por ser mais barata para recarregar ou pelo toner durar mais. Hoje os fabricantes de impressoras não lucram com a venda da impressora, e sim com os cartuchos, que são caríssimos. Mas, se você não comprar o cartucho novo, e sim recarregá-lo, você poupará muita grana. Chega-se ao absurdo dos fabricantes venderem a impressora com o cartucho quase vazio, para você ter que comprar outro logo. Só que, se você usar o serviço de um bom recarregador e tiver uma marca que não queime o cartucho quando ele esvazia (sim, tem fabricante que programa a impressora para queimar o cartucho quando ele está acabando, só para você não poder reutilizá-lo), você vai economizar muito, muito mesmo. É claro que o fabricante vai dizer que sua impressora vai queimar se usar um cartucho recarregado, e existe esse risco sim, mas só se você recarregar o cartucho no camelô, porque se usar uma loja especializada nisso, o risco beira o zero. Eu

UNIDADE I – Começando sua Vida de Concurseiro com o Pé Direito 119

recarrego meus cartuchos e toners há mais de 20 anos e nunca tive problema algum com nenhuma das marcas.

Muitos concurseiros usam uma impressora da Epson chamada Eco-Tank, pois ela imprime com ótima qualidade, colorido e com ótimo custo na recarga. Aprendem a recarregar, compram litros de tinta e fazem a recarga por conta própria, economizando ainda mais.

Caso você precise editar seus PDFs, como inserir imagens, excluir ou extrair páginas, juntar mais de um PDF em um só ou converter para outros formatos, sugiro o site www.smallpdf.com".

Não seja pão-duro com materiais. Por mais que você gaste com livros, rapidamente após começar a trabalhar o seu investimento será pago com sobras. Sei que o dinheiro não está fácil, mas tem gente que fecha a mão na hora de comprar livros e troca de carro, compra roupas caras ou gasta o preço de um ou dois livros em uma noitada. Deixe isso para depois que passar, agora é hora de canalizar sua grana para os estudos. Uma questão de prova que você erre, a qual poderia ter aprendido em algum livro que deixou de comprar, já é o bastante para te deixar na pindaíba ainda por um bom tempo, esperando outro concurso, que ainda por cima o fará gastar muito mais depois com outros materiais, cursinhos, inscrições, viagens etc. Existe gente que vê um bom livro e não compra, mas depois gasta este dinheiro com um celular de última geração. Já cansei de ver concurseiros com iPhones e similares reclamando dos preços dos livros e não os comprando. Está aí uma das piores trocas nas prioridades que já vi. Porém, só compre um livro se for realmente usá-lo. Ver aquele monte de livros não estudados na estante traz desânimo e frustração.

Se você realmente não possui grana para comprar livros, procure pegar emprestado alguns com amigos e só compre aqueles imprescindíveis. Para economizar na compra, pergunte aos colegas dos cursinhos onde comprar livros com bom preço.

Também para comprar mais barato, sempre pesquise no site da editora os preços nos distribuidores do seu estado, pois quase sempre você compra com uns 20% ou mais de desconto. Em muitas livrarias de universidades, principalmente as públicas, também há os tais 20%. Há sites que sempre disponibilizam os livros com um bom desconto; destes, alguns oferecem quase todos os livros para concursos com 20% a 30% de desconto.

Você pode também utilizar o site do Buscapé <www.buscape.com. br>, que procura em tempo real em várias livrarias e retorna os preços de cada uma. Aliás, eu uso este site para comprar tudo, como livros, DVDs, eletrodomésticos e eletrônicos. Mas o Buscapé tem uma falha para nós, pois não busca em várias dessas distribuidoras que sempre vendem com redução de 20% a 30%.

Outra sugestão é utilizar a Internet para conseguir outros materiais, mas muito cuidado com o que pode baixar, porque há muitos materiais ruins por aí. Já vi diversas apostilas muito fracas disponíveis gratuitamente para download, aliás, a maioria delas. Geralmente ela serve mais para baixar editais, provas, legislação e materiais teóricos de Administração Pública e Informática mais avançada. Utilizá-la para baixar apostilas de Direito, por exemplo, é um concurcídio.

10) A temida relação candidato por vaga: um grande engodo

Que me desculpem diversos especialistas no assunto, mas esta história de medir a dificuldade de um concurso baseando-se em quantos candidatos há em média por vaga é uma tremenda baboseira inútil. Isso é para divulgar notícias sensacionalistas em jornais, que utilizam a tal relação principalmente ao analisarem as dificuldades de cada curso nos vestibulares.

No mínimo 95% das pessoas que estão inscritas em um concurso não são seus concorrentes, estão ali porque a família pediu para ir lá, porque 15 anos atrás um parente passou para algum concurso sem saber nada, ou seja, são meros turistas. Se der uma prova escrita em tailandês para eles, suas notas serão praticamente as mesmas. São como aqueles corredores fantasiados que aparecem em todas as maratonas, que não preocupam os demais atletas, só os divertem.

Eu costumo ler as notícias dos maiores vestibulares para as universidades públicas, coisa de quem se preocupou muito com isso no final dos anos 1980. E todo ano os vestibulandos, até mesmo especialistas, falam na TV e nos jornais tremendas bobagens, tais como: *"O curso X vai ser muito difícil, porque tem a maior relação candidato por vaga de todas"*. Ora, as áreas mais difíceis sempre serão as mesmas, independentemente de quantos candidatos são por vaga. Todos sabem que os cursos mais difíceis de se passar são: Medicina, Odonto, Computação e algumas outras, então por que continuam com esta bobagem de analisar a relação de quantos vestibulandos estão concorrendo por vaga em cada curso? O que interessa é a nota mínima para passar e ponto-final. Pode haver mil candidatos concorrendo a cada vaga de algum curso, que mesmo que em Medicina sejam só uns 10 por vaga, a dificuldade de passar nela vai ser maior que a do outro curso mais concorrido numericamente.

Não interessa saber "quantas" pessoas estão concorrendo a uma vaga, e sim "quais" são estas pessoas. O que interessa é a qualidade dos candidatos, e não a quantidade.

Eu preferiria muito mais encarar um concurso com 1000 candidatos para dez vagas, ou seja, com relação de 100 candidatos por vaga, a outro concurso contra mais dez candidatos para dez vagas, ou seja, com relação de 1,1 candidato por vaga, se os outros dez concorrentes fossem dez clones do Deme.

Eu sempre acredito que a relação candidato por vaga real de um concurso fica entre três e cinco, isto é, existem de fato concorrendo para passar de três a cinco vezes o número de vagas e o que vai decidir quem passará deste grupo serão diversos fatores, como nível de conhecimento, calma na hora de fazer a prova, saúde, um pouco de sorte etc. Somente este pequeno grupo possui condições de passar no concurso, pois, com raríssimas exceções, o resto está ali fazendo a prova para enriquecer as bancas organizadoras ou como treinamento para um próximo concurso, mesmo que o candidato ache que possui condições de passar.

Em concursos com muitas vagas existem alguns concurseiros que muito dificilmente deixarão de passar, pois estão com um nível de conhecimento muito elevado, uns clones do Deme. A grande briga é neste bolo do pessoal de três a cinco vezes o número de vagas. É aí que rola a briga de foice, a pernada de anão e o dedo no olho. É a galera que sobe no ringue do *Ultimate Fighting*. Se você não conseguir atingir o nível daqueles que estão praticamente aprovados, pelo menos entre no grupo que subirá ao ringue e realize um bom combate.

Em sala de aula e conversando com amigos eu já dei um exemplo do qual muita gente riu, mas não é para rir só, é para deixar de acreditar nesta relação inútil.

Você já foi aprovado na maior relação de candidatos por vaga que você poderia passar um dia: 100 milhões de candidatos para somente uma vaga. SIM! Você já foi aprovado nesse concurso. Você só está neste mundo porque foi aquele exato espermatozoide, dentre outros 100 milhões, que encontrou o óvulo em sua mãe. Se não tivesse passado nesse concurso quase impossível, você não estaria aqui. Não me lembro, mas tenho certeza de que lá estava eu, usando uma camisa do Vasco, contra 99.999.999 flamenguistas. Venci e ainda fiquei quentinho no camarote assistindo àquela massa flamenguista triste por terem perdido o jogo, e o pior: com suas próprias vidas!

Lembre-se de que um dia você foi esse valente guerreiro, e venceu. Qualquer relação candidato por vaga de 40, 300 ou 1000 é ridícula perto desse seu primeiro concurso, e você foi aprovado. Logo, perca o medo dessa bobagem. Se você não tivesse passado nesse primeiro concurso, e ainda por cima em primeiro lugar, não estaria no mundo. Você já foi

UNIDADE I – Começando sua Vida de Concurseiro com o Pé Direito

uma espécie de Deme ou William Douglas um dia, pois foi o primeiro lugar em um concurso muito concorrido, muito mais concorrido que qualquer concurso de que você terá conhecimento em sua vida.

Bem, caso você não tenha aceitado meu exemplo do espermatozoide, vou dar outro para acalmá-lo: em 2010, na Índia, houve um concurso público para quatro vagas com 28 milhões de candidatos. Simplesmente foram sete milhões de candidatos por vaga. Será que o seu concurso chega perto disso? Tirando o que você passou em primeiro lugar, o da vaga solitária no órgão chamado óvulo. Então pare de reclamar e vá estudar.

Resumindo, não interessa saber quantos candidatos são por vaga, o que interessa é que você esteja dentre os tantos melhores que o coloque dentro do número de vagas, e isso dezenas de milhares de pessoas conseguem todos os anos. Simples, não?

11) Concurso é só para gênios?

Não, com certeza não é. Quem passa nos concursos é gente normal como eu ou você, que em uma bela hora resolveu tomar um rumo na vida e estudou muito por alguns meses ou anos, nada mais do que isso. Tire a imagem da sua cabeça de que os aprovados são gênios. Eu nunca fiquei entre os dez primeiros em nenhum concurso na vida, nem como aluno em sala de aula nos tempos de colégio. Nunca fui conhecido pela minha genialidade, porque não sou "geniozinho" mesmo, e fui aprovado em diversos dos mais difíceis concursos do país. E não fui só eu, já conheci centenas de aprovados em concursos muito difíceis que não passam de pessoas de intelecto normal.

Somos pessoas normais, que reprovamos em algumas disciplinas da faculdade, fizemos recuperação na escola, brigamos na rua, fomos suspensos no colégio, demos pequenos desgostos aos pais, pulamos micareta, gostamos de tomar cerveja etc.

Sinceramente, se você visse a cara de alguns conhecidos meus, aprovados em concursos muito difíceis, você pensaria: *"Caramba, se esse cara passou, eu também posso passar!"*. Existem *playboys*, pessoas mais velhas, pessoas com cara de "ignorantes" etc. Esta história de que em concursos só passam os gênios é pura bobagem, é desculpa de quem não tem coragem de encarar um ritmo forte de estudos por algum tempo ou então de pessoas que não sabem o que dizem.

E mais: o percentual de gênios na população é muitíssimo pequeno, e muitos destes utilizam este talento com que nasceram em outras coisas. Vários nem conseguem estudar decentemente, porque são muito dispersos.

Calvin & Hobbes, Bill Watterson © 1993 Watterson / Dist. by Universal Uclick

UNIDADE I – Começando sua Vida de Concurseiro com o Pé Direito | **125**

Sei que você já conheceu pessoas com inteligência muito diferenciada da dos demais, eu mesmo já conheci pelo menos uns 20 colegas assim, mas garanto que são muito poucos os que estudam para concursos e mesmo os que estudam não chegam a 1% dos aprovados.

Sabe o Demétrio, o Deme, que é considerado o maior fenômeno da história dos concursos fiscais? Pare um minuto agora e pense em quantas disciplinas você ficou de prova final em sua faculdade, caso tenha feito alguma. Bem, ele ficou em 47. Para você não achar que foi erro de impressão, eu vou escrever por extenso, foram quarenta e sete, entre provas finais e reprovações. Um verdadeiro gênio ou até mesmo alguém com inteligência bem acima dos demais não teria ficado em tantas assim, concorda? Só que ele, quando começou a estudar para concursos, tomou a sábia decisão de ser "outra pessoa" e estudou firme. O resultado você já sabe. Dentre outras primeiras colocações, tirou a nota que considero como a mais fantástica da história dos concursos fiscais: acertou 90% da prova do Auditor-Fiscal da Receita Federal em 2005, que foi uma das provas mais difíceis já aplicadas para este cargo.

Tudo é questão de prioridade! Se você colocar em sua cabeça que não interessa o quanto já fez de bobagem com os estudos em sua vida, mas que a partir de agora será outra pessoa, muito mais determinada e estudiosa, alcançará resultados fantásticos, destes em que muitos de seus colegas não acreditarão.

Eu sei disso, porque já cansei de ouvir que passar em um concurso difícil como os que passei não pode ser tão difícil assim, afinal, "*até o Meirelles passou*".

Estudar é costume. Se você nunca foi muito acostumado a estudar pesado, vai sentir dificuldade nos primeiros meses, mas depois sua concentração e atenção começarão a melhorar e você sentirá que estará rendendo bem melhor nos estudos.

Alfred Binet, inventor do primeiro teste de QI, e isso já faz mais de um século, disse: "*Alguns afirmam que a quantidade de inteligência de um individuo é fixa e não pode ser aumentada. É nosso dever protestar e reagir contra esse terrível pessimismo*".

Eu vou garantir uma coisa para você: depois que for aprovado, todo mundo vai achá-lo muito mais inteligente. Quase ninguém falará que você passou porque estudou muito, e sim porque é inteligente. E é por isso que as pessoas ainda dizem por aí que quem passa em concurso é gênio, o que é uma grande bobagem, pois são simplesmente pessoas dedicadas aos estudos, e isso qualquer um pode ser.

Já disseram que o *"pensamento que orienta sua inteligência é muito mais importante que a quantidade de inteligência que você tem"*. Pense nisso.

Caso ainda não esteja convencido de que pode conseguir resultados fantásticos mesmo não sendo um geniozinho, sugiro que leia o livro do David Shenk, que tem na bibliografia.

No capítulo três, chamado *"O fim do conceito do dom"*, ele afirmou: *"Tornar-se excelente em algo exige a combinação exata de recursos, mentalidade, estratégias, persistência e tempo; essas são ferramentas teoricamente disponíveis para qualquer ser humano normal e saudável. Isso não significa, é claro, que todas as pessoas têm os mesmos recursos e oportunidades, ou que qualquer um pode se tornar excelente em qualquer coisa; as diferenças biológicas e circunstanciais e as vantagens e desvantagens existem aos montes. Porém, a revelação de que o talento é um processo desbanca para sempre a simples ideia de que alguns possuem dons genéticos. Já não faz sentido atribuir o talento ou o sucesso a um gene específico ou a algum outro dom misterioso"*.

12) Devo estudar para ser o primeiro lugar?

Pelo menos por um bom tempo não, mas explicarei melhor o que penso sobre isso.

Já vi diversos especialistas em concursos dizendo que o ideal é estudar pensando em ser o primeiro lugar, assim, mesmo que não seja, terá tanto conhecimento acumulado que será aprovado, não importando a classificação. E sempre utilizam a famosa frase: *"Mire as estrelas, pois no mínimo chegará à lua"*.

Os concurseiros, principalmente os que ainda possuem pouco tempo de estudo, têm que ter muito cuidado com essa dica, pois geralmente a utilizam de forma errada.

Portanto, explicarei do jeito que acredito que ela realmente funcione. Nem todos que a explicam o fazem direito, talvez por falta de espaço ou tempo.

Você não tem que estudar para ser o primeiro lugar, você tem que estudar para ser aprovado. O salário do primeiro lugar é o mesmo que o do último. A diferença é que em vários concursos isso vai definir em qual cidade vai morar, por exemplo.

É claro que devemos estudar para passarmos com sobras, sem correr grandes riscos, mas o ideal é que só pensemos nisso depois, conforme veremos a seguir.

Quando começamos a estudar, devemos ter uma ideia de quanto foi a nota para passar nos últimos concursos da nossa área. Em alguns, cada vez mais raros, basta fazer o mínimo; em outros, como a maioria dos da área fiscal, uns 70%; em outros precisamos quase gabaritar, como alguns concursos de nível médio para tribunais. Enfim, veja qual é o seu caso e estude inicialmente para tirar um pouco mais do que isso, para correr menos riscos e também porque a concorrência costuma ficar mais afiada a cada ano que passa.

Sendo assim, estude para ficar um pouco acima dessa nota durante seus próximos meses. Quando atingir esse nível, e só após, comece a se aprofundar cada vez mais nos assuntos, visando tirar a maior nota possível, para correr menos riscos de não passar e, se possível, pegar uma classificação melhor, para garantir um local de trabalho mais agradável ou ser chamado antes, dependendo do caso.

O erro que muitos concurseiros cometem é que eles ouvem esse conselho de estudar para ser o primeiro lugar e ficam tentando se tornar doutores nas disciplinas. São aqueles que, na hora de estudar um assunto, leem cinco livros diferentes ou que fazem dez cursos diferentes da mesma disciplina, só porque outro livro ou professor pode conter um detalhe a mais que o outro não tinha. E sabe o que acontece com a maioria desses concurseiros perfeccionistas, os que querem virar lendas, como o Deme ou o William Douglas? Ou desistirão de agir dessa forma após alguns meses, vendo que não conseguiram progredir nas matérias, ou chegarão ao dia da prova verdadeiros craques em algumas disciplinas, mas serão eliminados nas outras.

Então, cuidado, pois a dica de estudar para ser o primeiro lugar é válida, mas desde que seguida na hora certa, e só se houver tempo para isso, ok?

13) Estudo em grupo: isso funciona?

Depende do que chamamos de estudo em grupo. Se for a formação de um pequeno grupo, de preferência não superior a quatro ou cinco colegas, que se encontram uma vez por semana e trocam materiais, dicas, tiram dúvidas etc., considero plenamente válido. Agora, se for para estudar quase sempre em grupo, aí considero um enorme desperdício de tempo.

Cada pessoa tem seu ritmo de estudo, seu conhecimento anterior, sua forma de estudar etc. Ao tentarmos uniformizar isso em um grupo, para sempre estudar junto, obteremos uma miscelânea de personalidades e níveis de conhecimento e quase sempre o estudo não renderá bem.

Esqueça isso de estudar todo dia em grupo, não dá certo. Aliás, eu NUNCA vi um grupo de colegas que sempre estudavam juntos passar em um concurso concorrido. Perguntei isso já a centenas de aprovados e nunca descobri um colega que tivesse tido êxito estudando assim. Sei que com certeza existem aprovados que fizeram desta forma, mas em um número muito baixo em relação aos demais, nisso sou capaz de apostar uma boa grana.

Agora, é sim aconselhável formar um grupo de pessoas realmente compromissadas em ter sucesso nesta vida para se reunirem esporadicamente. E isso pode ser feito até mesmo por e-mail ou bate-papo via Internet, como pelo Skype, não precisa necessariamente ser na casa de alguém ou em algum curso; mas se houver algum lugar físico de fácil acesso a todos, de forma que não percam muito tempo com o deslocamento, melhor ainda.

Caso formem este grupo, sejam rigorosos com os horários e o comprometimento dos componentes. Se for para se encontrar às 18h e alguns do grupo já chegaram, nada de ficarem jogando papo fora esperando os outros, comecem a estudar no horário estabelecido, para que não percam tempo de estudo e para que os atrasados se acostumem a sempre chegar no horário.

Os componentes têm que possuir níveis parecidos de conhecimento. Caso contrário, quem estiver melhor na matéria será atrasado pelos colegas, e quem estiver para trás, terá que estudar tudo em um ritmo mais forte do que aguenta aprender e será eternamente dependente do seu colega mais avançado.

Uma das formas mais eficazes de memorização e aprendizado é ensinando. Sempre que possível, explique algum assunto a um colega ou, se não for possível, imagine-se ensinando a alguém. Não são poucos os professores que afirmam que aprendem muito mais quando dão alguma aula. Sabendo disso, aí está um bom motivo para o estudo esporádico em grupo.

Quer um exemplo do nosso dia a dia ilustrando o fato de que obtemos uma memorização melhor quando ensinamos algo para um amigo? Você com certeza já ouviu dezenas de piadas muito boas e pensou: *"Caramba, que piada legal, essa vou guardar para contar depois"*. E o que aconteceu na grande maioria dos casos? Esqueceu-se da dita cuja. Até se lembra de que ouviu uma piada legal, mas a esqueceu. E por que às vezes se lembra de uma piada e de outras não? Provavelmente as que se lembra, você contou para alguém logo alguns dias após tê-la ouvido. Pode reparar, não esquecemos as piadas que mais contamos, mas se ouvimos alguma piada e só tentamos repassá-la dias depois, a chance de esquecê-la será grande. Aquelas piadas que mais contamos, mesmo há anos, ainda nos lembramos da maioria.

Logo, se puder ensinar algo para os amigos, faça isso, mas que seja de vez em quando, caso contrário, não terminará a matéria nunca.

E que fique bem claro: estudar em grupo não é horário de lazer, é horário de estudo. Passar em um concurso difícil não é brincadeira, é coisa muito séria e que exige demais da gente. Quem brinca de "ser concurseiro" não alcançará o sucesso nunca. Quer estudar em grupo? Beleza, siga as recomendações e vá em frente, mas é "estudar em grupo", e não "fofocar em grupo", "bagunçar em grupo", "vagabundear em grupo", "fingir que estuda em grupo" ou "ir só para paquerar o(a) colega do grupo".

14) Devo prestar ou não um concurso que não é o dos meus sonhos?

Muita calma nessa hora, colega, vou responder a isso com muito cuidado, pisando em ovos, porque mexe com decisões pessoais que poderão mudar drasticamente seu futuro.

Este capítulo poderá parecer em alguns momentos que foi escrito para desanimar alguns de vocês, mas não foi essa a minha intenção. É o contrário, é a de trazê-los à realidade e prepará-los melhor para a dura caminhada rumo ao sucesso no mundo dos concursos públicos.

E começo logo dando um soco no estômago de muitos, principalmente dos principiantes: não acredito no sucesso da tática dos concurseiros desesperados, de prestarem tudo que é concurso. Muito provavelmente você não será aprovado agindo dessa forma, pelo menos foi o que observei na imensa maioria dos casos que vi até hoje. Mas para tudo há uma exceção e você que sabe do seu grau de desespero em passar para algum cargo. A decisão é sua, obviamente, mas quero escrever aqui sobre o que penso, baseado no que minha experiência me mostrou nesses anos todos.

Claro que não posso dizer se a pessoa deve prestar um certame ou não, isso é decisão de cada um e não quero sair como culpado caso algo dê errado, mas me senti na obrigação de escrever sobre o que acho do assunto, englobando outros casos parecidos.

Há muita gente que ainda se encontra bem perdida neste mundo de concursos. É normal, todo mundo começa assim. Aos poucos vão tomando suas pauladas na cabeça e aprendendo como a coisa funciona. Quase todas as pessoas começam a estudar para concursos porque não estão com uma vida legal e/ou foram motivados por algum colega ou parente que foi recentemente aprovado ou que está estudando há algum tempo e acredita neste sonho.

Esses "perdidos" começam cometendo vários erros e um dos mais comuns é virar uma metralhadora giratória, atirando para todos os lados. Aí em um determinado mês se inscreve em um concurso de Fiscal; no outro mês, para o TRE; no mês seguinte, para o Banco Central; no outro, para a Polícia Federal, cada hora estudando disciplinas e exercícios de bancas totalmente diferentes. Em poucos meses terá estudado umas 20 a 30 disciplinas distintas. Será que vai ter tempo de estudá-las com profundidade suficiente para passar? Em poucas palavras, sabe qual será o resultado dessa "promiscuidade" concurseira? Quase sempre seguidas reprovações, levando-os ao desânimo ou à desistência. E sairão por aí dizendo que concurso é só para os gênios ou que é marmelada, afinal, estudaram tanto e não chegaram nem perto, então como os aprovados poderiam ter tirado aquelas notas tão maiores que as dele?

Já recebi centenas de e-mails de concurseiros aflitos, sempre dizendo que precisam entrar em um cargo logo, e por isso estão estudando para vários concursos ao mesmo tempo. Sinto pena deles, porque mal sabem que tomaram o caminho mais longo. Isso só trará reprovações seguidas, aumento do seu desespero, cobrança da sociedade e, possivelmente, a desistência do mundo dos concursos. É muito mais provável ter sucesso se mirar uma área só, aquela em que acredite ter mais chances de passar e/ou vontade de trabalhar e ficar estudando somente para ela, do que atirar para diferentes direções seguidamente.

Obviamente que não estou aqui pedindo para você nunca mudar de área, não é isso. Se você achar que estava estudando para a área errada e quiser mudar, beleza, faça isso o quanto antes. Estou me referindo a mudar de área conforme surgem os editais. E também não estou pedindo para que não faça outros concursos como treinamento para "saber fazer provas", pois isso é plenamente válido. Quando me refiro a evitar fazer outro concurso, muito diferente do seu almejado, refiro-me a estudar realmente para ele, desviando-o dos seus estudos para o cargo principal por uns meses. Agora, prestar um concurso para pegar mais a manha sobre como fazer prova e testar seu conhecimento em algumas disciplinas, ótimo. Como dizia o saudoso mestre Didi: *"Treino é treino, jogo é jogo"*. E é só jogando que se aprende como é fazer um concurso. Não há nada melhor para um guerreiro do que treinar em situação real de combate.

Uma vez um ex-concurseiro, Frederico Dias, que obteve muito sucesso em concursos muito difíceis e que me deu a alegria de escrever uma mensagem de agradecimento na contracapa deste livro, disse: *"Concurseiro faz concurso, quem só estuda é estudante"*. Nunca esqueci essa frase.

Quando a gente faz o vestibular, a maioria das pessoas acha loucura estudar simultaneamente para Medicina na USP, Direito na UNESP e Computação na Unicamp, não é? Todo mundo diz: *"Você precisa esco-*

UNIDADE I – Começando sua Vida de Concurseiro com o Pé Direito | **133**

lher uma área: Exatas, Humanas ou Biológicas, e focar nela, porque, caso contrário, não passará em nenhum vestibular". Aí todos seguem esse conselho, porque 99% dos que não seguem, não passam para nada. Depois, os anos passam, o concurseiro está teoricamente mais inteligente e preparado para a vida e faz tudo errado, atirando para todos os lados.

Reflita comigo: se quase todo concurso é mais difícil que um vestibular e quando têm 18 anos as pessoas seguem esse conselho de escolher uma só área, por que agora não seguir de novo? Não soa contraditório, para não dizer palavra mais feia? Em concurso você não pode ser uma daquelas metralhadoras giratórias dos filmes de "bang--bang", que atiram a esmo para todos os lados, você precisa ser um atirador de elite. Deve dar poucos tiros, mas certeiros, em alvos previamente escolhidos como os mais indicados para você vencer a guerra ou cumprir sua missão. E "missão, dada, parceiro, é missão cumprida", segundo o Capitão Nascimento.

Seja um atirador de elite, e não aquele pistoleiro que é o primeiro a morrer quando o Clint Eastwood chega em um dos maravilhosos "espaguetes western" do Sergio Leone. Para quem não sabe o gênero ao qual me refiro, assistam ao melhor filme de western de todos os tempos, eleito pela crítica e por mim também (rs): *Três Homens em Conflito – The Good, The Bad and The Ugly*.

Não sou tão radical quanto ao concurseiro não se desviar nunca de sua área. Admito mais algumas exceções, que explicarei a seguir.

Todos possuem um cargo dos sonhos, aquele que realmente nos faz ter mais ânimo para estudar e o qual queremos conquistar. Eu o chamarei a partir de agora de "cargo-objetivo" e o cargo para o qual você pode eventualmente desviar sua atenção do cargo-objetivo chamarei de "cargo intermediário", que também é conhecido por "concurso-escada" ou "concurso-meio".

O maior problema nessa história toda é: o que fazer se vier uma escassez de concursos em sua área, o famoso período da "seca", quando a motivação para estudar começa a desaparecer? Eu sugiro que, se realmente sua prova estiver bem longe, como só daqui a alguns meses ou talvez até daqui a um ou dois anos, aí sim seja a hora de olhar para os lados. Mas para quais lados, qualquer um? Aconselho que não, que atire para áreas ou cargos parecidos. Por exemplo, se seu cargo-objetivo for de Auditor Fiscal da Receita Federal do Brasil (AFRFB) e tudo indicar que este esteja bem longe, que atire para outros concursos dos fiscos estaduais e municipais. Talvez até mesmo para áreas parecidas, como a de Controle, que engloba os Tribunais de Contas, a Controladoria-Geral da União (CGU) etc. Também pode ser interessante arriscar um Banco Central ou alguma Superintendência ou Agência (Susep, Anac, Antaq etc.), mas não aconselho fugir totalmente da área, como prestar um concurso para um Tribunal, por exemplo. Deve, pelo menos, haver algumas disciplinas em comum com as do seu cargo-objetivo, para não perder totalmente o conteúdo que tiver estudado para este cargo-intermediário.

Quando ficamos estudando somente para nosso cargo-objetivo e este demora a vir, a sua "autocobrança" e a cobrança das pessoas próximas aumentam demais, sua persistência de continuar estudando pesado diminui e seu desespero para passar quando surgir o edital será muito maior.

Muitos candidatos que estavam muito bem preparados em determinada época de suas vidas como concurseiros foram desanimando e viram vários outros os ultrapassando. Isso é muito comum, o cara estava na frente da fila, mas deixou todo mundo passar na sua frente, porque seu "gás" foi acabando. Se o concurso tivesse sido naquela época em que ele estava bem, teria passado numa boa, mas como o concurso demorou a acontecer, ele diminuiu seu ritmo e vários o ultrapassaram, porque estavam com um embalo maior.

Logo, sugiro que se o seu concurso para o cargo-objetivo estiver longe e surgirem outros concursos parecidos, faça-os, por diversos motivos, dentre os quais destaco:

1) vai treinar seus métodos de estudo após um edital, que serão de grande valia para o seu objetivo principal;

2) vai treinar como se "faz prova", o que é importantíssimo. Não me refiro a resolver provas em casa, e sim às provas reais. Inúmeros candidatos que sabem muito os conteúdos chegam à hora da prova e descobrem que não sabem "como fazer prova";

3) terá a possibilidade de ser aprovado, diminuindo muito a pressão em cima de você, aumentando sua confiança, eventualmente tirando-o da situação de "dureza" e até mesmo pode ser que este cargo passe a ser o seu definitivo, como acontece com centenas de pessoas todos os anos;

UNIDADE I – Começando sua Vida de Concurseiro com o Pé Direito | **135**

4) mesmo que você estude algumas disciplinas que não vão cair no concurso do seu cargo-objetivo, muito provavelmente irá estudar mais as disciplinas em comum dos dois concursos do que estudaria se continuasse sem fazer nenhum concurso. E ainda que não passe nesse cargo intermediário, terá ganhado mais conhecimento nas matérias em comum e até as outras disciplinas também poderão ser úteis no futuro.

Mas é sempre que você deve seguir esse meu conselho de desviar um pouco do cargo-objetivo? Não, eu acredito que você não deva fazer isso sempre. Se você possui um cargo-objetivo em mente, deve se preocupar primeiro em adquirir um bom conhecimento nas suas disciplinas principais, as que chamamos de básicas da sua área. Demora para que você ganhe uma boa bagagem nelas, mas valem mais pontos no seu concurso, e geralmente servem de base para as outras.

Como exemplo, só para variar um pouco, pensemos na área fiscal. Quais são as disciplinas principais para essa área? Eu diria que são Contabilidade Geral; os Direitos Tributário, Constitucional e Administrativo; Português e Raciocínio Lógico. Após você obter um bom conhecimento nessas disciplinas, se o seu concurso dos sonhos estiver longe e aparecer outro concurso que envolva a maioria delas e mais algumas que você acredita que dê para estudar razoavelmente até a prova, caia dentro. O que não pode é o concurseiro ainda não estar bem nessas e resolver desviar seu foco totalmente para um concurso em que vai aproveitar pouco das básicas e ter uma chance mínima de passar. Aí é perda de tempo mesmo, que vai prejudicá-lo no seu objetivo. É esse um dos grandes erros dos concurseiros a que eu me referi lá no início, e é o que vemos milhares de pessoas fazendo todos os anos.

Entretanto, é verdade que alguns candidatos passaram mesmo mudando de área toda hora? Claro que sim, vários, mas foram a minoria. A grande maioria se dedicou por algum tempo para uma área específica e estudou até ser aprovado, sendo reprovado em outros concursos antes. Eu sou estatístico, então penso sempre nas medidas de posição: média, moda e mediana, e essas mostram que a maioria dos aprovados para os concursos mais difíceis se dedicou de um a três anos para uma área e enfiou a cara nos estudos. Agora sabe o que essas medidas indicam sobre a grande maioria dos candidatos reprovados? Que são concurseiros que atiram para todos os lados e que estudaram poucos meses para a referida prova. E esses sempre são mais de 90% dos inscritos em um concurso.

Ah! Mas um parente ou amigo falou para você fazer a tal prova porque conhece alguém que passou antigamente em um bom concurso estudando pouco ou quase nada. Pessoal, como disse o Felipão, isso era nos tempos em que se "amarrava cachorro com linguiça". Isso praticamente acabou. Concurso difícil há anos é coisa para concurseiros profissionais, e não para amadores. Eu chamo de profissional o concurseiro que está estudando há meses por bons materiais, se possível fazendo bons cursos, que é organizado e disciplinado em seus estudos e que está disposto a estudar firmemente até ver seu nome no Diário Oficial. Os demais concurseiros são amadores, pois podem até passar, mas será muito mais difícil do que se fossem profissionais.

Resumindo este capítulo, quando você deve arriscar algum outro concurso que não o seu tão sonhado? Ora, quando já tiver uma base legal nas principais disciplinas e a decisão de prestar este outro concurso o desviará pouco dos seus estudos. E se abrir o edital do seu concurso sonhado durante o outro concurso ou logo após? Bem, aí foi um risco que você decidiu correr e a responsabilidade é toda sua. Vai que você fica esperando só um concurso e ele nunca abre? Ou então abre e você não é aprovado e desperdiçou outras boas chances de ter passado em concursos anteriores? Sei que é difícil decidir e que quando abre um edital legal ficamos tentados a nos inscrever, mas essa é uma decisão muito séria.

Pense bem antes de encarar um concurso. Sempre pese na balança se compensa ou não desviar os seus estudos para prestar um concurso quando há poucas chances de passar. Mas, por outro lado, cuidado para não se prender a um só concurso por muito tempo e correr o risco de depois ele não vir ou ele vir e você não passar, deixando, durante todo esse tempo esperando, de prestar outros concursos nos quais poderia ter sido aprovado.

Agora, cuidado para não se esquecer do seu cargo-objetivo se entrar em um cargo-escada e continuar nele por preguiça de voltar a estudar, mesmo não gostando tanto dele.

Thomas Henry Huxley, um dos principais cientistas ingleses do século XIX, disse muito tempo atrás: "O degrau de uma escada não serve simplesmente para que alguém permaneça em cima dele, destina-se a sustentar o pé de um homem pelo tempo suficiente para que ele coloque o outro um pouco mais alto".

Bem, como escrevi no início deste capítulo, são decisões que poderão mudar drasticamente o seu futuro. Só quis ajudá-lo a refletir um pouco, mas a decisão é toda sua.

15) Estabelecendo metas, objetivos e motivação

Antes de prosseguirmos, achei por bem diferenciarmos meta de objetivo, porque muita gente confunde esses conceitos. Objetivo é o que queremos, como passar em um concurso, comprar um carro ou conquistar uma mulher. Metas são os passos intermediários que daremos para atingirmos nosso objetivo. Nos exemplos anteriores, as metas poderiam ser, respectivamente: inscrever-se em um bom curso e estudar bastante, poupar 20% do nosso salário mensalmente para comprar o tal carro ou cuidar melhor de sua aparência e escolher um bom momento para conversar com a mulher pretendida.

A meta é a segmentação do objetivo em partes menores, com prazos predefinidos.

Ter um objetivo, mas não estabelecer as metas e as estratégias para conquistá-lo, vai transformá-lo em um sonho.

No nosso caso, seu objetivo é passar no concurso, certo? Então vamos agora aprender a estabelecer as metas para lá na frente ver seu nome no Diário Oficial como aprovado.

Uma das coisas mais difíceis para o concurseiro é manter um bom ritmo de estudo por um longo período. A tendência é começar a vida de concurseiro estudando poucas horas por dia, afinal, o corpo ainda não aguenta estudar muito diariamente, ir aumentando esse estudo diário aos poucos e, após alguns meses de estudo intenso, diminuir o ritmo.

Isso é muito perigoso, porque nessas horas de baixo rendimento vários candidatos o ultrapassam em conhecimento e motivação e acabam passando no seu lugar.

Contudo, como se manter motivado após tanto tempo de estudo, talvez com sucessivas reprovações nesse caminho já percorrido? Bem, a famosa motivação eu não acredito muito que alguém possa transmitir para você, seja por meio de livros, palestras ou depoimentos. Essas coisas servem como bons exemplos e para provar que se você se esforçar, vai chegar lá, que é possível passar em um bom concurso, sejam quais forem as dificuldades que você tiver no meio do caminho, e exemplos para provar isso há milhares, de pessoas com situações bem piores que a sua.

Já li dezenas de livros de autoajuda e assisti a dezenas de palestras. Vejo muitas pessoas ganhando rios de dinheiro ministrando palestras de motivação, afirmando que você sairá motivado dela e que mudará a sua vida. Que eles me desculpem, mas não acredito tão cegamente nisso. E afirmo que assisti a algumas palestras dos maiores especialistas do país. A motivação passada em um livro ou palestra dura no máximo uns três dias. Tente se lembrar, se você já foi a uma palestra ou leu algum livro desses, terminou totalmente empolgado, dizendo-se uma nova pessoa, e depois de alguns dias voltou a ser o que era. As palestras e os livros de autoajuda servem para reafirmar coisas que você sempre soube, mas que de vez em quando é bom relembrar para tomar vergonha na cara e mudar de uma vez algumas atitudes.

É só analisar o que significa a palavra "motivação", que é "motivo que leva à ação". Então você se motiva quando encontra os seus motivos para agir de forma mais determinada.

Motivação é uma coisa interior, é um sentimento que você deve sentir. Você que sabe quais são os motivos que o fizeram entrar e permanecer nesse mundo dos concursos. É o salário desejado? É a estabilidade? É o desemprego? É a chance de largar aquele cônjuge ou familiar que não é bom para você? É a possibilidade de dar uma vida melhor para seus familiares? Enfim, não sei os motivos que o impulsionam a estudar, mas saiba que é você quem deve buscá-los.

Um autor e palestrante que gosto muito é o Mario Sergio Cortella, que certamente você saberá quem é se vir sua foto. Em seu livro "Por que fazemos o que fazemos?", ele descreve muito bem isso que eu expliquei, nestas palavras: "Há uma frase antiga segundo a qual "motivação é uma porta que só abre pelo lado de dentro.(...)

É necessário entender que, embora a palavra "motivação" signifique mover, movimentar, fazer com que haja o ponto de partida para algo, ela é um estado interior.

Não devemos confundir motivação com estímulo!

O que um gestor pode fazer, por exemplo, com alguém que trabalha com ele? Pode estimulá-lo, impulsioná-lo, mas não obrigá-lo a fazer algo a partir de uma atitude que deve partir da própria pessoa. O integrante da equipe é capaz até de cumprir a ordem, mas não estará motivado."

Uma coisa que me irrita um pouco é quando sou apresentado para certas pessoas do mundo dos concursos e me apresentam dizendo que

UNIDADE I – Começando sua Vida de Concurseiro com o Pé Direito **139**

eu dou uma palestra de motivação muito legal para os concurseiros. Caramba, eu não dou palestra de motivação, eu dou palestra com dicas de estudo. Logicamente que no meio dela conto alguns casos meus ou de outras pessoas, mas não no sentido de motivar os espectadores, e sim para mostrar que é possível conquistar seus sonhos e que existem muitas pessoas que conseguiram êxito e estavam em situações muito piores que as dos presentes. Isso não é motivar, isso é mostrar o óbvio: que se o cara estudar com método e afinco, ele chega lá. Obviamente que muitos saem mais animados da palestra, mas se não puserem em prática logo os ensinamentos e pararem de dar desculpas para todas as suas dificuldades, de nada adiantou o tempo ouvindo aquela história.

Faça uma coisa muito importante: descubra quais são os reais motivos que o levam a estudar para concursos. Ao descobri-los, pense neles o tempo todo, pois isso o manterá sempre motivado. Descarte da sua cabeça os pensamentos negativos, mantenha nela os seus motivos, aquilo que faz você estudar mesmo cheio de dores, cansado e com os amigos o chamando para a praia ou balada. Quando estiver desanimado, pense nas recompensas que terá ao ser aprovado. A gente só consegue se manter motivado a estudar por tanto tempo quando nos lembramos constantemente desses fatores. Se preferir, escreva-os em um papel e deixe-o próximo ao seu local de estudo. Quando estiver desanimado, leia-o e imagine-se conquistando seu objetivo.

Um outro conselho dado por especialistas em autoajuda é para que peguem uma folha de papel e escrevam o nome de alguém muito querido por você, como pai, mãe, filho, cônjuge etc. e que o apoia nos estudos. Imagine essa pessoa rodeada de pessoas próximas a ela perguntando sobre como você está. O que você acha que ela gostaria de responder? Responda no papel e quando estiver desanimado, leia-o. Ressalto que é para responder o que ela gostaria que você fosse, e não o que é hoje.

Não posso motivá-lo, mas posso dar mais algumas dicas sobre como você pode se sentir mais motivado a prosseguir nos estudos com um bom desempenho. E para conseguir isso, utilizarei o conceito de "gradiente de meta". Mas o que é esse tal de gradiente de meta? Ele foi descoberto em 1934 por Clark Hull e depois profundamente estudado por diversos pesquisadores, principalmente por psicólogos.

Eu encontrei na internet poucos textos em português para aprender mais quando descobri que existia isso, mas quando busquei em inglês, encontrei diversos artigos muito interessantes. Mas aí tem que fazer a busca em inglês, por *"goal gradient"*. Nessa expressão em inglês *"goal"* quer dizer objetivo, nada a ver com o gol do futebol, que em inglês também se escreve *"goal"*, que estou acostumado a gritar de alegria quando o Vasco faz ou quando o Flamengo sofre um. Sinceramente, não perca tempo de estudo procurando aprender mais sobre isso, o que apresentarei a seguir é o suficiente para nosso objetivo, o de aumentar sua motivação para estudar, a não ser que queira saber mais por curiosidade.

Bem, o gradiente de meta, grosso modo, é o quanto você trabalha a mais quando sabe que está próximo de terminar sua meta ou objetivo. Para que você entenda melhor esse conceito, daremos alguns exemplos práticos:

1) Este exemplo aconteceu na prática, pois foi um estudo feito por pesquisadores. Sabe aqueles cupons que os restaurantes dão para você ganhar uma refeição ou algum brinde ao completar dez refeições no local? Então, foi provado que logo que você ganha a cartela não dá muita importância ao referido sorteio, não é isso que vai fazê-lo voltar ou não àquele restaurante em poucos dias, e sim outros aspectos (qualidade da comida, preço, facilidade de acesso, bom atendimento etc.), mas conforme você vai completando a cartela, sua motivação para voltar lá aumenta. E o engraçado é que também demonstraram o seguinte: Se o restaurante der a você uma cartela de 12 cupons com dois já colocados inicialmente como brinde, seu consumo naquele restaurante será maior do que se recebesse uma cartela com dez cupons e nenhum preenchido, mesmo sabendo que faltam as mesmas dez refeições para conseguir o brinde. O prazo médio de dias para completar a cartela entre esses dois exemplos foi reduzido significativamente, cerca de 50%. É a vontade de completar logo a cartela que fará você voltar em um prazo menor.

2) Acredito que você já tenha passado por situações parecidas com a que relatarei a seguir. Imagine-se tendo que dirigir de São Paulo ao Rio, uma distância de aproximadamente 450 km. Em determinado momento da viagem, você percebe que já foram percorridos 350 km. Você tende a diminuir o ritmo ou a acelerar mais para chegar logo a seu destino? Bem, eu pelo menos sempre faço esse trajeto e afirmo que corro muito mais no final e, se possível, não faço mais nenhuma parada. Quer refletir mais um pouco? Vamos lá! Enquanto você está dirigindo e já chegando ao seu destino, se algum acompanhante pede para você parar para

UNIDADE I – Começando sua Vida de Concurseiro com o Pé Direito **141**

lanchar, você vai parar numa boa ou pedir para a pessoa segurar a fome um pouco, afinal, já estão chegando?

3) Você tem que ler um livro. Conforme vai lendo e gostando da leitura, o seu ritmo aumenta para chegar logo ao final do livro ou vai enrolando cada vez mais a leitura? Eu sempre passo por algo parecido ao ver seriados, um dos meus maiores vícios. Conforme vou chegando ao final da série, após ter visto diversos capítulos, aumento a quantidade de episódios por dia, para chegar logo ao final.

Bem, acredito não precisar de mais exemplos para explicar o que é o tal gradiente de meta. Nada como uns exemplos práticos para explicar algo.

E como você pode utilizar o gradiente para ajudá-lo a se manter motivado? Simples, estabelecendo metas intermediárias no seu estudo rumo ao seu objetivo, que é estudar o máximo de conteúdo possível até a prova.

Se você ficar pensando em estudar sem metas definidas para os próximos dias, tenderá a diminuir o ritmo de estudo, caso seu concurso esteja longe. Experimente estabelecer metas a serem cumpridas nas próximas semanas e meses, mas em um prazo curto de tempo, no máximo uns dois meses.

"Meirelles, você poderia me dar uns exemplos disso?" Sim, claro, afinal este livro é para que você tenha todas as suas dúvidas sobre como estudar atendidas. Então vamos lá, não faço mais do que minha obrigação: estudar o livro A até o capítulo X, ou o livro B até a página Y, ou escutar as aulas da disciplina C até a aula W, ou rever as marcações dos principais capítulos do livro da matéria D, ou ler metade do livro Z, ou refazer todos os exercícios bizus da matéria E, ou ler todos os seus resumos da matéria F etc. Vamos parar por aí antes que acabe nosso alfabeto. E o pior é que não estamos longe disso na prática, pois o concurso para AFRFB, de 2009, tinha 23 disciplinas, por exemplo.

As metas não podem ser generalistas, como estudar a disciplina G, ou fazer exercícios da H, ou reler alguns resumos etc. Esse tipo de meta não o motiva, as metas têm que ser definidas com prazo e quantidade. Ora, estudar a disciplina G ou resolver exercícios da H é obrigação, e não meta.

Então faça um planejamento pelos próximos 30 dias, por exemplo. Primeiro calcule aproximadamente quantas horas você terá de estudo nesse período. Pense agora quais disciplinas você irá estudar nesse mês. Depois, veja quais materiais utilizará e que tipo de estudo fará para cada uma, se vai resolver exercícios, estudar mais teoria, fazer revisões ou até tudo isso ao mesmo tempo, prevendo até qual parte conseguirá chegar em cada disciplina. Escreva isso em um papel e corra atrás de atingir sua meta, deixando o gradiente trabalhar para ajudá-lo.

Vá controlando seu estudo e conferindo se dará para atingir sua meta, se poderá até mesmo passá-la, o que é o ideal, pois trará uma enorme sensação de bem-estar, além de mais conhecimento, claro, ou se não vai dar para atingi-la. Se não der, analise o porquê de isso ter acontecido. Se foi por motivo de doença, se foi porque resolveu fazer mais um curso, se foi porque supervalorizou o quanto poderia estudar nesse período ou se foi porque deu mole no estudo mesmo. Reveja seus erros, faça os ajustes necessários na sua meta e continue firme.

Se achar este estímulo interessante, dê a você mesmo uma recompensa se conseguir cumprir sua meta. Vá descansar na praia ou curtir uma balada mais moderada, pegue um cinema, compre uma roupa ou algo que proporcione prazer em adquirir etc. Agora, se não cumprir sua meta, nada de se chicotear ou ir ao Maracanã com a camisa do Vasco no meio da torcida do Flamengo, não faça essas coisas, simplesmente analise em quais partes pecou no seu estudo, se é que pecou realmente, e bola para frente, guarde a recompensa para a próxima meta, talvez isso aumente sua obstinação em conquistá-la, o que o ajudará a estudar mais ainda.

Tenha o cuidado de não estabelecer metas muito difíceis de serem cumpridas, para não gerar frustrações desnecessárias. Estipule metas realistas, nem preguiçosas, nem inalcançáveis. Elas devem ser desafiadoras, não podem ser fáceis de cumprir. Coloque-as no papel, nada de ficar somente na sua cabeça, pois as metas funcionam melhor quando estão no papel, afirmam os especialistas.

Concentre-se no processo, tenha como objetivo estudar de forma cada vez melhor. Não basta estabelecer metas e objetivos lindos no papel se não focar em como os alcançará. Saiba que as metas são as mesmas para vencedores e perdedores.

Estabeleça o que você fará ao longo dos próximos dias, semanas e meses para alcançar seu objetivo de ser aprovado.

UNIDADE I – Começando sua Vida de Concurseiro com o Pé Direito   **143**

O que você precisa cortar ou diminuir em sua vida? Videogame? TV? Redes sociais? Baladas?

O que você precisa fazer para melhorar sua concentração e seu desempenho? Organizar melhor o seu ambiente de estudo? Descobrir os horários nos quais você se concentra mais? Já sabe o que o motivará a estudar ao longo dos próximos meses ou anos? Você realmente está compromissado com sua aprovação? Já decidiu fazer alguma atividade física aeróbica e melhorar sua alimentação?

Estabelecer bons hábitos incorporados ao seu dia a dia ao longo do tempo produzirão resultados excelentes, por menores que sejam esses hábitos. Por outro lado, maus hábitos também.

Nós não costumamos ver o resultado de bons ou maus hábitos em pouco tempo, eles demoram a aparecer. Se você começar uma dieta e quiser um resultado rápido, provavelmente vai se frustrar e parar com ela. Agora, se souber esperar seus efeitos, colherá seus frutos em alguns meses. Isso também acontece para meditação, atividade física etc, e no estudo não é diferente.

Enfim, você é que tem que buscar sua motivação. E ao estabelecer essas metas intermediárias rumo ao seu objetivo, que é o de adquirir bastante conhecimento após alguns meses e estar pronto para conquistar o cargo dos seus sonhos, isso vai fazer você estudar cada vez mais, proporcionando uma sensação de dever cumprido e deixando-o mais próximo de sua aprovação. O gradiente de meta o ajudará a estudar cada vez mais, não duvide do poder desse "cara".

Um filósofo italiano chamado Giacomo Leopardi disse há 200 anos: *"Aquele que não tem objetivo, raramente sente prazer em qualquer empreendimento".*

Resumindo este capítulo em poucas palavras: nunca mais estude sem estabelecer metas intermediárias e concentre-se em como atingi--las, focando no processo.

PS: Quer uma ótima dica de leitura para seus momentos de lazer? Leia "Hábitos Atômicos", de James Clear.

16) Administrando seus recursos financeiros

Este capítulo é para quem não possui amplos recursos para estudar. Se você tiver uma boa condição financeira, suficiente para fazer jus aos seus gastos estudando por alguns anos, se for necessário, poupe seu tempo e pule para o próximo capítulo, sem o mínimo remorso.

A cada dia, estudar para concursos requer um maior investimento financeiro. Geralmente, quanto mais difícil o concurso, mais dinheiro deve ser investido nele. Aliás, isso não deveria ser surpresa para ninguém, pois sempre soubemos que os alunos que frequentavam os melhores cursinhos e escolas compunham quase todo o grupo de aprovados para os cursos mais concorridos nas universidades públicas, como Medicina, Odontologia, Computação etc.

Sabemos que muitos candidatos resolvem começar a estudar para concursos somente quando estão "duros", precisando urgentemente de um cargo para sustentar suas vidas. E muitos acabam comprando os piores materiais para estudar, matriculam-se nos cursos mais baratos etc. Infelizmente, quem toma este caminho gasta o resto de suas economias à toa.

O planejamento financeiro tem que ser muito bem feito. Todo o dinheiro gasto tem que ser muito bem pensado. Vai comprar um livro? Antes se certifique de que aquele é "o livro", para não ter que gastar dinheiro com outro livro melhor depois.

Analise quanto possui de dinheiro guardado e quanto poderá conseguir nos próximos meses, seja com seus salários, seja com ajuda de parentes etc. E planeje os investimentos que fará. É muito comum vermos candidatos gastando tudo o que podem e o que não podem logo no primeiro concurso que têm pela frente, tal a vontade de sair da pindaíba, e depois, ao não passarem, têm que largar o mundo dos concursos. Isso é um erro clássico.

Muitos pensam que concurso público é para resolver sua vida a curto prazo, mas não é, na grande maioria dos casos. Conseguir a tão sonhada aprovação requer um tempo estudando, que muito raramente é menor do que seis meses a um ano.

UNIDADE I – Começando sua Vida de Concurseiro com o Pé Direito

Então, se for comprar um livro, analise bem se está comprando o melhor livro, ou pelo menos um dos melhores, e faça o mesmo para se matricular em cursos. Gastar dinheiro com materiais e cursos baratos e de baixa qualidade só tornará sua situação ainda pior, porque ou você vai se ferrar no concurso, o que o levará a desistir dessa vida, ou então vai mostrar a você que deveria ter gasto mais um pouco e investido em materiais e cursos melhores.

Quando um dinheiro é mal gasto, ele é gasto dobrado depois. Em quase tudo na vida é assim.

Claro que há relatos de inúmeros aprovados em concursos públicos que não investiram quase nenhum dinheiro, mas lembre sempre, estes casos são raros, e geralmente são de aprovados em cargos menos difíceis. O que também é muito válido, pois agora, com mais grana no bolso e paz para estudar, poderão almejar cargos melhores, se assim preferirem.

Logo, se possui pouca grana para estudar, não é desculpa para não estudar para concursos, mas invista em poucos materiais, que sejam muito bons, e, se for possível, em cursos muito bem recomendados, com professores escolhidos a dedo, para gastar uma vez só. E não precisa fazer cursos de todas as disciplinas. Se for possível, faça só das que possui mais dificuldade, para poupar sua grana.

Conheço vários aprovados em concursos difíceis que passaram sem terem investido quase nada, mas foram pessoas que souberam administrar muito bem os poucos recursos que tinham à disposição. Aprenda a administrar os seus.

17) Utilizando a internet

Considero praticamente um "concurcídio" um candidato nos dias de hoje não saber utilizar corretamente a Internet para ajudá-lo nessa vida de concurseiro. Nem vou perder meu tempo comentando sobre candidatos que não utilizam a Internet, porque esses realmente terão suas chances de serem aprovados drasticamente reduzidas. Vou me ater aqui a dar dicas sobre como usar a Internet a seu favor.

Faz alguns anos que a Internet se tornou uma das maiores fornecedoras de informação sobre concursos, acredito que a maior delas. Nela podemos obter as últimas notícias sobre concursos, editais, provas, gabaritos, resultados, aulas *on-line*, materiais de estudo etc. Basta saber como encontrar isso tudo.

Porém, ela possui um grande problema, que é a quantidade de materiais de baixa qualidade espalhados nela. São muitas apostilas e resumos com informações defasadas e erros ou com conteúdo insuficiente para sua aprovação, mas, em contrapartida, há muito material de boa qualidade também.

A Internet também é muito útil para pesquisarmos sobre assuntos que não encontramos nos livros e que surgem como surpresas em algum edital. As principais disciplinas beneficiadas com ela são a área mais avançada de Informática e vários tópicos de Administração, principalmente a Pública.

E como saber se um material é de boa qualidade ou não? Isso é mais difícil, mas com o tempo você vai saber bater o olho em um material e atestar a qualidade dele. Desconfie de quase todos os resumos e apostilas, mas ressalvo que alguns deles são realmente bons.

Conforme já sugeri em outro capítulo, utilize intensamente o Google. Rapidamente você encontrará editais, provas e materiais de estudo.

Existem diversos sites especializados em concursos, que devem ser guardados no "Favoritos" do seu navegador de Internet, que pode ser, dentre outros, o Internet Explorer (que não gosto nem um pouco), o Firefox ou o meu predileto, o Google Chrome.

Esses sites geralmente são especializados em diferentes coisas. Alguns são bons para comprarmos livros, outros para obtermos provas

UNIDADE I – Começando sua Vida de Concurseiro com o Pé Direito   **147**

e editais, outros para assistirmos a aulas *on-line*, outros para trocarmos informações com outros concurseiros (os famosos fóruns), e há ainda os que possuem mais de uma dessas funções.

Já ressalvando que me esquecerei de indicar vários outros sites, mencionarei diversos que poderão ser úteis em sua preparação, divididos alfabeticamente por assunto, mas ressaltando que alguns sites poderiam ser enquadrados em mais de um lugar:

1) Sites para obter notícias, provas, editais, exercícios, materiais de estudo e aulas *on-line*:
- www.acasadoconcurseiro.com.br
- www.adinoel.com
- www.atepassar.com
- www.canaldosconcursos.com.br
- www.e-concurseiro.com.br
- www.editoraferreira.com.br
- www.estrategiaconcursos.com.br
- www.euvoupassar.com.br
- www.folhadirigida.com.br
- www.grancursosonline.com.br
- jcconcursos.uol.com.br
- www.lfg.com.br
- www.mapasequestoes.com.br
- www.memorizando.com
- www.mentoriaconcursos.com.br (meu site)
- www.metododeestudo.com.br (meu blog)
- www.nota11.com.br
- www.olaamigos.com.br
- www.pciconcursos.com.br
- www.pontodosconcursos.com.br
- www.questoesdeconcursos.com.br
- www.rotadosconcursos.com.br
- www.silviosande.com.br
- www.sougenius.com.br
- www.superprovas.com

- www.tecconcursos.com.br
- www.titansdosconcursos.com.br
- www.williamdouglas.com.br

2) Sites de Disciplinas Específicas:
- Alabi – Informática → www.alabi.net
- Atualidades → http://educacao.uol.com.br/atualidades
- Comitê de Pronunciamentos Contábeis → www.cpc.org.br
- Conselho Federal de Contabilidade (CFC) → www.cfc.org.br
- Gramática *On-Line* → www.gramaticaonline.com.br
- Júlio Battisti – Informática → www.juliobattisti.com.br
- Português.Com.Br → www.portugues.com.br
- Professor Sabbag (Português e Direito Tributário) → www.professorsabbag.com.br

3) Sites para trocas de informações entre concurseiros:
- Blog do Concurseiro Solitário → www.concurseirosolitario.com.br
- Correio Web → www.correioweb.com.br
- Fórum Concurseiros → www.forumconcurseiros.com
- Fórum Concursos → http://forumconcursos.net/

4) Sites Jurídicos:
- Argumentum Jurídico → www.argumentum.com.br
- Concursos de Tribunais → www.concursosdetribunais.com.br
- Concursos Jurídicos → www.concursosjuridicos.com.br
- Direito Previdenciário → www.previdenciaweb.com.br
- Direitoria → http://i.domaindlx.com/direitoria/index.html
- Macetes do Direito → http://macetesdodireito.ning.com
- Jurídico.com.br → www.juridico.com.br
- Jus Navigandi → www.jus.com.br

5) Sites das principais instituições organizadoras de concursos:
- Cebraspe (Cespe)/UnB → www.cebraspe.org.br
- Cetro Concursos → www.cetroconcursos.com.br
- Fundação Carlos Chagas (FCC) → www.concursosfcc.com.br
- Fundação Cesgranrio → www.cesgranrio.org.br
- Fundação Getúlio Vargas (FGV) → http://concurso.fgv.br

UNIDADE I – Começando sua Vida de Concurseiro com o Pé Direito   149

- Fundep → www.gestaodeconcursos.com.br
- NCE → www.nce.ufrj.br/concursos/
- Vunesp → www.vunesp.com.br

6) Sites Governamentais:
- Ministério do Planejamento, Orçamento e Gestão (MPOG) → www.planejamento.gov.br
- Presidência da República (ótimo para baixar códigos e leis) → www.presidencia.gov.br
- Superior Tribunal de Justiça → www.stj.gov.br
- Supremo Tribunal Federal → www.stf.jus.br
- Tribunal de Contas da União → www.tcu.gov.br

7) Livrarias Virtuais:
- Buscapé (site de pesquisa) → www.buscape.com.br
- Distribuidora Isto → www.istodistribuidora.com.br
- Livraria Concursar → www.livrariaconcursar.com.br
- Última Instância → www.livrariaultimainstancia.com.br

Não podíamos deixar de mencionar também os diversos grupos de Facebook que existem sobre concursos. Tem para tudo que é disciplina ou concurso. Mas cuidado, pois tem muita informação furada no meio de alguns deles e nunca, mas nunca mesmo, entre em discussões idiotas. Não vale a pena.

Para saber a remuneração dos servidores públicos federais, acesse o site <www.servidor.gov.br>, clique em "Publicações" e depois em "Tabela de Remuneração dos Servidores Públicos Federais". Abra a última tabela que houver, a de maior numeração, pois será a mais atualizada.

18) Tendo uma conversa com os familiares e amigos

Deixei essa "conversa" para o último capítulo desta unidade inicial não por considerá-la menos importante que os temas abordados nos outros capítulos, e sim porque agora que você leu tudo até aqui, principalmente se for um concurseiro principiante, começou a ter uma ideia da dureza que o está esperando. E se realmente estiver disposto a continuar firme até ser aprovado, vai ser muito importante para o seu sucesso que você atravesse essa fase como concurseiro se relacionando bem com a família e os amigos. Não é imprescindível, pois em alguns casos pode ser até impossível ter uma boa relação com algumas pessoas próximas, mas é o melhor caminho a ser seguido.

Serão meses ou anos nessa vida passando menos tempo ao lado da família e dos amigos. Tudo por uma causa nobre e que melhorará a vida de todos. Então, se é para melhorar a vida de todos, por que fazer disso uma guerra justamente com as pessoas mais importantes para você e que possivelmente serão as que mais ganharão com sua aprovação?

Converse cuidadosamente com sua família e amigos, não adie essa conversa e nem a torne uma discussão. Explique a eles que é uma missão difícil, mas que, com o apoio de todos, suas chances de sucesso aumentarão.

Gandhi disse que *"não há caminho para a paz, a paz é o caminho"*, então siga essa frase e faça de tudo para que sua relação com eles não se torne uma guerra.

Se eles falarem para você que *"concurso é tudo marmelada"*, diga que esse tempo passou, que hoje os aprovados são pessoas que estudaram muito e fizeram por merecer seus cargos. Antigamente, a imensa maioria dos aprovados também mereceu, óbvio, mas havia mais concursos, digamos, "estranhos". Hoje não, raramente vemos na TV algum caso de fraude ocorrida em concursos. Ainda há, infelizmente, mas os concursos são anulados e realizados outros com muito mais seriedade para substituí-los. E quem serão os aprovados nessa nova oportunidade? Os mais preparados, claro.

Há muitas pessoas negativas nesse mundo, são os "negativistas", que estão prontas para colocá-lo para baixo, algumas vezes dentro de

UNIDADE I – Começando sua Vida de Concurseiro com o Pé Direito **151**

nossas próprias casas. Ainda bem que nunca passei por isso com pessoas próximas, só ouvi centenas de vezes fora de casa os tradicionais comentários idiotas de que concurso "é só para gênios", "só rola marmelada" etc., mas para esses eu nunca dei bola. Aliás, sendo bem sincero, eu até gostava de ouvir, pois me dava motivação para estudar mais.

David J. Schwartz, autor *bestseller*, abordou bem esses tipos de pessoas, chamando-as de "Destruidores de Sonhos". Todos nós temos os nossos destruidores de plantão. As frases mais ditas por eles são: *"Você não tem preparo suficiente"*, *"você não tem capital suficiente para começar a estudar"*, *"você é um sonhador, neste mundo é preciso ser realista"*, *"os concursos estão saturados, há competição demais"*, *"você não tem tempo para estudar"* etc. Quando ouvir essas frases dos destruidores, saia de perto, sem discussão. Simplesmente vá para casa, acumule mais HBCs e um dia prove que estavam errados. Não há melhor resposta que seu nome no Diário Oficial.

Se você disser para pessoas limitadas ou negativas que está estudando para passar em um concurso, elas rirão de você, ou por achar que você está louco, ou que é um sonhador, ou, então, que "ainda tem muito a aprender na vida". Agora experimente dizer a mesma frase para alguém que já passou em um concurso ou que é uma pessoa de alta posição profissional, se ambos tiveram de se esforçar muito para obter suas conquistas. Eles não duvidarão nem rirão de você, porque eles se esforçaram do mesmo jeito que você pretende fazer e tiveram sucesso. Para eles, é muito mais fácil acreditar que o sucesso depende do próprio esforço.

Crie um escudo protetor contra os negativistas, utilize suas palavras e atitudes como combustíveis para estudar mais e provar a eles que estão errados.

Cuidado com supostos amigos que só o jogam para baixo. Afaste-se deles, procure amigos que realmente torçam para que você progrida, que encorajem seus estudos. Se você optar por andar com amigos negativistas, você tenderá a se tornar um deles. "Escolha melhor suas companhias", ouvimos esse conselho de nossos pais desde crianças.

Já cansei de ver concurseiros que começaram a estudar depois que pessoas próximas foram aprovadas, dizendo que antes não acreditavam no sucesso por meio do estudo para concursos, mas que agora que sabem que é possível, querem para eles também.

Saiba deste fato: ninguém faz nada que valha a pena sem sofrer críticas. Ninguém! Logo, com você é que não seria diferente. Então tenha a convicção de que o que está fazendo é o certo e estude.

Você viu o filme que mais considero perfeito para os concurseiros, "À Procura da Felicidade", com o Will Smith? Há um trecho que ficou bem famoso, quando ele diz para o seu filho: *"Nunca deixe alguém dizer para você que não pode fazer algo. Nem mesmo eu. Você tem um sonho. Você tem que protegê-lo. As pessoas não sabem fazer algo por si próprio e querem te dizer que você também não pode. Se você quer algo, corra atrás. Ponto final!"*.

No volume 2 do livro "Além do Topo", de Zig Ziglar, ele explica algo que considerei bem interessante. Existem metas de renúncia e metas ambiciosas. As de renúncia são, por exemplo, parar de fumar, comer ou beber demais. Essas você pode divulgar amplamente, como em suas redes sociais. A maioria das pessoas vai apoiar. Agora, as metas ambiciosas, como a de passar em um concurso, devem ser reservadas ao mínimo de pessoas possível. Eu sempre sugeri que pessoas que estudam não saiam divulgando em tudo que é rede social que é concurseiro, pois isso só trará cobrança interna e externa futuramente. No início, será legal, todo mundo vai apoiar. Mas quando você estiver estudando há um bom tempo e ainda não tiver passado, você vai se lembrar deste meu alerta. Você vai morrer de vergonha, as pessoas próximas começarão a cobrá-lo e ainda haverá os invejosos rindo de você. Bem, você faz o que quiser de sua vida, claro, mas nas minhas redes eu teria um perfil particular, sem mencionar nada de concursos, e outro só para concursos, sob outro nome ou com meu nome disfarçado, tipo "Andrea futura servidora" ou "Victor fiscal do futuro". Em 2005, era muito usado o antigo Fórum Concurseiros, e eu, sem pensar, usei como nick "Alex Meirelles". Arrependi-me bastante com isso, inclusive no trabalho passei alguns apertos por ter usado meu nome.

Muitas pessoas próximas nos dizem essas coisas não porque querem nos fazer mal, e sim porque acreditam realmente que o mundo dos concursos é um lugar destinado somente a gênios ou apadrinhados, e dizem isso para não nos verem sofrer nutrindo falsas esperanças. Elas não têm o conhecimento que você tem hoje sobre os concursos. Elas nunca tiveram contato com tantos aprovados como você (mesmo que somente por meio virtual), nunca viram tantas pessoas "normais" sendo aprovadas nos concursos mais difíceis do país, graças a centenas de

HBCs. Então cabe a você mostrar a elas essa realidade, sem conflitos. Se você não mostrar, elas não acreditarão no seu sucesso nunca.

Mostre que em todos os anos há mais de 50 mil novas vagas em concursos. Será que o Brasil tem tanto gênio ou apadrinhado para preencher todas elas? É óbvio que não, os geniozinhos representam no máximo uns 5% dos aprovados. Estimei estes 5% baseado na minha experiência de ter convivido com centenas de aprovados. Então há mais de 95% das vagas esperando pelos demais mortais.

Calvin & Hobbes, Bill Watterson © 1987 Watterson / Dist. by Universal Uclick

E os apadrinhados, esses ainda conseguem uma vaguinha na marmelada? Sim, infelizmente, mas é muito raro hoje em dia, apesar de volta e meia ainda lermos essas tristes notícias nos jornais. Mas em poucos concursos. Eu conheci centenas de aprovados, centenas mesmo. Só comigo na RFB foram mil aprovados e aqui em SP foram 350. Conversei pessoalmente com muitos deles e posso garantir a você que nunca, nunca mesmo, e isso eu juro ajoelhado no milho, desconfiei de algum deles. Todos com certeza estudaram bastante, não caíram de paraquedas no cargo.

Saiba que haverá dias em que você estará intragável, triste, decepcionado, chato, mal-humorado, desanimado; enfim, sentindo-se o último dos seres humanos. Infelizmente, para a grande maioria dos concurseiros esses dias não serão poucos. Quando estiver em um dia desses, daqueles que lembram os antigos desenhos animados, com aquela nuvenzinha negra chovendo só em sua cabeça, evite o atrito com os mais próximos. Fique recluso em seu quarto, saia para dar uma respirada, assista à TV, vá ao cinema ou à praia. Evite descontar suas angústias nos mais próximos. Se agir assim, vai ser difícil que eles continuem lhe apoiando.

Tente manter um relacionamento saudável com os mais próximos, por mais que eles sejam incompreensivos com você. Uma hora eles irão ceder e darão valor ao seu esforço. Se você sofrer uma reprovação, evite passar essa decepção para quem não o está apoiando. Não faça esse tipo de pessoa sofrer muito se você for reprovado, principalmente se for dentro de casa. Você pode estar destruído por dentro, mas diga que identificou seus erros e que na próxima vez fará diferente. Se você ficar falando que a culpa foi da banca, do cursinho, do professor, que tem um monte de candidatos que só estudam e você tem que trabalhar etc., as pessoas vão desacreditar em você cada vez mais. Agora, se forem pessoas que o apoiam, chore as mágoas mesmo, pois elas estão ali para ajudá-lo.

Quando estiver com seus filhos, namorado(a) etc., esteja de fato com eles. Nada de ficar olhando o celular ou só falando de concursos. Brinque com seu filho, não somente sente ao seu lado enquanto ele vê TV e você fica no celular. Quando estiver com seu par, dê atenção a ele. Aproveite esses momentos para demonstrar o quanto você os ama e precisa deles. Só que a maioria dos concurseiros se torna muito chata com a família, só fala de concursos e estão sempre cansados e sem querer conversar ou brincar. Assim vai ser realmente difícil você ter o apoio deles. Você pode continuar sendo um bom pai ou boa mãe durante seus estudos, é só dar mais atenção aos filhos em seus momentos juntos. Isso independe de ser concurseiro. Saber balancear trabalho, família, estudo etc. é complicado mesmo, mas tem jeito sim.

Quando a gente entra de fato nesta vida de concurseiro, é como se fôssemos abduzidos para um planeta distante chamado "Concurso". Nós somos levados para ele e passamos a falar a sua língua, o "concursês". Só quem entende o que a gente fala é quem habita ou habitou neste planeta. E daí vem toda a dificuldade para que familiares e amigos se relacionem com a gente em diversos momentos.

Bem, e como sair deste planeta? Só podemos sair de duas formas: ou desistindo, o que quase sempre não é a melhor opção, ou sendo aprovado. E o engraçado é que, depois de aprovado, muita gente que não entendia sua língua vai começar a estudar, em breve aprenderá esta nova língua e poderá entender o que você falava. É uma das línguas

UNIDADE I – Começando sua Vida de Concurseiro com o Pé Direito

que mais se expande no mundo, e talvez cresça mais que o inglês e o mandarim. No Brasil eu tenho certeza de que é a língua que mais cresce. E quer saber mais? Por mais que você já esteja há anos no seu cargo dos sonhos, nunca mais vai esquecer esta língua. Ela é inesquecível e será sempre guardada com carinho, afinal foi ela que o ajudou a vencer na vida.

Às vezes é difícil convencer certas pessoas na base do diálogo, então talvez seja melhor tentar outra alternativa, como mostrar artigos, depoimentos de aprovados, livros, filmes etc.

No apêndice deste livro eu indico diversos livros, vídeos, filmes, casos de superação de concurseiros etc., que podem ser mostrados aos seus familiares e amigos, se achar conveniente.

Vou ser bem sincero com você, coisa de papo reto mesmo. Caso seus amigos se afastem, esqueça-os, pois não eram seus amigos, eram conhecidos, porque não o aceitam como você é, e sim como você está. Enquanto era conveniente para eles manter sua companhia, mantiveram, mas quando você se afastou para conquistar seus objetivos na vida, saíram de perto. Então não são seus amigos, ora bolas. Simples assim. Você não precisa deles.

Michael Jordan, maior jogador de basquete de todos os tempos, escreveu em sua autobiografia: *"Parte do comprometimento significa assumir responsabilidades. Isso não quer dizer que não existam obstáculos ou distrações. Se estamos tentando realizar algo, haverá sempre pedras no caminho. Eu tive as minhas; todo mundo tem. Mas os obstáculos não devem pará-lo. Se você se depara com uma muralha, nada de fazer meia-volta e desistir de tudo. Tente arrumar um jeito de escalar, atravessar ou então contornar essa muralha"*.

Conclusão da Unidade I

Sinceramente, eu acho esta Unidade I a menos legal de todas, talvez até tenha sido um pouco chata em alguns pontos, pois na maior parte traz informações gerais e estudos científicos, abordando menos o mundo dos concursos que as próximas unidades, mas eu a considero muito importante, e estou muito feliz por você tê-la lido.

Um estudo mostrou que nos EUA 92% dos livros não são lidos até o final. Escrever esta unidade mais "chatinha" logo de cara foi um desafio, pois não quero que você ajude a aumentar esta estatística com este livro caso seja feita esta pesquisa aqui no Brasil. Só que esses 92% de americanos não precisam fazer o concurso que você fará, então tenho plena confiança de que este livro será lido até o final, pois o melhor ainda está por vir, falta muita coisa para aprender ainda.

Tenho certeza de que você está mais seguro dos passos a seguir e que alterará ou melhorará algumas rotinas baseado no que aprendeu nesta primeira unidade, que foi só a ponta do iceberg, comparada ao restante do livro.

Nas próximas unidades aprofundaremos muito mais no que me propus ao escrever este livro, cujo título *Como Estudar para Concursos* não é à toa ou por mera jogada de marketing.

Conforme combinamos, vamos juntos, página por página. Garanto a você que a sensação que terá ao terminar de ler este livro será muito agradável e que terá plena confiança para conquistar sua tão sonhada aprovação.

Então vamos em frente, rumo à Unidade II que, prometo, será muito mais legal.

Unidade II

Como Estudar Antes do Edital

Agora que você já sabe de todas as informações gerais sobre o que precisa para começar a estudar de forma correta, surgirão diversas dúvidas, tais como: *"Devo fazer um cursinho? Devo gravar as aulas? Devo fazer resumos e, caso positivo, como os elaboro? Como aproveitar o máximo de informações quando estudo um livro? Como manter na memória tudo o que já estudei? Como organizo meu estudo?"*, dentre outras diversas dúvidas.

Caso esteja com essas dúvidas, ou mesmo que ache que não as tem (e eu quase garanto que você, na verdade, tem), esta Unidade II se propõe a trazer respostas a todas elas, e, após sua leitura, com certeza estará muito mais preparado para obter sucesso em seus exames. Ela abrange o nosso maior período de tempo nessa vida de concurseiro, que é o do estudo antes da publicação do edital.

Nossa vida como concurseiro é dividida em duas partes principais: antes e depois do edital. Na Unidade I aprendemos algumas coisas que poderiam estar nesta unidade, mas preferi colocá-las antes, por fins meramente didáticos. Nesta Unidade II, além de aprendermos mais sobre o estudo em geral, a ênfase será sobre como aproveitar ao máximo o período antes do edital. Na Unidade III explicarei como proceder após a publicação do dito cujo.

Saliento que mesmo que o seu edital já tenha sido publicado, a leitura desta unidade continuará sendo muito útil.

É a unidade que responde a diversos "Como...?". Por isso comecei todos os capítulos usando essa palavrinha.

Agora pegue a caneta amarela e marque as muitas dicas úteis que você encontrará ao longo desta unidade.

1) Como saber se é necessário fazer um cursinho preparatório

Estatisticamente foi comprovado que menos de 10% dos inscritos em concursos fizeram cursinhos, mas, dentre estes meros 10%, teremos 90% dos aprovados. Logo, os números não mentem, fazer um curso é interessante sim, desde que se saiba qual escolher.

Eu não acredito que fazer cursos seja algo "obrigatório", pois eu mesmo não considero que fiz cursinhos quando voltei a estudar em 2005, e conheço diversos aprovados que também não. Escrevi que não considero que eu tenha feito cursos preparatórios porque eu até me inscrevi em um, mas só assisti à metade das aulas de uma disciplina. O professor era excelente, mas quando me inscrevi já tinha rolado metade do curso. Porém, a grande maioria dos aprovados que conheço fez diversos cursos e consideraram isso um fator muito importante em suas aprovações.

Fazer um curso também ajuda a inseri-lo no mundo dos concursos, com pessoas na mesma situação, facilitando a troca de experiências, dicas, materiais de estudo etc. Pode ajudar muito o seu lado psicológico saber que há muitas pessoas passando pelos mesmos problemas que você, alguns até bem piores.

Mas qual curso fazer? Esta é a questão mais importante. Primeiramente, não se inscreva no primeiro curso que descobrir, principalmente se estiver baseado somente em alguma propaganda. Tente antes pegar informações com alguém que já tenha experiência em concursos da sua área. E cuidado, porque algumas vezes um curso é bom para uma área, mas não é bom para outra.

Nos grandes centros quase sempre há ótimas opções. E fora deles há a alternativa de fazer um bom curso via satélite, que também pode ser indicado para os grandes centros.

Hoje também existem cursos pela internet, alguns excelentes. São chamados de cursos "on-line", pois assistimos às aulas de casa, como se fosse um vídeo do YouTube. São as "videoaulas". Há dois tipos: os que passam a aula em tempo real, exigindo que você as assista naquele horário determinado, e aqueles que você pode baixá-las e assistir quando quiser.

Há cursos que são melhores para quem já tem uma base na matéria, e outros que são mais indicados para quem ainda está começando. Isso também vale para a escolha dos professores.

Há também os que são do estilo "pacotão", ou seja, que dão várias disciplinas de uma vez só, e os que são por módulos, fornecendo as disciplinas separadamente.

Se você já souber bem uma disciplina, considero desnecessário fazer um curso dela, porque acredito que aproveitará melhor o seu tempo ficando em casa ou frequentando um curso de outra disciplina. Ou então se matricule em um módulo daquela em que você já possui boa base, mas que seja um curso avançado e/ou só de resolução de questões.

Vejo diversos alunos que, mesmo sabendo razoavelmente a matéria, inscrevem-se em um novo curso só porque é com outro professor. Em raros casos acho isso necessário, pois ainda acredito que seja melhor ficar em casa estudando uma disciplina na qual já temos um razoável conhecimento do que fazer mais um curso. Mas não tem jeito, há muitos que sentem a necessidade de fazer 500 cursos da mesma disciplina, só porque algum colega disse que o novo professor é ótimo, e mesmo que já saiba bem a matéria, lá vai o caboclo fazer mais um. Deixo claro que não estou me referindo àquela disciplina na qual o concurseiro sente realmente dificuldade em aprender, estou dando o exemplo daquelas em que o cara já sabe legal, mas quer continuar fazendo cursos e mais cursos teóricos. Alguns fazem mais para se sentirem bem vendo que já sabem quase tudo do que realmente para aprender. Cada um sabe o que fazer do seu estudo, grana, tempo etc., mas se fosse um amigo meu, eu o amarraria em casa e não o deixaria fazer isso.

Conte o total de tempo de deslocamento, em sala de aula e nos intervalos e veja se em metade dele não seria o suficiente para você aprender muito mais aquela disciplina se a estudasse em casa. E com a vantagem de que a grana investida em um curso, e não podemos deixar de considerar com deslocamento, lanche, estacionamento etc., é muito maior do que o preço de um excelente livro. Só que existe muito concurseiro que não gosta de estudar e então vive no cursinho, desfilando pelos corredores. Para esses, vou afirmar uma coisa: a chance de passar vai diminuir muito se continuarem fazendo isso!

Calvin & Hobbes, Bill Watterson © 1988 Watterson / Dist. by Universal Uclick

Preocupe-se mais com o professor e menos com o curso. Pegue indicações dos melhores professores com os colegas. Mas cuidado: tente sempre ouvir opiniões diferentes e lembre-se de que alguns são mais indicados para quem está começando e outros para quem não é marinheiro de primeira viagem.

Muita gente confunde entender com aprender, achando que aprenderão todo o conteúdo das disciplinas nas aulas. Então vamos diferenciar aqui esses dois conceitos. Enquanto um aluno assiste a uma aula, ele está entendendo a matéria, mas aprendendo pouco. Para que ele a aprenda de fato, terá que estudar em casa. É no estudo sozinho em casa que aprendemos realmente uma matéria e, consequentemente, a fixamos (memorizamos) durante nosso sono. Logo, um aluno que só assiste às aulas e que pouco estuda em casa, entenderá o conteúdo durante as aulas, mas por não estudar em casa, não o memorizará. Simples assim, então por que inúmeros alunos insistem em passar grande parte do seu tempo em sala de aula, muitas vezes não estudando quase nada em casa? Sei lá o porquê, pode ser por diversos motivos, mas quero que você, leitor deste livro, saiba que, fazendo assim, as chances de passar em um bom concurso serão drasticamente reduzidas.

Apesar da importância de escolher um bom professor, saiba que ele fará você aprender pouca coisa. É verdade que ele o ajudará a entender, o que também é muito importante, mas isso é só parte do processo. Você só vai aprender realmente se estudar MUITO em casa. Não adianta preencher todo o seu tempo em sala de aula. O tempo para estudar em casa tem quase sempre que ser maior que o gasto em aulas. O que irá aprová-lo em um concurso de ponta é muita HBC em casa, e não passando quase todo o seu tempo na sala de aula. É lógico que ter boas aulas com bons professores é importante, pois elas o ajudam a entender a matéria, o que muitas vezes é a parte mais difícil da preparação, mas o principal é o estudo em casa, SOZINHO.

Não me lembro de ter conhecido algum aprovado em concurso de ponta que fez um monte de cursos e estudou pouco em casa. Mas já conheci centenas que não fizeram cursinhos e foram aprovados; são os tais 10% de aprovados que vimos no início deste capítulo.

Em suma, não vai adiantar entender tudo nas aulas se não aprender o assunto estudando depois em casa. Adaptando a lição do Capitão Nascimento, *"assunto entendido em sala, é assunto para aprender em casa"*.

Eu acredito que principalmente na fase inicial do estudo talvez seja mais importante ficar mais tempo em sala de aula do que estudando em casa, afinal, o colega ainda não entende quase nada, então tem que assistir a muitas aulas para ir pegando noção geral das coisas. Se no início você optar por fazer um curso de 2ª a 6ª à noite, após seu trabalho diário, pelo menos estude as disciplinas principais nos finais de semana. Não faça cursos também nos finais de semana, porque quando terminar os cursos, não terá aprendido quase nada, pois terá esquecido muito. E com o tempo vá diminuindo seu tempo em sala de aula e aumentando o de estudo em casa.

O grande problema é que muitos concurseiros passam anos e anos quase que o tempo todo nos cursinhos e estudam pouco em casa. Caramba, após um ou dois anos, no máximo, é para fazer um cursinho raramente, talvez de alguma disciplina nova e que seja complicada de aprender sozinho em casa, ou uma turma avançada só com exercícios avançados e revisões. Não é para fazer a milésima turma teórica de uma disciplina só porque apareceu um professor novo no pedaço. Pare com isso! Vá para casa estudar e deixe de desculpas para fazer um curso só porque não gosta muito de estudar em casa e gosta daquele clima que rola nos cursinhos. Desde os meus tempos de vestibulando eu dizia que "rato de curso não passa em concurso". Não seja um rato de curso, seja um rato de tanto estudar.

Por favor, não espalhe por aí que sou contra quem faz cursinhos, não distorça minhas palavras. Se você entendeu isso ao ler este capí-

UNIDADE II – Como Estudar Antes do Edital **163**

tulo, peço para que o releia, pois não o entendeu direito. Eu afirmei, em resumo, o seguinte:

1) considero muito útil fazer um bom curso, mas não imprescindível. Se você puder e tiver uma boa indicação de um curso legal, principalmente das disciplinas que menos tenha facilidade, faça-o;

2) a escolha de um curso depende mais dos nomes dos professores do que do nome da escola que oferecerá o curso;

3) só faça outros cursos da mesma disciplina se realmente achar útil, se tiver certeza de que em casa aprenderá menos do que indo a esta nova aula;

4) pode começar com muitas horas no curso e poucas de estudo em casa, mas com o tempo vá trocando essa ordem;

5) em aula se aprende pouco, ela é útil para que você entenda a matéria, o que também é muito importante, claro. Mas você só aprenderá de fato e, consequentemente, memorizará aquele conteúdo, estudando em casa.

Enfim, há cursos de todas as formas e para todos os gostos, mas nunca se iluda achando que bastará ir às aulas para ser aprovado, pois terá que estudar bastante sozinho. Nenhum professor o livrará de centenas ou milhares de HBCs.

2) Como se portar em uma sala de aula

Primeiramente, sente mais na frente. Lá no fundo você se distrai muito, tanto conversando com os colegas quanto prestando atenção em tudo que estiver à sua volta.

Ande em companhia de concurseiros realmente comprometidos com o estudo e que não sejam pessoas negativas.

Não tenha vergonha de perguntar, afinal, você está ali para entender e o professor para ensinar, mas saiba o que perguntar. Não pergunte nada que não esteja no contexto da aula ou sobre alguma curiosidade pessoal. Pergunte sempre em cima daquilo que o professor estiver explicando no momento, nada de fazer perguntas sobre conteúdos passados ou futuros. Se for o caso, espere o intervalo e vá tirar sua dúvida com o professor. Não faça como o Calvin no quadrinho a seguir.

Calvin & Hobbes, Bill Watterson © 1992 Watterson / Dist. by Universal Uclick

Antes de fazer uma pergunta, pense no seguinte: "*Minha pergunta tem a ver com o que ele está explicando agora?*", e também: "*Caso eu não tire esta dúvida agora, vai atrapalhar o entendimento do restante da aula?*". Caso a resposta seja "sim" para essas duas questões, não pense duas vezes, faça a pergunta, seja ela qual for. Não tenha vergonha, não ache que pagará um mico (ou, intelectualmente falando, uma vez que será um concurseiro estudioso, "creditando um primata"). Caso resolva não perguntar, espere o intervalo e procure o mestre para tirar sua dúvida.

UNIDADE II – Como Estudar Antes do Edital

Não anote tudo que o professor falar. Se fizer isso, vai perder o principal, que são as explicações. Praticamente tudo o que ele vai falar você encontrará nos materiais distribuídos por ele ou nos livros, logo, não é a coisa mais importante do mundo anotar o que ele fala, porque muito provavelmente o assunto estará bem descrito em algum material de estudo seu. O principal na aula é entender, e não anotar coisas para depois ficar se matando para aprender em casa. Se fosse para isso, seria melhor ficar em casa estudando e depois xerocar o caderno de um colega. Enfim, selecione o que o professor estiver falando na hora de fazer suas anotações, não seja uma máquina copiadora, anotando até o espirro que ele der. Não anote o que já sabe de cor e salteado, mas somente o que não souber. No tempo em que estiver anotando algo que já sabe, poderá perder algo que não sabe, o que é muito mais importante.

Caso esteja assistindo a uma videoaula, não deixe de fazer anotações em um caderno ou no material utilizado no curso, pois se não anotar nada, muito provavelmente se distrairá facilmente, perdendo a atenção e a concentração.

Não se preocupe em deixar as anotações bonitas. Caderno de cursinho não ganha ponto no concurso pelo capricho, isso era na escolinha. Você nunca vai ver um edital de concurso com os seguintes dizeres: *"Caderno apresentado de forma caprichosa e com letra legível ganha um ponto na prova de títulos"*. Então não perca tempo com isso, anote de um jeito que você entenda depois e pronto. Mas ao mesmo tempo não faça algo tão ruim que depois tenha que perder tempo passando a limpo, faça de forma que você entenda depois facilmente, sem muitos garranchos.

Não ocupe a folha do caderno por completo, deixe em média uns 2/5 dela em branco, para anotações posteriores, principalmente embaixo e em uma das laterais.

Anote principalmente as palavras-chaves e use muitas abreviaturas, não perdendo muito tempo anotando as orações completamente.

Procure seguir aquela velha e manjada orientação de dar uma estudada antes da aula, pelo menos na parte mais simples do assunto. Quando você vai a uma aula para ver algo que é grego para você, acaba passando a aula toda tentando entender o básico e viajando na maionese nas partes mais difíceis. Ora bolas, se for para entender só o básico do assunto, fique em casa e estude por um bom livro. Economiza tempo e dinheiro. Mas se tiver aprendido o básico em casa antes de ir ao curso, vai aproveitar muito melhor a aula, porque terá condições de entender a parte mais complicada do tema abordado.

Acabada a aula, caso não a revise em pouco tempo, esquecerá quase tudo. Não precisa ser um estudo completo, pense em algo em torno de 10 minutos para cada hora de aula, em média, nas primeiras 24 horas após a aula, preferencialmente antes de dormir, porque, como já vimos, é quando dormimos que nossa memória RAM é esvaziada. Conforme veremos mais à frente, são nestas primeiras 24 horas que ocorre a maior parte do esquecimento de algo que tenha visto, seja estudando em casa, seja em sala de aula. Aproveite para utilizar o tempo antes de começar uma aula para fazer umas revisões curtas.

Resumindo, o ideal é assistir à aula e depois dar uma revisada antes de dormir, nem que seja bem rápida, no conteúdo que for mais importante. Assim, sua memorização acontecerá de forma bem melhor. Se não for possível, paciência, mas não deixe de revisá-la no dia seguinte.

3) Como utilizar aulas gravadas em áudio

Há pessoas que gostam de ouvir as aulas depois, o que é recomendável sob certas regras, e há os colegas que costumam transcrever a aula toda para o papel, levando em torno de três vezes mais tempo para passar a aula a limpo do que o tempo da gravação da aula. Sinceramente, não sou muito favorável a esses métodos de estudo, mas como sei que cada pessoa tem um jeito no qual funciona melhor, e respeitando a forma que cada um possui, resolvi dar alguns palpites sobre essas maneiras de estudar, e assim você poderá decidir pela adoção ou não delas.

Primeiramente, não aconselho que adotem o segundo método, o de transcrição integral das aulas. É muita perda de tempo. Se você fizer isso com a matéria toda, não vai chegar ao fim dela nunca. Pode até utilizar esse método para um assunto mais complicado, mas que sejam raríssimas as vezes. Desculpe-me pela sinceridade e por jogar um balde de água fria em você caso estude assim, mas eu realmente não vi muitos casos de sucesso de quem agiu dessa forma.

Quanto ao primeiro método, o de ouvir gravações de aulas ou de leis em áudio, eu acredito na sua utilidade, mas em certos momentos, e não sempre. É uma excelente opção de estudo para os momentos em que você estiver caminhando, ou no carro, ônibus ou metrô. Em viagens o equipamento com as gravações é essencial. Nunca viaje sem ouvir uma aula. Conheço pessoas que foram muito bem em disciplinas dificílimas que me afirmaram que o fator principal no desempenho deles foi ter ouvido por algumas vezes o curso do professor "X" enquanto dirigia ou caminhava.

Atualmente, há cursos que disponibilizam uma narração de todas as suas aulas em PDF, como o Gran Cursos Online.

Isso é diferente de ouvir o áudio de uma aula que foi ministrada presencialmente ou online, mas ambas as opções eu considero úteis sim.

Pelo seu celular, você pode ouvir essas aulas ou narrações dos PDFs quando estiver caminhando, andando na esteira ou até mesmo trabalhando.

Também pode ser útil a narração de um PDF quando você estiver estudando-o num dia cansado ou desconcentrado, porque muitas vezes o fato de ouvir o que está lendo ao mesmo tempo ajuda na concentração e até a conseguir uma velocidade maior de leitura, principalmente se acelerar o áudio.

Evite escutar aulas de Exatas ou de Contabilidade. É quase impossível aprender alguma coisa sem ver as anotações. Dê preferência aos Direitos, Legislações, Auditoria etc. Enfim, escute disciplinas mais decorebas e que não necessitam muito do uso do quadro.

Resumindo, colega, eu acredito que seja muito válido ouvir aulas fora do seu horário de estudo propriamente dito, mas raramente acho vantajoso ouvi-las quando, na verdade, você poderia estar estudando diretamente no livro.

4) Como elaborar resumos e mapas mentais

Considero este um dos principais capítulos, por isso não foi à toa que se tornou um dos maiores em número de páginas, apesar de saber que os inúmeros desenhos contribuíram para isso.

É um dos assuntos que mais gosto de estudar, e fiquei muito satisfeito pelos elogios que obtive de diversos leitores da primeira edição desta obra, dando-me ainda mais a certeza de que consegui escrever um capítulo bem completo, fornecendo exemplos de cada um dos tipos de resumo de forma bem mastigada, sem que meramente inserisse um exemplo de cada um sem fornecer dicas importantes sobre quando e como utilizá-los.

Leia-o atentamente, utilize sua caneta amarela, abra sua mente para receber novas informações, sem preconceitos, e depois experimente.

Bem, já que é tão importante saber como resumir da forma correta, vamos ao assunto de uma vez.

É mais do que sabido que uma das melhores maneiras de memorizarmos e revisarmos rapidamente os assuntos estudados é utilizando resumos, mapas mentais e *flash cards*.

Quando voltei a estudar em 2005, li o livro do Alex Viegas, "Manual de um Concurseiro", que me ajudou bastante, e foi a partir dele que passei a me interessar mais pelo tema. Cheguei a fazer vários resumos, principalmente de Direito Tributário e Contabilidade. Não fiz das outras disciplinas, porque meu tempo estava muito escasso, mas os que fiz já se mostraram muito valiosos.

Eles são ótimos para serem lidos no consultório médico, no trânsito, na hora do almoço no trabalho etc. Nesses momentos, é muito difícil manter a concentração estudando algo novo, mas ler os resumos é fácil, ainda mais porque foi você mesmo que os elaborou, então têm a "sua cara". E assim, quando estiver em seu ambiente de estudo ideal, perderá menos tempo lendo-os, podendo aproveitar melhor esse tempo para estudar outras coisas.

Deixe sempre uns resumos por perto, leve alguns para os lugares que você for, pois nunca saberá se haverá uma oportunidade para dar uma olhada neles.

O ideal é que leiamos nossos resumos muitas vezes, não nos esque-cendo de dar uma repassada final na semana da prova. Claro que com o tempo não precisará sempre ler todos eles, podendo deixar alguns de lado, pois se tornarão triviais.

Porém, para que o aproveitamento deles seja o melhor possível, é ne-cessário que saibamos elaborá-los da forma correta. Neste capítulo veremos detalhadamente como elaborar resumos e os diversos tipos que existem.

Antes de prosseguirmos, faço um alerta: esses recursos não são para ensinar os conteúdos para você, e sim para memorizá-los. Logo, só passe para um resumo o que tiver entendido quando estudou o assunto.

Dividimos este capítulo em resumos, mapas mentais e "flash cards", para um melhor entendimento. Mas, na verdade, sabemos que todos não deixam de ser diferentes espécies de resumos.

Ao término da apresentação de todos eles, farei um resumo para lembrarmos quando utilizar cada tipo. Afinal, se sabemos que depois de apresentados os mais diversos tipos será bem comum o leitor confundir sobre qual é o mais indicado em cada situação, nada mais óbvio do que resumir o assunto ao final, para não seguirmos o famoso ditado *"em casa de ferreiro, o espeto é de pau"*.

No final, comentarei sobre um estudo publicado em janeiro de 2011, que comparou o desempenho de alunos que usavam resumos e mapas mentais com os que faziam exercícios periodicamente, estudo com o qual concordei totalmente.

a) Resumos

Quando imaginamos criar alguns resumos, pensamos naqueles iguais aos que fazíamos na época da escola ou da faculdade, aqueles que in-felizmente muitos usavam para colar na prova, cheios de informações em cada página, muitas vezes digitados no computador.

Bem, esqueça aquele tipo de resumo. Não é disso que estamos tratando aqui. Aqueles são resumos que não proporcionam uma boa memorização a longo prazo, parecem mais com livros resumidos do que com os resumos realmente eficientes que veremos a seguir.

Um resumo que proporciona uma melhor memorização deve traba-lhar bastante com seu lado direito do cérebro, utilizando algumas dicas, a seguir apresentadas:

1) O tamanho ideal do papel é **metade** de uma folha de papel A4.

Não utilize fichas pautadas, pois as linhas atrapalham nossa escrita, desenhos etc. Pegue essas folhas A4 usadas em impressoras, e corte-as ao meio. Simples assim.

Caso ache metade de uma folha A4 pouco espaço, faça seus resumos em uma folha inteira, não tem problema. Eu só não gosto muito de indicar uma folha inteira porque tendemos a escrever mais informações no resumo, o que não é indicado, conforme veremos a seguir.

De preferência, elabore seus resumos com o papel na horizontal, mas não tenha isso como uma regra muito rígida, pois alguns ficam melhores na vertical.

2) Deverão ser **escritos** com sua letra, **à mão**, e não no computador. Seu cérebro memorizará melhor se o resumo for mais familiar a você e o uso do computador, além de tomar muito tempo, torna-o mais impessoal.

Sei que existem inúmeros programas ótimos para desenharmos todos os tipos de resumos e mapas mentais, mas não os utilize, faça tudo à mão.

Calvin & Hobbes, Bill Watterson © 1995 Watterson / Dist. by Universal Uclick

Já foi provado, analisando imagens do nosso cérebro, que há mais regiões sendo ativadas nele quando escrevemos algo à mão do que quando digitamos. Isso está provado, então não teime contra isso digitando seus resumos no computador. Vai perder mais tempo e será pior para o seu estudo.

Como seu cérebro memorizará melhor o que você escreveu, os seus resumos serão melhores do que aqueles comprados ou emprestados dos outros. Se não houver tempo para elaborar os seus próprios, tudo bem, pegue de amigos ou de sites especializados, mas os melhores serão, sem dúvida nenhuma, os que você elaborar sozinho.

Escreva-os com suas palavras, ou seja, dentro do possível, não copie as frases diretamente do livro. Entenda o assunto e faça seu resumo sem olhar para o material de estudo, para fixar ainda mais seu conteúdo. Depois, confira com o material se está tudo certo, claro.

3) Utilize a maior **variedade de cores** possível.

Pense nisto: quando escrevemos um texto usando uma só cor, temos o quê? Um monotom, certo? E isso lembra qual palavra? Monotonia, claro. E seu cérebro gosta de monotonia? Não, isso também já sabemos. Logo, para livrá-lo da monotonia, use mais de uma cor, nada de "monotom".

Utilize caneta hidrocor ou "de gel". Hoje existem aqueles pacotes com várias canetas coloridas chamadas "canetas de gel", que são ótimas para colorir seus resumos, melhores que as hidrocor.

Não padronize, como escrever sempre em azul e vermelho, por exemplo. Faça um marrom com azul, outro preto com verde, outro laranja com roxo etc. Na hora em que estiver resolvendo uma questão, essas cores o ajudarão a se lembrar das anotações mais facilmente. Não se preocupe com combinar cores, pois quanto mais esdrúxulos e diferentes, mais o seu cérebro agradecerá.

Evite cores claras, que façam pouco contraste com o branco do papel, como a cor amarela.

4) Reserve a caneta **vermelha** somente **para negações e exceções**.

A cor vermelha é a cor que lembra uma negação para o seu cérebro, e não é à toa que os sinais de trânsito de "pare" em todo o mundo são vermelhos.

Sei que a tentação de utilizar bastante esta cor é grande, mas não faça isso, use-a somente para passar mensagens negativas ao seu cérebro. Assim, sempre que estiver resolvendo uma questão, ao se lembrar do resumo que a contém, a cor vermelha o lembrará de que ali há uma exceção ou negação, alvo de muitas questões com as famosas pegadinhas.

Quando estudamos Direito Tributário, encontramos muitos "salvo disposição em contrário" na legislação e os examinadores adoram cobrar questões fazendo confusões com essas exceções. Ao escrevermos "SDC" em vermelho de maneira bem destacada no nosso resumo, evitamos cair nessas pegadinhas.

5) Escreva **poucas informações** em cada resumo.

Deixe o máximo possível de espaços em branco. Se o assunto for grande, divida-o em mais de um resumo, não tem importância, pois o problema é colocar muita informação em um resumo só.

E também é por isso que recomendo que o tamanho do papel seja de metade de uma folha A4, porque se for uma folha inteira, a tendência será escrever muito mais coisas. Entretanto, se conseguir colocar poucas informações – mesmo usando uma folha inteira –, segurando a tentação de escrever mais só porque tem espaço de sobra, será melhor, pois haverá mais espaços em branco.

6) Para poupar espaço e memorizar melhor, utilize o máximo possível de **abreviaturas, siglas, símbolos e desenhos**. Eis alguns exemplos:

SIGLA	SIGNIFICADO
CD	Câmara dos Deputados
CF	Constituição Federal
CN	Congresso Nacional
FG	Fato Gerador
LC	Lei Complementar
LO	Lei Ordinária
SDC	Salvo Disposição em Contrário
SF	Senado Federal
$\neq$	Diferença
%	Alíquota

Também é interessante associar a forma de escrever as palavras com os seus significados. Exemplos: escrever "máximo" como "MÁX" em maiúsculo e "mínimo" como "mín" em minúsculo, fazendo o mesmo para "exterior" como "EXT" e "interior" como "int". Ou "maior" com um símbolo ">" bem grande, enquanto o "menor" com um "<" pequeno.

7) **Não perca tempo embelezando** seus resumos. Elabore-os rapidamente e não tome muito do seu tempo de estudo caprichando-os. Se algum deles estiver muito bagunçado, passe-o a limpo fora do seu horário de estudo, como enquanto assiste a um programa na TV.

8) Numere-os adotando um **código para cada disciplina** e anote este código bem pequeno em um dos cantos do papel. Exemplo: se for seu quinto resumo de Direito Constitucional, anote um "DC5" em uma das pontas.

9) Eles não precisam conter somente textos em sequência como se fossem um livro, aliás, isso é o menos indicado. Faça-os em forma de árvore, lista, diagrama, tabela ou, se achar melhor, só com textos mesmo.

Não existe uma regra, tal como sempre utilizar árvore, diagrama ou mapa mental. Faça o que mais se encaixar naquele conteúdo. E como descobrir qual o formato mais indicado? Isso com o tempo você vai perceber, mas ainda neste capítulo darei vários exemplos comentados, para você ir pegando o jeito.

Muitas vezes, por possuirmos maior afinidade com algum tipo de resumo, temos a tendência de o utilizarmos em situações em que ele poderá não ser o mais indicado. Logo, caso esteja tentando fazer algum resumo e, no meio dele, ou ao final, não estiver satisfeito com o que fez, reflita se não seria melhor utilizar outro tipo, faça-o de outra forma e jogue fora o antigo, caso tenha achado o novo melhor, claro.

10) Não resuma todos os assuntos, só os que achar mais importantes para serem revisados depois.

Não sou adepto de resumir ou passar tudo para um mapa mental. Nosso estudo fica muito mais demorado fazendo dessa forma. E também porque várias informações são mais rapidamente revisadas simplesmente resolvendo algum exercício ou lendo as marcações em amarelo no livro. Mas certamente muitas coisas ficam bem melhores se estiverem explicadas em algum resumo.

Evite incluir em seu resumo coisas que não terá perigo de se esquecer, ou seja, procure só inserir aquilo que correrá o risco de não se lembrar depois.

Caso sua prova esteja bem próxima, não resuma mais quase nada, ou nada, pois, muito provavelmente, não haverá esquecimento de um assunto estudado tão recentemente.

UNIDADE II – Como Estudar Antes do Edital

11) **Só escreva de um lado**, não faça outro resumo no verso.

Quando você faz um resumo colorido, o verso fica todo borrado. Deixar o verso em branco também é importante porque, às vezes, é interessante escrever algumas anotações nele. Em suma, não escreva nada no verso, utilize uma folha para cada resumo.

Antes de partirmos para os tipos de resumo, preciso passar uma informação muito valiosa. Quando for revisar a matéria lendo um resumo, nunca leia-o diretamente, sem tentar se lembrar dele antes, pois assim estará estudando passivamente. Procure lembrar-se de seu conteúdo para depois lê-lo, conferindo o que acertou, errou ou se esqueceu. Assim, estará estudando de forma ativa, que é muito melhor que a passiva. Vai demorar mais, claro, mas não tem comparação, é muito melhor.

Veremos a seguir alguns exemplos que fiz para você entender quando é mais indicado usar um resumo e não apenas estudar pelo livro teórico e para você saber qual tipo escolher em cada caso.

Apesar de os resumos neste livro estarem em preto e branco, lembre-se da dica de sempre usar a maior variedade de cores possível.

Inicialmente, apresentaremos o mais comum de todos, que é o quadro sinótico, também chamado de tabela, que todos já utilizamos aos montes em nossas vidas.

É o mais indicado quando precisamos apontar as semelhanças ou diferenças entre algumas categorias, situação muito comum em nossos estudos.

Você já está cansado de usá-lo, mas caso não tenha associado seu pomposo nome à cara dele, eis um exemplo do dito cujo que utilizei quando estudava Direito Tributário:

IEG	Imp. Residual
Caso de guerra externa ou sua iminência	A qualquer tempo
LO ou MP	LC
Pode ser cumulativo	NÃO cumulativo
FG e BC $=$ ou $\neq$	FG e BC $\neq$
Provisório	Permanente
NÃO respeita anterioridade e noventena	Respeita anterioridade e noventena

A título de esclarecimento, IEG é Imposto Extraordinário de Guerra, LO é Lei Ordinária, MP é Medida Provisória, LC é Lei Complementar, FG é Fato Gerador e BC é Base de Cálculo.

Veja que utilizando esse quadro sinótico consegui apontar as principais diferenças e semelhanças entre os dois impostos, que são facilmente confundidos em questões de prova, o que o examinador adora, claro. Também perceba que as linhas poderiam ser trocadas entre elas, pois a ordem não interessa.

Resumiremos a seguir um assunto bem chato para memorizar em Direito Tributário, que é a utilização das Resoluções do SF para estabelecimento de alíquotas. Eis alguns trechos que tratam do assunto, tirados do artigo 155 da CF (já vimos que CF é Constituição Federal e SF é Senado Federal, certo?):

> *Art. 155. (...)*
> *§ 1º O ITCMD terá suas alíquotas máximas fixadas pelo Senado Federal;*
> *§ 2º Sobre o ICMS:*
> *(...)*
> *IV – resolução do Senado Federal, de iniciativa do Presidente da República ou de um terço dos Senadores, aprovada pela maioria absoluta de seus membros, estabelecerá as alíquotas aplicáveis às operações e prestações, interestaduais e de exportação;*
> *V – é facultado ao Senado Federal:*
> *a) estabelecer alíquotas mínimas nas operações internas, mediante resolução de iniciativa de um terço e aprovada pela maioria absoluta de seus membros;*
> *b) fixar alíquotas máximas nas mesmas operações para resolver conflito específico que envolva interesse de Estados, mediante resolução de iniciativa da maioria absoluta e aprovada por dois terços de seus membros;*
> *(...)*
> *§ 6º O IPVA terá alíquotas mínimas fixadas pelo Senado Federal.*

Em tempo: ICMS, IPVA e ITCMD são os três impostos de competência estadual.

É um assunto muito fácil de ser confundido, concorda comigo? E os examinadores exploram essa confusão ao máximo. Veja como é fácil cair nessas pegadinhas: *"O ITCMD terá suas alíquotas mínimas fixa-*

das pelo SF", "*O SF estabelecerá as alíquotas mínimas nas operações internas do ICMS*", "*O IPVA terá alíquotas máximas fixadas pelo SF*".

É só comparar com os artigos da CF que você verá que as três sentenças estão erradas; mas como decorar isso, lendo a CF 50 vezes? Colega, mesmo que você cometa essa insanidade, a chance de errar continuará sendo muito grande, pois são normas muito fáceis de serem confundidas.

Então vamos fazer dois resumos que abrangem todo o assunto, um em forma de **diagrama** e outro em forma de **tabela**, que minimizarão muito suas chances de errar na prova.

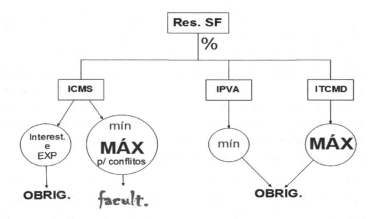

Esse diagrama faz uso de vários recursos úteis à memorização, tais como:

1 – os três impostos estaduais estão em ordem alfabética, assim, na hora de tentarmos nos lembrar do desenho, ficará mais fácil lembrarmos da ordem dos impostos;
2 – as palavras "mínimo" e "máximo" estão abreviadas, sendo uma em letra minúscula e a outra em maiúscula e grande. No meu resumo original, que é colorido, "mín" está em verde e "MÁX", em azul;
3 – as palavras "obrigatório" e "facultativo" estão com fontes diferentes. No resumo colorido poderiam estar simplesmente escritas em cores diferentes;
4 – a palavra "exportação" está abreviada e em maiúsculo, porque "exportação" lembra algo "maior";
5 – usamos abreviaturas para substituirmos as palavras "alíquotas", "resolução" e "Senado Federal".

Lembrando que o ideal é que seja feito à mão, e não no computador.

Bastará lê-lo algumas vezes para saber responder às questões de prova. Para provarmos que realmente funciona, responderemos às sentenças que indiquei anteriormente usando a visualização deste resumo.

1ª) *"O ITCMD terá suas alíquotas mínimas fixadas pelo SF"*. O ITCMD é o terceiro imposto em ordem alfabética, logo, pensaremos na última coluna. Será fácil lembrar que havia a palavra "MÁX" bem grande em maiúsculo, logo, a sentença está errada.

2ª) *"O SF estabelecerá as alíquotas mínimas nas operações internas do ICMS"*. O ICMS é o primeiro imposto em ordem alfabética, logo, pensaremos na primeira coluna. Ela foi dividida em duas, a primeira para o ICMS nos casos de operações interestaduais e de exportação, e a segunda para os outros casos. Embaixo do primeiro balão estava a palavra "obrigatório" e do segundo, "facultativo". Só de nos lembramos disso já vemos que a sentença está errada, porque o SF não estabelecerá obrigatoriamente as alíquotas, ele "poderá" estabelecer, ou seja, será facultativo.

3ª) *"O IPVA terá alíquotas máximas fixadas pelo SF"*. O IPVA é o segundo imposto em ordem alfabética, logo, pensaremos na coluna do meio. Só de lembrar que havia um "mínimo" em minúsculo no seu desenho você já saberá que a afirmativa está errada.

Vamos agora ao segundo resumo, este em forma de quadro sinótico (tabela).

Este quadro, que eu adaptei de uma tabela fornecida em sala de aula pelo professor Alexandre Lugon, resumirá a parte do art. 155 da CF que indica de quem é a iniciativa para propor as alíquotas do ICMS e qual o quórum necessário para aprovar cada caso. Já sabemos que é muito difícil nos lembrarmos da literalidade dos artigos, mas resumindo-os em uma tabela a memorização será muito mais fácil.

E quais seriam as pegadinhas da banca para respondê-las depois de termos visto o resumo? Eis dois exemplos bem tradicionais: *"A iniciativa para propor as alíquotas internas mínimas do ICMS cabe ao Presidente da República ou a 1/3 dos Senadores"*, *"O quórum para aprovação das alíquotas internas máximas do ICMS é a maioria absoluta do SF"*.

Res. SF		
ICMS		
%	Iniciativa	Quórum p/ Aprovação
Interest. ou EXP	PR ou 1/3 SF	> Abs SF
i mín	1/3 SF	> Abs SF
i MÁX	> Abs SF	$\times 2$ 2/3 SF

Vamos explicar esse segundo resumo, analisando os recursos mnemônicos utilizados:

1 – usamos as mesmas abreviaturas do resumo anterior;

2 – usamos um sinal de "maior" bem grande no lugar da palavra "maioria";

3 – usamos setas para conectar células da tabela que são iguais, sendo uma seta bidirecional para indicar que o quórum para aprovação da primeira e da segunda linha é igual à maioria absoluta do SF e outra seta na coluna da iniciativa para indicar que os dois primeiros tipos de alíquotas possuem o "1/3 do SF";

4 – quando é "1/3", escrevemos o "1" menor que o "3"; e quando são "2/3", usamos o "2" maior que o "3";

5 – usamos uma seta em diagonal com uma multiplicação por dois indicada ("x2") ligando o "1/3 SF" com o "2/3 SF";

6 – quando fizer seus resumos coloridos, é interessante que sempre use a mesma cor para algumas palavras-chaves ou abreviaturas.

E como responderíamos às duas pegadinhas? Simples:

1 – *"A iniciativa para propor as alíquotas internas mínimas do ICMS cabe ao Presidente da República ou a 1/3 dos Senadores".* É só lembrar que as alíquotas internas mínimas estão na linha do meio e a iniciativa está na coluna do meio. A junção delas indica só "1/3 SF", invalidando a alternativa.

2 – *"O quórum para aprovação das alíquotas internas máximas do ICMS é a maioria absoluta do SF"*. As alíquotas máximas do ICMS estão na última linha e o quórum, na última coluna. Na junção delas está aquele "dois" grande dos "2/3 SF", logo, a alternativa está errada.

Volte à primeira unidade, no capítulo sobre os melhores horários para estudar, e veja a tabela com os horários mais recomendados. Teria uma forma melhor de apresentar aquelas informações que não fosse por meio de uma tabela? Duvido muito.

Vejamos agora outro exemplo, cujo assunto abordado será tratado mais à frente neste livro. Este foi desenhado no computador, o que não recomendo, mas fiz assim para facilitar a explicação. Ele se refere ao § 2º do artigo 25 da CF: *"Cabe aos Estados explorar diretamente, ou mediante concessão, os serviços locais de gás canalizado, na forma da lei, vedada a edição de medida provisória para a sua regulamentação"*.

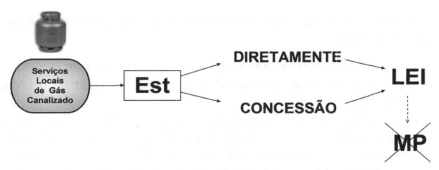

Inseri uma figura de um bujão de gás para me lembrar de que se trata de gás canalizado. A palavra MP (Medida Provisória) e os seus riscados devem ser escritos em vermelho, para indicar que não podemos usar uma MP neste assunto.

Veja este outro exemplo, referente ao § 4º do artigo 32 da CF: *"Lei federal disporá sobre a utilização, pelo Governo do Distrito Federal, das polícias civil e militar e do corpo de bombeiros militar"*.

Este foi o resumo que fiz para ele:

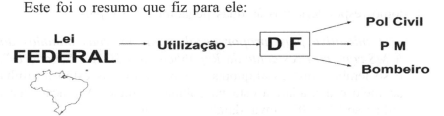

Para me lembrar de que era "Lei Federal", desenhei o mapa do Brasil logo abaixo. Também poderia ter desenhado um policial e/ou bombeiro ao lado de suas palavras ou substituindo-as.

Em um primeiro momento, elaborar esses resumos pode parecer um pouco complicado, mas com certeza é muito mais fácil olhá-los algumas vezes e acertarmos as questões do que ficarmos lendo a literalidade dos artigos, tentando acertar na base da decoreba. Com o resumo, além de a compreensão ser mais fácil, pois a visualização é muito maior, a revisão é mais rápida e o esquecimento é muito menor.

Quando temos de memorizar as diferentes classificações de um tema, indicamos o resumo em forma de **árvore** ou utilizando **chaves**, pois são bem parecidos.

Como exemplo, apresentamos o mesmo assunto resumido em árvore e depois usando chaves. Trata-se das classificações dos órgãos públicos segundo a autora Maria Sylvia 'Zanella Di Pietro.

Eis essa classificação resumida em árvore:

Ele é chamado de resumo em árvore porque segue o desenho de uma árvore de lado. Gire a figura no sentido anti-horário que você a visualizará melhor.

A seguir, resumimos o mesmo assunto utilizando as chaves. Esse tipo de resumo é chamado de "chaves dicotômicas".

Se for ajudar no seu entendimento, você pode colocar breves comentários ou exemplos em cada tipo de classificação. No exemplo que utilizamos, poderíamos ter colocado uma explicação do que são órgãos centrais, locais etc. logo a seguir do nome de cada tipo de órgão. Também poderiam ser escritos com textos coloridos e/ou com figuras que ajudariam a lembrar de cada classificação.

Outros exemplos de assuntos também indicados para serem resumidos usando árvores ou chaves são as classificações dos atos administrativos, dos diferentes tipos de orações da Língua Portuguesa ou sobre o uso dos quatro tipos de "porquês".

Outro tipo de resumo muito eficiente em determinados casos é o **Fluxograma**, forma mais indicada quando queremos memorizar uma sucessão de passos a serem seguidos, como o trâmite das leis dentro do processo legislativo ou dos julgamentos dos processos tributários na esfera administrativa.

Por ter me graduado em Informática, sempre gostei dos fluxogramas. No trabalho estou sempre elaborando alguns sobre os diferentes tipos de tarefas que temos que realizar e os repasso para os colegas. Facilitam muito o aprendizado, mas, como expliquei, são mais indicados quando temos uma ordem de passos a serem seguidos.

Elaboramos um fluxograma para sabermos definir se determinado valor cobrado pela Administração Pública se trata de tributo ou não, e se for, de qual espécie ele será. Após a figura, farei uma explicação sucinta sobre como o elaborei.

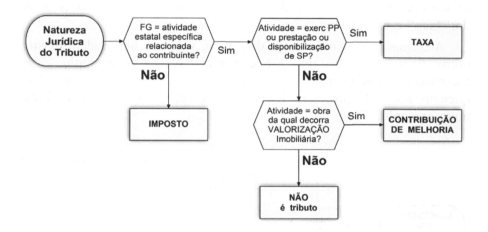

Há diversos tipos de notações em relação às figuras a serem utilizadas em cada situação, se serão losangos, retângulos etc. Eu aprendi que sempre que temos uma decisão a ser tomada, ou seja, se faremos uma pergunta para obtermos uma resposta do tipo "sim" ou "não", temos que desenhar um losango. Mas o problema do losango é que fica muito complicado escrever dentro dele, por isso prefiro utilizar o hexágono, então coloquei três deles no exemplo, pois fica bem melhor para escrever dentro da figura.

Utilizei três abreviaturas, que foram as seguintes: Exerc = exercício, PP = Poder de Polícia e SP = Serviço Público.

Você deve tomar cuidado para não confundir os "sim" com os "não". Pensando no exemplo apresentado, é comum na prova ficarmos pensando: "*O imposto era a resposta do 'sim' ou do 'não'?*". Por isso, precisa distinguir no desenho os "sim" dos "não". Nesse exemplo, coloquei em negrito os "não", mas o ideal mesmo seria tê-los escrito em vermelho, assim como suas respectivas setas, seguindo aquela ideia de sempre marcarmos tudo que é negativo em vermelho.

Outra recomendação é para, sempre que possível, pensando no sentido horário e começando com os ponteiros no meio-dia, desenhar primeiro a seta do "sim" e depois a do "não", mas há desenhos que ficarão bem confusos se fizermos dessa forma, por isso a utilização do vermelho sempre ajuda.

Em suma, tente elaborar um desenho não muito confuso colocando as setas dos "sim" antes das dos "não", e escreva de vermelho as setas dos "não" e as palavras "não".

Avançando no estudo dessa disciplina, veremos que podem existir outros tipos de tributo, mas a noção inicial é essa do exemplo. Esse fluxograma eu adaptei de um que há no livro "Direito Tributário Esquematizado", do professor Ricardo Alexandre, assim como o deste novo exemplo:

Esse segundo fluxograma trata do início da contagem do prazo decadencial no lançamento por homologação, conforme a doutrina majoritária. Assunto comum em provas e que costuma nos confundir bastante.

A teoria é a seguinte, de forma bem sucinta: se não houve o pagamento anterior por parte do contribuinte, o início da contagem do prazo decadencial será no primeiro dia do exercício seguinte. Mas se houve pagamento anterior, há duas hipóteses: se o contribuinte agiu com Dolo, Fraude ou Simulação (o tal "D, F, S?" que aparece no fluxograma), o início será o mesmo do caso anterior, mas se não houve, o início será a partir da data do Fato Gerador (FG).

UNIDADE II – Como Estudar Antes do Edital

Busquei nesse segundo fluxograma também seguir a ordem das setas dos "sim" e dos "não", ou seja, primeiro sai a seta do "sim" e depois a do "não", mas isso não é obrigatório. Usei abreviaturas e siglas, como sempre. Também não me importei em respeitar uma das recomendações dos especialistas em fluxogramas, que é a de nunca colocar uma "caixa final" dentro do fluxograma, ou seja, não deveria ter colocado a caixa "Data FG" dentro do desenho, e sim fora, mas isso iria embolar as setas, então, como não é um concurso de elaboração de fluxogramas, ignorei a recomendação, pois achei que ficou com uma visualização mais agradável. E não se esqueça de escrever os "não" e suas respectivas setas em vermelho.

O fluxograma é mais indicado quando há uma ordem certa a ser seguida, ou seja, há uma sucessão de passos. Por exemplo, pense, grosso modo, em uma defesa apresentada perante um tribunal. Primeiro ela é protocolada no guichê de atendimento, em seguida, é enviada para uma outra seção para verificação e encaminhamento ao juiz responsável, depois o juiz analisa a defesa e marca a audiência, realizando o julgamento perante as partes envolvidas e, por último, decide.

Imagine-se tomando banho. Primeiro você tranca a porta do banheiro, depois tira a roupa, entra no box, abre o chuveiro, passa o shampoo e se ensaboa, depois se enxágua, fecha o chuveiro, se enxuga, veste a roupa limpa, abre a porta e, por fim, sai do banheiro. No início, para quem nunca fez um fluxograma, pode parecer complicado. Mas é só elaborar uns cinco exemplos que você verá como é fácil inventar os seus. Tudo é questão de prática.

Existe também o **Organograma**. Esta forma de resumir é mais indicada quando queremos memorizar a estrutura de algum órgão, como a do exemplo a seguir, no qual resumimos a estrutura do Poder Judiciário. Aliás, para ser justo, não fui eu que fiz este organograma, eu o copiei do livro "Curso de Direito Constitucional", do autor Marcelo Novelino.

ESTRUTURA DO PODER JUDICIÁRIO

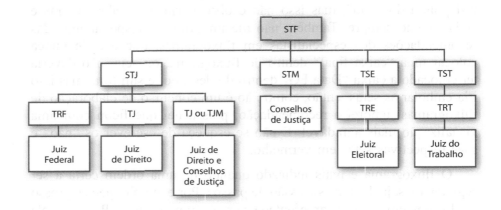

Tente imaginar como seria fazer outro tipo de resumo ou mapa mental sobre o assunto desse organograma. Acredito que concordará comigo que essa foi a melhor forma de resumi-lo.

b) Mapas Mentais

Para simplificarmos nossa vida, vamos chamá-los a partir de agora de MMs, ok?

Os MMs foram criados por um famoso psicólogo inglês chamado Tony Buzan, que já publicou inúmeros livros sobre o assunto, dos quais extraímos ótimas informações para este livro. Tal foi o sucesso dos MMs, que é muito difícil encontrarmos algum livro sobre didática ou técnicas de estudo que não indiquem seu uso.

Buzan disse que nossa cultura não utiliza efetivamente certas regiões do cérebro especializadas em pensamento espacial, imagens e criatividade, dando muito mais valor à escrita e à leitura, ou seja, só aproveita as partes responsáveis pela lógica, fala e pensamento linear. Como considerou isso um grave desperdício de nossas capacidades de memorização, criou os mapas mentais, para aproveitarmos melhor todos esses recursos cerebrais pouco utilizados.

UNIDADE II – Como Estudar Antes do Edital

Seguindo a mesma indicação dada para os resumos, não acredito que tenhamos que utilizá-los sempre, sugiro que sejam utilizados quando acharmos que é realmente o melhor caminho a ser seguido.

Para esclarecer bem minha opinião sobre sua utilização, sou a favor de usarmos muitos MMs durante nosso estudo, mas não acredito que temos que fazer MMs para tudo que estudarmos. Às vezes fazer um diagrama, uma tabela, um fluxograma, somente ler as marcações em amarelo no livro ou fazer mais exercícios trará um resultado melhor.

Tenho o maior respeito por alguns colegas que indicam o uso dos MMs massivamente. Compreendo e respeito a opinião deles, pois sei que são pessoas estudiosas e sérias, mas como tenho esse cérebro de matemático, costumo ser bem racional ao tomar minhas decisões e fornecer dicas. Sinceramente, não acho que haja algum método que seja ótimo em todas as situações. Para cada situação existe um tipo de resumo mais indicado e, na maioria dos casos, nem resumos precisamos fazer, pelo menos na minha opinião, que será referendada por um estudo que relatarei ao final deste capítulo. Não abro mão é de fazermos muitos exercícios, pois tenho certeza de que isso sim é o mais importante.

Esclarecida minha opinião, para amenizar futuras confusões que poderei ter com ela, vamos aprender a elaborar os MMs, pois de fato são muito úteis.

Há umas regrinhas básicas para desenhar um MM, que são as seguintes, algumas iguais às dos resumos:

1 – utilize o papel no sentido horizontal na grande maioria dos casos, pois nosso campo visual é maior na horizontal;

2 – comece pelo centro, escrevendo o título do assunto a ser resumido e circule-o. A maioria das pessoas prefere envolvê-lo com uma elipse ou retângulo;

3 – no centro ficarão os conceitos mais gerais, que se tornarão mais específicos quanto mais externos forem;

4 – a partir do centro, insira quantos ramos forem necessários para resumir o assunto, podendo subdividi-los em outros ramos;

5 – de preferência, escreva os ramos no sentido horário, imaginando o início na posição onde os ponteiros marcam meio-dia, ou seja, comece acima do título e siga o sentido horário. Se você fizer sempre seus resumos seguindo essa ordem, não precisará numerar os itens, deixando seu desenho mais limpo; mas caso

ache importante, poderá numerá-los. Em tempo: as palavras deverão ser sempre escritas na horizontal, os ramos é que seguirão o sentido horário. Não é para escrever de forma que precise girar o papel conforme for lendo o MM;

6 – desenhe ramos curvos, não use linhas retas. Ramos curvos estimulam mais o cérebro. E desenhe-os do mesmo tamanho das palavras que estão contidas nele, não os faça mais longos à toa. Escreva as palavras logo acima das linhas, como se fosse um texto sublinhado, afinal, não é por acaso que desde pequenos sublinhamos os trechos mais importantes do livro;

7 – varie as cores, reservando o vermelho para mensagens negativas; use abreviaturas; deixe o máximo de espaços em branco; e se estiver escrevendo muitas informações, divida-o em mais de um MM;

8 – por pior que seja sua capacidade de desenhar, se rapidamente vier algum desenho à sua mente no momento de elaborar seu MM, insira-o, pois a utilização de imagens facilita muito a memorização;

9 – utilize letras grandes, desproporcionais. O ideal é que as letras tenham, no mínimo, o dobro do tamanho que você está acostumado a escrever;

10 – na maioria das situações o uso da folha inteira pode ser mais recomendável do que usar somente metade dela, como no caso dos resumos, ainda mais se inserirmos desenhos. Contudo, cuidado, nunca se esqueça da dica de não poluir muito o visual;

11 – faça-os à mão, não use programas de computador. O próprio Buzan recomenda que os faça dessa forma;

12 – escreva o mínimo possível, de preferência utilize só as palavras-chaves, mas de forma que não tenha dificuldade em entender o sentido das frases quando tiver que lê-las no futuro. Alguns especialistas indicam que se escreva somente uma palavra em cada ramo, mas considero isso muito difícil em muitos casos, por isso prefiro passar a recomendação inicial: escreva só as palavras-chaves e, se for possível, que seja só uma palavra;

13 – principalmente se a sua letra não for bonita, escreva tudo em letra de fôrma;

14 – antes de começar a desenhá-lo, conte quantos ramos ele terá, para distribuí-los melhor no papel;

15 – quando for ler cada um dos ramos, antes leia o título do MM (o tema que está no centro), para sempre fazer a associação

UNIDADE II – Como Estudar Antes do Edital

entre cada ramo e o tema. Talvez você não ache necessário ler o tema entre todas as leituras dos ramos, mas não o pule sempre, leia-o entre algumas das leituras dos ramos.

No caso dos MMs, os maiores especialistas indicam que sempre utilizemos imagens, em todos os ramos. Porém, não acredito que isso seja muito produtivo, sinceramente, mas é claro que é para você fazer como achar melhor.

Contudo, como a sugestão da necessidade de sempre usar desenhos no MM gera muita polêmica, vamos comentar isso um pouco mais.

Por que você acha que é muito mais fácil reconhecer o rosto de uma pessoa ao encontrá-la pela segunda vez do que se lembrar de seu nome? É porque o rosto é uma imagem que foi gravada em seu cérebro, enquanto o nome é uma coisa abstrata, sem uma imagem associada, uma mera palavra.

Os especialistas em memorização, ao ensinarem sobre como se lembrar dos nomes das pessoas, dentre outras dicas, sugerem que você imagine algum tipo de interação entre aquela pessoa e outra conhecida de mesmo nome, se for possível. Por exemplo, se você for apresentado a uma pessoa de nome Edson, imagine-o dando um abraço no Pelé, o mais famoso Edson de todos. Se for Roberto, imagine-o cantando com Roberto Carlos. Se o nome da pessoa lembrar algum substantivo, como Rosa, Rocha, Ferreira etc., imagine-a envolta no objeto, comendo-o ou segurando-o, enfim, o que quiser imaginar.

Tente utilizar a primeira imagem que vier a sua mente, pois ela tenderá a ser a que você mais facilmente se lembrará depois, e quanto mais engraçada ou diferente for, melhor será. Por exemplo, se alguém falar "jacaré" para mim, a primeira imagem que vem a minha mente é a do jacaré do desenho do Pica-Pau. Talvez para você seja o símbolo da Lacoste ou outro jacaré qualquer, tanto faz, contanto que seja essa a primeira imagem que você colocará no papel. Como sugiro que não use o computador para elaborar seus MMs, e sim que os faça à mão, desenhe da forma que seja mais simples para você, mas se for para imaginar uma situação, use a primeira imagem de preferência.

A seguir, resumimos como deve ser nosso ambiente de estudo em um mapa mental, conforme aprendemos logo no primeiro capítulo deste livro.

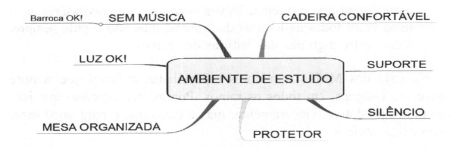

Veja a seguir como ficaria o mesmo MM, só que utilizando figuras:

Neste terceiro MM, resumimos como devemos nos portar em sala de aula, conforme vimos em um capítulo anterior. Em tempo: "PCP" quer dizer "principal".

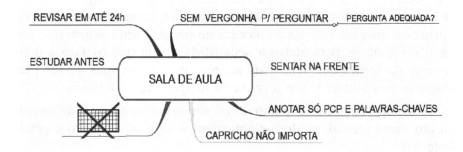

Note que os ramos "sem vergonha para perguntar" e "capricho não importa" poderiam ter sido escritos em vermelho. No ramo da recomendação para não ocuparmos a folha toda, em vez de escrevermos, desenhamos uma folha de papel toda rabiscada com um "X" vermelho bem grande cortando-a.

Resumimos a seguir o capítulo sobre como saber escolher os materiais de estudo. Em tempo: "CONC EXP" quer dizer "concurseiros experientes".

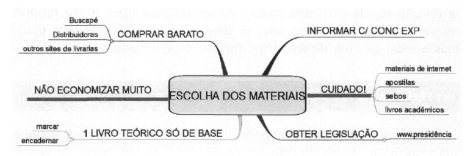

Claro que nos capítulos respectivos explicamos detalhadamente o assunto de cada um dos ramos desses MMs, mas, uma vez aprendidos, bastará olhá-los para nos relembrarmos do principal em relação a cada um desses três capítulos.

Veja que poderíamos inserir diversas figuras em cada MM, assim como resumir mais as frases. Não quis resumir muito para que você não ficasse com dúvidas sobre o que significa cada ramo, mas quando for elaborar os seus MMs, resuma mais as frases e use abreviaturas e desenhos.

Existem alguns sites especializados em concursos públicos que vendem MMs de diversas disciplinas. Apesar de não seguirem a recomendação de não escrever frases mais longas, para que todos consigam entender o assunto que consta no MM, e por terem sido criados no computador, e não com sua letra, claro, possuem MMs muito bons. Eu conheço estes:

- www.esquemaria.com.br
- www.mapasequestoes.com.br
- www.sougenius.com.br

Contudo, antes de sair por aí estudando pelos mapas ou resumos feitos por terceiros, saiba que sua memorização será muito menor fazendo assim do que a que você teria se tivesse elaborado o seu próprio resumo. A explicação é que quando você estudar por um resumo feito por outra pessoa, você estará estudando passivamente, mas quando for você que fez o resumo, estará estudando ativamente, e sabidamente o estudo ativo é muito mais eficaz que o passivo. Sendo assim, pode até ser legal você olhar os resumos feitos por outras pessoas para a partir deles desenhar o seu, de preferência diferente, ou então para dar aquela revisão rápida caso não tenha tido tempo para fazer o seu próprio resumo. Porém, não se engane, se fosse o seu, aprenderia bem mais, mas estudar por um de terceiro é melhor do que nada, claro.

c) *Flash Cards*

São pequenos pedaços de papel contendo uma pergunta na frente e sua resposta no verso. Podem ser do tamanho de um cartão de visitas ou um pouco maiores.

Como é fácil perceber, é um método de memorização que utiliza mais a decoreba pura e simples.

Sua utilização é muito simples, basta ler a pergunta e tentar respondê--la mentalmente antes de conferir a resposta atrás do papel.

São comuns para decorarmos a tradução de palavras estrangeiras ou fórmulas matemáticas, mas servem para qualquer tipo de pergunta, desde que breve, e da mesma forma deve ser a resposta.

Eu cheguei a utilizá-los na classificação de algumas contas de Contabilidade, pois não conseguia memorizar em qual grupo cada uma pertencia, eu achava que o nome não ajudava na classificação e no entendimento do que ela conteria. Assim, eu colocava o nome da conta de um lado e o grupo ao qual ela pertence do outro.

Também é indicado que os faça coloridos e use desenhos, mas isso não é tão essencial quanto nos outros métodos.

Uma forma melhor de memorizá-los é pedir para alguém fazer as perguntas e conferir as respostas para você, como se fosse um jogo.

Com o tempo, você poderá formar duas pilhas distintas: uma com os cartões que já memorizou bem, só necessitando relembrar muito esporadicamente; e outra com aqueles que estão mais sujeitos a cair em esquecimento.

Os *flash cards* são usados há muitos anos, mas, em 1972, o alemão Sebastian Leitner aperfeiçoou sua utilização, ao incorporar o conceito de revisões espaçadas. Se quiser saber mais sobre o método dele, procure no Google por "*The Leitner System*", que você encontrará diversos sites explicando como organizar o tempo de revisão dos seus cartões.

A partir de 2018, tornou-se mais difundido o uso do Anki no meio concurseiro, um software gratuito para elaboração de *flash cards* que usa essa teoria do Leitner.

Um dos seus maiores divulgadores foi o Lucas Romero, um ex--mentorado meu, aprovado em concursos bem difíceis, que usou bastante o Anki na sua preparação. Hoje ele é Auditor Fiscal de Santa Catarina. Ele gravou uns vídeos ensinando como usar o Anki, basta procurar por "Anki para concursos Lucas Romero" no YouTube.

Só tome cuidado para não ficar muito tempo elaborando *flash cards* e depois não ter tempo para decorá-los. Tem que saber dosar isso.

d) "Resumo dos Resumos"

Como estudamos vários tipos de resumo, é normal que você se confunda sobre a hora mais indicada para utilizar cada um deles. Sendo assim, por que não resumir o assunto, uma vez que já aprendemos a utilizá-los?

Para diferenciarmos a melhor ocasião para utilizar cada um, decidamos agora qual seria o melhor tipo a ser utilizado aqui. Reflita comigo:

1 – é uma pergunta curta e simples? Sim, então poderá ser um *flash card*;

2 – é uma sucessão de passos a serem seguidos? Sim, então faça um fluxograma;

3 – é a estrutura de um órgão? Sim, então faça um organograma;

4 – é para mostrar as diferentes classificações de uma só categoria? Sim, então faça uma árvore ou chaves dicotômicas;

5 – é para mostrar as diferenças entre as categorias distintas? Sim, logo, o quadro sinótico será o mais indicado, concorda?

6 – se não for nenhum dos casos anteriores, opte por um mapa mental ou um diagrama. Ressaltando que estes serão os tipos de resumo que você mais fará, pois os assuntos que se enquadram nas cinco opções anteriores são poucos.

Resumindo o resumo sobre os resumos (e haja redundância nessa frase, digna de nota zero em uma prova discursiva), eis aqui como escolher o resumo mais indicado:

UTILIZAÇÃO DOS DIFERENTES TIPOS DE RESUMO	
Quando o assunto for...	Utilize...
objeto de perguntas e respostas curtas e simples	*Flash Cards*
uma sucessão de passos a serem seguidos	Fluxogramas
a estrutura de um órgão	Organogramas
para mostrar as diferenças ou semelhanças entre diferentes categorias	Quadros Sinóticos (tabelas)
para mostrar as diferentes classificações de uma categoria	Árvores ou Chaves Dicotômicas
outro assunto não incluído nas linhas anteriores	Mapas Mentais ou Diagramas

Como de praxe, farei alguns esclarecimentos importantes, para não deixar dúvidas:

1 – Apesar de o mapa mental e o diagrama terem ficado com cara de "resto dos outros" na teoria, isso não é verdade na prática, pois são quase sempre os mais indicados quando estudamos, pois o total dos casos anteriores costuma ser menor do que todas as outras situações em nosso mundo dos concurso. Portanto, apesar de eles aparecerem por último na nossa lista, veja que os casos anteriores são exceções, muitas vezes aparecendo somente em raras situações. Por exemplo, normalmente é difícil usar um organograma ou fluxograma. Resumindo, é como se os cinco tipos anteriores abrangessem juntos 30% das situações, deixando 70% para os MMs e diagramas. Esclareço que esses percentuais são meros chutes, não é nada empírico, ou seja, não foi comprovado na prática, OK?

2 – Utilizamos uma tabela para resumir os diferentes tipos de resumo, mas também poderíamos ter usado outro tipo de resumo. Isto

é, não podemos nos prender à tabela apresentada como uma camisa de força, pois muitas vezes achamos melhor utilizarmos outra forma, principalmente quando nos familiarizamos mais com ela.

3 – É difícil imaginar um resumo deste assunto em forma de organograma, árvore ou *flash card*, mas nada impede que tentemos resumir em um fluxograma, por exemplo; mas, seguramente, não ficaria tão bom quanto o quadro sinótico apresentado. Quer tirar essa dúvida? Então matemos a cobra e mostremos o porrete:

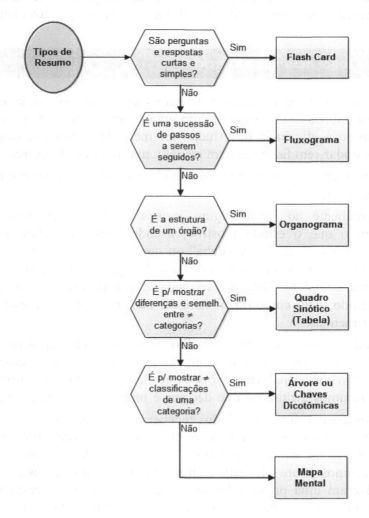

Perceba que o fluxograma não ficou muito legal, principalmente porque ele não precisava seguir a ordem apresentada.

Note que não faria diferença trocar a ordem dos tipos de resumo. Poderíamos ter começado pelo fluxograma ou pelo organograma, por exemplo.

Logo, até poderia ser utilizado um fluxograma no nosso exemplo inicial, mas, com certeza, o quadro sinótico resumiu muito melhor.

Acredito que você já esteja pronto para criar seus próprios resumos a partir de agora, possivelmente de uma forma melhor do que fazia antes.

e) *Estudo sobre Resumos x Exercícios*

Conforme eu havia comentado no início deste capítulo, em janeiro de 2011 foi publicado um estudo muito interessante na revista *Science*, que comparou a eficiência de estudar por meio de resumos e mapas com a de estudar sem fazer nenhum resumo, mas resolvendo exercícios.

Em suma, ele quis encontrar qual método era mais eficiente: resumir ou resolver exercícios?

Imediatamente no Brasil alguns jornais e sites exageraram ou distorceram o que o estudo mostrou, usando manchetes alarmantes tais como "A Vingança da Decoreba" ou questionando a validade dos mapas mentais. Não foram esses os resultados que verificamos ao ler o estudo por completo. Nele não há nada afirmando que decorar é o melhor método, pelo contrário. E também não invalida a importância dos mapas mentais.

O estudo provou que é muito melhor fazer exercícios após ter estudado um assunto teórico do que somente fazer resumos, sem resolver exercícios. Em poucas palavras, foi isso que ele provou. Ele não afirmou que fazer resumos é ruim ou que decorar é muito bom, nada a ver.

Eles testaram 120 alunos. Todos receberam o mesmo assunto para estudar. Após o estudo da teoria, metade ficou em um grupo que resolveu exercícios sobre o assunto e a outra metade em um grupo que fez resumos sobre ele. Após uma semana, foram dispostos em pares e fizeram uma prova sobre o conteúdo estudado. O resultado foi o seguinte: três empataram as notas, 52 estudantes do grupo dos exercícios tiveram notas maiores que os do grupo dos resumos e somente cinco do grupo dos resumos tiveram notas maiores que os do grupo de exercícios. Um resultado arrasador a favor do grupo dos exercícios, sem dúvida.

O estudo também provou que é melhor não fazer seus resumos ao mesmo tempo em que estuda, é melhor que os faça alguns dias depois, conforme veremos no capítulo sobre como estudar um material de forma correta.

Fizeram outras experiências e chegaram a outras conclusões também. Para facilitar nosso trabalho, eis duas conclusões que podemos tirar a partir deste estudo e do que já vimos e ainda veremos no decorrer deste livro:

1 – fazer exercícios fixa melhor a matéria do que somente elaborar resumos, sem exercitar;

2 – fazer resumos e exercícios é melhor do que só fazer exercícios.

Ao relatar este estudo, não quis diminuir a importância dos resumos e mapas mentais, mas principalmente fazer um alerta para os candidatos que somente elaboram resumos e fazem poucos exercícios. O principal sempre foi e sempre será resolver muitos exercícios, conforme ainda comentaremos em diversas partes deste livro.

Estudar fazendo exercícios durante sua vida de concurseiro é o principal, mas, especialmente nas semanas que antecederem o dia da sua prova, você notará a importância dos resumos. É ali que eles farão muita diferença. Portanto, preocupe-se mais em fazer exercícios do que em resumir, mas não deixe de resumir os principais pontos da matéria, pelo menos. Uma coisa não exclui a importância da outra.

E a decoreba continua sem sua vingança.

Uma última dica: em 28/6/2020, fiz uma live no canal do Gran Cursos Online com o seguinte título: "Como e quando fazer resumos, mapas mentais e marcações", que recomendo bastante. Só precisa assistir dos minutos 6 aos 60 (1h).

5) Como fazer revisões

Acredito que o maior problema enfrentado pelos concurseiros não seja o grau de dificuldade das disciplinas, e sim como manter tudo o que foi estudado devidamente armazenado no cérebro, pronto para ser utilizado.

Por isso, após termos estudado um conteúdo novo, precisamos manter um estudo que chamamos de "residual", de breve duração e em dias anteriormente estabelecidos. Em outras palavras, devemos saber fazer as revisões nas épocas certas e da forma correta.

Neste capítulo, apresentarei a você algumas dicas bem interessantes sobre como revisar a matéria já estudada, baseadas em estudos feitos por especialistas e na experiência de diversos aprovados em concursos.

Ele ficou um tanto extenso, mas como considero este um dos ensinamentos mais importantes deste livro, concentrei-me bastante em passar este conhecimento para você. Não o pule, por mais que esteja um tanto cético quanto à validade de alguns trechos.

Primeiro, nós veremos o método da Curva do Esquecimento, que inclui as revisões de 24h, 7 dias, 30 dias etc., que é o método de revisão mais difundido pelos coaches de concurseiros há alguns anos, bastante graças a este livro, que se tornou referência para muitos deles, modéstia à parte. Depois, vou explicar um método que criei em 2015 para as centenas de alunos de uma mentoria particular que eu tive, e que foi quase unanimidade dentre eles de que é melhor que o anterior. Eu o chamo de Revisão do Alexandre Meirelles (RAM), que também apelidei de Método do Terço.

É mais fácil explicar o assunto por meio de gráficos, por isso analisaremos três deles aqui. Não se assuste, garanto que, acompanhando os desenhos e as explicações, tudo ficará muito bem compreendido.

Um dos precursores nos estudos sobre a memória foi o alemão Hermann Ebbinghaus, que descobriu em 1885 que nosso esquecimento ocorre muito rapidamente e de forma exponencial, não linear. E representou essa descoberta por meio da "Curva do Esquecimento", também chamada por muitos de "Curva da Memória" e que chamaremos neste nosso texto de "CE", para simplificar. Basta pesquisar por "forgetting curve" no Google que encontrará centenas de sites explicando o assunto. Mas não precisa perder esse tempo precioso no seu estudo, o mais importante veremos neste capítulo.

Essa curva mostra a diminuição da retenção das informações na memória conforme o passar do tempo. Ela consiste em analisar como, em média, as pessoas que assistiram a uma palestra com duração de uma hora e a compreenderam totalmente esquecerão suas informações nos 30 dias seguintes a ela.

Você poderá encontrá-la com formatos um pouco diferentes, mas considero a apresentada por Alberto Dell'Isola a forma mais correta de representá-la:

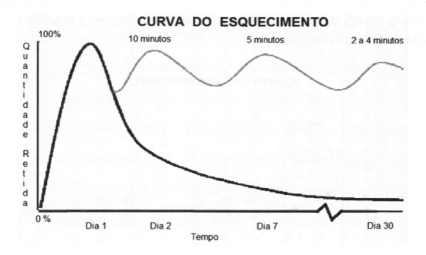

Vamos entendê-la passo a passo.

1º) o eixo vertical apresenta a quantidade percentual de informações que está retida na memória e o eixo horizontal mostra o tempo em dias;

2º) a curva do esquecimento é a que se parece com uma montanha-russa, com uma subida a partir do zero seguida de uma grande descida até quase atingir o eixo horizontal novamente;

3º) começa no zero, ou seja, não tínhamos nenhuma noção sobre o assunto a ser estudado;

4°) atinge seu ponto máximo no fim do primeiro dia, ou seja, assim que acaba a palestra;

5°) o conhecimento é rapidamente esquecido em poucas horas e dias, com grande queda nas primeiras 24 horas, por isso a descida é tão íngreme no início;

6°) o desenho em formato de raio no eixo horizontal, já perto do 30° dia, é para indicar que vários dias se passaram desde o sétimo dia, para que as proporções não fiquem mal representadas;

7°) a "onda" com três indicações de minutos daqui a pouco tempo você entenderá para que serve, mas esqueça-a por enquanto.

Muitas vezes a CE é apresentada a partir do "final da palestra", ou seja, a partir do conhecimento de 100% sobre o assunto, cortando, assim, a subida da montanha-russa, mostrando somente a descida, conforme o gráfico a seguir.

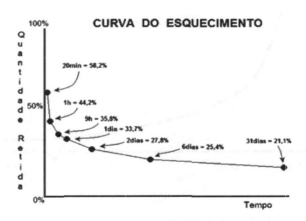

Esse gráfico apresenta umas informações muito úteis, que são as indicações de percentuais médios de esquecimento conforme o passar do tempo. Ele indica que 20 minutos após o término da palestra só manteremos 58,2% do seu conteúdo, ou seja, 41,8% serão esquecidos em apenas 20 minutos. Após uma hora, só reteremos 44%, isto é, já teremos esquecido mais da metade. Somente um terço (33%) permanece após 24 horas e um quarto (25%) após seis dias. Ao final de um mês, só nos lembraremos de 21%.

Cruel, não? Mas calma, não precisa dar um tiro nos miolos, pois criar uma passagem de ar em sua cabeça não irá ajudá-lo a passar em seu concurso, garanto que em poucos parágrafos sua confiança estará restabelecida.

Lembre-se de que isso mostra a quantidade de informação retida após uma hora de palestra de um assunto totalmente desconhecido, mas compreensível, sem termos feito nenhum esforço para mantê-lo na memória, ou seja, saímos da sala e não tivemos mais contato com ele. E mais, essa versão que diz que este estudo foi feito após uma palestra não é bem a correta, pois, na verdade, esses índices foram obtidos após pedir para alunos decorarem sílabas e palavras sem sentido, ou seja, sem compreensão do assunto, o que é bem diferente de entender uma aula, por exemplo. Mas o que queremos mais focar aqui não é nem se os percentuais estão certos, se foram sílabas sem sentido ou uma aula, e sim que, independentemente do que tiver sido memorizado, há uma tendência grande de você esquecer o que foi visto em poucos dias.

Analisando o gráfico, principalmente a descida íngreme das primeiras 24 horas, tenho certeza de que agora você me dê mais razão quando pedi para que revisasse rapidamente o conteúdo ensinado em sala de aula nas primeiras 24 horas, como vimos no capítulo que dá dicas sobre como se portar em sala de aula. Saiba que, se não fizer isso, o tempo gasto para revisar o conteúdo da aula depois será muito maior, conforme veremos adiante.

Um estudo mostrando o percentual de memorização obtido utilizando livros didáticos foi feito em 1997 e mostrou os seguintes resultados:

a) após um dia, os estudantes lembraram-se de 54%;

b) após uma semana, de 35%;

c) após 14 dias, de 21%;

d) após 21 dias, de 8%.

Esse estudo provou que, ao estudarmos um conteúdo novo em um livro, os percentuais serão diferentes dos indicados na CE, pois a quantidade de informações esquecidas dependerá, dentre outros fatores, da dificuldade do assunto, se foram feitos resumos ou exercícios imediatamente após o estudo, se o autor é didático etc. Porém, por mais que sejam percentuais diferentes dos obtidos na CE, o principal que precisamos saber é que a memorização do assunto cai vertiginosamente até o final da primeira semana, conforme já alertei. Não interessa se esqueceremos exatamente 75, 65 ou 60% após uma semana, o que importa é que a coisa ficará feia para o seu lado se não souber como e quando revisar o que estudou.

Você tem que acreditar que as revisões são necessárias para a fixação do assunto e que devem ser feitas logo, não podendo adiar muito, pois, assim, o tempo gasto com elas será muito maior, devido ao maior esquecimento ocorrido.

Entendido como funciona o nosso esquecimento, agora temos que saber como fazer as revisões adequadas.

Alguns estudiosos indicam que revisemos cada hora de estudo após 20 minutos ou, no máximo, uma hora depois de termos estudado um assunto novo, mas devido à imensa quantidade de conteúdo a ser estudado para um concurso, considero isso praticamente impossível, pois não conseguiríamos avançar nas matérias no ritmo que necessitamos, passaríamos dez anos estudando até completarmos todo o conteúdo do concurso. Também temos de levar em consideração que a memorização de um conteúdo estudado em um livro, se o estudarmos da forma correta, conforme ainda aprenderemos nesta obra, possibilitará uma memorização muito melhor do que se lembrar de uma palestra de uma hora sem nenhum tipo de anotação, prática etc. Então, o caso é grave, mas também não se trata de um paciente terminal.

Eu indico que cada hora de estudo de um conteúdo novo seja revisada rapidamente antes de dormir ou, no máximo, 24 horas após o seu estudo. Aproveito para esclarecer que quando peço para revisar em até 24 horas depois, é para que pelo menos não passe a segunda noite de sono sem revisar. Alguns autores sugerem a revisão em até 16 horas após o estudo, mas acho isso muito complicado para agendar, o mais importante mesmo é que você não deixe passar a segunda noite. Por exemplo, se estudar no sábado de manhã, terá que revisar até domingo antes de dormir à noite, mas seria melhor que o revisasse no sábado mesmo, no final da tarde ou à noite.

Resumindo, o ideal seria o seguinte:

a) se o conteúdo foi ensinado em sala de aula ou você aprendeu em casa sozinho e tem um tempo disponível para revisá-lo antes de ir dormir, o ideal é que o faça;

b) caso contrário, revise no dia seguinte, sem deixar para o outro dia.

UNIDADE II – Como Estudar Antes do Edital

No exemplo da palestra repare que nas primeiras 24 horas as pessoas esqueceram o dobro de informações do que no restante dos próximos 30 dias, e no estudo feito com materiais didáticos, esqueceram 46%, praticamente a metade. Por isso é tão importante revisar o que estudamos em até 24 horas.

Como sei que você deve estar com diversas dúvidas após ter conhecido os estudos do nosso amigo alemão, vamos responder às principais perguntas que o pessoal costuma ter.

1) Quantas revisões precisarei fazer?

Ebbinghaus provou que para memorizarmos algo em nossa memória de longo prazo necessitamos em média de sete revisões, variando de cinco a nove conforme o conteúdo. E desde que feitas na periodicidade indicada, ou seja, de nada adianta lermos sete vezes em pouco tempo achando que não esqueceremos mais, pois além do número de revisões, também é muito importante que sejam feitas com um espaçamento de tempo correto entre elas.

2) Então como deverei espaçar essas revisões?

Feita a primeira revisão no máximo após 24 horas do estudo do conteúdo novo, o ideal é que façamos outra revisão após uma semana e as próximas a cada 30 dias. Existem outras formas indicadas por especialistas para a periodicidade das revisões, mas esta é a que considero como a mais produtiva delas.

Para poupar nosso tempo de estudo, acredito que as revisões mensais possam ser mais espaçadas, dependendo da dificuldade do assunto. Assim, depois de feita a primeira revisão mensal, quase sempre poderemos fazer a próxima uns dois ou três meses após, não precisando ser logo 30 dias depois. Alguns especialistas dizem que depois da mensal pode-se pular direto para seis meses depois. Enfim, vai depender muito da importância e da dificuldade que tiver sobre o assunto.

Essas revisões mensais podem ser puladas porque o fato de não revisar o assunto não quer dizer que não o veremos mais até a próxima revisão, pois poderemos encontrá-lo ao resolver uma lista de exercícios ou aula, por exemplo.

Alguns concurseiros me disseram que, após certo tempo estudando e acumulando revisões, passavam quase todo o tempo de estudo no dia seguinte somente revisando, pois havia vários resumos mensais, semanais e do dia anterior para fazer, e assim não conseguiam mais prosseguir com a matéria. Por isso, sabendo do volume colossal de informações a ser estudadas para um concurso, acentuadamente os de nível superior, sugiro que pule algumas revisões mensais, principalmente as de assuntos menos importantes e as que elaborou um bom resumo para ler depois.

Preocupe-se principalmente em não deixar de fazer a revisão em até 24 horas e a semanal, mas as mensais, caso seu volume de revisões já esteja muito grande, faça somente a dos assuntos mais importantes, deixando a maioria para serem feitas a cada dois ou três meses. E, colega, a revisão é para ser rápida, conforme veremos na próxima pergunta, não pode ser muito demorada, porque se fizer assim, não vai acabar a matéria nunca.

Cuidado para não sair pulando revisões de assuntos que ainda não tenha memorizado bem, pois depois o tempo para revisá-los será maior. A não ser que a prova esteja perto e você ainda tenha muitas coisas novas para estudar ou mais importantes para revisar.

Antes de terminar esta resposta, faço um esclarecimento: se você estiver gastando muito tempo com a revisão de um assunto, é sinal que não o entendeu direito quando o estudou. Quando digo para revisar, é de algo já bem estudado, não é para tirar dúvidas sobre o conteúdo, isso era para ter sido feito quando estudou da primeira vez, e não agora, na fase das revisões. Se você constatar que não se lembra de quase nada daquilo quando fizer a revisão, que está gastando um grande tempo "revisando", aí não é um problema do método de revisões, e sim por ter estudado a teoria inadequadamente; então, terá que estudá-la de novo, ou pelo menos parte dela, o que também é normal, todo aprovado passou por isso dezenas de vezes.

3) Quanto tempo deverá durar cada revisão para cada hora de estudo ou de aula?

Logicamente que isso variará conforme o assunto, mas, em média, gastamos, para cada hora de estudo ou de aula, dez minutos na primeira revisão, a que é realizada nas primeiras 24 horas; cinco minutos na feita uma semana depois e de dois a quatro minutos nas mensais. E por isso no primeiro desenho da CE há aquela onda indicando essas três quantidades de minutos. A tal "onda" do primeiro gráfico também mostra que, feitas as revisões corretamente, nossa retenção da informação na memória voltará para próximo dos 100%.

Ressalto que não necessariamente você precisará revisar tudo, lendo o livro todo de novo, bastará ler os resumos ou as partes marcadas em amarelo.

Quando são feitas corretamente, as revisões alteram a CE, deixando-a desta forma:

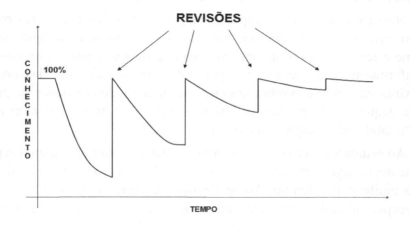

Veja que a cada revisão nosso conhecimento volta para próximo dos 100% de retenção.

Repare também que, a cada revisão feita, o esquecimento é menor. Assim, as revisões seguintes serão feitas mais rapidamente, pois teremos esquecido muito menos.

Nosso objetivo é estabilizar a CE, ou melhor, acabar com sua curvatura, tornando-a quase que uma linha reta horizontal, como no final do gráfico anterior.

4) Por que é melhor revisar em intervalos crescentes de tempo do que intensamente em pouco tempo?

A repetição massiva produz resultados muito inferiores aos obtidos ao fazermos uso das revisões periódicas, em intervalos crescentes de tempo. É o chamado "efeito de espaçamento" (*spacing effect*), que prova que a revisão de um assunto em intervalos cada vez mais espaçados é o melhor caminho a ser seguido, em vez de se fazer um grande número de revisões em um intervalo curto de tempo.

Aprofundando ainda mais nosso conhecimento sobre esse tema tão importante, saiba que a informação memorizada precisa ter ótimas recuperabilidade e estabilidade. Grosso modo, a recuperabilidade mostra o nível de eficiência com que a memória se lembra da informação requerida, ou seja, se ela é recuperada imediatamente ou se já foi esquecida. A estabilidade é o tempo que uma informação permanece disponível para ser recuperada o mais rápido possível.

Nossa memória usa o espaçamento em intervalos crescentes para memorizar as informações por mais tempo. Isso acontece porque, conforme o tempo passa, o assunto vai sendo esquecido, mas ao revisá-lo, a informação será memorizada por um número maior de dias nessa próxima vez, pois o cérebro assume que há uma chance maior de precisar daquele dado no futuro. Dizemos então que houve um aumento na "estabilidade" daquela memória.

Ao estudarmos um conteúdo novo, a recuperabilidade diminui rapidamente, ou seja, rapidamente o assunto será esquecido, e a estabilidade dura muito pouco tempo. Ao realizarmos a primeira revisão antes de a recuperabilidade zerar, ela voltará ao seu estado inicial, enquanto que a estabilidade aumentará para um tempo bem maior que o inicial. Como a estabilidade agora é maior, a recuperabilidade diminui bem mais lentamente, permitindo que o intervalo entre as revisões possa ser ampliado.

E ainda há mais uma propriedade da memória que devemos saber: dentro do período de retenção da informação, a memorização não é quase nada melhorada caso encontre o dado novamente. Isto é, uma repetição não produz grandes efeitos no aumento da estabilidade quando a recuperabilidade ainda está muito boa. Somente após alguns dias a memória estará sujeita a aumentar o período de retenção da informação ao revisarmos o assunto.

5) Devo ler cada assunto mais de uma vez seguidamente antes de passar para o próximo, como muitas pessoas indicam?

UNIDADE II – Como Estudar Antes do Edital

Para responder a essa pergunta, basta lembrarmos o que aprendemos no final da resposta anterior. Quando a recuperabilidade ainda está muito alta, como obviamente acontece ao acabarmos de ler sobre o assunto no livro, a estabilidade não é alterada, então para que ler cada capítulo mais de uma vez seguidamente?

Logo, constatamos que essa sim é uma grande perda de tempo de estudo, pois a revisão massiva do assunto não produz melhor memorização do que se lermos da forma correta, conforme ainda veremos, e espaçarmos as revisões, tomando muito menos tempo e produzindo um resultado incontestavelmente melhor.

6) Fazendo todas essas revisões não estarei perdendo muito tempo de estudo?

Colega, é o contrário, se você não revisar adequadamente é que perderá muito mais tempo no total de sua vida de concurseiro, mas muito mais mesmo.

Se você não revisar o assunto estudado, após 30 dias, para cada hora de estudo, precisará em média de 50 minutos para relembrá-lo, ou seja, gastará quase todo o tempo estudado de novo.

As revisões feitas nas primeiras 24 horas, uma semana após e as mensais depois são justamente para você ganhar tempo de estudo. Assim, não precisará ler cada livro mais de uma vez. Bastará estudar a primeira vez, de forma muito bem feita, conforme veremos adiante, e revisar corretamente. Além de fazer inúmeros exercícios, como também veremos futuramente.

7) Visto que será quase impossível lembrar-me a cada dia do que necessito revisar, como posso controlar essas revisões?

Um controle que indico é manter uma agenda só para isso. Compre a agenda mais barata que encontrar e anote nela tudo que precisará estudar em cada dia, usando códigos.

Que códigos são esses? Para cada disciplina, invente uma sigla para ela. Por exemplo, se for Direito Constitucional, coloque "DC". E a cada capítulo estudado de seu livro anote uma numeração sequencial dos assuntos estudados, assim: DC1, DC2, DC138 etc. Isto é, se estudou "Cidadania" e, na ordem de assuntos por você já estudados, esse é o 18º, coloque ao lado do índice do livro "DC 18" onde estiverem indicadas as páginas sobre Cidadania. Faça uma chave ao lado do índice de tudo que estudou daquela vez e anote o seu código.

Estudado um assunto e anotado seu código, anote-o na agenda no dia seguinte, de novo após mais sete dias, ou seja, oito dias após o estudo, e depois a cada 30 dias após o estudo feito após os sete dias. Por exemplo, se estudou "Cidadania" no dia 2 de julho, anote "DC18" no dia 3, no dia 10 e em cada dia 10 dos meses seguintes.

Pode parecer muito trabalhoso, mas rapidamente você vai se acostumar com o uso da agenda e verá que é tudo muito simples, ajudando-o demais no seu controle das revisões, não deixando nenhum assunto sem ser revisado corretamente.

Após a primeira edição deste livro, alguns leitores comentaram que estavam preferindo utilizar um programa chamado *"Efficient Mans Organizer"* para agendar as revisões. Ele pode ser baixado gratuitamente no site <www.mansorganizer.com>. É em português e muito fácil de utilizar. Eu, particularmente, ainda prefiro o uso da agenda convencional, pois acho que perdemos menos tempo, além de ser mais prático levar para outros locais, mas como sei que há pessoas que são mais "tecnológicas" do que eu, fica a dica.

Pare de fazer como quase todo mundo faz, chutando um dia para revisar um assunto, isso é muito menos produtivo do que ter datas certas para as revisões.

Se você estudar oito horas hoje, amanhã levará em média 1h20 (8x10 minutos) para revisar tudo que estudou no dia anterior, o que poderá parecer uma perda de tempo, mas não será, pois o tempo que você gastaria para revisar aquelas oito horas no futuro seria muito maior que esse pouco mais de uma hora.

Sei que após vários dias de estudo haverá em cada dia um acúmulo de revisões diferentes a serem feitas, que são as do dia anterior, da semana anterior e as mensais, mas, conforme já vimos, cada assunto será estudado em cada vez menos tempo conforme forem sendo feitas suas revisões. E você pulará várias revisões, pois só de olhar para o resumo que teria que estudar, já verá que não se esqueceu de nada, dispensando a revisão. Este controle é para não se esquecer, logo, se você se lembra bem do assunto, não precisa revisá-lo naquele dia. Mas cuidado para não ficar pulando muito, senão irá esquecê-lo.

Acredite, se você levar de uma hora a (no máximo e raramente) duas horas para as revisões a cada dia, seu conhecimento no futuro será

UNIDADE II – Como Estudar Antes do Edital 209

muito melhor, e você estará preparado para enfrentar uma prova em menos tempo do que se não fizer adequadamente as revisões.

Veja que você levará somente de uma a duas horas para revisar tudo que estudou se mantiver um ritmo de oito horas líquidas de estudo diário, pois se estudar menos que isso, obviamente o tempo gasto para revisar será bem menor. Quis salientar esse fato porque sei que muitos estão pensando: *"Caramba, mas se eu estudo somente duas horas por dia, então farei só revisões?"* E a resposta é não, pois se você estuda duas horas por dia, levará menos de 30 minutos com as revisões por dia.

Nós vimos no início deste capítulo que o maior problema enfrentado pelos concurseiros não é o grau de dificuldade das disciplinas, e sim a manutenção na memória de tudo que já estudou.

A pessoa estuda intensamente por meses e meses, pensa que está adiantando bem a matéria, mas quando se depara lá na frente com exercícios sobre assuntos já estudados, não acerta quase nenhum. Ela sabe que um dia já estudou aquilo, mas não lembra mais. Aí vai amaldiçoar sua memória, se achará muito burra e pensará que nunca vai passar, pois estuda, estuda, estuda e esquece, esquece, esquece.

A pressa em avançar na matéria, para completar o mais rápido possível o conteúdo dos livros, é um problema sério, que traz muitas ilusões aos candidatos, seguidas de grandes decepções. O estudo para concurso requer muitas HBCs dedicadas à teoria, algumas às revisões e, a maior parte, aos exercícios. É muito raro alguém passar em um concurso concorrido revisando e exercitando pouco.

O estudo para um concurso "punk" se assemelha mais a uma corrida de maratona do que a uma de velocidade. Não adianta estudar 12 horas líquidas por dia durante dois meses, sem revisar quase nada, pois chegará esgotado ao final deste curto período e se lembrando de muito pouco do que já estudou. O estudo deve ser feito progressivamente, acostumando o corpo a permanecer estudando cada vez mais, durante longos meses, sempre revisando os assuntos já estudados e fazendo cada vez mais exercícios. É assim que a grande maioria dos concurseiros passa, e não da outra forma.

Logicamente que não estou pedindo para estudar devagar, sendo muito detalhado em cada capítulo, levando dias em cada um. Você tem que saber ser rápido no andar da matéria e ao mesmo tempo revisar para não se esquecer do que já estudou. Não adianta chegar ao último capítulo do livro sem se lembrar de quase nada dos anteriores, nem demorar muito para finalizar a leitura. Enfim, tem que ser rápido, mas sem deixar de revisar.

8) Como deverei anotar esse tempo gasto nas revisões, se há uma programação de estudo de outras disciplinas nesse dia?

Este tempo com as revisões é gasto fora da sua programação, mas logicamente deverá ser anotado no total de horas estudadas naquele dia.

9) Se eu não puder fazer uma revisão no dia indicado, posso adiantar ou atrasar um ou dois dias?

Claro que sim, é só olhar para a CE que você verá que a variação no esquecimento entre os dias mais distantes é muito pequena. Assim, se uma revisão que era para ser feita em sete dias, for melhor para você fazer no sexto, oitavo ou nono dia, faça assim, sem o mínimo problema, é só não adiar muito.

Contudo, ressalvo que a revisão das primeiras 24 horas é muito importante, não devendo ser deixada para o segundo dia. Evite ao máximo adiar a primeira revisão, pois é a mais importante de todas, mas que não dispensa as demais.

10) Estou demorando demais nas minhas revisões, o que estou fazendo de errado?

Se você ficar com a preocupação de sair da revisão sabendo 100% do que estudou, demorará demais mesmo. A ideia não é sair da revisão pronto para dar uma aula sobre o assunto, e sim ter uma boa ideia geral do conteúdo. Assim, alguns detalhes mais complicados vistos na teoria você pode deixar para entender melhor quando for fazer os exercícios ou precisar realmente tirar um tempo para aprender aquilo de vez.

A revisão é para refrescar a memória do que tem de mais importante daquele conteúdo, e não para necessariamente sair lembrando 100% de tudo. Se você conseguir sair da revisão com 100% garantido na memória, ótimo, mas isso não é uma obrigação, pois não pode perder muito tempo, então não se cobre tanto.

Desapegue da ideia de terminar a revisão pronto para escrever uma dissertação sobre o tema. Preocupe-se em sair dela se lembrando de

UNIDADE II – Como Estudar Antes do Edital

quase tudo, mas não necessariamente de tudo. Ainda fará outras revisões e muitos exercícios sobre o tema, logo, haverá novas oportunidades de memorizar tudo.

Além das revisões corretas, no capítulo a seguir veremos um método muito útil para evitar o esquecimento, e encontraremos outras dicas mais espalhadas pelo livro.

Se o conteúdo do concurso for muito grande e houver a indicação de se fazer milhares de exercícios, como os da área fiscal, toda essa programação de revisões pode mesmo ser minimizada, pois, da forma que é indicada, daqui a alguns meses você passará mais tempo revisando do que estudando conteúdo novo.

Existem concursos em que você passará mais tempo de estudo até sua aprovação fazendo exercícios do que estudando a teoria, já em outros é o contrário. Para os do primeiro tipo, como você fará muitos exercícios, mas muitos mesmo, esses servirão como revisões do conteúdo estudado. Fazendo milhares de exercícios, parcelando-os e estudando pelo EERA (você ainda aprenderá o que são essas técnicas), essa "obrigatoriedade" de revisar após um dia, uma semana e mensalmente diminui bastante.

É claro que se você revisar mais vezes saberá mais aquele assunto do que se revisar menos vezes, mas quando você encara um concurso com mais de 20 disciplinas grandes, não dá para revisar tudo conforme o alemão sugeriu porque nunca completaria o programa do concurso.

Eu diria que fazer a revisão das 24 horas é essencial sempre (dessa eu não abro mão) e mais à frente revisar de forma mais completa o conteúdo estudado, o que já melhorará seu desempenho, sem deixar de fazer as outras técnicas que veremos nos próximos capítulos, para deixar bem claro. A ideia é que como você verá o conteúdo futuramente em muitos exercícios, a necessidade de fazer tantas revisões diminui.

Então, agora, quero apresentar um método de revisão que criei em 2015 e o utilizei com muito boa aceitação pelos mais de mil mentorados que eu tive na minha antiga mentoria, que chamei de Revisão do Alexandre Meirelles (RAM), apelidado de Revisão do Terço.

O grande problema do método de revisão das 24h, 7 dias, 30 dias etc. é que, se seu concurso cobrar muitas disciplinas com conteúdos extensos, daqui a uns meses você terá tantas revisões acumuladas para fazer que não conseguirá progredir muito nos estudos. Ele se tornará inviável, esta é a realidade. Este método mais tradicional funciona muito bem ou razoavelmente com concursos da área policial, tribunais e algumas outras, mas na área fiscal, controle ou jurídica, por exemplo, ele vai reduzir muito seu ritmo no andamento das matérias.

Pensando nisso, criei este novo método, que na prática não produz tanta memorização quanto o outro, mas pelo menos possibilita que você complete o conteúdo do edital em bem menos tempo.

Bem, vamos entender como ele funciona, aprendendo a rezar o terço de uma vez.

Primeira coisa: faça a revisão das 24h, aquela que você tem que revisar o conteúdo novo que aprendeu até antes da noite do dia seguinte. Basta ver na Curva do Esquecimento como sua memória despenca nas primeiras 24h para entender que não dá para abrir mão dessa revisão.

Lembrando que você só precisa revisar se for um conteúdo inédito para você, não precisa revisar algo que você já viu antes.

Prossigamos. Sabemos que a maioria das disciplinas desses concursos mais brabos é bem extensa, com centenas e centenas de páginas para estudar. Sugiro que pegue cada disciplina e divida-a em três partes de tamanhos parecidos, tomando o cuidado de nunca cortar um capítulo ao meio.

Vamos a um exemplo. Suponhamos que seu material escrito de Direito Constitucional tenha 900 páginas. Um terço de 900 é 300, então vamos dividir os capítulos ou PDFs em três partes com 300 páginas aproximadamente cada uma. Vamos pensar que ele está dividido em 14 capítulos e que o 4o capítulo termine na página 280 e o 5o capítulo termine na página 350. Qual deles está mais perto de 300? O 4o, certo? então o primeiro terço da matéria irá do capítulo 1 ao 4, abrangendo das páginas 1 a 280.

Agora, ainda no nosso exemplo, o capítulo 9 termina na página 570 e o 10 na página 620. O segundo terço da matéria irá dos capítulos 5 ao 10, pois o capítulo 10 acaba mais perto de 600 que o 9, indo das páginas 281 a 620, totalizando 340 páginas. E o último terço ficará com os capítulos restantes, ou seja, do 11 ao 14, com as páginas 621 a 900, ou seja, 280 páginas.

UNIDADE II – Como Estudar Antes do Edital

Entendeu? É como se você cortasse o livro em três partes de tamanhos aproximados, mas nunca cortando um capítulo ao meio, pois devemos ter sempre capítulos completos em cada bloco.

Se uma matéria não for tão grande, divida-a ao meio. Se for gigante, com mais de 1.200 páginas, por exemplo, divida-a em quatro partes. Eu chamei este método de Revisão do Terço porque geralmente a divisão em três partes é satisfatória para a maioria das matérias.

Bem, feita esta divisão da disciplina, vamos explicar como funciona a revisão.

Estude, no nosso exemplo, dos capítulos 1 ao 4, que são os que compõem o primeiro terço da disciplina. Agora vem o pulo do gato: você não vai começar o capítulo 5, ou seja, o segundo terço da matéria, antes de terminar de revisar o primeiro terço todo.

E como vai ser esta revisão? Revise suas marcações e resumos do primeiro terço e refaça os exercícios mais importantes, ou então faça novos exercícios sobre o conteúdo. Isso dentro do seu ciclo de estudos, que você aprenderá adiante.

Quando você terminar essa revisão, após algumas horas de estudo da disciplina ao longo de alguns dias ou semanas, aí sim você está liberado para começar o estudo do segundo terço da disciplina, que, no nosso exemplo, vai dos capítulos 5 ao 10. Estude-os e quando terminar o 10º capítulo, pare para revisar o segundo terço todo, do jeito que expliquei para o primeiro terço. Repare que não sugeri que revisasse desde o início da disciplina, e sim para revisar só este segundo terço da disciplina, para não tomar mais seu tempo.

Quando terminar de revisar o segundo terço, aí sim comece o terço final, que vai dos capítulos 11 ao 14. Quando terminar de estudá-los, revise-os, mas somente este último terço, ok?

Repare que as revisões não são cumulativas, são independentes umas das outras.

Bem, e quando acabar de revisar o último terço, o que você vai fazer? Essa será uma decisão sua, que poderá ser diferente de uma disciplina para outra. Se você acreditar que pode partir para resolver centenas de questões da matéria toda misturada, mande bala. Sentindo dificuldades em algum tópico, revise suas marcações ou resumos dele. Agora, se ainda estiver inseguro para meter a cara nas questões misturadas após terminar de revisar o útlimo terço, tire umas horas para revisar toda a teoria e depois parta para as questões. Se decidir por fazer esta revisão geral final, você só precisa revisar a teoria, não precisa fazer questões, só se for para reforçar algum ponto ou então se forem matérias de exatas, porque aí teoria e questões se confundem muito.

Como expliquei antes, este método de revisão vai memorizar menos que o método tradicional da Curva do Esquecimento, mas pelo menos você vai andar mais com a matéria, além de ser bem mais fácil controlá-lo e sempre caber no seu ciclo de estudos, que será visto daqui a alguns capítulos.

O que não dá é para estudar uma disciplina de centenas de páginas ao longo de meses e meses sem fazer nenhuma revisão, isso sim não compensa. Escolha um dos dois métodos e utilize-o por uns meses.

Em 19/7/2020, eu fiz uma live no canal do Gran Gursos Online na qual eu expliquei bem os métodos de revisão existentes, principalmente o meu método RAM (Terço). Ela se chama "Como fazer revisões eficientes", basta procurá-la no Youtube com este título. Só precisa a assistir dos 11 minutos até 1h19min. Sugiro veementemente que faça isso, por que nela pude explicar bem as revisões, ressaltando vantagens e desvantagens de cada método.

Caso seu material seja composto por PDFs, pode dar um trabalho somar quantas páginas tem cada um para daí fazer a divisão. Para simplificar isso, sugiro que baixe um programa gratuito chamado "TTFA PDF Page Counter", pois basta indicar nele a pasta onde se encontram seus PDFs que ele vai mostrar quantas páginas tem cada um e o total de páginas deles. Daí bastará você ver quais PDFs comporão cada terço da matéria.

Sou um ex-concurseiro que sempre teve muitos problemas com o esquecimento. Conheci diversos colegas que possuem uma memória para o estudo muito melhor que a minha, e talvez muitos destes não precisaram fazer quase nada disso tudo que escrevi aqui para serem aprovados, pois bastava ler uma vez e fazer alguns exercícios para não se esquecerem do assunto por vários meses. Bem, estes devem levantar as mãos para o céu e agradecerem pela memória que possuem, mas, infelizmente, a maioria de nós não é assim. Para o leitor que possui uma memória como a minha, saber fazer adequadamente as revisões é uma das coisas mais importantes deste livro, aliado a outras técnicas que diminuem bastante o esquecimento.

UNIDADE II – Como Estudar Antes do Edital

Ann McGee Cooper, americana especialista em negócios e autora de alguns *best-sellers*, disse estas sábias palavras: "Às vezes é preciso ir mais devagar para chegar mais rápido".

Enfim, não deixe de revisar todo conteúdo novo que aprender, pode escolher entre seguir as ideias do alemão ou rezar o terço.

6) Como aproveitar os exercícios ao máximo

Tenho absoluta certeza de que um dos fatores que mais diferenciam os candidatos é a capacidade de resolver exercícios correta e rapidamente. Muitos saberão razoavelmente o conteúdo das disciplinas no dia da prova, mas marcar o maior número de respostas corretas é que fará a grande diferença. Isso pode parecer óbvio, claro, mas o ponto ao qual quero chegar é o seguinte: *"Você está preparado para se tornar uma máquina de marcar o 'X' no lugar certo?"*.

Isso não depende só do conhecimento, porque há centenas de candidatos que sabem muito a matéria, mas estão há anos estudando e não passam. São craques na teoria, mas não sabem passar este conhecimento todo para a prova; ou então sabem muito a matéria e são bons para resolver as questões, em casa acertam todos os exercícios, mas na hora da prova não conseguem se dar muito bem, saindo com as tradicionais desculpas: *"Não deu tempo"*, *"O fiscal tomou o cartão da minha mão"*, *"Nem cheguei a ler e/ou marcar todas as questões"* etc.

Como quero torná-lo um "exterminador de questões", tal como nosso amigo Arnold Schwarzenegger, escrevi este capítulo com a intenção de transformar você neste clone do Arnold. E sem direito a ser reprovado, porque aqui queremos evitar que diga o seu famoso *"I'll be back!"*, pois *"I'll be back"* droga nenhuma, quero que acabe este livro dizendo *"I'll win!"*. Então vamos começar logo este seu processo para virar um *cyborg* de tanto marcar rapidamente o "X" no lugar certo.

Dividi este capítulo em tópicos para melhor entendimento e organização.

1) A importância de fazermos muitas questões

Foi cientificamente comprovado que, se logo após o estudo da teoria não houver nenhum tipo de fixação, haverá esquecimento de 70% do que estudou. Mas se fizer, haverá 70% de retenção da informação.

Sabendo desse estudo, qual a conclusão a que chegamos? Que precisamos fazer exercícios imediatamente após estudarmos a teoria de um assunto, sempre que possível.

UNIDADE II – Como Estudar Antes do Edital

Na maioria dos livros teóricos há uma bateria de exercícios para fazer ao final de cada capítulo. Se for este o caso, mande bala neles.

2) O conceito de "parcelamento" de exercícios

É para fazer todos os exercícios logo após o término da teoria? Eu aconselho que não. Creio que a melhor alternativa é fazer alguns deles imediatamente após o estudo teórico, o suficiente para ajudar na memorização do que estudou e para testar se realmente entendeu aquele conteúdo, mas é para deixar alguns, se possível a maioria, caso haja uma quantidade razoável, para outro dia de estudo daquela disciplina. É o que chamo de "parcelamento dos exercícios".

Sugiro que você parcele a resolução dos exercícios por dois motivos principais:

1º) se responder a tudo logo após ter estudado a teoria, seu desempenho de acertos será ilusório, principalmente nas matérias mais decorebas, porque ainda estará com o conteúdo fresco na memória e acertará quase tudo. Caso resolva fazer os mesmos exercícios daqui a alguns dias ou semanas, vai constatar que seu índice de acertos será menor. E isso não é ruim? De certa forma não, porque poderá reler aqueles pontos que tiver esquecido, ajudando a consolidar mais o conteúdo na memória. Não tem problema errar questões quando está em casa, o que não pode é se iludir achando que sabe tudo daquele tema e no dia da prova não se lembrar de nada. Já foi mais do que demonstrado cientificamente que uma questão acertada sem maiores esforços produz um aprendizado muito menor que o de uma questão respondida erradamente, mas que tenha sido compreendida depois; é a ideia do velho ditado *"é tropeçando que se aprende a caminhar"*;

2º) se resolver os exercícios parceladamente, revisará naturalmente aquele assunto, otimizando bastante o aprendizado e a memorização. Lembra-se do que estudamos anteriormente sobre fazer revisões? Eis uma ótima maneira de revisar a matéria de forma altamente proveitosa.

Deixe-me exemplificar: suponhamos que você comece hoje a estudar um determinado livro. Estudou o primeiro capítulo e no final dele há

40 questões para resolver sobre aquele tema. Em vez de fazer as 40 logo após o estudo teórico, faça umas 10 a 20 e passe para o estudo teórico do segundo capítulo, que pode ser logo após ter feito aquelas questões do capítulo anterior ou em outro dia, vai depender do seu horário de estudo. Beleza, então estude o capítulo dois e faça alguns exercícios dele também. No próximo dia que for estudar aquele livro, nesse exemplo continuando a partir do terceiro capítulo, faça mais umas dez questões dos capítulos anteriores que ainda não tiver feito. Estude o que errou rapidamente na parte teórica, se for necessário, e parta para o estudo do terceiro capítulo.

Aí já me perguntaram: *"Você acha que eu devo estudar antes a teoria do terceiro capítulo, fazer os exercícios dele e depois fazer os dos capítulos anteriores ou devo de cara fazer os exercícios anteriores para só depois estudar a teoria do terceiro capítulo?"* Bem, a minha resposta é a seguinte: se você, ao sentar para estudar, estiver se sentindo com um pique legal, pronto para aprender mais teoria, aproveite este gás e estude a teoria do terceiro capítulo e depois faça os exercícios. Sugiro que faça antes os do terceiro capítulo para só depois fazer os dos anteriores, porque pode acontecer algum imprevisto e você precisar parar no meio da resolução dos anteriores, e não tendo feito ainda os do novo capítulo, entrará naquele esquecimento dos tais 70% que comentei lá no início. Mas, se ao se sentar para estudar, não estiver com gás total, sugiro que faça primeiro os exercícios dos capítulos anteriores, para pegar um embalo, e depois parta para o estudo teórico do terceiro capítulo e logo após faça seus exercícios. Isso quem vai definir é você, a cada vez que for estudar. Cada dia é de uma forma, não há uma regra exata, vai depender da sua disposição naquele momento.

Realmente creio na eficiência deste sistema de "parcelamento dos exercícios". Não consigo ver melhor forma de revisar a matéria, e com a grande vantagem de praticamente não haver "perda de tempo" com revisões.

Contudo, já escutei a seguinte pergunta: *"Como assim não perderei tempo com este tal de parcelamento, uma vez que antes de estudar o outro capítulo levarei um tempo para resolver as questões dos capítulos anteriores?"* Colega, é pura matemática. Se os capítulos têm 40 questões e você leva em média dois minutos para resolver cada uma, por exemplo, você levará 80 minutos para resolvê-los. Se ao estudar a teoria você só fizer 20 deles, guardando os outros 20 para outros dias, o tempo total será o mesmo, 80 minutos, só que você gastará 40 hoje e os outros 40 em outros dias.

No exemplo apresentado você pode fazer 20 questões hoje e mais 10 em cada vez que for estudar aquela disciplina. E assim você vai começar a resolver, por exemplo, daqui a alguns dias, 10 questões de um capítulo, mais 10 de outro e mais 10 de outro antes de começar a estudar um novo capítulo, ou logo após tê-lo estudado, dependendo da ordem que tiver escolhido para fazer isso. Você revisará uns três ou quatro capítulos em cada dia de estudo. Muito melhor do que ver um capítulo só em cada dia.

E esta é a grande vantagem deste sistema: como vai resolver questões sobre um determinado assunto em alguns dias diferentes, vai sempre revisar aquele conteúdo, melhorando muito sua memorização. É muito melhor do que estudar um capítulo em um dia e muitos dias depois revisá-lo.

3) Anote o índice de acertos e os "bizus"

Sempre anote as questões que acertou e as que errou, assim, quando for repetir o exercício, prestará mais atenção no que fez de errado. Marque os famosos sinais de "certo" e "errado" ao lado do número de cada um e depois, após ter acabado os exercícios daquele capítulo ou lista, anote quantos acertou, de preferência com o percentual de acertos ao lado. Por exemplo, se tiver acertado 15 das 20 questões daquela lista, marque "15 / 20 = 75%".

Outra dica, que também considero muito importante: marque os exercícios que considerar mais interessantes, os que chamamos de "bizus". É só fazer uma "bolinha" em volta do número da questão, por exemplo, ou marcar de caneta marca-texto seu número. Acho mais prático a "bolinha".

É simples: se a questão for a de número sete, é só fazer algo parecido com isto no início do enunciado: ⑦

Assim, se for um dia resolver de novo as questões daquele livro, não perderá tempo resolvendo questões que não acrescentarão muito a você. Somente terá que resolver os bizus.

Entretanto, como saber se um exercício é um bizu ou não? Isso você vai aprender com a experiência, mas para não deixá-lo sem resposta, uma questão bizu pode ser uma ou mais das alternativas a seguir:

a) uma comum de cair em prova e que você ainda não domina muito bem;

b) uma bem complicada e que você vai acabar esquecendo caso não a resolva outras vezes;

c) uma que pode até ser relativamente fácil, mas que serve como um bom resumo da matéria;

d) uma que possui uma pegadinha perigosa e que é bom você se acostumar a se prevenir de algo parecido;

e) uma que tenha algum tópico que você erra quase sempre.

Dependendo do assunto, pode sentir necessidade de marcar vários bizus, talvez a grande maioria das questões, e em outras ocasiões vai marcar quase nenhum, ou até nenhum.

Depois que tiver feito todos os exercícios daquele capítulo, anote quantos exercícios bizus há nele. Marque isso no início dos exercícios do capítulo e/ou lá no índice do livro.

Você não vai perder nem um minuto fazendo isso, mas no futuro vai me agradecer por ter feito esta anotação, pois quando tiver estudado o livro todo, vai saber quantos bizus há nele para resolver futuramente, se for o caso. É muito melhor no futuro só resolver os bizus do que ficar analisando todas as questões de novo, perdendo tempo com várias inúteis.

Quando for resolver os bizus novamente, desmarque aqueles que não considera mais necessário refazer, poupando tempo caso faça outra revisão no futuro.

Mais à frente vamos aprender sobre como controlar nosso tempo de estudo, e lá você vai ver mais uma ótima utilidade para esta anotação dos bizus.

Só tome um cuidado: não é porque está utilizando o método de resolver parceladamente as questões que você pode se dar ao luxo de ter um alto índice de erros. Pode até ser que você erre bastante na primeira vez que fizer os exercícios, mas conforme for revisando os exercícios bizus, busque um alto índice de acertos, de preferência acima de 80%. Não se contente com pouco, procure ter um alto desempenho sempre. Se você se contentar em acertar só 60 ou 70% dos exercícios, vai ser mais um candidato a morrer na praia no dia da prova, porque vai estar com um nível de conhecimento igual ao de milhares, e inferior ao dos futuros aprovados.

UNIDADE II – Como Estudar Antes do Edital

4) Calculadora: temos que usá-la em casa ou não?

Quando resolver exercícios das disciplinas de Exatas, treine-os com e sem o uso da calculadora. Eu dou o seguinte conselho, que pode até parecer que escrevi algo contraditório, mas não: se você for rápido em fazer contas, use a calculadora; mas se não for, não a use, pois você passará muito aperto se não aprender a ser mais rápido na hora de efetuar cálculos.

Há provas em que precisamos trabalhar com números de três a cinco casas decimais, que nos tomam muito tempo com as contas, por mais que saibamos o assunto. Há excelentes candidatos que quando chegam à hora da prova se enrolam para fazer divisões com números "com vírgula", pois sempre estudam com a calculadora e acabam esquecendo como resolver esse tipo de conta.

Imagine que você está fazendo uma prova de Estatística, que em um concurso vem junto com a de Matemática Financeira, e que tem de acertar no mínimo 40% de suas 15 questões para não ser eliminado, ou seja, 6 questões. Isso para não ser eliminado, e não para ser aprovado, claro, pois quanto mais pontos fizer, mais perto estará da sua vaga. Essa prova possui 60 questões no total, com muito pouco tempo para resolver todas, tarefa considerada impossível na época, até pelo Deme e pelos professores. E aparecem três questões nas quais, depois de feitos alguns cálculos iniciais, as contas finais chegam aos seguintes resultados, respectivamente:

$$\sqrt{29,24} \;=\; 5,41 \;\Rightarrow\; \frac{2 \cdot 5,41}{\sqrt{50}} \;=\; \frac{10,82}{7,07} \;=\; 1,53$$

$$S_A = \sqrt{\frac{1}{6} \cdot \left[8481 - \frac{(241)^2}{7} \right]} \;=\; \sqrt{30,62} \;=\; 5,53 \;\Rightarrow\; CV_A \;=\; \frac{5,53}{34,43} \;=\; 0,1606 \;\cong\; 16,1\%$$

$$r_{xy} = \frac{10 \cdot 3940 - 171 \cdot 221}{\sqrt{10 \cdot 3171 - (171)^2} \cdot \sqrt{10 \cdot 5069 - (221)^2}} \;=\; \frac{1609}{\sqrt{2469} \cdot \sqrt{1849}} \;=\; \frac{1609}{49,69 \cdot 43} \;=\; 0,753$$

Pode parecer brincadeira ou exagero meu, mas não é. Essas três questões caíram na prova que fiz para o AFRFB em 2005. Das sete questões de Estatística, no final de três tínhamos que calcular essas "belezuras" para acertá-las, sabendo que as alternativas tinham valores bem próximos, não nos deixando abusar muito dos arredondamentos nas contas intermediárias.

E o que fazer para melhorar? Treinar, claro. E isso pode ser feito sem tomar seu tempo de estudo. Por exemplo, se você estiver no meio do trabalho e conseguir uma brecha, pois o chefe foi a uma reunião, pegue qualquer pedaço de papel, invente várias contas bem cabeludas e resolva-as. Está no metrô ou no ônibus e esqueceu o material de estudo? Faça o mesmo, afinal, qualquer pedaço de papel e uma caneta já são mais do que suficientes para treinar. Faça várias contas, guarde o papel no bolso e depois confira com o resultado obtido na calculadora.

Existem diversos aplicativos muito bons para você treinar cálculos. Eu mesmo de vez em quando uso. Gosto do "Math Tricks Workout", dentre outros. Eles são ótimos para você melhorar a agilidade nos cálculos em momentos de lazer, porque são feitos como jogos. Além de ensinarem diversos tópicos de Matemática Básica.

Quando estiver resolvendo sua prova, olhe primeiro as alternativas, cheque se estão com respostas muito próximas, pois caso não estejam, poderá arredondar mais os resultados das contas intermediárias. Veja em quantas casas decimais as alternativas se distanciam umas das outras, para saber quantas casas decimais precisará utilizar em seus cálculos, pois não será necessário usar números com três, quatro ou cinco casas se as respostas se diferenciarem apenas por uma ou duas.

Conforme estiver chegando ao resultado final, vá olhando nas alternativas se já é possível concluir qual é a resposta. Exemplo: Suponha que as alternativas sejam: a) 10,235; b) 10,281; c) 10,576; d) 10,871 e e) 11,027. Caso seu resultado final já esteja em "11,0", pare e marque a letra "e". Caso esteja em "10,5", pare e marque a letra "c". Se encontrar "10,6", marque a "c" também, pois as outras respostas estão bem mais distantes do que esta. Se encontrar "10,2", aí não tem jeito, terá de continuar mais uma casa decimal até chegar ao resultado de uma das alternativas "a" ou "b".

Resumindo: só faça o suficiente para marcar uma das alternativas com relativa certeza. Caso o tempo de prova sobre, poderá até checar melhor seus cálculos, mas, caso contrário, marque o item aproximado e pule para a próxima questão. E se os cálculos não estiverem batendo lá pela segunda ou terceira casa decimal, tudo bem, provavelmente foi algum arredondamento feito lá atrás, parta para a próxima questão, não fique procurando pelo em casca de ovo, pois, muito provavelmente, você acertou a questão.

Vou contar uma historinha de minha infância. Desde criança meu pai treinou meus dois irmãos mais velhos e eu para fazermos contas rapidamente. Ele passava pela gente e perguntava: "*43 vezes 52?*", e a resposta tinha de ser rápida. E isso virou uma brincadeira dele com seus amigos, também engenheiros como ele. Ele os desafiava a fazer contas mais rapidamente que a gente, e apostava uma cervejinha. Claro que os engenheiros riam dele e topavam a aposta. E perdiam quase sempre. E ai de nós se perdêssemos a aposta, porque bater na gente ele nunca bateu, mas teríamos muitas contas nos esperando em casa para treinarmos mais. Deixo claro que isso nunca foi um martírio para nós três, pois gostávamos da brincadeira, por mais que você nos ache malucos, pois ganhávamos sorvetes e refrigerantes como prêmio, que na época eram bem mais caros do que hoje, ainda mais para nós, que tínhamos poucas condições naquele tempo. Já ouviu a música tema do Tropa de Elite? "Morro do Dendê é ruim de invadir...", pois é, minha primeira casa foi no pé desse morro.

Até hoje em minha casa não usamos calculadora para quase nada, tudo é de cabeça, até meu pai ainda fazia cálculos muito rapidamente, até falecer aos 84 anos. Minha irmã, que é médica, idem. E sem que meu pai imaginasse na época, essa brincadeira que ele inventou foi muito útil para o seu filho na sua vida de concurseiro muitos anos mais tarde. E desde que meu filho Victor tinha cinco anos eu já brincava assim com ele, ainda bem que ele gosta. Tenho certeza que isso servirá para ele no futuro, mesmo que fora do mundo dos concursos.

Então, colega, se em seu concurso caírem disciplinas de Exatas, treine bastante fazer contas sem a calculadora. E no dia em que ficar craque, poderá usá-la, para poupar seu tempo de estudo, mas enquanto estiver enrolado com os cálculos, deixe-a guardada no fundo da gaveta.

Calvin & Hobbes, Bill Watterson © 1991 Watterson / Dist. by Universal Uclick

5) Complique as questões

Quando resolver uma questão, mesmo que a tenha acertado, tente complicá-la um pouco, se for o caso. Não fique satisfeito por ter acertado e dado "graças a Deus" porque a questão não cobrou seu conhecimento de outra forma, pois seria muito mais difícil respondê-la se assim o fizesse. Aproveite que você pode se dar ao luxo de errar em casa e complique-a. Se não conseguir resolver da nova forma imaginada, leve para um colega ou professor ajudá-lo ou coloque a dúvida em algum site, como um fórum, por exemplo.

Não deixe de analisar todas as alternativas, mesmo que já tenha matado a resposta em uma delas rapidamente. Verifique cada alternativa separadamente, porque na sua prova a resposta poderá ser uma das outras e você não saberá se será verdadeira ou falsa.

Roberto Shinyashiki disse uma coisa muito interessante: *"Aprenda a gostar do que os outros chamam de sofrimento"*. Então é para você estudar sentado em cima de pregos? Claro que não, não é isso que ele quis dizer, não é esse tipo de sofrimento. Ele quis dizer que você tem que buscar algo de diferenciado em relação aos seus concorrentes. Se cair na sua prova uma questão do jeito que caiu em uma prova antiga ou uma outra bem parecida, milhares saberão resolver, porque também a resolveram em casa assim como você. Mas e se ela cair mais complicada, quantos saberão resolver? Você estará neste grupo que a acertará? Então aprenda a gostar desse pequeno sofrimento, pois será infinitamente menor do que o da dor por não ter passado tendo chegado tão perto. Isto sim é sofrimento, garanto a você.

6) Simule o dia da prova

Você sabia que os pilotos de Fórmula 1 passam horas e horas naqueles simuladores de corrida de videogames nos dias anteriores à corrida de cada país, para pegarem todos os macetes de cada pista? Ou que os pilotos de avião passam centenas de horas simulando pousos, decolagens etc. em simuladores de voo?

Esse treino também vale para o concurseiro, pois simular o dia da prova é uma das melhores formas de aumentar suas condições de se sair bem no dia real do seu concurso.

Alguns cursos online fazem simulados de provas. Uma vantagem é que você não precisa ser aluno regular do curso para prestar os simu-

UNIDADE II – Como Estudar Antes do Edital

lados, pois estes são abertos a todos que quiserem fazer, sendo alguns gratuitos e outros, não. Alguns possuem correção online e outros só divulgam o gabarito comentado ou não.

Assim, o curso organiza provas com questões inéditas ou adaptadas, parecidas ou até mesmo mais complicadas com as que os candidatos deverão encontrar em determinado concurso, e liberam os enunciados com tempo determinado para envio da resposta.

Talvez mais importante que aferir o nível de conhecimento do candidato, é acostumá-lo a ficar horas concentrado fazendo uma prova, sob pressão, e depois comparar sua nota com as dos demais. Muitos candidatos passam anos estudando, sabem fazer todas as questões em casa, mas nunca ficaram horas seguidas concentrados em uma prova, sentados em cima de uma cadeira desconfortável. Se o candidato chegar ao dia da prova sem estar acostumado a ficar sentado por horas a fio, isso será um problema para ele, prejudicando seu rendimento. Quando for um concurso com uma prova só com três ou quatro horas de dura-ção, até que não será um problema muito grande, mas quando fazemos concursos com três provas de duração de quatro a cinco horas cada em um mesmo final de semana, isso se torna um grande problema sim.

Manter-se concentrado por tanto tempo é muito complicado, caso não esteja acostumado. Se ficar em casa, no seu local de estudo confor-tável, longe de pressões, no silêncio, e manter-se concentrado por duas horas seguidas já é difícil, imagine ter um bom desempenho mental e físico durante 15 horas em dois dias seguidos.

Sendo assim, indicamos com veemência que você faça simulados, pois, quando os fizer, aprenderá, entre outras coisas, a:

- deixar as questões mais demoradas de lado;
- verificar qual a ordem de disciplinas que ele se sai melhor ao fazer uma prova;
- acostumar o corpo a aguentar tantas horas seguidas sentado;
- preencher o cartão-resposta corretamente e no tempo devido;
- manter a concentração sob pressão, com tempo limitado para responder a todas as questões.

É claro que a pressão ao fazer um simulado nem se compara à do dia da prova, mas experimente fazer algum, garanto que sentirá um certo frio na barriga. Logo, ele com certeza serve para você ir se acostumando.

Os simulados, porém, não devem ser feitos desde o início do nosso estudo, porque não servirão para quase nada, pois cobrarão o conteúdo em um nível muito superior ao que você já sabe, trazendo desânimo e perda de dinheiro e tempo de estudo. Só os faça quando estiver bem no estudo da maioria das disciplinas, com uma boa quantidade de conteúdos já assimilados.

Agora tenho certeza de que muitos me perguntarão: *"E se não houver simulados para os concursos que irei prestar?"*.

Faça o que já vi inúmeros candidatos fazerem: Monte seus próprios simulados. Para aprender como se faz isso, vamos às principais dicas:

1ª) Não perca tempo bolando questões inéditas ou digitando textos. A essa altura do campeonato, já terá uma pilha de provas impressas, certo? Então, veja como serão as provas do seu concurso ou, caso ainda não tenha o edital, verifique como foram no edital passado, e junte uma pilha de provas ao seu lado que contenha as disciplinas que você testará naquele dia. Se o seu concurso tem 20 questões de Português, faça uma prova passada com 20 questões, e faça assim para as demais disciplinas, que podem vir de provas de concursos diferentes, sem problemas.

2ª) Se o seu concurso tiver mais de um dia de prova, tente montar um simulado com o mesmo grupo de matérias que haverá em cada dia da prova de fato.

3ª) Faça isso em um local silencioso, não sujeito a interrupções, e respeite o limite de tempo do dia da sua prova. É interessante que você estabeleça um limite de tempo, se possível, um pouco menor que o do seu dia de prova, ou, então, monte um simulado com mais questões que o de sua prova e aumente um pouco o tempo, para acostumar melhor o seu corpo a ficar sentado e concentrado.

4ª) Se for resolver em sua casa, avise os parentes para que não o incomodem nem se o prédio for desabar, e exija isso deles. Fale que durante as próximas horas não sairá do quarto para nada. Se não for possível, vá a uma biblioteca e faça seu simulado bem mais sossegado.

UNIDADE II – Como Estudar Antes do Edital

5ª) Se conseguir questões que nunca tenha resolvido em sites, livros ou outras fontes, ótimo. Só confira se são parecidas com as do seu concurso, ou seja, com o mesmo nível de dificuldade, da mesma banca etc. Se encontrar questões que tenham a solução comentada, melhor ainda, pois assim poderá verificar o que errou em cada uma.

6ª) Deixe pronto no computador um modelo de gabarito em branco para preencher quando fizer seus simulados.

Siga esse conselho de montar seus simulados. Se for possível, combine com algum colega de estudo para que montem alguns juntos, mas sem perder tempo digitando nada, somente estabelecendo quais as fontes de cada questão, quantidade de questões, tempo etc. Assim é legal porque poupa tempo de cada um, motiva e depois um ajuda o outro na correção. De preferência, façam ao mesmo tempo o teste, reservando algumas horas depois para conferirem o resultado e comentarem as questões.

Você já reparou que muitas questões que fazemos em alguma prova real ficam na nossa cabeça por muito tempo? Eu me lembro de questões que caíram em provas minhas desde a adolescência, principalmente das que errei. Nunca me esquecerei de que na prova de Matemática da Escola de Cadetes ao calcular $(1/4)^2$, por distração, achei $1/2$ em vez de $1/16$. E isso foi em 1984!

Logo, fazer simulados é muito bom para sedimentar o conhecimento em sua memória. Vai fazê-lo memorizar muitos pontos importantes do programa, principalmente se corrigir com algum amigo depois. Vimos na primeira unidade que não sou muito a favor de estudo diário em grupo, mas este é um tipo que funciona bem demais.

Existem alguns sites de cursos e fóruns que disponibilizam simulados para os candidatos. No Fórum Concurseiros os usuários já montaram diversos para muitos concursos, geralmente da área fiscal. Basta procurar, baixar de graça e resolver em casa. A correção o pessoal faz no próprio fórum.

7ª) Resolva questões com barulho ao fundo

Lembra-se da primeira unidade, quando eu pedi para sempre procurar estudar em silêncio, no máximo ouvindo música barroca? Pois bem, agora vou pedir o contrário. Gostaria que você, de vez em quando, fizesse alguns exercícios, de qualquer disciplina, escutando música nacional, como pagode, axé, sertanejo ou funk. Tem que ser música nacional, para atrapalhar mais ainda sua concentração. De preferência de um gênero que você não goste. E explicarei o porquê.

Quase sempre as provas de concurso são realizadas nos finais de semana, e são justamente nestes dias que as pessoas gostam de fazer churrascos ou festas ou simplesmente ouvir música alta com o carro aberto no meio da rua. Então, não é raro saber de colegas que se sentiram muito prejudicados ao fazerem suas provas justamente em escolas perto de locais onde ocorreram esses festejos.

Vou dar um exemplo que ocorreu de fato em São Paulo e que foi muito comentado na época pelos concurseiros. As provas do AFRFB de 2005 ocorreram nos dias 17 e 18 de dezembro de 2005. Justamente no dia 18 o São Paulo Futebol Clube jogou de manhã a final do título mundial de clubes e foi campeão, ao mesmo tempo em que milhares de candidatos paulistas faziam sua prova tão aguardada. O jogo foi no Japão, por isso aqui no Brasil era de manhã, para azar desses candidatos. Por que azar? Porque durante e após o jogo ocorreram carreatas, buzinaços, fogos e o hino do clube era tocado em alto volume por todos os lados, perto de diversas escolas em que estavam tendo as provas, principalmente na região da Avenida Paulista. Independentemente do time que o candidato torcia, ou se gostava ou não de futebol, o prejuízo mental foi enorme.

Não foi a única situação em que ouvi isso. Já soube diversos casos de candidatos que fizeram suas provas perto de festas, churrascos etc. E não adianta reclamar depois, não existe a hipótese de um concurso ser cancelado por causa disso. E não é culpa de ninguém, pois a banca nunca poderá saber semanas antes que perto daquela escola haverá uma festa ou algo parecido.

Mais um exemplo: no sábado, véspera dessa final do mundial do São Paulo, ocorreu o primeiro dia de provas do AFRFB. Ao lado da escola em que o Deme fez sua prova, houve um baile funk durante toda a duração dela. A escola nem tinha vidros nas janelas, eram papelões colados com fita adesiva, resumindo, não vedavam nada do som que vinha de fora. E lá fora tocando: *"Tô ficando atoladinha, tô ficando atoladinha..."*. E mesmo assim ele foi o primeiro lugar nacional, pois estava tão condicionado a fazer questões de prova, que fez tudo ligado no "automático". Como ele sempre dizia, tinha se tornado um "Highlander" em fazer exercícios, pois nada o exterminava.

Então, o que fazer se isso acontecer no dia da sua prova? Bem, já que não podemos levar um protetor de ouvido, o jeito é de vez em quando treinar a resolução de exercícios ouvindo música com volume médio ou alto. Assim, se fizer sua prova em uma situação assim, acabará ganhando uma vantagem em relação aos demais concorrentes, que se sentirão fora de órbita com aquele som.

Pode parecer uma dica boba, mas não é, se você fizer sua prova em uma situação dessas, você me agradecerá muito.

Não estude a teoria com o som ligado dessa forma, estude a teoria do jeito que aconselhei na primeira unidade, porque nunca precisará estudá-la durante a prova, faça isso somente na hora de resolver exercícios, e somente algumas vezes.

8ª) Seja rápido ao resolver os exercícios

Quando resolver exercícios, seja o mais rápido possível, não perca tempo escrevendo muitas informações no rascunho. O seu objetivo é fazer o maior número possível de questões.

Uma boa sugestão é ter um caderno para rascunho das disciplinas de exatas, pelo menos. Quando começar a resolver os exercícios de um capítulo, anote muito rapidamente o número dele em uma folha e resolva as questões no caderno, mas somente com garranchos etc., nada de caprichar, perdendo seu tempo precioso. Assim, no futuro, quando for resolver as questões bizus de novo, se quiser, poderá somente armar a estrutura da resolução das questões, conferir com o rascunho que fez quando as resolveu na primeira vez e não perder mais tempo com as contas. Além disso, caso tenha dificuldades para resolvê-las, terá o caderno para mostrar a resolução.

Mais uma vez, não perca tempo desnecessário com isso, pois adianta muito mais resolver mil questões rapidamente do que duzentas devagar. Para passar em um bom concurso, será necessário que resolva milhares de questões das disciplinas, e não estou brincando, são milhares mesmo.

Somando todas as diferenças de tempo resolvendo questões rapidamente, em vez de vagarosamente, ao final de meses de estudo terá resolvido centenas de exercícios a mais.

Principalmente as meninas tendem a resolver as questões com o maior capricho, anotando tudo, trocando a cor da caneta etc. *Meninas, parem com isso para ontem! Sejam como os homens neste ponto e façam tudo o mais rápido possível!*

Percebam que neste tópico eu me referi àquela hora do estudo em que vamos resolver diversos exercícios sem tanta preocupação com o estudo de cada um a fundo, como há em alguns livros de questões comentadas. Nesse caso, o nosso objetivo é aprendermos bem o conteúdo por meio dos comentários extensos do autor do livro de questões comentadas. Já a dica para ser rápido na resolução de questões é solucionar uma lista de exercícios, como as que constam ao final de um capítulo de um livro ou em uma prova de concurso a ser resolvida para treino em casa. Não confunda estas duas formas de resolução de questões, OK?

As provas hoje exigem cada vez mais rapidez em sua resolução, então sempre fique atento a esse fator. Não adianta nada resolver uma prova de Português em casa, lendo cada texto duas vezes, ou fazer com calma todos os cálculos das disciplinas de Exatas se na prova você não terá tempo para isso. Portanto, procure ser rápido na resolução das questões quando estudar em casa, principalmente depois que já tiver um bom nível de conhecimento.

Um método comprovado que traz agilidade na resolução de provas é brincar de sudoku. Eu já comentei sobre ele lá atrás, na primeira unidade, no capítulo sobre atenção e concentração. Se você não sabe o que é, basta ir a qualquer banca de jornal e pedir uma revistinha de sudoku de nível fácil. Nos primeiros dias, você levará uns 15 a 30 minutos para resolver um. Sua meta tem que ser chegar aos cinco minutos. Acredite, essa luta contra o relógio para solucioná-los ajudará na resolução mais rápida de sua prova. Não reserve tempo no seu estudo para brincar de sudoku, faça-o em seus momentos de lazer, afinal, é para isso que foi criado, assim como palavras cruzadas também são para lazer, mas o Sudoku aumenta sua agilidade, já os outros passatempos de revista, quase nada.

Após termos visto diversas dicas neste capítulo para que você se torne um concurseiro com mais chances de ser aprovado, acredito que possamos agora bater um papo, para fazê-lo refletir um pouco. Não é

UNIDADE II – Como Estudar Antes do Edital

nenhum papo-cabeça, muito menos quero discutir nossa relação de autor e leitor, quero que você reflita um pouco sobre uma coisa chamada "teto OK" e como você deve se portar em relação a ele nessa sua vida de concurseiro, pois uma das coisas que fará você se diferenciar dos demais candidatos será ultrapassar esse teto.

Bem, mas antes de explicar o que realmente é este tal de "teto OK", vamos conversar mais um pouco, afinal, a cerveja está gelada e a companhia é agradável.

Sir Francis Galton, primo de Charles Darwin, foi um gênio em vários campos. Dentre outras descobertas, percebeu que as impressões digitais são distintas nas pessoas, usadas até hoje na identificação de indivíduos; também descobriu o conceito de "correlação" visto na Estatística. Ele afirmava, dentre outras coisas menos polidas, digamos assim, que todos temos um limite natural para tudo que nos dispusermos a fazer, e, ao atingirmos este muro, não adiantará fazermos nada para superá-lo, pois o tal muro não o deixará passar dali.

Felizmente, essa ideia já foi mais do que refutada pelos estudiosos mais modernos, provando que todos nós temos plenas condições de ultrapassarmos o tal muro, mas somente se estudarmos e praticarmos bastante, e pesado.

Entretanto, o que acontece com a maioria dos estudantes é que, ao atingirem um nível considerado bom por eles, param ali. Nosso organismo foi feito para agir assim, para que nossa energia possa ser liberada em outra tarefa. Pense em quando aprendeu a lavar louça. Primeiro aprendeu as noções básicas, como para que serve o detergente, a bucha etc. Depois exercitou, errou um pouco, quebrou alguns copos, foi aprendendo com os erros e faz muito tempo que já atingiu um nível considerado bom para você, ou seja, chegou ao seu "teto OK", que é um nível tido como "OK" para realizar aquela tarefa. Quando aprendeu a dirigir ou andar de bicicleta também foi assim, enfim, com tudo.

O problema é que nosso cérebro também tenderá a deixá-lo no seu "teto OK" quando você atingir um nível considerado como satisfatório de conhecimento. E o que vai acontecer? Você terá receio de ultrapassar esse teto, como evitar resolver questões mais difíceis.

O que de fato fará você ficar bom em algum assunto, após atingir seu "teto OK", é o treino duro, pesado, difícil, até um limite quase impossível. E vimos como fazer isso neste capítulo, complicando as questões que soube responder, por exemplo.

Não tente se transformar em um *expert* em todos os assuntos logo de cara, pois se fizer assim, não chegará ao fim da matéria nunca. Não é isso, é para não se acomodar com as questões fáceis, evitando as mais difíceis. Então estude quase todo o conteúdo das disciplinas, faça os exercícios normais de prova, mas após atingir um nível muito bom de acertos, não fique fazendo questões de mesmo nível de dificuldade para sempre, busque algo mais difícil, ultrapasse seu "teto OK".

Quando treinamos pesado, modificamos nosso cérebro. Não faz mal errar as questões mais difíceis na primeira vez que as vir, o que importa é que você se esforce para entender seus erros e aprenda o assunto. Você não evoluirá se não falhar tentando algo mais difícil.

Enfim, ultrapasse seu "teto OK", quebre o muro, como no filme *"The Wall"*, da minha banda favorita.

No filme "O Ultimato Bourne", o mocinho, Jason Bourne (Matt Damon), disse: *"A minha melhor regra é esperarmos o melhor e prepararmo-nos para o pior"*. Ao seguir a dica do Jason, estará preparado para qualquer questão que apareça. Não se acomode nunca, busque sempre o máximo de conhecimento possível. Quem só estuda o básico e torce para que tudo aconteça na mais perfeita normalidade é surpreendido em várias provas e nunca sairá daquele mar de candidatos que possuem o mesmo nível de conhecimento.

Seja um peixe fora desse mar, seja mais resistente, mais precavido e treinado a passar por situações adversas. Assim, se elas vierem, se tornarão uma vantagem para você em relação aos demais candidatos.

Afinal, já disseram que *"quanto mais escuro estiver o céu, mais as estrelas brilharão"*.

7) Como estudar um material da forma correta

Ler um livro de estudo não é o mesmo que ler um livro de leitura, mas muita gente lê um livro de estudo como se estivesse lendo o livro do Harry Potter, aí é pedir para não aprender nada do assunto mesmo. Então como podemos aprender a ler de uma forma que otimize nosso aprendizado? Veremos isso neste capítulo.

A leitura pode ser dividida em três tipos: leitura por prazer, leitura específica ou leitura crítica.

A leitura por prazer é aquela que estamos mais acostumados a fazer, é quando lemos um livro de romance, ficção científica, uma revista etc. O importante nesse caso não é assimilar informações. Seu objetivo é entreter, emocionar, fazê-lo imaginar situações, adquirir mais cultura, enfim, é um passatempo útil de ótima qualidade, dependendo do material lido, claro.

A leitura específica é a que fazemos quando estamos procurando uma determinada informação. Passamos rapidamente os olhos por cima de quase tudo e quando encontramos o que queremos, lemos aquilo e fechamos o livro. É o que acontece quando buscamos o significado de uma palavra no dicionário, por exemplo.

A leitura crítica acontece quando estamos buscando assimilar as informações para as utilizarmos depois. Ela costuma não ser tão agradável quanto a leitura por prazer, pois não tem esta finalidade principal, sua preocupação é fazê-lo aprender o conteúdo. Obviamente que sempre devemos buscar livros que contenham uma leitura não muito pesada e chata, que o autor tenha se preocupado em explicar agradavelmente o assunto, mas será muito difícil encontrarmos um livro para estudo que seja tão agradável de ler quanto um de leitura por prazer. Bem, eu pelo menos não cheguei a encontrar um livro assim, mas convenhamos que o nível dos livros para concursos melhorou consideravelmente neste aspecto.

Dos três tipos de leitura existentes, obviamente nossa preocupação neste livro é com o terceiro tipo, a leitura crítica, então vamos nos ater somente a ela a partir de agora.

Estamos acostumados a pegar um capítulo de um livro, lê-lo do início ao fim e, após o término dele, fazermos os seus exercícios ou partir para o próximo capítulo, certo? Bem, pelo menos é assim que quase todo mundo faz. Contudo, qual o problema deste método? É que ele produz pouca retenção da informação, a não ser que você possua uma excelente memória. Caso seja este o seu caso, continue assim, fazendo pequenos ajustes, se achar indicado, mas como a imensa maioria das pessoas não pertence a esse grupo de felizardos, veremos como otimizar a assimilação das informações estudadas.

O estudante tem mania de ler o texto direto e depois não se lembrar de quase nada e achar que sua memória é ruim. Ora, não lembra por que estudou como se estivesse lendo um livro de leitura, e com um agravante: de conteúdo bem mais chato que um livro que tenha escolhido para ler por prazer. Então é óbvio que não vai se lembrar de quase nada. E a culpa é de sua memória? Claro que não, a culpa é dele, que quer assimilar um livro de estudo achando que está lendo *50 Tons de Cinza* ou *Guerra dos Tronos*. Assim, por favor, pare de xingar sua memória e aprenda a estudar corretamente, que é o que aprenderá neste capítulo.

O que vou apresentar a seguir pode parecer, em um primeiro momento, um método em que haverá perda de tempo com a leitura, mas acredite em mim, não é. Após alguns meses se mostrará um enorme ganho de tempo, e o melhor: com maior memorização e compreensão.

Alguns autores sugerem a utilização do método SQ3R, que quer dizer: *Search, Questions, Read, Read again* e *Review*. Traduzindo: pesquisa, perguntas, leitura, leitura de novo e revisão. Há outro método bem parecido com o SQ3R, que é o PQRST (*Preview, Question, Read, Self-recitation* e *Test*). São praticamente a mesma coisa, com pequenas alterações nas duas últimas fases.

Caso queiram saber como estudar pelos dois métodos acima, há diversos livros que abordam estes assuntos. Uma pesquisa no Google também trará bons resultados, basta digitar "SQ3R" ou "PQRST" na barra de pesquisa que aparecerão vários sites explicando-os.

Eu, com todo o respeito aos colegas que acreditam nesses dois métodos, recomendo fazer algumas alterações nas fases.

Eu preferi adaptar os dois métodos, porque acredito que pouquíssimos candidatos usariam um dos métodos integralmente toda vez que fossem

UNIDADE II – Como Estudar Antes do Edital

estudar e também porque acho que este outro método funciona melhor mesmo. É bem parecido com eles, não tem nada de revolucionário, é simplesmente uma espécie de SQ3R ou PQRST adaptados, mas que considero que se ajusta melhor ao estudo para concursos. Esse método é dividido em quatro fases, a saber: Exploração, Estudo, Revisão e Avaliação (EERA). Então, seja você esotérico ou não, prepare-se para pertencer a uma nova EERA.

A primeira etapa da nossa leitura, chamada de EXPLORAÇÃO, possui uma espécie de orientação inicial e a exploração propriamente dita.

A orientação inicial é para você, sempre antes de começar cada estudo, verificar se haverá tempo disponível para estudar aquele tópico inteiro ou se vai dar tempo somente para ir até determinado ponto do capítulo. Sabendo do tempo disponível para estudar e até qual página aproximadamente você conseguirá estudar, beleza, é hora de pôr a mão na massa.

Bem, na verdade, ainda não é a hora exata para começar, porque você precisará relaxar um pouco antes de começar a estudar de fato. E por que isso? Vamos relembrar um pouco o que aprendemos lá na primeira unidade. Quando você se senta para estudar, quase sempre ainda se encontra agitado, com seu cérebro funcionando em um estágio mais alerta, não muito indicado para o aprendizado.

Então o que você precisa fazer? Relaxar um pouco na sua cadeira antes de começar a estudar. Não é necessário fazer um relaxamento completo, basta simplesmente respirar profundamente por alguns se-gundos ou minutos, no máximo três minutos, acalmar-se um pouco e evitar pensamentos estressantes. Fazendo assim, entrará em um estágio mental mais relaxado e propício ao aprendizado, à concentração e à memorização. Pesquisadores mostraram que essa pequena sessão de relaxamento antes do estudo chega a aumentar em até 50% o apren-dizado, o que é um ganho muito expressivo, que em hipótese alguma pode ser menosprezado.

Logo, sempre relaxe antes de retomar seus estudos, ou seja, não é só na primeira sessão de estudo do dia, é em todas as sessões após algum intervalo. Não pense que esses minutos "gastos" relaxando são uma perda de tempo, pois seu estudo renderá mais rapidamente, compensando com folga estes minutos gastos inicialmente. Não deixe de seguir esse conselho, ele é importantíssimo. Eu não sigo nenhum ritual esotérico, nem acredito muito nisso, para falar a verdade, mas estou pedindo para você simplesmente acreditar nos pesquisadores e no funcionamento do seu cérebro, já que mais do que comprovaram a eficácia deste relaxamento antes de estudar.

Feito esse relaxamento, parta para a exploração propriamente dita, que é simplesmente fazer uma leitura superficial do texto que irá estudar. Não precisa lê-lo de fato, é somente para se familiarizar com o que virá pela frente. É como sobrevoar de helicóptero uma bela paisagem, antes de desembarcar para conhecê-la. Ou como você se sente hoje quando visita um shopping: olha as vitrines, mas como não tem grana para comprar o que gosta, vai embora sem experimentar nada, porque ainda é um concurseiro duro. Mas calma, vá olhando as vitrines e sonhando com seu futuro salário, que dará para comprar muita coisa que almeja ter.

Nesta primeira etapa, preocupe-se em saber como está dividido o assunto, se há exercícios no meio ou só ao final do capítulo; se apresenta fórmulas, gráficos ou tabelas; se você possui uma base para entender o assunto ou se necessita rever ou aprender algum assunto anterior etc. Portanto, não é para ler o texto todo, é para o seu cérebro tomar conhecimento do que virá pela frente. Ele não gosta de surpresas nessas horas, ele memoriza melhor sem "sustos".

Sabe quando você passa uma página e vem aquele pensamento: *"Caramba, mais texto? Que droga!"*? Se fizer isso, seu cérebro jogará fora aquele conteúdo quando você for dormir, afinal, você que está dizendo para ele que aquilo é uma droga. Se você já souber o que virá pela frente ao passar as páginas, esta mensagem será amenizada ou eliminada, aumentando a possibilidade de o seu cérebro memorizar. Ele gosta desse tipo de familiaridade com o que você lerá a seguir. Pode parecer bobagem, mas ele funciona assim, então você vai brigar com seu principal amigo nesta vida de concurseiro?

Essa etapa da exploração deve durar poucos minutos, de um a cinco, no máximo.

E é para fazer isto a cada vez que for estudar, não adianta antecipar vários capítulos que serão estudados em outros dias, por exemplo. Esta exploração tem que ser feita imediatamente antes do seu estudo.

UNIDADE II – Como Estudar Antes do Edital

Após essa primeira "leitura", que na verdade nem foi uma leitura propriamente dita, parta para a segunda etapa, a do ESTUDO, que é a da leitura detalhada que você está acostumado a fazer.

Visando aproveitar ainda mais sua leitura, eis algumas dicas para aproveitá-la ainda mais:

a) leia com calma, tente entender tudo, mas não se preocupe em ser um especialista no assunto, pois perderá muito tempo tentando se tornar um agora;

b) reflita, busque relação com o que estudou anteriormente, imagine exemplos e situações práticas, se for possível;

c) caso esteja distraído, pouco concentrado, pegue uma régua ou uma tira de papel em branco e use-a para acompanhar sua leitura. Pode utilizar os dedos também. Isso vai impor um ritmo à sua leitura e melhorará sua concentração. Quando achar que já pode parar de usá-la, dispense-a;

d) preste bastante atenção em gráficos, tabelas e quadros-resumo;

e) reduza a velocidade de leitura nas partes mais complicadas, não tente passar por cima e ficar sem entender o assunto, mas também não gaste horas em cima de algum detalhe;

f) caso ache uma passagem muito importante, leia-a em voz alta ou mentalize sua leitura caso esteja em local em que se exige silêncio, assim você memorizará melhor, pois utilizará também sua memória auditiva. Mas não é para ficar lendo todo o texto em voz alta, porque isso desconcentra muito, recite só as passagens mais importantes e as fórmulas. Adiante explicarei um método para melhor memorizar fórmulas e as passagens mais importantes;

g) evite largar o conteúdo que está estudando para procurar uma palavra no dicionário; marque os termos sobre os quais tem dúvidas e mais adiante procure os seus significados, se ainda precisar, porque muitas vezes o próprio contexto o fará entender, tornando desnecessária essa busca. Se realmente aquela palavra desconhecida for fazer falta para o entendimento de uma parte importante do assunto, então não tem jeito, você terá que olhar o dicionário mesmo, mas evite ao máximo fazer isso. Muitos professores mandam fazer o contrário, que é para sempre buscarem o dicionário, mas geralmente são dicas de professores de Português. Não faça isso, pois quase sempre a perda de concentração que ocorrerá ao buscar a palavra trará um prejuízo maior ao seu estudo do que a falta do entendimento dela;

h) aprenda a estimular seu cérebro usando um método chamado *"active recall"*, que veremos nos parágrafos a seguir.

"Active recall? Que droga é essa? Será que a Danone está fazendo um *recall* de seus iogurtes Activia?". "Isso serve para comer ou para passar no cabelo?". Não é nada disso, claro, este livro é sobre estudos e não sobre alimentos ou cosméticos. Traduzindo para nosso idioma, seria algo parecido com "lembrança ativa" ou "relembrança ativa".

É muito raro encontrarmos algum livro brasileiro sobre métodos de estudo que tenha essa informação, que é um dos pilares da aprendizagem, uma das coisas mais importantes que precisamos saber e utilizar em nossa vida de estudante. Como os brasileiros quase nunca ouviram falar nisso, até hoje a gente não o usa efetivamente, pelo menos não conscientemente.

Deixe-me explicar melhor como se utiliza este método, pois é muito importante saber disso, confie em mim.

Quando você estiver estudando um assunto, ele será mais bem memorizado e entendido se fizer perguntas mentalmente conforme for lendo-o, pois você precisa fazer seu cérebro gerar respostas. Você não pode processar informações passivamente, pois, fazendo assim, memorizará muito menos. Logo, precisa formular questões e ir respondendo-as. Vamos a um exemplo bem simples:

Exemplo 1) Constituição Federal, Artigo 37, II: *"O prazo de validade do concurso público será de até dois anos, prorrogável uma vez, por igual período".*

Em vez de você simplesmente ler o artigo e passar para o próximo, você precisa fazer uma ou mais perguntas sobre ele e respondê-las, do tipo: *"O prazo será de até quanto tempo? Até dois anos". "O prazo pode ser prorrogado? Sim, mas no máximo uma vez". "Pode ser prorrogado por um período diferente do inicial? Não, só se for pelo mesmo período".*

Simples, não? Essa é a chamada "lembrança ativa" e, acredite, ajuda a fixar muito mais as informações no seu cérebro do que a sim-

UNIDADE II – Como Estudar Antes do Edital **239**

ples leitura passiva. Muita gente quase sempre estuda assim e nem se dá conta disso. Pode parecer que levará mais tempo estudando, mas o tempo gasto formulando e respondendo às perguntas é pouco comparado ao ganho na memorização que ocorrerá, e com certeza o saldo será muito satisfatório.

Ao fazer as perguntas, você perceberá que surgirão dúvidas que você nem pensava que tinha, pois achou que tinha entendido tudo, mas se viesse uma questão perguntando aquilo, sua cabeça poderia dar um nó. Quer ver um exemplo disso?

Exemplo 2) Constituição Federal, Art. 146, II: *"Cabe à lei complementar: (...) II – regular as limitações constitucionais ao poder de tributar"*.

Utilizando o método do *"active recall"*, você poderia fazer as seguintes perguntas:

1ª) *Qual lei regula as limitações constitucionais ao poder de tributar?* Lei Complementar (LC).

2ª) *A LC pode fazer o que com as limitações constitucionais ao poder de tributar?* Regular.

Com certeza já houve algumas questões de concurso afirmando que uma LC pode estabelecer limitações constitucionais ao poder de tributar, o que é falso, pois ela só pode regular, e não estabelecer, ou seja, ela não pode criar uma nova limitação. Se você tivesse simplesmente lido o artigo sem fazer perguntas sobre ele, provavelmente deixaria passar despercebido o verbo "regular".

E se uma questão relativa ao assunto do nosso primeiro exemplo afirmasse que o prazo de um concurso público pode ser prorrogado mais de uma vez, estaria certa? Não, porque aprendemos que só pode ser prorrogado uma vez.

Sei que esses exemplos foram fáceis, mas você entendeu aonde quero chegar? Quando você faz perguntas e imediatamente as responde mentalmente, além de provocar uma memorização muito melhor, aumenta o entendimento e evita cair em pegadinhas futuras, pois você presta mais atenção em todos os detalhes daquele assunto. Em suma, ganha de todas as maneiras. Quando simplesmente lê passivamente, além de memorizar bem menos, escorrega mais facilmente nas armadilhas das questões.

É para se fazer perguntas a cada frase estudada? Alguns especialistas afirmam que sim, mas como nosso material a ser estudado é imenso, sugiro que utilize esse método nas passagens que você achar que poderá se confundir futuramente e/ou nas que considerar importante entender ou memorizar melhor. No estudo dos artigos da Constituição Federal, por exemplo, seu uso é recomendado para diversos deles.

Com poucos dias utilizando este método, você comprovará sua eficiência e verá o quanto é fácil e rápido. Experimente.

Há pessoas que me perguntam como memorizar as fórmulas ou outras passagens curtas de um texto. Alguns especialistas recomendam que você adote os seguintes passos:

1º) fixe os olhos no texto, como se fosse uma máquina fotográfica prestes a tirar uma foto dele;

2º) persista alguns segundos olhando para o texto, até perceber que foi o suficiente para realizar os passos a seguir;

3º) feche os olhos;

4º) imagine o texto com o máximo possível de detalhes;

5º) abra os olhos e compare o que imaginou com o texto real;

6º) se seu pensamento não tiver sido igual ao texto, faça de novo. Se achar que o texto a ser memorizado está muito grande, divida-o em partes menores;

7º) anote-o em algum resumo e de vez em quando o revise.

Tirando essas fotografias mentais, a memorização de fórmulas e frases curtas será muito melhor. Experimente, você verá como funciona muito bem.

Voltando à análise desta segunda etapa, a do estudo, é fácil perceber que é de fato a principal das quatro etapas, mas tenha o cuidado de não dispensar as outras três. O problema é que quase todos só utilizam esta segunda etapa, infelizmente. Mas para você a partir de agora é "felizmente", porque já sabe que ela não deverá ser feita isoladamente e assim terá uma vantagem em relação aos concorrentes.

UNIDADE II – Como Estudar Antes do Edital

Tem muita gente que fica preocupada com a velocidade da leitura. Ela varia muito com a disciplina em questão, se é um assunto mais complicado ou mais fácil, se envolve muito ou pouco raciocínio para entender o que está lendo. Não adianta nada ler rapidamente se não estiver retendo nada, mas isso não é desculpa para levar muitos minutos lendo as páginas. Para seu consolo, saiba que quanto mais você lê, mais conseguirá aumentar sua velocidade.

Muito provavelmente, se você lê devagar, é porque leu muito pouco em sua vida. Quanto mais lermos, mesmo que sejam livros de leitura comum, maior será nossa velocidade de leitura. Só que muita gente diz que não gosta de ler desde criança e passou a vida com a cara na TV, e agora vai ter que pagar o pato estudando para concursos, porque lê muito devagar.

Enquanto tivermos nossas professoras na adolescência nos dando livros chatíssimos para ler, teremos milhões de brasileiros que odeiam a leitura, porque acham que ela é uma coisa chata, claro, afinal, você conhece algum adolescente que sente prazer em ler Machado de Assis ou José de Alencar? Se, quando éramos adolescentes, nos tivessem dado Harry Potter, Senhor dos Anéis ou Guerra dos Tronos para lermos, teríamos lido muito mais livros na nossa vida, porque teríamos descoberto o prazer de ler.

Então tomo aqui a liberdade de sugerir a você que para o resto de sua vida reflita bem sobre seus hábitos de leitura. E coloque uma coisa na sua cabeça: ler é muito melhor do que ver TV, em todos os sentidos. Acredito que já tenha ouvido algumas vezes que um filme baseado em um livro é bem pior que o livro. Claro, é sempre assim, porque quando lemos nossa imaginação é infinita, e quando vemos um filme ele já nos transmite tudo, ele limita nosso cérebro. Eu adoro ver filmes, sou viciado, para dizer a verdade, vejo mais de 200 por ano, porque praticamente não vejo TV há mais de 10 anos, mas tento manter minha média de 30 livros anuais há algum tempo. E tenho vergonha de dizer isso, porque um dia desses eu li em um livro de uma pessoa que admiro muito, o saudoso Professor Pier, o qual tem alguns livros indicados na bibliografia deste livro, que quem lê menos de 40 livros por ano pode se considerar semianalfabeto, ou seja, eu sou um desses. Eu preciso ler muito mais, essa que é a verdade, porém, meu vício em filmes e seriados me consome muito tempo de leitura, mas vou melhorar isso, já prometi pra mim mesmo.

Eu fiz toda essa explanação sobre a leitura para que quem lê devagar entenda o porquê de, enquanto um colega lê uma página em dois minutos, ele lê em cinco. Muito provavelmente é porque na vida um leu muito mais do que o outro, e agora chegou a hora de pagar por este pecado cometido contra seu cérebro durante anos. E não adianta fazer cursinho de leitura dinâmica ou tomar guaraná em pó, você só vai aumentar sua velocidade de leitura se começar a ler mais. E aqui eu ainda dou uma dica: se você é realmente devagar para ler, sugiro que elimine quase que totalmente a TV de sua vida e use seus momentos de descanso para ler livros, qualquer um, não precisa ser de estudo. Leia aquilo que lhe dê prazer; pode ser romance, policial, ficção etc. Só assim você aumentará sua velocidade de leitura. Mas não é para se enganar e ficar lendo "50 Tons de Cinza" no seu horário de estudo dando desculpa de que é para aumentar sua velocidade de leitura, porque, se for para fazer isso durante seu horário de estudo, que leia um livro de estudo, ora bolas. É para ler livros por prazer na hora do descanso, aquela hora em que normalmente estaria vendo o Jornal Nacional, o futebol ou a novela. Lendo bastante, em poucos meses você já notará uma diferença na velocidade de leitura, além disso, vai se tornar uma pessoa mais culta, inteligente e com vocabulário melhor.

Vou explicar ainda mais um pouco sobre isso com outras palavras, porque considero esse assunto muito importante. Quando você lê muitos livros de leitura comum, sua velocidade de leitura aumenta. Só que esse aumento na velocidade não será tão significativo se você só ler livros de estudo, porque esses precisam ser lidos com mais atenção, demandando mais tempo mesmo. É isso que estamos vendo aqui neste capítulo, o querido EERA. Então, mesmo estudando bastante, você ainda não aumentará muito sua velocidade. Vai aumentar, com certeza, mas não tanto quanto poderia. O que aumentará mais ainda sua velocidade é a leitura de livros comuns, porque esses você pode ler mais rapidamente, pois não precisa parar para fazer anotações, raciocinar etc. Aí, ao estudar depois, você lerá mais rápido, porque aumentou sua velocidade lendo livros comuns. Entendeu agora o processo? Ler livros de leitura comum aumenta a velocidade, que aumentará sua velocidade no estudo. De uma vez por todas, siga meu conselho, leia bons livros em seus momentos de descanso e praticamente aposente sua TV, pois ela só irá atrapalhá-lo, em todos os sentidos.

UNIDADE II – Como Estudar Antes do Edital **243**

Assim, busque aumentar sua velocidade com o tempo e tenha uma ideia de quantos minutos em média você leva para ler as diferentes disciplinas. Preocupe-se em ter esse dado relativo ao estudo teórico. Eu, por exemplo, sei que levava em torno de dois minutos e meio a três por página quando a matéria era algum Direito, mas levava de quatro a cinco minutos para Contabilidade ou Exatas.

É simples saber isso, é só marcar quantos minutos levou para estudar as páginas do seu material de estudo e, após anotar o tempo algumas vezes, bastará dividir a quantidade de minutos pelo número de páginas. Não deixe de ter este controle, pois saber o tempo de leitura por disciplina será muito importante no futuro, conforme aprenderemos daqui a algumas páginas.

A terceira etapa é a da REVISÃO, que envolve a marcação e/ou leitura dos principais trechos estudados, utilizando uma caneta marca--texto caso já não a tenha usado durante o estudo. Se achar interessante, tente relembrar o que estudou mentalmente, ou seja, faça uma revisão mental. Não pule esta terceira etapa, pois ela é essencial para indicar ao seu cérebro o que ele mais tem que se preocupar em memorizar enquanto você estiver dormindo.

Quanto a elaborar seus resumos, o ideal é que não os faça imediatamente após o estudo da teoria, o melhor é deixar para fazê-los após alguns dias. Esse resumo a que me referi é aquele tipo que vimos no capítulo sobre como elaborar resumos, como tabelas, diagramas, mapas mentais etc., e não aquele que muita gente gosta de fazer passando para um caderno os principais trechos do texto. Este tipo você pode fazer ao mesmo tempo em que estuda, apesar de não o aconselhar muito, mas vai do jeito de cada um. O resumo de fazer desenhos é que é melhor deixar para outro dia ou, no mínimo, após ter acabado de estudar toda a teoria daquele assunto.

Há colegas que preferem marcar o texto conforme estão fazendo a leitura da segunda etapa, outros optam por marcar durante a revisão e têm, ainda, os que gostam de fazer isso só após os exercícios.

Alguns especialistas recomendam que as marcações não sejam feitas imediatamente após a leitura de cada frase, porque a ideia pode ser quebrada, perdendo a continuidade do raciocínio. Aconselham que só marque após ter lido todo o parágrafo ou capítulo. Eu considero isso pessoal, mas concordo com eles de que é aconselhável mesmo que se faça depois da leitura, apesar de não considerar errado quem faz o contrário. Enfim, é questão de gosto, porém é mais aconselhável seguir o conselho destes especialistas.

Eu vou explicar como sempre fiz, mas ressalvo que isso é muito particular, então siga esta ideia se achar interessante. Quando eu fazia a leitura detalhada, a da segunda etapa, eu marcava com colchetes a lápis o início e o fim das passagens que julgava serem as mais importantes. Se tivesse algo que eu tinha certeza de que devia destacar, passava logo a caneta marca-texto amarela, como no caso de algumas fórmulas. Se realmente aquelas informações depois se mostrassem as mais importantes, eu mantinha os colchetes, se fosse um trecho grande, ou sublinhava se fosse pouca coisa ou destacava as palavras-chaves em amarelo.

O perigo de se marcar as principais passagens à caneta logo no momento da leitura detalhada é que depois você pode perceber que não eram tão importantes assim. Se tiver feito as marcações a lápis, beleza, é só apagar, mas se tiver feito à caneta, vai complicar. Então sugiro que sempre dê preferência a marcar de lápis e que só marque depois com a caneta amarela se realmente ficar comprovado que aquilo era mesmo importante. E o jeito mais lógico de saber se aquilo era realmente importante é constatar se foi cobrado nos exercícios.

Evite sublinhar muita coisa, preocupe-se em fazer isso com as palavras-chaves, as ideias principais do texto. Quando sublinhamos tudo, é como se não sublinhássemos nada. Experimente ler um texto todo sublinhado, rapidamente perceberá que seu ritmo de leitura será menor e a compreensão idem. Se fosse bom os livros serem sublinhados inteiramente, eles já viriam assim, não acha?

Caso alguma palavra ou frase importante seja uma exceção, ou contenha as palavras "não", "exceto", "nunca", ou algo parecido, sublinhe de vermelho e passe a caneta marca-texto amarela. Transmita ao cérebro a ideia de negação usando a cor vermelha ao sublinhar. Você também pode utilizar uma caneta marca-texto vermelha, dispensando o sublinhado e a caneta amarela.

Agora aproveitarei para transmitir mais uma informação útil, por mais que pareça uma bobagem. Existem canetas marca-texto de diversas cores: amarela, verde, azul, rosa, vermelha, laranja etc. Você pode utilizá-las à vontade na hora de elaborar seus resumos e quadros, mas na hora de marcar o texto dos seus livros sugiro utilizar somente a ama-

UNIDADE II – Como Estudar Antes do Edital

rela. Faz mais de dez anos que eu li um artigo no qual pesquisadores mostraram que esta cor é a mais indicada para o cérebro para destacar uma informação. Se a frase ou fórmula, por exemplo, estiver marcada em verde, laranja ou qualquer outra cor que não seja a amarela, para ele, o destaque será menor. Não me chame de louco por afirmar isso, chame os caras que estudaram isso, mas eu li isso sim, o problema é que não sei mais onde foi (rs.). Por via das dúvidas, para que duvidar disso? Só para termos um livro mais colorido e bonito? Siga este conselho e marque só de amarelo as informações mais importantes.

Nada impede que você utilize canetas de outras cores para fazer uma separação de disciplinas, organizar seu estudo etc. Mas se quiser destacar os trechos mais importantes de um assunto para memorizá-los melhor, marque de amarelo, OK?

Resumindo, no seu material de estudo, desde que não sejam resumos, e sim um livro ou uma apostila, sugiro que use somente a caneta amarela para destacar e a vermelha exclusivamente para as negações.

Há algumas marcas dessa caneta que não são muito boas, pois ou o trecho marcado some após algumas semanas, ou borram o texto impresso no verso da folha ou borram facilmente ao passarmos a pele em cima. Para ajudá-lo, na minha casa testei 11 marcas diferentes, pois comprei todas as marcas que encontrei em algumas papelarias. As que se saíram melhores no teste "Inmetro do Meirelles" foram a "Maxprint", a "Pilot Lumi Color 200-S" e a "Light CIS". As três empataram, portanto atendem perfeitamente nossas necessidades.

Recentemente foram publicados alguns estudos afirmando que a caneta marca-texto não serve para nada; consequentemente, algumas pessoas vieram me indagar isso, uma vez que as recomendo neste livro. A gente tem que ter muito cuidado com o sensacionalismo da imprensa, que tende a inventar um título para a matéria para chamar a atenção, mas que, uma vez lido o assunto com profundidade, vemos que é um baita exagero. O que os autores desses estudos afirmaram é que não há uma memorização melhor simplesmente marcando o texto de amarelo. Nisso eu também concordo com eles, porque a caneta não é uma varinha de condão. Ela serve para que você depois revise rapidamente o que tem de mais importante no texto, o que com certeza o ajudará a se lembrar daquelas marcações de amarelo em sua prova, desde que sejam poucas. Eu me lembrei de várias delas, posso afirmar isso. E mais, usar algo para sublinhar ou marcar o texto prende sua atenção no que está sendo lido. Simplesmente ler sem marcar nada favorece muito que comecemos a pensar na vida, a "viajar na maionese". Então continue usando-a tranquilamente, mas moderadamente, como veremos a seguir.

Bem, assim como recomendei que não sublinhasse tudo, também não marque tudo com caneta marca-texto. Um dia uma menina veio falar comigo após uma aula e mostrou seu livro de Direito cheio de marcações em amarelo, dizendo toda feliz que seguiu meu conselho de sempre marcar com caneta amarela. Só que o livro estava muito amarelo, ela marcou quase tudo que via pela frente. E eu disse a ela, com meu jeito sutil de ser, como de uma elefanta de TPM: *"Menina, se fosse para fazer assim, as páginas dos livros seriam amarelas, e não brancas"*. Depois dei uma amenizada na resposta, claro, e ela entendeu o recado e não ficou brava comigo (pelo menos eu acho). Brincadeiras à parte, não faça como ela. Marque só o principal, o núcleo do assunto.

Como é muito fácil marcar com a caneta amarela, é fácil disparar o gatilho e sair destacando quase tudo, mas isso causará sérios problemas. Um destes é que, no futuro, demorará muito para revisar todas aquelas marcações. Outro problema é que seu cérebro, durante a noite, não saberá o que é mais importante para memorizar melhor. Quando for fazer suas marcações, lembre-se disso: *"Marcar muito é o mesmo que não marcar nada"*.

A quarta etapa é chamada de AVALIAÇÃO, na qual você colocará em prática o que acabou de estudar.

Após ter passado pelas três etapas anteriores, que envolvem o estudo teórico, você precisará fazer alguns exercícios sobre o assunto estudado, da maneira que explicamos no capítulo anterior, parcelando-os, marcando os bizus etc. Esta fase é muito importante, nunca a pule. Se ao final da parte teórica estudada não houver exercícios propriamente ditos, no mínimo faça uma avaliação mental, formulando perguntas e respondendo-as mentalmente, mas saiba que isso não é o ideal, mas sim fazer exercícios.

Quando estiver fazendo os exercícios, verifique se alguma coisa importante contida neles foi marcada no seu texto teórico. Se achar conveniente, volte ao texto e marque. E se, ao fazer os exercícios, perceber que algo que julgou anteriormente como importante, e por isso marcou no texto, não tiver aparecido nas questões, analise se não é o caso de desmarcar aquela anotação, pois talvez ela não seja realmente importante como tinha pensado.

Caso só tenha conseguido estudar parte do capítulo, tente fazer pelo menos alguns exercícios do que já tiver estudado, não deixe para fazer todas as questões só no belo dia em que terminar todo o assunto. Quando você perceber que não vai dar para completar o tema, pare um pouco antes para resolver questões do que já tiver estudado. Afinal, essa fase de avaliação não deve ser desprezada, somente em casos em que não tenha jeito mesmo.

Estudando desta forma, inicialmente levará mais tempo do que no método tradicional, o de só passar pela leitura detalhada, mas no futuro você perderá muito menos tempo tendo que revisar tudo de novo, como é comum. A memorização que ocorre com o método apresentado é muito maior e, na hora de rever a matéria, quase sempre vai bastar olhar as anotações e resumos e fazer mais exercícios. Você perderá muito menos tempo com o estudo teórico e poderá partir logo para o principal, que é resolver cada vez mais uma grande quantidade de exercícios.

Nunca achei interessante seguir este papo que muitos concurseiros gostam de ter nos cursinhos: *"Já li o livro X cinco vezes e o Y quatro vezes"*. Caramba, sempre achei isso a maior perda de tempo do mundo. O mais importante é ler o livro teórico uma vez só, de forma bem feita, e depois só rever as marcações de vez em quando e fazer muitos exercícios. Se alguns capítulos tratam de assuntos complicados que frequentemente caem nas provas, aí tudo bem, pode reler o capítulo inteiro outras vezes no futuro, mas não o livro todo. Colega, acredite de uma vez por todas: o mais importante é fazer muitos exercícios, então não fique relendo livros teóricos 100 vezes.

Calvin & Hobbes, Bill Watterson © 1995 Watterson / Dist. by Universal Uclick

Recentemente, li um artigo publicado em 2007 no portal *Science Direct* que confirmou o que eu sempre preguei e relatei no parágrafo anterior.

Este estudo provou que quando resolvemos exercícios após termos estudado a teoria, se você acertar as respostas, não precisará estudar a teoria novamente, bastará resolver outros exercícios no futuro para manter aquele assunto na memória. Agora, você precisará rever a teoria futuramente e resolver mais exercícios dos assuntos em que errou as respostas.

Para que fique bem claro o que você deverá fazer, juntei o resultado deste estudo com o que já sabíamos. Imagine que você estudou um capítulo e resolveu umas 40 questões sobre o assunto. Se você acertou todas, não precisará mais estudar aquela teoria futuramente, somente resolver os bizus. Agora suponha que aconteceu o mais comum, que é ter errado algumas questões, e que estas abordavam somente os tópicos A e B daquele capítulo, as relativas aos demais tópicos você acertou. Futuramente, você só precisará rever a teoria dos tópicos A e B, e fazer os exercícios bizus de todo o capítulo, tanto dos tópicos A e B quanto dos demais. E no dia em que passar a acertar os exercícios nos quais teve maior dificuldade, poderá parar de rever a teoria de todo o capítulo e somente fazer exercícios.

Será que agora, finalmente, você concorda comigo que ficar lendo a teoria 100 vezes é bobagem, e que você precisa é virar um exterminador de exercícios?

Entretanto, antes de terminarmos este importante capítulo, vamos a uma última recomendação. Não se esqueça de periodicamente dar uma lida na legislação literal, que chamamos de lei seca. Caso ache oportuno, leia a parte da legislação correspondente quando acabar de estudar um assunto. Aproveite para marcar os principais artigos de amarelo, para relê-los depois.

Muitas vezes ficamos tão preocupados em estudar os livros doutrinários e fazer exercícios que nos esquecemos de ler a lei seca, e acabamos perdendo pontos preciosos na prova. Saiba que em todas as provas caem muitas questões literais, puras decorebas dos artigos, e algumas bancas cobram mais questões desse tipo do que doutrinárias.

Já me perguntaram muitas vezes qual a periodicidade para revisar as leis secas. Não existe uma regra para isso, mas volta e meia dê uma olhada nelas, principalmente quando estiver chegando perto da prova.

UNIDADE II – Como Estudar Antes do Edital

Também já me perguntaram se é para ler a lei seca durante a EERA. Não há uma regra para isso também, pois, às vezes, é mais produtivo ler os artigos enquanto estuda a teoria; outras vezes, é melhor lê-los logo antes de fazer os exercícios, outras vezes após estes, para ter certeza de quais são os artigos mais cobrados. Enfim, faça como achar melhor, mas não deixe de ler a legislação de vez em quando.

E não se esqueça de fazer as revisões periodicamente. Aliás, cá pra nós, você ainda se lembra de todas as dicas e orientações do capítulo sobre revisões? Não? Então antes que seus concorrentes que também leram este livro agradeçam, volte lá e leia as partes grifadas de amarelo. O quê? Não as marcou de amarelo? Pare de ser teimoso, não deixe seus concorrentes darem pulos de alegria...

8) Como posso obter mais tempo para estudar?

Prefiro começar esta parte respondendo à seguinte pergunta: *"Posso desperdiçar meu tempo com algumas futilidades?"*.

É você quem sabe, mas lembre sempre de que, enquanto está perdendo tempo com elas, haverá milhares de concorrentes estudando. Então não perca muito tempo vendo novelas, BBB etc. Além de não servirem para nada, vai virar uma rotina ter que assistir aos próximos capítulos. Quando for para assistir à TV, que veja um bom filme ou algum programa que não tenha continuação.

Calvin & Hobbes, Bill Watterson © 1988 Watterson / Dist. by Universal Uclick

Outros ladrões do tempo de estudo de um candidato são: Facebook, WhatsApp, Instagram, TikTok, Twitter, e-mails etc. Tem gente que estuda com o celular ou computador ligado e toda hora que chega uma mensagem nova no Facebook, WhatsApp ou Twitter para o estudo para ver o que é. Desculpe-me a grosseria, mas é gente que não quer estudar, que não está realmente comprometida com sua aprovação.

No *best-seller* "O Poder do Hábito" o autor explica essa mania muito bem. Ele explica que todo hábito bom ou ruim começa com uma deixa, que, no nosso caso, é o celular vibrando ou o sinal do computador avisando que uma mensagem chegou, e, uma vez surgida essa deixa, seu cérebro vai levar você a cumprir uma rotina, que no caso será ler a mensagem, para obter uma recompensa de prazer momentâneo. Só que esse pequeno prazer ferrará todo o seu estudo, porque vai desconcentrá-

UNIDADE II – Como Estudar Antes do Edital

-lo. Esses insignificantes prazeres momentâneos poderão levar você a um grande desprazer no futuro, a sua reprovação.

Leia este trecho da página 67 do livro e faça uma analogia com o estudo: "... *pensemos no e-mail, por exemplo. Quando um computador toca um sininho ou um smartphone vibra com uma nova mensagem, o cérebro começa a antecipar a distração momentânea que abrir um e-mail proporciona. Essa expectativa, se não for satisfeita, pode se acumular até que uma reunião esteja cheia de executivos irrequietos conferindo seus BlackBerries vibrantes embaixo da mesa, mesmo sabendo que provavelmente são só os últimos resultados de um jogo de futebol virtual. Por outro lado, se alguém remove o vibracall – e assim remove a deixa –, as pessoas conseguem trabalhar durante horas sem pensar em conferir sua caixa de entrada*".

Enfim, ficar com o celular do lado olhando as mensagens e ligações que chegam também é um "concurcídio". Se você não for uma pessoa que realmente precisa ficar vigiando o celular para assuntos mais sérios, como trabalho, filhos etc., deixe-o no silencioso e longe de você, para não se distrair com as mensagens e ligações que chegarem e nem com o barulho do "vibracall". E nem pense em deixar o Facebook, WhatsApp ou algum programa similar ligado por perto. Mesmo que possa ser um outro concurseiro procurando-o para algum assunto sobre concursos, esqueça isso, estabeleça uma hora para fazer esse tipo de contato e pronto. Se o outro colega é concurseiro, ele vai entender, é só falar que estava estudando e ponto-final.

Ficar todo dia um tempão no Facebook, Instagram etc. também é outro crime com seu concurso. Pare de perder tempo com essas coisas. Estabeleça um limite de tempo diário para isso, se não conseguir se livrar de vez, e obedeça-o.

Tem uma frase famosa que diz "não compare seus bastidores com o palco dos outros". Entenda uma coisa: vida de concurseiro é chata! Muito chata! Pronto, falei! Então, enquanto você está vendo seus amigos em jantares e viagens legais, você está trancado(a) num quarto estudando. Isso só vai desmotivá-lo. Fora que muitas imagens de pessoas felizes em fotos são pura falsidade. O casal tem uma vida de merda e na hora de tirar foto para o Instagram parecem as pessoas mais felizes do mundo. Enfim, reduza drasticamente o uso de redes sociais, isso encurtará seu caminho até a aprovação, com certeza.

O vício em utilizar as redes sociais é mais difícil de se livrar do que o vício em álcool ou cigarro, conforme uma recente pesquisa realizada pela Universidade de Chicago. Logo, antes que fique completamente viciado, ou pior, se já for viciado, saiba que isso prejudicará muito seus estudos. Mude este comportamento urgentemente. Rede social é como o álcool, é para ser usada com moderação.

Existem aplicativos para celular e extensões para navegadores que bloqueiam por determinado tempo o uso dos aplicativos e sites que você determinar. Muitos concurseiros estão utilizando-os com sucesso.

Outra coisa: sua vida gira em torno do estudo. Então, quando quiser ir ao cinema, festa, encontro etc., vá depois que tiver cumprido sua meta de estudo daquele dia. Nada de ir ao encontro para depois cumprir sua meta quando voltar para casa. Claro que há inúmeras exceções a essa regra, como as emergências com seus filhos, mas que ela vale para várias ocasiões, com certeza sim.

Aqui em São Paulo há um ditado que diz que enquanto você dá mole no estudo, há um "japonês" estudando. Antes fosse um japonês só, pois são milhares de japoneses e outros concurseiros mais.

Mulheres, saibam que enquanto vocês estão vendo novela, há milhares de homens estudando nesse horário. E não adianta nos xingar argumentando que o futebol nos atrapalha do mesmo jeito, porque este desperdiça muito menos tempo semanalmente do que as novelas. Aliás, quanto a futebol, homens, parem de assistir a tudo quanto é jogo, só assistam aos do seu time e aos principais jogos, quando muito.

Fico indignado quando vejo mulheres que trabalham o dia todo chegarem em casa e, em vez de estudarem, assistirem às novelas. Depois reclamam que não têm tempo para estudar. O mesmo vale para os homens que não perdem os jogos, sejam quais forem. Até os Campeonatos Italiano ou Espanhol o cara quer assistir, só pode ser piada. Deixe para ver tudo que quiser depois que passar. Você poderá mofar no sofá no futuro, se assim o quiser.

Tempo de estudo a gente arruma cortando alguns minutos daqui e dali no dia a dia. Eis alguns exemplos dos quais podemos obter algum tempo para estudar mais: almoçar mais rápido, acompanhar menos programas na TV, gastar menos tempo fumando (de preferência pare com esta droga de uma vez), deixar de ler o jornal diariamente, parar com o curso de línguas, conversar menos na academia etc.

Nunca saia de casa sem algo para estudar debaixo do braço, você nunca sabe quando aparecerá um tempinho em que poderia estar estudando, como em uma fila no banco ou esperando o médico. Deixe sempre no carro a Constituição Federal, algum Código, resumos etc.

Em 2013, foi feita uma pesquisa que apontou que cada brasileiro fica em média 4h30 por dia assistindo à TV. Isso representa dois meses e meio por ano. Aos 65 anos, terá passado dez anos de sua vida à frente da TV. Você tem certeza que quer contribuir para essa média? Caso ainda não esteja convencido da imensa perda de tempo por causa da TV, faça a seguinte experiência: toda vez que for assistir à TV, anote a hora do início e do fim, fazendo isso por uma ou duas semanas. Depois tire suas próprias conclusões. O que é mais importante hoje para você: assistir à TV ou estudar? Pense seriamente nisso. Vida de concurseiro não é fácil, ou melhor, pode parecer muito fácil sim, para a grande maioria dos concurseiros, que levam essa vida achando que é moleza e que no dia da prova a sorte ou algum santo irá ajudá-los a passar na frente de milhares de concorrentes que estudaram mais. Essa é uma vida de sacrifícios e um deles é o de diminuir o tempo desperdiçado com atividades que não contribuem em nada para a prova. Estipule um tempo máximo de 30 minutos por dia assistindo à TV, por exemplo.

Evite atender a telefonemas daquelas pessoas que toda semana ligam para você para reclamar da vida, desanimá-lo etc.

Pare de ler jornal diariamente. Faz uns 20 anos que parei com essa mania e, acredite em mim, não me faz falta nenhuma, pois as principais notícias você acabará sabendo pelos outros. No máximo, entre na internet e veja as principais manchetes do seu jornal preferido. Leia um livro que lhe agrade em seus momentos de descanso.

Calvin & Hobbes, Bill Watterson © 1994 Watterson / Dist. by Universal Uclick

Outra dica interessante é tentar perder menos tempo de estudo no trânsito. *"Ué, mas como consigo isso?"*. Se você trabalha até umas 17 ou 18h e depois perde uma hora ou mais voltando para casa, devido ao *rush*, já tentou arrumar um lugar para estudar perto do seu trabalho, para evitar pegar um baita trânsito, ônibus ou metrô lotado? Tente arrumar uma sala vazia, uma biblioteca ou algo parecido e estude até o trânsito diminuir consideravelmente. Assim, você estudará com a cabeça menos cansada e por mais tempo.

É só fazer a seguinte análise: se você sai do trabalho às 18h e só chega em casa umas 19h30, cansado do trânsito, só vai conseguir estudar, no mínimo, lá pelas 21h e ainda por cima com o cérebro e o corpo cansados, não é? Até que horas você conseguirá estudar para acordar cedo no dia seguinte? Este estudo será de boa qualidade? Será que não é mais fácil sair do trabalho às 18h, fazer um lanche e/ou tomar um café, lavar o rosto e começar a estudar por volta das 19h, com a cabeça mais leve e depois, por volta das 21h30 ou 22h, por exemplo, voltar para casa muito mais rapidamente? Eu fiz isso e achei importantíssimo ter tomado esta decisão para o meu resultado. O ganho é duplo, uma vez que você perderá menos horas de estudo por dia no trânsito, evitando os horários de *rush*, e estudará com a cabeça menos cansada.

Um inglês chamado Charles Buxton disse há mais de um século: *"Você nunca encontrará tempo para nada. Se quiser mais tempo, terá de criá-lo"*. Se ele já dizia isso há uns 150 anos, imagine nos dias de hoje...

Ganhar uma hora de estudo por dia representará 30h em um mês, 360h em um ano. Caramba, em 360h dá para estudar algumas disciplinas por completo, é mais do que eu estudei entre os editais e as provas que fiz e fui aprovado. E estas 360h farão MUITA falta no futuro, eu garanto. Depois as pessoas vêm com aquela história de que se tivessem tido mais uma semana, teriam passado. Caramba, tiveram horas e horas desperdiçadas com bobagens e o problema é que a prova foi uma semana antes do que ele achou que deveria ser para estar bem preparado e ser aprovado? O verdadeiro concurseiro já está preparado antes do edital sair, porque depois dele é para passar o pente fino, conforme veremos mais adiante.

F.M. Alexander disse há mais de 100 anos: "As pessoas não escolhem seus futuros; elas escolhem seus hábitos, e seus hábitos determinam seus futuros".

UNIDADE II – Como Estudar Antes do Edital | 255

Depois que você passar, terá tempo para ver TV à vontade, eu garanto. Só que com muito menos preocupações e olhando para uma TV de LED 3D bem bonita, comprada com seu salário conquistado com muita HBC.

Bem, se você não quiser seguir as dicas que dei para conseguir mais horas de estudo, pode também optar por seguir os métodos que alguns estudantes chineses estão fazendo por lá, que são prender o cabelo no alto para segurar sua cabeça reta ou estudar cheirando seu tênis mais fedorento para não pegar no sono durante o estudo. É sério, já saíram várias fotos em sites. Veja algumas:

(imagens disponíveis no site: www.mdig.com.br)

Sugiro que siga minhas dicas e não as desses estudantes chineses, mas é questão de gosto (rs.). Contanto que você arrume mais tempo para estudar, está tudo certo.

9) Como estabelecer uma quantidade ideal de horas de estudo diário? (e aproveitando o assunto para trocar umas figurinhas)

Neste tópico buscarei responder às perguntas mais comuns que todas as pessoas que já passaram em concursos respondem aos concurseiros:

"Quanto tempo você estudou?" e *"Quantas horas eu tenho que estudar por dia para passar?"*

Não saberia responder quantas vezes eu ouvi essas perguntas ou as respondi por e-mail.

E aproveitando que elas me foram mandadas, escrevi sobre vários assuntos correlatos. Em alguns trechos poderá parecer que estou desmotivando você, mas isso não é verdade, eu só não iludo ninguém, eu mostro o que penso e o que vejo acontecer neste mundo, sem temer reações adversas.

Muitas das pessoas que começam a estudar para concursos, além de estarem mais perdidas que cachorro quando cai do caminhão de mudança, estão levando uma vida insatisfatória e viram na possibilidade de alcançar um cargo público suas "tábuas da salvação". E a primeira preocupação delas é saber quanto tempo levarão estudando até conseguirem passar, para saírem da pindaíba em que se encontram.

William Douglas sempre diz uma das frases que mais considero válida neste mundo dos concursos: *"Concurso não se faz para passar, mas até passar"*. E eu concordo plenamente com sua frase, pois é uma grande verdade.

Os problemas do mundo não se resolvem da noite para o dia. Você não terá todos os seus problemas sanados quando passar em um concurso. Eles poderão ser mais bem solucionados, porque o cargo público oferece estabilidade, boa remuneração e tranquilidade para desempenhar suas tarefas no trabalho e fora dele. Não haverá um milagre em sua vida, mas será um imenso avanço, sem dúvida, principalmente no lado financeiro e na diminuição do seu stress. A recompensa pelo tempo investido estudando para concursos é muito boa.

Pense comigo: se passar em um bom cargo oferece uma recompensa tão grande, por que seria fácil? Não seria injusto pensar em uma pessoa que fez uma ótima faculdade, mestrado, doutorado etc., que rala mais do que bumbum de cobra 12 horas por dia ainda estar longe de conseguir o mesmo que você ao passar? Sinceramente, eu acho muito injusto. Mas então você terá que ralar mais do que estas pessoas para vencer no disputado mundo dos concursos? Pior que não, o mundo é injusto mesmo. Você terá que ralar menos que este pessoal. Aliás, muito menos.

Mas agora, escritas essas palavrinhas iniciais e antes de prosseguirmos a nossa conversa, darei uma sugestão para você:

NUNCA mais pergunte aos aprovados quantas horas estudaram por dia e/ou por quanto tempo estudaram. Pelo simples motivo de que a resposta é totalmente aleatória. Se eu perguntar aqui no meu trabalho, um vai dizer que foram quatro meses, o outro nove meses, o outro dois anos e o outro quatro anos. Isso é fato, não é um exemplo hipotético, é a verdade mesmo dos quatro colegas ao meu lado aqui no trabalho, aprovados no mesmo concurso que eu. E então quer dizer que o que estudou por quatro anos é menos inteligente que o colega que estudou quatro meses? Não, pode ter sido questão de oportunidade, dos concursos que cada um prestou, do tempo disponível de estudo diário de cada um, dos materiais e cursos que utilizaram em suas preparações, de técnicas de estudo, de disciplina, do conhecimento que cada um tinha anteriormente etc.

Vamos pensar nos concursos da área fiscal. Suponha que um concurseiro do Sudeste começou a estudar em janeiro de 2006. Ele teve um concurso para o Fiscal do estado de SP quatro meses depois e muito provavelmente não passou, porque tinha pouquíssimo tempo de estudo para passar em um concurso desta dificuldade, dando ainda seus primeiros passos. Depois houve um concurso no início de 2007 para Fiscal da Prefeitura de SP, que por diversos motivos ele pode não ter passado ou prestado. E depois qual concurso teve para fazer? Nenhum. Viveu em um deserto de editais de concursos fiscais até meados de 2009, ou seja, três anos e meio de espera, até que apontaram duas luzes no fim do túnel: Auditor Fiscal da Receita Federal do Brasil (AFRFB), com 450 vagas, e novamente Fiscal da Fazenda do estado de SP (Sefaz-SP), com 475 vagas para a área Tributária.

UNIDADE II – Como Estudar Antes do Edital

Por favor, não venham me falar que tiveram dois concursos para Fiscal do estado do RJ, porque somente foram aprovados 70 candidatos no total dos dois, então não servem muito como referência.

Então, voltando aos maiores concursos da área fiscal, caso este candidato tenha sido aprovado em um desses dois em 2009, por quanto tempo ele ficou estudando? De 3,5 a 4 anos. Então ele é meio "toupeira" por causa disso? Óbvio que não, ele só não teve a oportunidade de testar seus conhecimentos antes. E se também não passou nesses dois, é por que fez tudo errado? Óbvio que não, porque os concursos na área fiscal são muito concorridos, há milhares de candidatos bem preparados que podem ser aprovados em qualquer prova, deixando muita gente boa de fora. O AFRFB aprovou 1000 candidatos no concurso de 2005 e mesmo assim milhares de candidatos bem preparados não passaram. Se quiserem fazer um concurso para 3.000 vagas, só entrará gente que estudou bastante. Hoje em dia é assim.

Agora pensemos em um concurseiro que começou a estudar em janeiro de 2009 e que foi aprovado em um dos dois citados certames. Ele terá estudado uns sete meses, por exemplo. Isso é possível? Claro que é, mas não deixa de ser difícil, óbvio. E o que fez este candidato ser aprovado em um concurso tão concorrido com tão pouco tempo de estudo? Vários fatores, dentre eles, eu destaco:

a) apoio familiar;
b) investimento em bons livros e cursos desde o início de sua preparação;
c) disciplina, motivação e organização;
d) tempo disponível para estudar;
e) estado emocional durante seu estudo e na hora da prova;
f) experiência de estudos anteriores à vida de concurseiro, fator que comentarei mais a seguir.

Vamos apresentar como exemplo o concurso do AFRFB em 2009, que teve 450 vagas. No dia da prova estavam presentes os 450 que mais sabiam o conteúdo cobrado na prova, então eles foram os aprovados, certo? Errado, a coisa não funciona assim. Vários desses 450 teoricamente mais "sabidos" entraram na prova arrasados emocionalmente ou mal de saúde e ficaram de fora. Havia dezenas que sabiam o conteúdo muito bem, mas que não sabiam "fazer prova". E os que sabiam muito da teoria, mas não sabiam fazer exercícios e caíram em todas as pegadinhas, eram muitos? Sim, eram sim. São os teóricos que nunca colocam o conhecimento em prática, fazendo poucos exercícios durante o estudo.

Logo, quem foram os 450 aprovados? Foram 450 dentre os 1000 a, no máximo, 3000 mil candidatos que possuíam boas condições de serem aprovados naquele certame. Foram os 450 que chegaram bem de saúde e emocionalmente, que sabiam fazer a prova, que estudaram bastante e que contaram com um pouco de sorte também. Mas salientemos que a sorte só ajuda quem estuda firme, pois ela ajuda ou atrapalha no máximo uns 10% do seu desempenho, e os outros 90% não dependem dela. Há um ditado famoso que afirma que "sorte é quando a oportunidade o encontra preparado".

Então quanto tempo, em média, um candidato dentre estes 450 estudaram? Caramba, as respostas serão as mais diferentes que você puder imaginar. Fora os milhares de aprovados em todos os concursos que gostam de mentir. Muitos bancam os gênios dizendo que estudaram somente após a publicação do edital ou por poucos meses. A grande maioria dos aprovados que responderem isso a você estará mentindo, eu diria mais de 90%. Há os que conseguiram sim, é verdade, eu mesmo conheço alguns, mas são bem poucos. E existe aqueles que gostam de exagerar, dizendo que estudavam 12 ou 14h por dia. Vou contar uma coisa aqui para você: mais de 90% das pessoas que dizem isso ou não estão falando a verdade ou então contam horas brutas como se fossem horas líquidas de estudo.

Hora de estudo é igual a salário, pois o que interessa é o líquido. No vencimento de um funcionário público, incidem 11% de previdência e até 27,5% de IR, escalonado. Então, quando vir um bom salário de um cargo público em um jornal, pode calcular em torno de 1/3 o que fica para o Governo. Para o seu bolso irá 2/3 daquele valor. Em números aproximados, claro. Hora de estudo é mais ou menos isso, pois o que interessa é o que vai para o seu cérebro, não o que você acha que estudou. Por isso também que não basta somente se preocupar em acumular horas líquidas, se sua eficiência não estiver boa. Nós controlamos o tempo líquido de estudo para buscarmos melhorar nosso desempenho, ou mantê-lo, e controlarmos muito bem nosso estudo, mas a eficiência no estudo também é essencial, claro, por isso muitos outros capítulos deste livro são importantíssimos.

UNIDADE II – Como Estudar Antes do Edital

Eu, durante os meses que estudei para o AFRFB e a Sefaz-SP, por umas cinco vezes consegui estudar entre nove e dez horas líquidas em um dia, mas no dia seguinte não consegui estudar mais de cinco ou seis horas. Meu recorde foram 9h45 em um dia. O Deme, nos três anos em que estudou, conseguiu uma vez estudar 13h líquidas, mas foi um dia só, e no dia seguinte travou. Eu começava a estudar umas 7h e só parava muitas vezes após a meia-noite. A grande maioria dos candidatos diria então que estudaram mais de 12h nestes dias. E isso não é verdade, quase sempre eu computava entre 6 e 8h líquidas de estudo, o resto era "perdido" com refeições, afazeres domésticos, higiene etc.

Então, por favor, não acredite no que a maioria dos aprovados disser sobre o quanto estudavam, porque geralmente eles mentem, exageram ou contam horas brutas como se fossem líquidas. Hora de estudo é igual salário, o que importa é o líquido, e não o bruto. E o ritmo de estudo varia muito de uma época para outra. Todos estudam mais em alguns meses do que nos outros. E aí, o aprovado dirá a você o tempo de estudo diário do mês que estudou mais ou do que estudou menos?

E a experiência que o candidato já tinha interfere muito? Claro que sim. E na área fiscal eu não acho tão importante o curso superior que ele tenha feito e sim a dificuldade do curso e o quanto ele já estudou na vida, não interessando se foi Botânica ou Corte e Costura. O quinto curso que mais aprovou no AFRFB de 2005 foi Odontologia. Será que os dentistas viram Contabilidade ou Informática na faculdade? Claro que não, eles viram foi um monte de bocas abertas cheias de dentes estragados. Então por que eles passaram tanto assim naquele concurso e em outros da área fiscal? Porque foram acostumados a estudar desde o vestibular e continuaram estudando bastante durante o curso superior. O cérebro e o corpo se acostumaram a estudar.

Nós temos 639 músculos no corpo, segundo algumas classificações. Você sabe qual é a fórmula para melhorá-los? Claro que sabe, é só malhar, óbvio. E o cérebro, é um desses 639 músculos? Não, não é, mas a receita para melhorá-lo é a mesma, basta exercitá-lo. Mas como posso "malhar" o cérebro, amarro um peso na cabeça e fico girando-a? Claro que não, é lendo bons textos, estudando, praticando com jogos estimulantes etc. Se você nunca foi muito de fazer isso, fique tranquilo, pois ao entrar nessa vida de concurseiro, seu cérebro melhorará o desempenho gradativamente, assim como acontece com os músculos quando começamos a malhar.

Já que comparamos os músculos com o cérebro, vamos fazer a seguinte analogia: um cara malhou na academia durante anos a fio e era "saradaço", só que parou a malhação por uns anos. Um belo dia ele resolve voltar a malhar, só que fazendo aparelhos diferentes e um novo tipo de série, bem diferentes do que fazia antigamente, porém malhando os mesmos músculos de sempre: bíceps, tríceps, panturrilhas, coxas, peito etc. Aí chega na academia um rapaz sedentário que nunca fez um exercício na vida, salvo aqueles que eram obrigatórios nas aulas de educação física nos tempos de escola. Quem você acha que em poucos meses terá uma evolução melhor?

A analogia acima tem a ver com estudo? Caramba, tudo a ver. O corpo do ex-saradão era acostumado a malhar, assim como o cérebro de pessoas que já estudaram muito na vida.

Quando as pessoas me perguntam quanto tempo eu estudei para passar no AFRFB em 2005 e eu respondo que foram cinco meses, ao mesmo tempo em que trabalhava e fazia a dissertação do meu mestrado, as pessoas dizem sempre: *"Você é um gênio!"*. E eu acho graça, porque quem me conhece sabe que estou longe de ser um. Só que eu sempre respondo para as pessoas olharem esta minha resposta de cinco meses com muito cuidado, porque eu sempre estudei muito em minha vida. Fui Cadete do Exército, passei para Informática na UFRJ, em uma época que era mais difícil passar até do que Medicina, depois me graduei em Matemática, fiz uma especialização, um Mestrado em Universidade Federal, e tudo na área de Exatas, que favorece muito o desenvolvimento do cérebro.

E eu era um gênio? Não, nunca fui, já afirmei que não, só que eu sempre estudei bastante, tanto é que há mais de 10 anos convivo com dores infernais nas costas, que culminaram em uma hérnia de disco. E o que eu aprendi nesses cursos acadêmicos todos que fiz e que me ajudaram no concurso? Praticamente nada. Só que meu cérebro sabe o que é estudar. Quando sento a uma mesa para estudar e fico assim por horas, ele se sente em casa. Coisa que não aconteceria se eu ficasse em uma academia, uma aula de dança ou jogando basquete, pois meu corpo não foi acostumado a isso.

Tenho um colega aqui no meu cargo que "começou do zero" e em quatro meses passou entre os dez primeiros no meu concurso. E sobre ele eu tenho certeza de que é verdade, porque me procurou quando

UNIDADE II – Como Estudar Antes do Edital **263**

começou a estudar para pegar dicas de livros, métodos etc., além de ser um grande amigo meu. Só que o cara é formado no ITA e possui mestrado em Finanças na UFRJ. Quando ele começou a estudar muitas horas por dia durante esses quatro meses, o corpo dele estava acostumado, seu cérebro não reclamava, como acontece com a grande maioria. Ele já começou estudando várias horas por dia numa boa, ao contrário da maior parte dos estudantes, que levam meses para conseguir um bom ritmo de estudo diário. Ele olha para um material e já sabe separar o que importa e o que não importa muito aprender, e o estudo rende bastante.

A esta hora há muitos candidatos pensando: *"Caramba, estudei em escola pública, fiz uma faculdade por correspondência e nunca fui de estudar, então não vou passar nunca"*. Claro que vai passar, se fizer sua parte, só que seu corpo demorará mais a engrenar no estudo. Você vai ter de experimentar métodos, horários e formas diferentes de estudar até que ache a forma como rende melhor. E isso é pessoal.

Repare que quase sempre os hábitos ruins são rapidamente acostumáveis, enquanto que os bons, não. Pense no chocolate, cigarro, álcool, jogos, preguiça etc. Agora pense na alimentação saudável, no exercício físico, no estudo etc. Bem, para adquirir o hábito de estudar não tem outro jeito, force seu corpo a estudar cada vez mais, até o limite do aceitável para sua saúde e bem-estar. Seu corpo vai conseguir estudar horas e horas diárias, garanto. Tudo dependerá de sua força de vontade.

Lembra-se do cara que nunca tinha malhado, que comparei com o que era ex-marombeiro? Será que ele pode ficar com um corpo sarado um dia? Claro que sim, levará mais tempo, o corpo chiará com dores algumas vezes, experimentará diferentes tipos de exercícios, terá que se preocupar com sua alimentação etc., mas chegará lá se fizer tudo certinho. E sabe o que é legal? É que não interessa a área de concursos que você escolher, sempre terá muito mais vagas disponíveis do que os geniozinhos que estão concorrendo. Por isso, quando você entrar em um cargo concorrido, constatará que a maioria dos aprovados não era acostumada a estudar, mas passou a ser quando virou concurseiro.

Sabe de que forma eu percebo logo como estão os concurseiros que me mandam e-mails com dúvidas, e assim direciono melhor minhas respostas? Pela quantidade de erros de Português. Caramba, é impressionante a quantidade de erros que eu vejo nos e-mails que recebo de pessoas que se dizem estudando há muito tempo. Erros dos mais básicos. E o que isso demonstra? Que muitos nunca tiveram o costume de ler, ou seja, nunca foram de estudar muito, ou então pelo menos leram poucos livros de leitura comum. Sei que a Língua Portuguesa é uma das mais difíceis do mundo, com certeza neste meu livro um professor da disciplina identificaria inúmeros erros de concordância, regência, formas verbais, estrutura, pontuação, uso do "porque" etc., mas garanto que são erros menos visíveis a um leitor comum, não são erros dos mais escandalosos.

E eu sei isso porque sempre estudei muito Português? Também, mas garanto que é mais porque sempre li muito. Uma pessoa com o hábito de ler nem aos 15 anos de idade seria capaz de trocar um "mas" por um "mais" em uma redação, e esse é um dos erros mais básicos e comuns que vejo nos e-mails que recebo.

Sabe qual a melhor forma de se estudar Português? Vigie o que você fala e os outros também. Não precisa consertar as pessoas, porque muitos poderão ficar irritados, mas quando você ou alguém falar alguma frase, anote e veja se está correta quando chegar a sua casa.

Quando você ouvir um colega dizer: "*Fulano desobedeceu o chefe*", anote e pesquise no Google: "*desobedecer regência*". Simples assim. Imediatamente aparecerão inúmeros sites que mostrarão para você que "obedecer/desobedecer" são transitivos indiretos, logo, seu colega teria que ter falado: "*Fulano desobedeceu ao chefe*".

Quando alguém falar: "*Vamos no cinema?*", anote, consulte em casa e verá que o certo é "*Vamos ao cinema?*" e passe a falar assim, por mais que as pessoas olhem de cara torta para você. Acostume-se com isso que esta bobagem renderá, além de falar corretamente, mais alguns pontinhos na prova, que poderão ser justamente aqueles necessários para inseri-lo no rol dos aprovados.

Um dia eu estava assistindo a um jogo e o comentarista falou na TV: "*Os treinadores expuseram suas defesas, desculpem-me, exporam suas defesas*". Caraca, o cara falou certo e depois "remendou" para o errado.

Vários desses erros mais comuns são explorados em questões de concursos. O fato de você ter procurado a informação o ajudará a memorizar o correto, porque se lembrará de quem falou a frase, do momento em que aconteceu e da sua pesquisa em casa. Sem contar o tanto que o ajudará também em provas discursivas, redações e provas orais, se houver em seu concurso.

Mas tem solução para quem cometeu em toda sua vida esta atrofia cerebral, de ficar só assistindo a novelas, Big Brother ou futebol, e não leu bons livros e estudou decentemente nos anos anteriores? Claro que sim, basta praticar. Após poucos meses estudando intensamente, seu corpo já estará igual ao dos estudantes já acostumados a isso. Igual ao malhador principiante do nosso exemplo.

Resumindo, tem como recuperar o tempo perdido e alcançar conhecimento suficiente para passar em um bom concurso? Claro que sim, mas você terá que ralar bastante.

Sei que neste ponto da leitura já terão inúmeros concurseiros me xingando desta forma: *"Droga, eu paro para ler sobre 'Quantidade de Estudo Diário' e o cara não me responde a esta pergunta, que eu tanto queria saber! Desperdicei meu tempo com este mané!"*.

Para estes colegas que necessitam tanto de uma resposta milagrosa, eu darei a que tanto esperavam saber, que é bem simples:

ESTUDE O MÁXIMO QUE VOCÊ CONSEGUIR, MANTENDO A SAÚDE EM DIA!

Sinceramente, e desculpe-me se eu jogar um balde de água fria em você, acho muito difícil uma pessoa ser aprovada em um concurso concorrido estudando menos que duas ou três horas por dia, e isso vale tanto para os gênios quanto para os que não são. E mais: estudando somente duas ou três horas por dia durante a semana, pois no final de semana terão que ser, no mínimo, umas seis a oito horas por dia. Simplesmente porque a quantidade de matéria é imensa e se estudar menos do que isso, não chegará ao fim dela nunca.

"Puxa, mas eu só tenho uma hora por dia e o domingo para estudar um pouco mais!". Então, meu amigo, você pode até calar minha boca depois, mas não acredito no seu sucesso passando em um concurso muito concorrido. Eu sou Estatístico, então acredito nos números, e nunca vi alguém passar assim. Pense seriamente em tentar primeiro um concurso menos concorrido ou então remaneje sua vida para obter mais horas de estudo, mas estudar somente uma hora por dia para concorrer a um concurso bem pesado vai ser como acertar na mega-sena. Talvez seja mesmo o caso de pensar em estudar para um cargo menos concorrido, para obter mais tranquilidade para estudar para outro concurso mais difícil após ter entrado nesse cargo "intermediário".

Desculpe-me, mas não concordo com a ideia de que se estudarmos uma hora por dia, no futuro acumularemos conhecimento suficiente para passarmos, só levaremos mais tempo. Simplesmente não acredito nisso porque o esquecimento será imenso, afinal, ele não se acumula sem que esqueçamos o que já estudamos. As pessoas acham que acumulamos conhecimento da mesma forma que construímos uma casa, na qual vamos colocando tijolo em cima de tijolo, mesmo que aos pouquinhos, e um dia a casa ficará pronta. Não é assim. É o mesmo que construir uma casa em um local muito chuvoso e cheio de ladrões roubando seus tijolos, cimento, janelas, ferramentas etc. A casa não vai acabar nunca.

Outra pergunta que sempre recebo por e-mail é a seguinte: *"Você tinha a impressão de que quanto mais estudava, menos sabia? Tinha a sensação de que mesmo estudando há meses ou anos ainda não sabia nada?"*. Sim, eu e quem usa calça jeans, as torcidas do Vasco, Palmeiras e Atlético Mineiro juntas, o Deme, o William Douglas, enfim, todo mundo. É absolutamente normal. E uma das coisas que explicam isso é o simples fato de que quanto mais aprendemos um assunto, mais a gente se aprofunda nele e mais temos a sensação de que há uma infinidade de coisas para estudar e que ainda não sabemos nada. Isso acontece em qualquer área do conhecimento.

Após passar no concurso, tente fazer mergulho, tricô, estudar inglês ou o efeito do pulo de uma pulga na rotação terrestre. Tenho um amigo que fez mestrado, doutorado e está fazendo o pós-doutorado somente estudando um peixe do Amazonas, sério mesmo. Quanto mais você estudar, seja qual for o assunto, mais vai constatar que tem muita gente que sabe muito mais do que você e que ainda tem muito a aprender. É normal. Não se preocupe com isso. O Deme estava desesperado na véspera dos concursos que fez e arrebentou em todos, foi o maior fenômeno da área fiscal até hoje e acho difícil alguém um dia superá-lo. Eu só não roí as unhas do pé porque as costas iam doer, e tive noites de insônia com medo de não passar, achando que ainda sabia pouco, e passei.

"Mas tem como reduzir o tempo para a aprovação?". Claro que sim. *"Mas como?"*. Escolhendo bons cursos e livros. Não preciso escrever que acumulando muita HBC também, porque isso é óbvio.

A tradicional pergunta *"Quantas horas eu tenho de estudar por dia para passar?"* é a dos concurseiros preguiçosos. Desculpe-me, mas eu e diversos aprovados achamos isso. É feita por quem quer estudar o mínimo necessário para ser aprovado. É claro que não sou louco de dizer que você tem que ficar se matando de estudar por anos e anos sem ser aprovado, não é isso, o que afirmo é que você não pode ter esse espírito de fazer o mínimo, porque isso não vai levá-lo a lugar algum. O que você quer que o aprovado responda a você? *"Estude X horas por dia que você passa"*? Então quer dizer que você vai estudar essas X horas e, se não passar, tudo bem, a culpa não foi sua, afinal, "fez sua parte"? E não passando, concluirá que concurso não é para você, que é coisa dos gênios, porque esses estudaram as tais X horas e passaram. Enquanto tiver esse pensamento de que deve estudar o mínimo, nunca atingirá o máximo da glória, que é sua aprovação.

A esta altura você deve estar com dor de cabeça por ter lido várias coisas que pode não ter gostado, mas, afinal, qual a média de tempo de estudo do pessoal aprovado, que tanto interessa a você saber?

Pensando em concursos de nível superior, pesquisas recentes mostraram que a média é de um ano e meio a dois anos. Alguns em menos de um ano e muitos de uns três a quatro anos. Já se o concurso for para nível médio, os mesmos estudos mostraram que se deve estudar em torno de seis meses a um ano e meio, sabendo que depende muito da safra de concursos que houver neste meio tempo e de quantos desses o candidato houver prestado.

Hoje, 2021, eu estimo que se um candidato partir do zero, com umas 2.000 horas líquidas de estudo entra no páreo para brigar por um bom concurso fiscal. Mas para deixar bem claro, estas 2.000 horas de HBC só contarão se forem utilizando bons materiais e de forma organizada.

"Caramba, mas duas mil horas? Eu não vou conseguir isso nunca, estes caras que passam são loucos, vou desistir de uma vez!", pensarão alguns dos leitores deste livro.

Calvin & Hobbes, Bill Watterson © 1995 Watterson / Dist. by Universal Uclick

Sei que você pode não gostar da nossa velha e tão criticada Matemática, mas façamos uma conta bem simples, destas que, se cair em alguma questão de prova, você a resolverá facilmente e irá para o abraço: suponhamos um candidato que trabalha de 2ª a 6ª, sobrando para estudar três horas por dia nos dias úteis e sete horas por dia no final de semana. Em um mês ele estudará em média 120 horas. Em 16 meses ele terá estudado estas 2.000 horas. Eu escrevi somente 16 meses. Pouco, não? Isso sem levar em conta férias e feriados, quando poderá aumentar o ritmo. Viu como não é tão brabo assim?

Se você não trabalhar e conseguir estudar, em média, 6h líquidas por dia, de 2ª a 6ª, em menos de 12 meses completará as 2.000 horas. Ao fim de um ano, terá estudado 2.200 horas.

Na boa, eu acho que dá para estudar isso neste tempo, até mais se for um candidato compromissado. Se quiser vencer na vida sendo aprovado em um concurso tão brabo ralando menos que 1.000 ou 2.000 horas, comece a jogar na mega-sena, case com alguém rico, abra um negócio promissor etc., porque, colega, esta praia não é a sua. Não há milagres neste mundo dos concursos, há sim muita ralação e uma recompensa maravilhosa o esperando na linha de chegada.

Mostre-me um trabalhador na iniciativa privada que venceu na vida ralando menos do que 5.000 horas que eu pago uma caixa de cerveja. E pode escolher a marca, que pode ser até a de trigo mais consumida no mundo, a *Erdinger*, ou a *Baden-Baden*, a minha predileta.

No ótimo livro best-seller "*Fora de Série – Outliers*" o autor mostra que são necessárias 10.000 horas de prática para que alguém fique um *expert* internacional, em qualquer área. Seja ele um músico, um atleta, um escritor, um mestre do crime etc. Estas 10.000 horas podem ser obtidas com três horas por dia de treinamento durante dez anos, por exemplo. Caramba, nossa experiência mostra que uma pessoa estudando de forma organizada por bons materiais e, se for o caso, fazendo bons cursos, com muito menos tempo que essas 10.000 horas já estará em condições de ser aprovado em qualquer concurso, até para a NASA. Então os "fora de série" somos nós, porque podemos obter sucesso com muito menos esforço que os de outras áreas, além de não precisarmos nos tornar *experts* em concursos, basta acumularmos conhecimento suficiente para passarmos e pronto, poderemos parar por aí, pois já teremos conseguido nosso tão sonhado cargo.

UNIDADE II – Como Estudar Antes do Edital

A maioria dos estudos mostra que a destreza não é inata, e sim adquirida. E sabe qual é o fator mais importante do que a capacidade inata no desenvolvimento da destreza? A motivação. Se estivermos motivados, praticaremos mais e, consequentemente, teremos melhores resultados. Mantenha-se motivado nos estudos. Se você estudar motivado, da maneira correta, sua aprovação será questão de tempo.

Também me perguntam se eu estudei menos do que as tais 2.000 horas que eu expliquei. Sim, estudei umas 600 para passar no AFRFB em 2005 e depois mais umas 200 para a Sefaz-SP, no qual muitas matérias eram diferentes do AFRFB. Mas eu comecei do zero? Claro que não, dez anos antes eu já tinha passado para outros três concursos da área fiscal, então não era bobo, sabia como eram as coisas, fora a boa base que eu já tinha em Exatas. A disciplina que mais reprovou no AFRFB em 2005 foi Informática, justamente minha graduação, que me rendeu ótimos pontos e um risco mínimo de ser reprovado nela, como muitos ótimos candidatos foram, ainda mais porque surgiu de surpresa no edital, com um programa complicado."

Neste livro, já tratamos de ganhos que você pode ter ao dormir melhor, exercitar-se, comer bem, organizar-se melhor nos estudos etc. Cada uma das dicas já mencionadas até aqui melhorarão sua performance um pouco. Não tem nenhum milagre nelas, nem o efeito será imediato, e sim aos poucos ao longo dos meses de estudo. Contudo, não se engane, o poder que essas pequenas alterações na forma de estudar e de viver como um concurseiro profissional farão com o passar do tempo é gigantesco.

Se você conseguir estudar meia hora a mais hoje devido às dicas que já ensinamos, poderá não fazer tanta diferença assim agora. Mas em um ano, serão 182 horas de estudo a mais. Nesse exemplo, o ganho correu em progressão aritmética, mas há ganhos que correm em juros compostos, ou seja, a melhora no seu rendimento é cada vez maior.

No excelente best-seller "'Hábitos Atômicos", James Clear explicou muito bem esse poder que a incorporação de pequenos hábitos as nossas vidas proporciona, para o bem ou para o mal. Em suas palavras: "Esse pode ser um conceito difícil de avaliar no cotidiano. Muitas vezes desprezamos as pequenas mudanças porque não parecem importar muito no momento. Se economizar um pouco de dinheiro agora, você ainda não será milionário. Se for à academia três dias seguidos, ainda estará fora de forma. Nós fazemos algumas mudanças, mas os resultados nunca parecem vir rapidamente, e então voltamos para nossas rotinas anteriores. (...) O sucesso é resultado de hábitos diários - não transformações únicas na vida."

Sabe aquele papo lá do início da injustiça em relação ao pessoal que investe anos na iniciativa privada para talvez ter algo semelhante a um cargo fiscal um dia? Pois é, agora concorda comigo? Você acha justo se dedicar com afinco por um a três anos e ter um salário legal, estabilidade, status, um trabalho sem muito stress etc. e os da iniciativa privada ralarem por anos a fio e, após muitos anos, alguns destes terem sucesso e talvez conseguirem se manter no topo por dezenas de anos, porém, depois, a grande maioria ser trocada por pessoas mais novas que ganharão 1/3 do que eles ganhavam? Sabe quando irão trocá-lo por um moleque mais novo ganhando menos no serviço público? Quando você se aposentar. Olhe que beleza, você vai ser trocado por uma pessoa mais nova e vai ficar feliz por isso. Quanta diferença. Então é claro que não é justo comparar o esforço necessário para conquistar o sucesso na iniciativa privada com o obtido por meio dos concursos, mas funciona assim. Então aproveite que está do lado certo da escolha e estude para "aumentar essa injustiça".

Ainda bem que no início de 1992, aos 21 anos, enxerguei que este mundo era injusto neste ponto e fiz minha opção por estudar para concursos. Hoje desconheço algum colega de turma de faculdade, e olhe que me formei em Informática na UFRJ faz quase 20 anos, ou então do meu mestrado em Estatística na UFMG, que esteja melhor do que eu em vários aspectos. E não me refiro somente ao salário momentâneo, porque um ou outro pode até estar ganhando hoje mais do que eu, mas sim ao montante que teremos recebido ao final da vida e à saúde mental que temos hoje após estes anos de trabalho. Quero me comparar com meus colegas de graduação quanto ao nível de stress a que nos submetemos durante estes mais de 15 anos de formados. A comparação não tem nem graça, e olhe que nunca tive muita moleza nos meus cargos, mas com certeza passei por muito menos estresses do que eles todos. Só de eu nunca ter dormido com medo de perder o meu trabalho já valeu muitos anos a mais de vida, teoricamente.

E eu sempre tive uma certeza que gostaria que você tivesse também: passar em um bom concurso é difícil? Claro que é. Mas vencer na iniciativa privada é MUITO mais, sem dúvida alguma. Então, pelas leis universais do menor esforço e da busca pela melhor relação custo-

-benefício, e que me perdoe quem não viu os filmes da série Guerra nas Estrelas e não entender o que escreverei aqui, fique deste lado da força, não se renda ao lado negro, continue estudando, porque aqui suas chances de vencer na vida são muito maiores.

Estude direitinho, não desista, afinal, *may the force be with you*. Não se renda ao lado negro, o de tentar o sucesso na iniciativa privada, porque teme não passar em um concurso. O outro lado pode parecer tentador, mais fácil, mas não é. No final, este lado ruirá e poderá ser tarde para você tentar ficar do lado dos cavaleiros *Jedi*. Seja um bom *Padawan* (aprendiz de *Jedi*), estude corretamente, que um dia você será um *Jedi*. Pode desistir, mas saiba que no futuro terá mais chances de respirar igual o *Darth Vader*.

Sei de pessoas que acham que eu penso que não há felicidade na iniciativa privada, mas estão muito enganados, pois está muito longe de eu achar isso. Sei que milhões de pessoas nasceram para ela e são felizes assim, claro, mas se você está lendo este livro, é porque sua vida aí fora está uma droga e então enxergou em sua aprovação em um concurso público uma coisa boa para você e seus familiares. Porém, para este sonho se tornar realidade, terá que fazer direitinho o dever de casa, parar de se preocupar com os outros aprovados ou candidatos, e buscar o SEU tempo de estudo, do SEU jeito, no SEU ritmo, mantendo SUA saúde em dia para alcançar o SEU sucesso.

Quer que eu repita o que escrevi anteriormente? Aí vai:

ESTUDE O MÁXIMO QUE VOCÊ CONSEGUIR, MANTENDO A SAÚDE EM DIA!

10) Como controlar o tempo de estudo para aumentar o desempenho

Neste livro busco fornecer diversas informações sobre como estudar. Algumas dicas considero mais essenciais que as outras e a que trataremos neste capítulo acredito ser também uma das principais. Alguns concurseiros dizem que pode parecer coisa de algum "paranoico", mas eu não vejo assim, pois realmente tenho a certeza de que um concurseiro que possui total controle sobre seu tempo de estudo tem muito mais chances de obter sucesso do que um que não tem.

Mas o que eu quero dizer com "controlar o tempo de estudo"? É fazer um daqueles calendários semanais de estudo? Não, não é bem isso, são outras coisas mais que você deveria fazer para melhorar cada vez mais sua performance. Vamos a elas. E peço para que você, por mais que ache que pode ser perda de tempo ou muita paranoia, faça uma experiência por algumas semanas. Depois reflita se está valendo a pena ou não agir dessa forma. E fique tranquilo, porque se ficar paranoico, após sua aprovação terá dinheiro para pagar um tratamento psicológico ou psiquiátrico.

Anote todos os minutos que estudar, por disciplina. É só fazer o seguinte: deixe um relógio digital na sua frente (tem que ser digital, porque o tic-tac dos relógios de ponteiro atrapalha a concentração) e um bloquinho de papel ao lado, podendo utilizar uma agenda também, o que é até melhor. Se estiver em frente ao computador, pode usar o site <www.cronometronline.com.br>, mas, obviamente, desligue qualquer coisa que possa perturbar sua atenção, como e-mails. Atualmente, existem ótimos aplicativos que controlam seu tempo de estudo, depois apresentando estatísticas do seu estudo por tempo, disciplina etc. Recomendo-os bastante.

Quando começar a estudar a primeira disciplina do dia, marque a hora exata no papel. Quando for fazer um intervalo, anote a hora de fim e de recomeço. Deixe todo o seu estudo diário anotado e no final do dia passe para um calendário quanto estudou de cada matéria e o total de estudo do dia. Pode fazer essa anotação no seu ciclo de estudo, conforme comentaremos adiante.

Assim você terá controle do seu estudo diário e não se iludirá com ele. Vai constatar que ficar em casa por conta do estudo de 8h às

UNIDADE II – Como Estudar Antes do Edital | **273**

23h não quer dizer que você estudou 15h no dia. Você estudará, num excelente dia, umas 9h ou 10h no máximo, e conseguirá tudo isso raramente. Essas horas anotadas lhe mostrarão o quanto perde de tempo no telefone, vendo TV, na internet etc. Serão suas horas reais de estudo, as chamadas "horas líquidas" de estudo, que lhe trarão mais cobrança com seus horários e um aumento no número de horas estudadas.

Este tipo de controle fará você estudar mais, acredite.

Você vai notar que pode ficar uma semana inteira "estudando" aparentemente o mesmo tempo todo dia e o tempo real de estudo diário variar de três a nove horas, sem que você tenha notado muita diferença de um dia para o outro. Você só vai perceber e corrigir isso se fizer as anotações de horários. Identificará o porquê de um dia não ter rendido tanto e saberá minimizar aquilo que o prejudicou, para nos próximos dias não repetir os mesmos desperdícios de tempo.

No início, vai perceber que estudará efetivamente uns 67% do tempo de estudo, por exemplo. Assim, estudará duas horas líquidas a cada três horas. Ao constatar que está perdendo muito tempo com outras coisas, corrigirá esses erros e aumentará para 75%, por exemplo. Quer dizer, nas mesmas três horas de estudo obterá 2h15 de estudo líquido, ou três horas líquidas a cada quatro horas, o que dá no mesmo.

Um exemplo de como anotar o tempo de estudo: vamos supor que hoje você estudou Direito Tributário das 18h30 às 19h50, depois foi jantar, voltou para estudar Estatística das 20h50 às 21h45 e finalizou seu dia estudando Português das 22h03 às 23h38. Na sua agenda ou papel de anotações você anotaria desta forma:

DT   → 18:30 – 19:50 → 1h20'
Estat → 20:50 – 21:45 → 55'
Port → 22:03 – 23:38 → 1h35'
Total → 3h50'

Isso não fará você perder tempo nenhum de estudo, quem disser isso ou é um tapado que leva alguns minutos para olhar o relógio e escrever essas simples anotações ou então não quer ter este controle e dá essa desculpa. Se não quiser seguir essa dica, beleza, ninguém é obrigado a seguir, lógico, mas então fale que não acha interessante e ponto-final, mas falar que perderá tempo de estudo é balela, essa não cola.

Percebeu que nas anotações do exemplo anterior eu marquei até os horários com minutos quebrados? É uma bobagem que aprendi a corrigir lendo um livro do William Douglas e sei que quase todo estudante faz da mesma forma: esperar as "horas cheias" para estudar. Você não tem que olhar o relógio e ficar esperando uma certa hora para voltar a estudar, a ordem é a inversa, ou seja, você senta para estudar logo que puder e depois confere que horas são, para anotá-la. Ganhará mais horas de estudo se fizer isso. Tenho certeza de que muitas pessoas ficam adiando a volta ao estudo, pensando: "*Às 14h eu volto*". Aí dá 14h10 e o cara, em vez de correr para estudar, pensa: "*Às 14h30 eu volto então*". Pare com essa inútil perda de tempo, sente-se para estudar assim que for possível e depois olhe para o relógio para marcar seu início. Conte quantos minutos por dia, por semana, por mês etc. você perde de estudo fazendo isso que você verá a enorme diferença que essas horas acumuladas farão em seu conhecimento lá na frente, no dia da prova.

Anote todo o seu tempo de estudo, seja revisando a matéria, elaborando resumos, resolvendo exercícios ou provas etc. Alguns desses tipos de estudo poderão não constar do seu ciclo de estudo, conforme aprenderemos em um capítulo futuro, mas, com certeza, contam como tempo de estudo, afinal, você não estava na praia, assistindo a TV ou jogando videogame, você estava estudando.

Você pode usar também o aplicativo Aprovado, que faz sucesso no meio dos concurseiros. Serve para cronometrar seu tempo de estudo e outras tarefas mais, como inserir suas anotações manuais de quanto tempo estudou cada disciplina. Assim, você sempre terá controle sobre quantas horas estudou de cada disciplina por dia, semana, mês etc. Conheça-o no site <www.aprovadoapp.com.br>. É gratuito e tem para iPhone e Android. Além do Aprovado, existe outro que eu prefiro, o EstudAqui, pois além de fazer tudo que o Aprovado faz, ainda o ajuda a elaborar seus ciclos de estudo, que ainda veremos nesta unidade. Também tem o aplicativo do Gran Cursos Online, outro excelente.

Outra dica para fazê-lo ganhar mais umas horas de estudo: esqueça essa bobagem de antigamente de que tinha que esperar uma ou duas horas para voltar aos estudos após uma refeição. Isso é pura bobagem. Coma devagar, relaxe e, logo que puder, volte com tudo. Não tem essa de enjoo, dor de cabeça, colapso, convulsão, ataque epiléptico etc. Isso é do tempo em que não se podia comer manga com leite. Se for após o almoço, e você optar por fazer uma soneca, beleza, mas após

UNIDADE II – Como Estudar Antes do Edital

o jantar ficar esperando uma ou duas horas para voltar aos estudos é pura bobagem. Jante, de preferência alimentos não pesados, relaxe um pouco e vá estudar logo que puder.

Esse foi o primeiro tipo de controle de tempo de estudo que eu tinha para comentar, mas agora vamos a outro, que não tem nada a ver com o anterior.

Você sabe quantos minutos em média gasta estudando uma página de teoria de um livro por tipo de disciplina? Sabe quanto tempo leva para ler seus resumos de uma determinada matéria ou reler as marcações de um livro? Ou para fazer os exercícios bizus de um livro? Poderia apostar uma mariola e uma cocada que não. E saber essas coisas é importante? Sim, muito, acredite em mim.

Vamos aos passos a serem seguidos. Anote os tempos de início e de fim de estudo de teoria de um determinado livro ou apostila. Faça isso algumas vezes e depois de alguns estudos daquele material, some quantos minutos gastou e divida pelo número de páginas estudadas. Beleza, agora já sabe quantos minutos em média leva para estudar uma página de uma disciplina.

As disciplinas de conteúdo parecido possuem o mesmo tempo médio de estudo por página. Por exemplo: Direitos Constitucional, Tributário e Administrativo gastam praticamente a mesma coisa. Se variar, vai ser pouca coisa, não importa muito, afinal, estamos lidando com médias, não com valores exatos. Mas esses tempos já são bem diferentes do tempo gasto em uma disciplina de Exatas, por exemplo, pois estas levam mais tempo por causa dos cálculos, possuem mais exercícios para resolver e exigem mais raciocínio.

Conforme comentei no capítulo sobre como estudar um material, quando eu estudava pelos livros que utilizava, sabia que em média gastava de dois minutos e meio a três minutos por página de um livro de Direito. E de quatro a cinco minutos se fosse de Contabilidade ou Exatas.

Mas para que serve saber isso? Poderia dar-lhe algumas respostas, mas vamos por partes, como nosso velho amigo Jack.

Primeiro, para direcionar melhor seu estudo e suas compras de livros, principalmente após o edital. Após o edital ou perto dele, somos tentados a estudar vários livros, afinal, a consciência pesa pelo tempo que desperdiçamos anteriormente no nosso estudo e vemo-nos forçados a estudar mais e mais. Mas teremos tempo para estudar todos os livros realmente?

Vou dar um exemplo que aconteceu comigo quando saiu o edital para o Auditor Fiscal da Receita Federal em 2005. Na semana anterior à publicação do edital, eu tinha comprado três livros muito bem indicados de questões comentadas dos Direitos Tributário, Constitucional e Administrativo. Só que cada um tinha umas 500 páginas. Aí fiz as contas: 500 páginas vezes uma velocidade de leitura média de 2,5 minutos por página, levaria 1.250 minutos, ou aproximadamente 21 horas líquidas de estudo para cada livro. E eu tinha esse tempo disponível? Não, não tinha, então o que fiz? Com muita pena do dinheiro investido e principalmente por deixar de adquirir aquele conhecimento que poderia me fazer muita falta, guardei os livros na gaveta, para nem vê-los mais na minha frente. Depois que passei, os doei novinhos para um amigo, que ficou mais feliz que pinto no lixo.

Bem, esse foi o primeiro motivo que dei a você, mas há outro tão ou mais importante que o primeiro: saber quantos minutos você leva em média para estudar uma página de disciplina serve para controlar quantas páginas vai estudar cada vez que sentar para estudar a dita cuja.

Lembra quando, algumas páginas atrás, aprendemos como estudar um material de forma correta e a primeira tarefa era dar uma passeada pelo livro e, dentre outras coisas, ter uma ideia sobre se daria para ler todo aquele capítulo do livro ou não? Concorda comigo que se você souber quantos minutos em média levará para estudar cada página isso será facilitado em muito?

Por exemplo: você vai estudar Direito Constitucional por uma hora. Aí abre seu livro na unidade a ser estudada e na passeada inicial para conferir o que irá estudar verifica que aquela unidade tem 100 páginas. Mas você tem uma hora só, então não dará tempo para ler todas as páginas daquele capítulo. Mas se souber, por exemplo, que leva em média 3 minutos para estudar cada página, então em uma hora poderá estudar 20 páginas. Esse cálculo você deve fazer já quando for abrir o seu livro, simplesmente pensando: *"Agora vou estudar Constitucional por uma hora, logo, dará para estudar umas 20 páginas"*. E ao abrir o livro para analisar o que vai estudar, a tal primeira fase do estudo, que chamamos de "passeio pelo livro", analise só as primeiras 20 páginas,

UNIDADE II – Como Estudar Antes do Edital

arredondando para algumas a mais ou a menos dependendo do fim de algum tópico ou capítulo.

Quer mais um motivo para saber quantos minutos gasta em média para estudar um material teórico? Vamos lá, e esse é muito importante também. Psicólogos descobriram que nosso cérebro tem uma forte tendência para completar coisas, e você já sabe isso, é o tal gradiente de meta que vimos lá na primeira unidade. Logo, se quando for começar a estudar seu cérebro já souber quantos minutos e quantas páginas vai ter que estudar, ele aumentará sua concentração para chegar ao fim. Ele gosta sempre de ter noção de tempo e quantidade, e no estudo, ainda mais.

Em suma, nunca estude sem saber quanto tempo vai durar a sessão de estudo e até qual página você irá.

Esse é outro tipo de controle que não gasta tempo para fazer e que é muito útil. Pode parecer bobagem para alguns, mas utilize-o que você verá como aumentará seu controle sobre o tempo de estudo, que é importantíssimo ter.

Vamos supor agora que você terminou de estudar todo o conteúdo de um livro e uns dias após resolveu rever as marcações dele, para fazer uma revisão. Geralmente nessas revisões só lemos o que está marcado de amarelo, certo? Então quando for começar a ler cada capítulo, marque quantos minutos leva para revisá-lo. Terminou de revisar o capítulo, marque lá no índice do livro quantos minutos levou exatamente. Pode ser três ou 50 minutos, não importa, o que importa é saber quanto tempo levou para revisar cada capítulo. No dia que terminar de revisar todo o livro, vá ao índice e some quantos minutos levou para revisar o livro inteiro. É uma coisa simples, mas que vai ajudá-lo muito, principalmente depois que sair o edital.

Eu sabia, por exemplo, que para rever as marcações do meu livro base de Direito Constitucional, o do Vicente Paulo e do Marcelo Alexandrino, eu levava quatro horas e meia. E sabia isso sobre alguns outros materiais também.

"Bem, Meirelles, acabou a paranoia por aí?". Não, não acabou, vamos continuar, pois fiz uma parceria com uns colegas psicólogos que me prometeram que para cada concurseiro que eu mandasse para a clínica deles, ganharia uma comissão (rs.).

A mesma anotação que indiquei para fazer das suas revisões, também indico quando for resolver os exercícios bizus. Lembra-se de quando comentamos sobre marcar aqueles exercícios mais interessantes, os tais "bizus", quando fizesse os exercícios de cada capítulo? Então, quando for resolvê-los no futuro, anote no índice quanto tempo levou para resolver os bizus de cada capítulo e, ao terminar o livro, some o tempo total gasto.

Eu sabia, por exemplo, que para resolver novamente todos os bizus do meu livro base de Contabilidade, o do Ricardo Ferreira, eu gastava umas seis horas. E isso também vai ser muito importante no seu estudo pós-edital, conforme veremos ainda.

Colega, acredite em mim, depois do edital, se tiver total controle sobre o seu tempo de estudo, suas chances de ser aprovado aumentarão significativamente. Eu devo minhas duas últimas aprovações, para AFRFB e AFR-SP, principalmente a esse controle absoluto que eu tinha sobre o meu tempo de estudo. Se eu não tivesse sido tão organizado e controlado, tenho certeza de que não teria passado, porque quando saíram os dois editais eu estava muito atrás de milhares de candidatos, mas graças a esse controle e, claro, às HBCs que consegui ter no período pós-editais, fui aprovado.

Controle seu tempo de estudo, caso contrário, ele é que vai controlá-lo, e isso poderá se tornar um desastre nuclear na sua vida de concurseiro.

Todas essas dicas que dei sobre como controlar o seu tempo de estudo não o farão gastar tempo, mas sim ganhar tempo, e com um estudo de muito mais qualidade, porque será muito mais bem organizado.

11) Como fazer intervalos durante seu estudo

É muito importante que você faça intervalos enquanto estiver estudando. A periodicidade varia de pessoa para pessoa. Eu variava dependendo da disciplina, mas nunca ficava mais de 2h30 sem fazer um intervalo.

Hoje sei que estudar mais do que 1h30 direto não é aconselhável, pois seu cérebro fica saturado de tanta informação e começa a jogar fora mais rápido o que foi estudado no início da sessão. Acredito que entre 60 a 80 minutos de estudo esteja ideal para dar uma refrescada na cuca.

O mais aconselhável pelos estudiosos é estudar 1h ou 1h30 de cada vez, raramente acima disso. Já li algumas fontes que aconselham estudar em blocos de 50 minutos com 10 minutos de intervalo, mas, sinceramente, acho muito pouco esse tempo em quase todas as ocasiões, pois em muitas disciplinas mais complicadas levamos vários minutos para engrenarmos no assunto e com 50 minutos de estudo estamos no auge do raciocínio, logo, seria um desperdício cortá-lo no meio.

Caso seja o último período de estudo do dia, se for necessário, prolongue para duas horas ou duas horas e meia, uma vez que não irá estudar mais depois.

Os primeiros intervalos do dia podem ser menores que os últimos, quando já estará mais cansado. Portanto, o primeiro intervalo do dia pode ser de só uns cinco a dez minutos, enquanto que os seguintes podem ser maiores, de 10 a 30 minutos, se estiver muito cansado.

Se tiver estudado menos tempo do que pretendia e já estiver sentindo necessidade de fazer um intervalo, force um pouco, treine seu corpo a ser mais resistente. Às vezes ele engrena no estudo e você consegue estudar mais, mas se por acaso não conseguir, pelo menos o treinou a resistir mais. Fazendo assim, aos poucos ele estará adaptado a estudar mais em cada período de estudo. Mas não abuse, não é para forçar a estudar mais uma hora, por exemplo, são 15 a 30 minutos no máximo.

Se achar interessante, estabeleça um sistema de recompensas caso consiga estudar até determinado ponto do livro, por exemplo. Uma recompensa simples, como comer um pedaço de chocolate.

Quando fizer um intervalo, desligue-se do estudo. Saia do seu local de estudo e, se possível, vá brincar com seu filho; assista a alguma distração na TV, como um desenho ou um videoclipe, evitando programas violentos ou tristes; leia um gibi ou revista; leve o cachorro para fazer xixi etc. Aproveite esses intervalos para ir ao banheiro, beber água, fazer um lanche leve, conversar com familiares, preparar suas refeições e da família, fazer ligações não demoradas e imprescindíveis etc.

Nos intervalos você tem que realmente descansar o cérebro, não adianta ficar organizando seus estudos. Faça isso em outras horas, porque se o seu intuito é voltar a estudar com qualidade, você precisa se desligar do estudo por uns cinco a 20 minutos pelo menos.

Enquanto eu estudava para o AFRF em 2005, caí na bobagem de me viciar na série Lost, vício que mantive até ela acabar, em maio de 2010. Era ótima para eu relaxar entre o estudo, mas não conseguia parar de ver um episódio de 45 minutos no meio dele, e quando ele acabava, era um martírio voltar ao batente, porque ficava louco para ver o próximo. Aquilo me prejudicou, então alerto para que você tome cuidado com o que for ver nos seus intervalos, pois sofri isso na própria pele.

Caso vá assistir à TV, que sejam programas curtos, nada de encarar algum programa esportivo, novela ou seriado com 40 ou 50 minutos de duração em cada episódio, como Prison Break, Game of Thrones, Dexter etc., porque é praticamente impossível parar um episódio daqueles no meio, e 40 minutos de intervalo é muita HBC jogada fora. Veja um desenho animado ou algum seriado de 20 minutos de duração, como Two and a Half Men, Seinfield, The Big Bang Theory etc. Mas, mesmo no caso desses programas mais curtos, até você tomar uma água, ir ao banheiro e colocá-lo para assistir, gastará mais de 30 minutos com o intervalo. Se for o momento de fazer um intervalo um pouco maior, beleza, mas se for para ser um intervalo mais curto, será perda de tempo também.

O William Douglas lia um gibi, já o Deme jogava videogame. Descubra a forma de você relaxar nos seus intervalos, pois isso é muito pessoal.

Assistir a um seriado, ler um gibi, jogar videogame etc. são ótimas atividades para desligar seu cérebro, e fazer um descanso cerebral desses vai aumentar seu desempenho quando voltar a estudar. Não estou afirmando que assistir a um seriado ou ler um gibi melhora o funcionamento do cérebro, é óbvio que não, só comentei que qualquer coisa que o desligue do seu estudo durante seus intervalos é proveitoso. Seu cérebro precisa de um descanso de tempos em tempos.

Afinal, qual é o tempo ideal para fazer intervalos? Isso depende de cada um, mas não indico estudos contínuos menores que uma hora ou maiores que duas horas, salvo algumas exceções. Mas é como eu escrevi, depende de cada um, não se baseie muito nessas dicas rígidas de tempo de estudo e de intervalo, siga seu corpo. No meu caso, eu fazia um intervalo a cada 1h a 2h30 de estudo, no máximo, dependendo da matéria e da minha disposição e saúde naquele dia.

E quando saber se é a hora de fazer um intervalo maior ou menor? Isso é o seu corpo que vai responder, não há uma regra fixa. Depende também da disciplina que você estudou, da que vai estudar em seguida e do cansaço físico e mental daquele dia. Só não enrole para voltar aos estudos. Descansou um pouco a cabeça e satisfez suas necessidades básicas, retorne aos estudos rapidamente.

E lembre-se de não desperdiçar seus minutos de estudo esperando as "horas cheias".

12) Como saber a hora de estudar cada disciplina

Em certas horas do dia estamos mais descansados e em certas horas estamos esgotados, isso é um fato, e não há uma regra para saber quais serão estes momentos, cada um funciona de um jeito e até os dias podem ser bem diferentes uns dos outros, pois há dias em que estamos bem de manhã e mal de noite, e nos outros, o contrário.

Sabendo que temos estas mudanças em nossa disposição para estudar, o que podemos fazer para aproveitarmos melhor nossos estudos?

Bem, a primeira coisa que você precisa saber é identificar estes momentos quando vai começar a estudar em cada dia. E a segunda coisa é saber que quando estamos cansados, estressados e/ou com sono, nosso cérebro renderá muito pouco aprendendo assuntos novos, mas renderá melhor se fizer exercícios ou revisar a matéria, como ler seus resumos. Logo, a melhor coisa a fazer é, sempre que possível, estudar matéria nova quando estiver mais descansado e revisar ou fazer exercícios quando estiver nos momentos de baixa produtividade intelectual.

O que é mais simples, como fazer ou reler um resumo, deve ser feito nos momentos de pior concentração. Não desperdice uma hora em que você está com um pique legal para fazer coisas que não utilizam tanto seu cérebro.

Como exemplo, suponhamos que você trabalhe oito horas por dia e chegue sempre cansado em casa para iniciar seus estudos. O melhor a fazer nestes momentos é revisar a matéria estudada nos dias anteriores e fazer exercícios, e assim que estiver rendendo melhor, partir para aprender conteúdos novos. Outra sugestão é que você utilize os seus finais de semana somente para aprender conteúdos novos e deixar para fazer mais exercícios e revisar a matéria durante a semana, em seus momentos de menor rendimento.

Muita gente faz o contrário em várias semanas sem perceber, ou seja, quer aprender conteúdos novos e muitas vezes complicados durante a semana, após o trabalho, quando estão cansados, e usam o final de semana para fazer exercícios, por exemplo. Caramba, está fazendo a

UNIDADE II – Como Estudar Antes do Edital

ordem contrária, pois com certeza renderia bem melhor se tivesse feito o oposto, como sugerimos.

Quando estudamos um capítulo de um livro para concursos, geralmente ele vem acompanhado de diversos exercícios no final, então faça alguns deles para fixar o conteúdo assim que terminar de estudar o capítulo, conforme já vimos, mas faça os restantes, de preferência a maior parte deles, quando estiver mais cansado ou de cabeça cheia. E o mesmo vale para elaborar e ler os resumos.

E se você possui todos os dias livres para estudar, em quais momentos é melhor estudar conteúdo novo ou revisar? Bem, é só relembrar o que já aprendemos quando estudamos o relógio biológico na primeira unidade. Nosso cérebro durante o dia está pronto para aprender conteúdos novos e, conforme vai chegando o fim do dia, geralmente das 18h até a hora de dormir, está em seu melhor momento para revisar e fazer exercícios. Logo, procure estudar conteúdo novo de manhã e à tarde e deixe para fazer a maioria dos exercícios ou então revisar conteúdos estudados em dias anteriores quando estiver no final do dia.

13) Como organizar o estudo? (utilizando os ciclos)

Neste capítulo detalharei bastante o método de organização do horário de estudo que considero mais proveitoso: o Ciclo de Estudos.

Já recebi inúmeros e-mails com dúvidas a respeito dele, mas agora, com este capítulo, acredito que todas as dúvidas serão esclarecidas.

Confesso que acho o nome um pouco impróprio, talvez o mais correto fosse "Estudo das Disciplinas em Ciclos" ou algo parecido, mas se o nome do dito cujo ficou famoso como este aí, farei o quê? Você conhece o ex-jogador de futebol chamado Marcos André Batista dos Santos? Tenho quase certeza de que não, mas e se eu falasse que seu apelido é Vampeta? Aí sim, claro, todos se lembram dele. Algo parecido aconteceu com o nome do ciclo, pois depois que ficou famoso, está todo metido e não quer mais mudar de nome.

Sinceramente, até hoje não sei em que lugar eu aprendi este método de estudo por ciclos ou se fui eu que inventei. Eu o utilizei por alguns meses em 1998 e quando me perguntaram onde eu tinha aprendido isso depois que passei, já no início de 2006, eu não sabia responder ao certo. Eu acreditava que tinha sido quando li uma das primeiras edições do "livrão" do William Douglas, lá no final dos anos 1990, que já não possuo mais, mas depois, pedindo pessoalmente para que ele mencionasse novamente este assunto no livro, vi que o ciclo dele não tinha nada a ver com este ciclo aqui.

Então, juro, não sei de onde surgiu isso na minha cabeça há mais de dez anos. Não sei se eu que inventei, se me baseei em alguma coisa parecida ou se copiei de algum lugar. Prometo que se um dia descobrir, farei questão de dizer quem foi o pai da criança, que por enquanto considero como bastarda. Se ninguém se apresentar, passarei a dizer que fui eu e já estou até passando a acreditar mais nisso de uns tempos para cá. Algumas coisas neste livro sei que fui eu que inventei, mas este tal de ciclo tenho minhas dúvidas, então estou quase mandando fazer um exame de DNA e, se der positivo, assumirei o filho, pagarei pensão, levarei a São Januário para ver o meu Vascão etc. E se ele tiver nascido flamenguista, continuará bastardo, não vou assumir um filho de tremendo mau gosto nem sob pena de reclusão.

UNIDADE II – Como Estudar Antes do Edital

Bem, deixemos para que o Ratinho depois faça o teste de DNA e descubra a paternidade do ciclo e vamos ao que interessa, que é saber como utilizá-lo.

Existem diversas formas de organizarmos a ordem das disciplinas a serem estudadas, dentre as quais destaco:

- estudar uma disciplina de cada vez, praticamente esgotando o conteúdo de uma para passar para a próxima;
- estudar uma disciplina por dia;
- estudar conforme a ordem das aulas dadas no cursinho;
- estudar seguindo um calendário semanal de estudos, previamente planejado, geralmente aos domingos;
- estudar as disciplinas ciclicamente, em uma ordem predefinida.

Bem, obviamente, pelo título deste capítulo, você já entendeu que recomendo a última opção. Mas antes, vamos aos porquês de eu não gostar das anteriores.

Vamos à primeira opção, a de estudar uma disciplina por vez até esgotá-la. Pense comigo: em quanto tempo você estudará uma disciplina até atingir um nível razoável de conhecimento nela? Sei que isso é muito relativo, pois dependerá do seu conhecimento anterior, do tamanho e da dificuldade dela, de quantas horas estudará por dia etc., mas podemos dar um chute de 15 dias? Então, se o seu concurso tiver dez disciplinas, teremos estudado as dez em cinco meses, ok? E se forem 20 disciplinas? Ficará dez meses sem ver a primeira matéria estudada? Será que vai se lembrar do que estudou da primeira disciplina após meses e meses sem vê-la? Colega, ou rezará todos os dias agradecendo pela memória maravilhosa que tem ou, muito provavelmente, não se lembrará de quase nada. Esse é o principal motivo para eu rechaçar totalmente esta forma de estudar. Eu a acho um crime inafiançável contra suas pretensões de ser aprovado.

Sei que vários professores e candidatos bem-sucedidos falam que estudaram assim e passaram. Ok, beleza, mas não é porque passaram que tenham feito do melhor jeito. De forma alguma. Como diria o Luciano Huck: *"Loucura, loucura, loucura!"*.

A segunda maneira de estudar, a de estudar uma disciplina por dia, muito recomendada por diversos aprovados, também acho que peca em alguns aspectos. Primeiro, seu cérebro após algumas horas estudando uma disciplina fica completamente saturado, fazendo com que seu grau de aprendizado despenque. Segundo, cai no mesmo problema da primeira forma, embora em menor grau, claro, mas o deixa muitos dias sem estudar uma disciplina, levando-o ao esquecimento. Para mim, o Luciano Huck poderia dizer sua frase preferida para ela também.

Analisando agora a terceira, a de estudar conforme as aulas são dadas no cursinho. Primeiro problema: muitos cursinhos concentram mais nas aulas de uma disciplina de um professor disponível naqueles dias e depois nas aulas de outro professor disponível mais à frente. E você cairá em algo parecido ao acontecido no primeiro método, o de ficar concentrando seu estudo por um tempo em uma ou poucas disciplinas, esquecendo as anteriores. Segundo problema: suponhamos que você teve aula de manhã de uma disciplina. Aí vai para casa e passa horas estudando-a. Será que seu cérebro não estará saturado de estudar somente aquela disciplina, usando os mesmos grupos de neurônios? Colega, o aprendizado irá declinar rapidamente após pouco tempo de estudo, acredito que, no máximo, em três horas de estudo da mesma matéria.

Vamos à quarta, a de estudar seguindo um calendário semanal de estudos. Quando eu estudava antigamente, eu tentava montar aqueles quadros de horários que vemos em todos os livros ou artigos sobre técnicas de estudo, aquele tradicional quadrinho que é uma espécie de agenda diária com tudo o que tem ser estudado de segunda-feira a domingo, separados pela hora do dia, similar ao quadro a seguir:

Hora	2ª	3ª	4ª	5ª	6ª	Sábado	Domingo
7 – 8	malhar	Português	malhar	Matemática	malhar	descanso	descanso
8 – 9	Direito Constitucional	Economia	...	...	...	...	...
9 – 10	Matemática	...	...	...	...	...	...
10 – 11	Contabilidade	...	...	...	...	...	...
11 – 12	Contabilidade	...	...	...	...	...	...
12 – 13	almoço	almoço	almoço	almoço	almoço	almoço	almoço
13 – 14	Direito Tributário	...	...	...	...	...	...

E sabe o que acontecia? Eu vivia de consciência pesada por não ter conseguido cumprir a programação semanal. E quer dizer com isso

UNIDADE II – Como Estudar Antes do Edital

que eu vagabundeava e não era compromissado? Não necessariamente, é porque este calendário dita sua próxima semana como se você virasse a mãe Diná aos domingos, adivinhando tudo o que iria acontecer em seus próximos dias, mas a vida não é assim. Você acorda mais ou menos disposto nos diferentes dias, briga com a namorada ou com familiares, fica doente, alguém precisa de sua ajuda etc. e esses imprevistos bagunçam toda a sua programação.

Suponhamos que na segunda-feira sua mãe peça para levá-la ao médico urgentemente às 8h, e você acaba voltando para casa só na hora do almoço. Que beleza, no quadro do meu exemplo teria deixado de estudar 4h de Direito Constitucional, Matemática e Contabilidade. Até aí tudo bem, porque você poderá compensar em outros dias, certo? ERRADO, porque nos outros dias seu horário já está tomado. Ué, e se eram suas únicas horas semanais de estudo de Constitucional, ficará uma semana sem ver a tão preciosa disciplina? Sim, ficará, que legal, né? Que a Constituição vá ao espaço, ora bolas!

Com o peso da segunda-feira parcialmente perdida, mas com a consciência tranquila por ter feito sua obrigação familiar e por sua genitora estar melhor, você acorda na terça-feira febril e se sentindo como se o Mike Tyson o tivesse feito de saco de pancada. Acordar para estudar às 7h nem pensar. Quem sabe lá pelas 9h você consegue, mas aí Português e Economia terão que esperar a próxima semana ou outro dia.

Bem, acredito que já deu para você perceber que também não gosto deste método. No dia em que eu for a Mãe Diná e souber previamente tudo que acontecerá comigo na próxima semana, eu o seguirei. Ou melhor, não seguirei também, porque aí será mais fácil adivinhar o gabarito da prova (rs).

Com todo o respeito aos inúmeros especialistas, alguns até meus amigos pessoais, que defendem em seus livros e artigos os outros métodos, eu não acredito que eles o levem a um potencial máximo de aprendizado, pelo menos não tanto como podem parecer na teoria. Desculpe-me, mas que alguém me mostre as falhas que cometi ao apontar os defeitos de cada um. E que não me venha com a resposta tradicional: *"Eu fiz assim e funcionou"*, já que isso não é garantia de que seja a melhor forma para fazer, seja o que for na vida, e não só no mundo dos concursos.

Talvez se tivessem feito de outro modo, teriam alcançado resultados até melhores. Ou talvez não, vai saber. Bem, o Deme é meu norte, meu referencial, ele utilizou o mesmo método que eu e como não houve até hoje nenhum candidato na área fiscal que tenha conseguido os mesmos resultados que ele, continuo batendo o pé neste assunto. Tente estudar uma semana inteira uma disciplina por vez que você verá como se comportará sua memória. Depois alterne o tempo de cada uma e analise de novo o desempenho de sua memória. E tire suas próprias conclusões. Não é para que sigam sempre o que eu ou o Deme fizemos, claro que não, cada pessoa tem seu jeito de estudar e o funcionamento do cérebro de cada um é diferente, lógico. Mas há coisas que são vantajosas para 90% das pessoas, então é com elas que eu tenho que me preocupar.

Não recomendo e nem vivo de exceções sem maiores comprovações científicas ou práticas. Então não é porque alguém conseguiu sucesso fazendo de determinada forma que esta pessoa deve falar para os outros fazerem sem ter certeza de que é a melhor maneira ou não. Lembre-se do caso que mencionei de um concurseiro que passou para fiscal estudando todos os dias dentro do seu carro na garagem do prédio. E aí? Vou recomendar que você faça o mesmo? Óbvio que não, ele alcançou seu sucesso assim porque não conseguia estudar em sua casa, foi uma dificuldade que ele teve e que com muita raça a superou; parabéns para ele, o cara foi um herói.

Eu cometi alguns erros no meu estudo, mas sou incapaz de comentar e indicar para você só porque, mesmo cometendo esses erros, eu alcancei meu objetivo. Eu indico o que acredito ser o correto, analisando o estudo de diversos aprovados com os quais eu conversei e após ler dezenas de livros sobre técnicas de estudo e artigos diversos.

Outra coisa: quando indico algo, eu penso em um candidato de nível intelectual de bom para baixo. Não me preocupo com os geniozinhos, porque estes se viram sozinhos. Estes eu nem consigo entender, pois não faço parte deste grupo. Tenho sempre essa preocupação quando dou meus conselhos. Se eu comentasse o que um ou outro geniozinho fez para ser aprovado, você nunca mais leria o que escrevo e seguiria algumas ideias muito loucas, sem o mínimo fundamento didático. Mas fique tranquilo, estes geniozinhos superiores a nós são muito poucos, a imensa maioria dos aprovados é composta por pessoas de QI normal.

Então vamos aprender o que é o bendito ciclo de estudos. Como nunca vemos isso em outras fontes de consulta e sei que muita gente tem diversas dúvidas sobre como utilizá-lo, escrevi várias páginas sobre o assunto para não restarem mais dúvidas sobre como elaborar os seus ciclos e para que possa experimentá-lo com a certeza de que está usando-o da forma correta.

Calvin & Hobbes, Bill Watterson © 1990 Watterson / Dist. by Universal Uclick

Para começar, quero apresentar os motivos pelos quais eu defendo tanto seu uso:

1º) fará você estudar várias disciplinas por dia, evitando ficar dias e dias só olhando uma ou duas e esquecendo todas as outras;

2º) irá obrigá-lo a estudar as que não gosta e/ou as que sabe menos, evitando o tradicional erro de só estudar o que gosta e/ou o que sabe mais. Garanto que 99% das chances de você ser eliminado em um concurso serão em disciplinas de que não gosta;

3º) aumentará sua motivação ao ver que está "rodando" mais rapidamente seu ciclo, ou ao menos aumentará sua cobrança pessoal em fazer isso. Lembre: não existe sucesso se você não se cobrar o tempo todo, desde que seja uma cobrança sadia, claro;

4º) deixará seu cérebro sempre "fresco" para receber novas formas de raciocínio ao mudar as disciplinas de poucas em poucas horas ou minutos; e,

5º) por último, o principal para mim: ele que se adaptará à sua rotina diária e não o contrário, você tendo que se adaptar a ele, como no uso dos quadros de horário.

E como o ciclo faz isso tudo? Vamos dar exemplos práticos de como ele funciona para responder a essa e a outras perguntas, ok?

Contudo, antes gostaria de fazer um alerta. Eu escrevi toda a teoria sobre como montar um ciclo para que ela sirva como fonte de consulta. É muito mais fácil entender seu funcionamento olhando para os exemplos e consultando o que escrevi. Pode parecer complicado, mas consultando os quadros você entenderá tudo perfeitamente e verá que é difícil explicar no papel, mas, seguindo os exemplos, será supersimples.

O ciclo é composto por disciplinas que deverão ser estudadas na ordem em que aparecerem nele, independentemente do dia e da hora em que está estudando, dando continuidade de onde parou no estudo anterior. Sendo assim, caso tenha estudado até a disciplina "C" hoje, amanhã você deve reiniciar seus estudos a partir de onde parou no ciclo, ou seja, continua pela disciplina "D", ou até mesmo o restante da "C", se não deu tempo para terminá-la na vez anterior. Não importa em qual hora do dia nem quantas horas você estuda em cada dia, o que importa é que tem que continuar de onde parou no dia anterior, entendeu? Não? Bem, continue lendo que você entenderá.

Veja quais disciplinas você terá que estudar para o seu concurso e escolha aquelas que acha que deverá estudar por algum tempo. Não necessariamente precisa começar com todas elas se está iniciando nessa vida de concurseiro, nada disso, pois se forem mais de oito ou dez, por exemplo, vai se atrapalhar todo e não vai render bem. Se for esse seu caso, recomendo que faça um ciclo só com as disciplinas básicas de sua área. Por exemplo, eu acredito que um candidato ingressando hoje na área fiscal tenha que estudar só Contabilidade Geral, Português, Raciocínio Lógico e os Direitos Tributário, Constitucional e Administrativo por alguns meses, conforme ainda veremos melhor este assunto. Agora, se ele já possui uma base em algumas disciplinas e precisa estudar outras diferentes ou se já tem uma base legal em tudo e precisa aprofundar seu conhecimento nelas, beleza, então ele deve fazer um ciclo com todas, se achar conveniente.

Escolhidas as disciplinas, divida em quantas horas acha que tem que estudar cada uma dentro de um total de horas estipulado por você para que haja uma "rodada" do ciclo, ou seja, de quantas em quantas horas você quer rodar seu ciclo e começar tudo de novo. Podem ser 10, 12, 15, 20, 30h, sei lá, isso é você que vai definir.

UNIDADE II – Como Estudar Antes do Edital

O ideal é que tenha o mínimo de horas possível que não prejudique o entendimento de cada disciplina. Sendo assim, não adianta nada, por exemplo, colocar 30 minutos para estudar cada disciplina de cada vez, porque você não aproveitará bem seu estudo. É importante nesta hora ter ideia do tamanho, complexidade, importância e conhecimento anterior de cada disciplina. Se ela for grande, difícil e valer muitos pontos, ela deverá ter uma participação maior em seu ciclo do que uma disciplina menor e/ou de pouco peso no seu concurso.

Depois divida uma folha A4 na horizontal, em duas, três ou quatro faixas grossas horizontais. Cada uma dessas faixas podemos chamar de linhas do ciclo. Então se seu ciclo tiver 20 horas no total, divida em quatro linhas de cinco horas cada uma, ou até mesmo linhas de tamanhos variados, não tem problema. A divisão em linhas aqui é só porque não cabe no papel se tentarmos colocar tudo somente numa linha, só por isso. Não tem nenhuma hierarquia na importância entre cada linha, porque, como você verá, é um ciclo, logo, não importa a ordem das linhas, pois a cada dia recomeçará de onde parou.

Para quem está começando agora nessa vida de concurseiro, acho importante utilizar um ciclo maior, com uma duração maior no tempo de cada disciplina e com menos disciplinas. Pode começar com um ciclo de 24h, por exemplo, com umas cinco disciplinas, como o seguinte, válido para a área fiscal (retirei Raciocínio Lógico deste exemplo):

CICLO INICIAL DA ÁREA FISCAL (24h)											
0' a 30'	30' a 1h	1h a 1h30'	1h30' a 2h	2h a 2h30'	2h30' a 3h	3h a 3h30'	3h30' a 4h	4h a 4h30'	4h30' a 5h	5h a 5h30'	5h30' a 6h
CONTABILIDADE (2h30)					DIREITO CONST. (1h30)			DIREITO TRIBUTÁRIO (2h)			
CONTABILIDADE (2h30)					DIREITO ADMIN. (1h30)			DIREITO TRIBUTÁRIO (2h)			
CONTABILIDADE (2h30)					DIREITO CONST. (1h30)			DIREITO TRIBUTÁRIO (2h)			
CONTABILIDADE (2h30)					DIREITO ADMIN. (1h30)			PORTUGUÊS (2h)			

Ué, e por que ele é chamado de ciclo se é retangular? Porque desenhar e organizar um ciclo dá muito mais trabalho, só por causa disso.

Veja só como ficaria a mesma tabela acima com uma verdadeira cara de ciclo, começando no ponteiro do "meio-dia", imaginando um relógio:

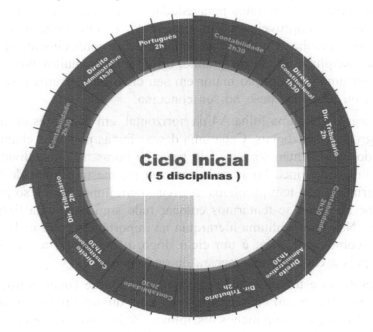

O círculo anterior é a mesmíssima coisa do quadro anterior. As disciplinas seguem a mesma ordem e possuem a mesma duração, só que é mais fácil desenhar um quadro do que um círculo, concorda comigo? A ideia é seguir o estudo como se fosse um ciclo, mas desenhamos um quadro para simplificar o desenho e a organização.

E qual ordem de estudo das disciplinas você deve seguir? Suponha que você começou hoje seu novo ciclo, então, olhando para o quadro e não para o círculo, você começará lá na primeira disciplina da primeira linha, que é Contabilidade no exemplo dado, e a estudará por 2h30. Estudadas as 2h30, passe para a disciplina seguinte, que é Direito Constitucional, e a estude por 1h30. Acabou? Então vá para Direito Tributário por 2h. Acabou? Então está na hora de passar para a primeira disciplina da segunda linha, que será Contabilidade de novo, por mais 2h30. Acabou? Pegue 1h30 de Direito Administrativo. E por aí vai, até estudar as 2h de Português do último quadrinho da última linha. Quando você terminar Português, terá estudado as 24h do ciclo e terá dado uma "rodada" nele. Daí,

UNIDADE II – Como Estudar Antes do Edital

é só começar tudo de novo, lá da primeira disciplina do primeiro quadrinho, que é Contabilidade.

A essa hora deve ter algum concurseiro que está estressado de tanto estudar nos últimos meses se perguntando: *"Ué, e que horas vou dormir ou trabalhar? O cara estudava 24 horas direto! Este cara é louco! Por isso que ele passou e eu ainda não!"*. Calma, caro sofredor com o cérebro em frangalhos, eu só passei a ordem que tem que ser estudada, mas o ritmo quem vai ditar é você. Se hoje você tem 3h30 para estudar e está começando o ciclo pela primeira vez, estude as 2h30 de Contabilidade, passe para mais 1h de Direito Constitucional, seguindo a ordem do ciclo dado, e pare, você cumpriu sua meta de hoje, durma tranquilo e sonhe com a Constituição Federal. Mas você está devendo 30 minutos de Constitucional para amanhã, ok? Claro, ou pensou que eu ia esquecer que você tinha que ter estudado 1h30 e só estudou 1h? Então amanhã, quando recomeçar seus estudos, pague seus 30 minutos de dívida de Constitucional, siga com mais 2h de Tributário e continue seguindo a ordem das disciplinas.

Tem gente que acha que se cada linha tem 6h, então tem que estudar 6h por dia. Caramba, não é nada disso, a linha tem 6h porque não dá para colocar as 24, 16, 10 ou sei lá quantas horas durar seu ciclo em uma linha só. Não tem nada a ver uma coisa com a outra. Se hoje você tem 7h líquidas para estudar e parou ontem na segunda linha após ter estudado 1h30 de Administrativo, hoje estude as 2h de Tributário que faltam para completar a segunda linha e mais 5h da terceira linha, parando no meio de Tributário. O ritmo quem dita é você, o ciclo dita a ordem e a duração do estudo de cada disciplina. Se hoje você acordar febril ou tiver que levar sua mãe ao médico, estude o que der, continuando de onde parou no dia anterior e amanhã continue de onde parar hoje.

Se você vai levar três, cinco ou oito dias para completar uma rodada do ciclo, isso é com você. Você que sabe quantas horas tem disponíveis para estudar por dia. Obviamente, seu objetivo será rodar o ciclo no menor tempo possível, para estudar mais horas em menos tempo.

Eu me preocupava tanto em rodar o ciclo que, conforme eu ia estudando cada quadrinho de cada disciplina, marcava um sinal de "certo" no quadrinho e colocava a data em cima dele. Ao fim da rodada do ciclo, conferia quantos dias eu tinha levado para rodá-lo. Se rodasse em menos tempo que da vez anterior, ficava feliz, caso não, analisava os motivos de ter estudado menos e me comprometia a completar a próxima rodada em menos tempo.

Lembre sempre: *"Estudar funciona à base de autocobrança"*. Eu sempre falei isso e continuo acreditando nessas palavras. Não é para entrar em paranoia total, mas tem que se cobrar sempre. Caso contrário, tudo serve como desculpa pelas poucas horas estudadas e, pensando assim, o concurseiro não vai passar nunca.

Eu considero esse ciclo do exemplo anterior muito bom para quem está começando a estudar para a área fiscal, usando as cinco disciplinas básicas. Hoje eu incluiria Raciocínio Lógico nesse ciclo também, porque esta disciplina ganhou um peso maior nos concursos dessa área a partir de 2009. Para Contabilidade, como demora mais para pegar sua base e o programa é imenso, há uma boa quantidade de horas, assim como Direito Tributário.

Caso seja muita coisa para começar, inicie só com umas três ou quatro disciplinas, por exemplo. Seguindo o exemplo da área fiscal, eu tiraria Administrativo e Constitucional deste estudo inicial, caso tivesse poucas horas de estudo disponíveis por dia. Começaria com as outras quatro e depois incorporaria as duas excluídas.

A cada vez que formos estudar uma disciplina, ficaremos estudando por um tempo maior, por exemplo, de duas ou três horas, porque nessa fase inicial o estudo é muito mais teórico e demoramos a pegar o jeito de como funciona cada uma. Conforme formos entendendo melhor como cada disciplina funciona, poderemos diminuir o tempo de estudo a cada vez que formos estudá-la, por exemplo, passando para uma hora e meia ou uma hora.

Após uma boa quantidade de rodadas utilizando um ciclo inicial, aumente o número de disciplinas, reduza a carga horária de cada uma das disciplinas básicas e futuramente passe para um ciclo menor, como de 16h, conforme veremos adiante. Mas aconselho a somente fazer isso se a sua base nessas disciplinas iniciais já estiver razoável e/ou estiver perto de sair o edital do concurso.

Se quando você começar a utilizar o ciclo, já tiver uma base anterior em algumas disciplinas, pode ir direto para um ciclo intermediário, não precisa começar por um com duração maior em cada disciplina, isso é para quem está começando os estudos, não para quem está começando a usar o ciclo.

Para não acumularmos muitas dúvidas sobre sua utilização, vamos agora começar a tirar algumas bem comuns, antes de passarmos para o próximo exemplo:

a) Cada linha precisa ter a mesma duração?

Não, não precisa, a primeira linha pode ter 6h, a segunda ter 5h etc. Pense que é um ciclo e não uma tabela retangular, na realidade. Assim, se no exemplo anterior quiser estudar 1h de Português após ter estudado a segunda passada (segunda linha na tabela) de Tributário, beleza, esta linha terá 7h e as outras 6h, sem problema algum.

b) Posso trocar a ordem das disciplinas de vez em quando?

Claro que pode, o ciclo não é uma camisa de força, é só um norte para orientá-lo melhor. É que se não tiver a ideia de que tem que estudar estas disciplinas aproximadamente nesta ordem, voltará ao velho problema de evitar estudar o que não gosta. Mas se achar que vai render melhor naquele momento se inverter duas ou três disciplinas, beleza, desde que não deixe de estudá-las depois. Lembra-se de um capítulo anterior, quando recomendei que escolhesse, se possível, os momentos de maior cansaço para estudar o que mais gosta e os mais descansados para o que menos gosta ou tem mais dificuldade? Então, esta dica não é para ser esquecida, pois, como você já sabe, o ciclo não é uma camisa de força.

c) Há alguma forma de eu aproveitar melhor o relógio biológico, utilizando o período após as 18h para dar ênfase às revisões?

Sim, pode. Por exemplo, se ia estudar quatro disciplinas por 1h30 cada uma, estude 1h15 e no final do dia revise cada uma por 15 minutos, para completar os quatro blocos de 1h30.

d) A duração tem que ser exata, ou seja, se estão marcadas 2h, não posso estudar 1h45 ou 2h15?

Claro que pode flexibilizar um pouco, a duração previamente estabelecida é para evitar que você fique cinco horas estudando direto aquela matéria e abandone as outras. Eu estava tão familiarizado com o ciclo que eu marcava um sinal de "certo" (lembra aquele "vezinho" que os professores davam quando você acertava uma questão na prova?) dentro de cada quadrinho da disciplina toda vez que eu completava um e colocava em cima a data e os minutos a mais ou a menos que tinha estudado além ou aquém do estipulado. Assim, evitava que sempre estudasse mais uma determinada disciplina; fazia uma espécie de débito/crédito da disciplina, o que estatisticamente, na média, no final dava perto do estipulado. Então, por exemplo, se faltam dez minutos e você acabou um assunto, anote que estudou menos dez minutos naquele dia, parta para o próximo bloco e depois estude mais tempo outro dia, quando precisar. Funciona como se fosse um quadro de compensação de horas para cada disciplina. Ou então use o tempo que está sobrando para rever seus resumos.

e) Eu tenho que fazer um ciclo separado para estudo teórico e outro para exercícios?

Não, colega, o que interessa é qual disciplina deverá estudar naquele momento. Se você estudará teoria ou exercícios relativos a ela, isso você que decidirá na hora, dependendo de onde estiver no estudo daquela matéria. O ciclo determina que aquela é a disciplina a ser estudada naquela hora, cabe a você ver se é melhor fazer exercícios, estudar a teoria ou ler seus resumos. Por exemplo, se fosse a vez de estudar Contabilidade, eu que decidia se era o momento de estudar teoria ou de fazer exercícios, e que poderia ser o contrário da disciplina seguinte. Mas é tudo controlado por um ciclo só, ok?

E agora uma ressalva fora do tópico de ciclo de estudo: tenha em mente sempre que o mais importante para sua aprovação é fazer exercícios, siga a regra do "quanto mais, melhor". Aconselho novamente que você pare com esta bobagem de estudar cinco livros teóricos de cada disciplina e fazer poucos exercícios. O que interessa é fazer dezenas, centenas, milhares de questões de prova de cada disciplina. Conforme for avançando no estudo de uma disciplina, reserve cada vez menos tempo para teoria e mais tempo para resolver questões. Resolver centenas de questões é que o fará fixar melhor o conteúdo e entender o que o examinador acha de importante em cada assunto, além de aumentar sua velocidade em resolver provas, fator tão importante hoje em dia. Existe candidato que tem medo de fazer questões, porque quer se enganar achando que entendeu tudo estudando a parte teórica. Esses não passarão nunca, serão eternos candidatos enriquecendo os cursinhos, editoras e bancas, trazendo sofrimento a você e aos familiares. Pare com isso, seja "homem" e encare o máximo de questões que conseguir. Errar em casa não tem problema, na prova é que não pode.

Calvin & Hobbes, Bill Watterson © 1992 Watterson / Dist. by Universal Uclick

f) O ciclo inicial tem que durar 24h necessariamente?

Não, você que determina quantas horas ele vai durar no total. Se você achar que 10h ou 30h são ideais, beleza, mande bala. Só não aconselho montar um com duração muito grande, porque aí perderá uma de suas grandes vantagens, que é ver diversas disciplinas de poucos em poucos dias. Houve um concurseiro que me mandou uma vez um ciclo de 60h de duração, pois estava estudando para três diferentes cargos e queria incluir tudo no ciclo. Caramba, a chance de conseguir êxito estudando para três concursos tão distintos ao mesmo tempo é quase a mesma de jogar na mega-sena. Aí não tem ciclo nem reza que dê jeito. E, por favor, nem pense em confundir as 24h da duração do ciclo apresentado com as 24h de duração do dia, não tem nada a ver uma coisa com a outra, ok?

g) Sou formado em Direito e mando bem em Constitucional e Administrativo, então eu poderia diminuir a duração dessas e aumentar as outras ou incluir logo uma matéria de exatas?

Claro que sim, eu só dei um exemplo que me serviu, você é que tem que analisar o que é melhor para o seu caso.

E aqui farei um alerta: cuidado ao achar que por que é formado em uma disciplina terá grandes facilidades nela e mandará bem em sua prova. O que aparece em provas é sempre bem diferente da ênfase que vemos em qualquer faculdade. Pode parecer a mesma coisa, mas não é. Eu desafio o melhor aluno de qualquer faculdade de Contabilidade a acertar mais questões em uma prova difícil do que um concurseiro já em ponto de bala. E faço este desafio para qualquer disciplina. O melhor aluno da USP ou da UFRJ de algum curso não acertará mais do que um bom concurseiro. Logo, cuidado com esse "pseudo" conhecimento prévio, porque pode não ser suficiente para encarar uma prova.

h) Quando devo refazer meu ciclo?

Isso quem vai determinar é você. Enquanto não tiver dentro do seu ciclo todas as disciplinas do concurso, vá aos poucos as incorporando. Evite abandonar qualquer disciplina, por mais que já esteja bem nela. Deixe nem que sejam 30 minutos dentro do ciclo para revisá-la, o suficiente para ler seus resumos, fazer alguma prova da disciplina ou relembrar as fórmulas. Caso contrário, irá esquecê-la em poucas semanas ou meses. Conforme for pegando mais base na disciplina, diminua o seu tempo de estudo de cada vez, ou seja, no exemplo dado, não vai mais precisar de 2h30 de Contabilidade para engrenar nela, pode diminuir para 2h, 1h30 ou 1h, sei lá, isso quem vai decidir é você. Tente manter depois de alguns meses um ciclo não maior que 20h, tentando até montar um menor, se possível, porque produzirá mais dessa forma. Eu refiz algumas vezes os meus ciclos, conforme ia melhorando em alguma disciplina ou precisasse de mais estudo em outra. Não precisa ter um ciclo para sempre, aliás, a ideia é que você tenha alguns diferentes, o importante é seguir a ordem quando fizer um novo, para estar sempre em contato com várias disciplinas toda semana. Altere-o, até como forma de motivação. Com os ciclos você vai estudar de duas a oito disciplinas em um dia só. É ótimo para o cérebro e a memória. Esses seus dois aliados vão adorar os ciclos, com certeza.

Para mostrar como podemos alterar nosso ciclo, veja que o mesmo ciclo de 24h inicialmente apresentado poderia ser transformado sem perda da proporção das disciplinas no ciclo de 12h a seguir:

CICLO INICIAL DA ÁREA FISCAL (12h)											
0' a 30'	30' a 1h	1h a 1h30'	1h30' a 2h	2h a 2h30'	2h30' a 3h	3h a 3h30'	3h30' a 4h	4h a 4h30'	4h30' a 5h	5h a 5h30'	5h30' a 6h
CONTABILIDADE (2h30)					DIR. CONSTITUC. (1h30)			DIREITO TRIBUTÁRIO (2h)			
CONTABILIDADE (2h30)					DIR. ADMINISTRAT. (1h30)			DIR. TRIBUTÁRIO (1h)		PORTUGUÊS (1h)	

Quais seriam as vantagens e desvantagens desse ciclo de 12h em relação ao de 24h? A vantagem é que daria uma sensação de estar estu-

UNIDADE II – Como Estudar Antes do Edital

299

dando mais, porque você rodaria o ciclo mais vezes. Uma desvantagem é que veria Português por 1h só a cada 12h e, em uma fase de estudo inicial, às vezes é mais produtivo ficar mais tempo em cima de uma disciplina, pois 1h pode parecer que não deu nem para começar a pegar o ritmo dela. O mesmo vale para o estudo só por 1h de Tributário na segunda linha. Com o tempo, quaisquer 30 minutos de uma disciplina vão parecer que renderão bem, mas no início não, você muitas vezes só vai "pegar no tranco" após alguns minutos.

Veja que os dois ciclos mantêm as mesmas proporções, ou seja, você estudará no primeiro ciclo 10h de Contabilidade a cada 24h e no segundo, 5h a cada 12h, o que dá no mesmo. E a proporção permanece igual para as outras. Pense sempre em qual proporção do total você está estudando para cada disciplina. Pense assim: *"Será que 10h de Contabilidade em um total de 24h de estudo é pouco ou exagero?"*. Obviamente você terá que pesar a importância, a dificuldade e o tamanho de cada disciplina. Na área fiscal, o principal dragão, disparado, é Contabilidade, logo, o peso dela tem que ser sempre grande, por isso ela apareceu com mais ênfase no meu exemplo.

i) Ele tem que ter esta forma de quadro ou posso montá-lo de outra forma?

Pode ser de outra maneira, colega, faça o que achar mais prático. Utilizando o ciclo do exemplo anterior você pode, por exemplo, fazê-lo em uma simples lista de disciplinas, da seguinte forma:

Contabilidade (2h30) →

Dir. Constitucional (1h30) →

Dir. Tributário (2h) →

Contabilidade (2h30) →

...

Português (2h) →

Entendeu? É só colocar as disciplinas uma a uma em cada linha de uma folha e, se quiser, ir marcando um "sinal de certo" ao lado de cada uma conforme for estudando-as, com a data e os minutos que tiver estudado a mais ou a menos em cima do sinal, caso ache conveniente, para ter maior controle.

Pode também simplesmente escrever:

Contab. (2h30) → Dir. Const. (1h30) → Dir. Trib. (2h) → Contab. (2h30) → ... → Português (2h)

Eu particularmente não gosto da forma acima, porque não tem como marcar onde estamos no ciclo, pois não há espaço disponível para nenhuma anotação, mas não deixa de ser uma forma diferente de fazer seu ciclo, bem mais simples.

j) Se no exemplo do ciclo inicial eu tenho que estudar 10h de Contabilidade, por que não estudar tudo de uma vez no lugar de dividir em quatro blocos de 2h30 cada?

Porque uma das vantagens do ciclo é estar sempre em contato com diversas disciplinas em pouco tempo, evitando assim o esquecimento das outras. Acredite em mim, o estudo é muito mais bem aproveitado se você dividir as disciplinas em pequenos blocos de tempo de estudo e ir alternando-as. É mil vezes melhor do que estudar uma de cada vez, como muita gente faz. Senão, o ciclo perderá sua essência e virará um daqueles outros métodos que vimos no início deste capítulo.

k) Eu estou estudando para dois concursos com disciplinas diferentes, então eu devo fazer dois ciclos diferentes ou junto tudo em um só?

Bem, caso esteja pensando em fazer dois concursos com disciplinas diferentes, e repito que não aconselho isso em quase todos os casos, porque raramente vejo isso dar certo para pessoas normais, eu jogaria tudo em um ciclo só. De preferência, deixe de fora ou reserve pouco tempo para aquelas disciplinas que você não tem certeza se cairão ou que forem pequenas, que poderão ser estudadas de última hora. Concentre-se mais no principal. Caso contrário, seu ciclo terá uma duração muito grande, sendo pouco proveitoso. Se a prova de um deles estiver próxima e você resolver pensar só nela, esquecendo por algumas semanas a outra, aí obviamente faça um ciclo só com as disciplinas do concurso mais próximo.

l) O tempo investido assistindo a uma aula é para ser computado dentro das respectivas horas previstas no ciclo ou são coisas distintas?

Na minha opinião, o tempo utilizado assistindo a aulas não é para ser computado no ciclo, pois uma coisa é assistir a uma aula, outra é a querida HBC. O ciclo foi criado para organizar suas HBCs em casa, e não para virar um quadro de controle de aulas. Já vimos anteriormente que em um curso você entende muito e aprende pouco, o aprendizado deve ser solidificado estudando em casa. O tempo que é para dividir pelas disciplinas dentro do ciclo é o tempo de HBC em sua casa.

Sei que muitos incluem o tempo em sala de aula no ciclo, mas acho isso ruim. E explico o meu ponto de vista, para deixar claro o porquê dessa minha posição. Veja bem, se o colega resolveu fazer um curso, é porque provavelmente tem dificuldades na matéria ou nunca a viu. E se investe um tempo assistindo às aulas, deverá aprender definitivamente o assunto estudando em casa, caso contrário, esquecerá tudo rapidamente. Se ele marcar o tempo em sala de aula como tempo estudado, pulará aquela disciplina no ciclo, estudará outra e esquecerá a dita cuja, quando, na verdade, deveria estudar o assunto que viu em classe, de preferência em até 24 horas após a aula, conforme já explicamos anteriormente.

O pessoal gosta de computar o tempo de sala de aula no ciclo para acumular mais tempo de estudo, mas isso é bobagem. Contudo, você que sabe, se quiser fazer dessa forma, tudo bem, não vamos brigar, mas não deixe de estudar o que viu na sala, por achar que não vai se esquecer mais, OK?

E mais uma coisa: isso vale também para aulas *on-line* ou via satélite, pois são aulas da mesma forma que as presenciais, a ideia é a mesma.

Contudo, não sejamos tão radicais. Caso você esteja estudando uma matéria e assista a alguns minutos de um vídeo ou escute um áudio de um pedaço de uma aula para tirar uma dúvida, por exemplo, aí deixe rolar, vai tudo para o ciclo numa boa. O tempo de fora do ciclo é quando você tira acima de mais ou menos 30 minutos para ficar só assistindo ou ouvindo uma aula.

Resumindo, se for tempo de estudo olhando para o papel, sem ouvir quase nenhuma voz vinda do além, entra no ciclo, mas, se tiver alguém falando no seu ouvido, não entra.

Entretanto, respeito quem discorda de mim e diz que, enquanto está em casa assistindo a uma aula em vídeo, está fazendo anotações, estudando a matéria etc., e por isso inclui o tempo no ciclo. É questão de escolha. A vantagem de incluir esse tempo no ciclo é que evita que você passe horas a fio assistindo a uma aula e esquecendo as outras.

m) Como posso incluir o tempo investido com as revisões dentro do ciclo? E os pequenos períodos de estudo dentro de um ônibus ou esperando alguém?

Lá atrás vimos a importância das revisões periódicas, aquelas feitas em até 24 horas, a semanal, as mensais etc. Porém, por exemplo, se você estudou uma disciplina ontem, como fazer para revisá-la hoje se não é a vez dela no ciclo?

Veja bem, o ciclo é utilizado para o seu estudo normal, não contando o tempo com revisões e em sala de aula. Logo, o tempo revisando não conta no ciclo, mas deve ser computado como tempo estudado, claro. Então escolha algum horário mais apropriado para fazer suas revisões rápidas, que pode ser antes de entrar no ciclo, depois ou até no meio dele.

Conte tudo como hora estudada nas suas anotações de tempo de estudo diário, mas saiba que uma coisa é o ciclo, outra é o tempo reservado às revisões.

E respondendo à segunda dúvida, suponhamos que você está em um local esperando alguém ou viajando de ônibus e aproveita para dar uma lida em seus resumos, ou estudar algo. Esse tempo também é para ser computado como hora estudada, mas deixe-o de fora do ciclo, a não ser que realmente você consiga estudar com um bom nível de concentração. Se não tiver certeza do tempo que estudou, porque foi meio picado, chute um tempo aproximado e anote como tempo estudado, afinal, você não estava na praia ou no boteco, estava estudando, então foi tempo estudado sim. Se você nunca anotar esses pequenos tempos como hora estudada, vai perder o sentimento de recompensa pelo período investido e, no futuro, tenderá a não estudar mais nesses momentos, afinal, *"este estudo picado não conta para nada"*, o que não é verdade.

No caso daqueles pequenos estudos feitos durante seu trabalho, tente razoavelmente imaginar quanto tempo foi e anote como tempo estudado também. Mas seja realista, "não roube", iludindo-se de que foi muito tempo a mais do que o realmente estudado. Não tem problema se um dia você estipular um pouco mais e no outro um pouco menos, se você não ficar "roubando" sempre para mais, ao final de um período razoável, e isso a Estatística explica desde antes de seu avô nascer, o tempo estudado total será uma aproximação muito boa do exato.

UNIDADE II – Como Estudar Antes do Edital **303**

Junte todos esses pequenos tempos de estudo que, ao final de um ano, serão várias horas a mais, aumentando sua satisfação e motivação, mas lembre: não são dentro do ciclo, são por fora dele.

n) Quando é um capítulo grande, não é possível acabá-lo dentro do tempo estipulado no ciclo. Então, como posso seguir sua dica de sempre fazer os exercícios após o estudo da teoria? Como faço a revisão logo após o estudo, aquela letra R do método EERA?

Suponhamos que você tenha duas horas para estudar aquela disciplina no ciclo, mas que para estudar o capítulo todo do livro levará umas quatro ou mais. Isso é muito comum acontecer, eu mesmo passei por isso inúmeras vezes.

O que eu fiz é o que aconselho que faça também. Caso veja no seu ciclo que vai demorar mais de um dia para estudar aquela disciplina de novo e que não vai dar tempo para terminar aquele capítulo hoje, nem se estender um pouco mais do tempo do ciclo, afinal, lembre-se de que ele não é uma camisa de força, pare um pouco antes do tempo de estudo estipulado para poder revisar o que acabou de estudar. Escreva algum resumo, revise as marcações ou faça alguns exercícios, mas não estude simplesmente a teoria no tempo todo estipulado e pare, esperando alguns dias para retomar aquele capítulo para poder revisar.

Se você simplesmente parar o estudo teórico quando terminar o tempo estipulado no ciclo e esperar alguns dias até retomar aquele capítulo, descerá a ladeira daquela curva de esquecimento que já sabemos como funciona.

o) Como posso conciliar o ciclo inicial com as aulas do cursinho, se este não dará todas as disciplinas agora, só no futuro?

Essa é uma resposta complicada, você me deixou com a famosa "saia justa", mas veja que o problema não está em usar o ciclo, pois o problema seria o mesmo se estivesse usando outros tipos de controle de estudo, como o calendário semanal.

Vou tentar melhorar seu problema usando um exemplo, só para variar. Suponhamos que seu curso é semestral, mas que metade das disciplinas sejam dadas nos primeiros três meses e a outra metade no trimestre seguinte, e que para você quase tudo parece chinês, russo ou tailandês.

Eu sugiro o seguinte: faça um ciclo só com as disciplinas que está vendo agora em sala de aula, priorizando bastante as mais importantes, talvez até deixando algumas menos importantes de fora dele. Se possível, coloque logo a(s) mais importante(s) do grupo de disciplinas seguinte no seu ciclo inicial, dependendo do seu tempo de estudo disponível por semana. Caso não dê para incluir as disciplinas mais importantes do grupo seguinte, tudo bem, espere suas aulas começarem para colocá-las em um novo ciclo.

Quando começar o outro grupo de disciplinas, não deixe de incluir no novo ciclo as que já estudou anteriormente, pelo menos as mais importantes, para não esquecê-las.

A ideia de alguns cursos de separar as disciplinas em grupos é interessante, eu mesmo defendi este uso em um curso conhecido, pois quando são todas juntas, de dez a vinte em um semestre só, suas aulas ficam muito espaçadas umas das outras, levando-o a um esquecimento maior. Isso é feito para melhorar seu aprendizado. Perceba que usar um ciclo com mil disciplinas logo de cara é outro problema sério. Quantos candidatos desistiram após poucos meses de estudo, devido ao estresse por encararem aquele monte de disciplinas de uma vez só, sem base nenhuma?

Dividindo as disciplinas em grupos, é possível separar as maiores ou mais complicadas, o que é bom também. Assim, o dragão fica menos feio, já dá para fazer um alisamento japonês nos pelos da cauda, usar um enxaguante bucal para tirar aquele bafo fedorento etc.

Enfim, o dragão da necessidade de estudar várias disciplinas juntas vai continuar feio, mas quem disse para você que era possível transformá--lo em um galã de novela?

Respondidas essas dúvidas mais comuns, passemos agora a mais um exemplo de um ciclo, que utilizei quando estudei para o AFRFB em 2005. Desculpe-me pela milésima vez em dar exemplos sempre da área fiscal, pois é a que consigo explicar melhor, mas estamos cansa-dos de saber que os exemplos dados neste livro podem ser adaptados a qualquer outra área de concursos ou para o vestibular.

Depois de algum tempo estudando aquele ciclo inicial, fui incor-porando outras disciplinas e alterando a sua duração e outros detalhes mais. Um belo dia cheguei ao ciclo a seguir, que contém dez disciplinas e uma duração total de 16h. Assim, agora eu estudava dez disciplinas a cada 16h de estudo, ao contrário das cinco disciplinas vistas em 24h anteriormente.

UNIDADE II – Como Estudar Antes do Edital

CICLO INTERMEDIÁRIO DA ÁREA FISCAL (16h)								
0' a 30'	30' a 1h	1h a 1h30'	1h30' a 2h	2h a 2h30'	2h30' a 3h	3h a 3h30'	3h30' a 4h	
CONTAB. (1h)		DIREITO ADMINISTRATIVO (1h30)			INFORMÁTICA (1h30)		
TRIBUTÁRIO (1h)		CONTAB. (1h)		DIREITO CONSTITUC. (1h)		ESTATÍSTICA (1h)	
INGL. (30')		ECONOMIA (2h)			CONTABILIDADE (1h30)		
TRIBUTÁRIO (1h)		DIREITO CONSTITUC. (1h)		MATEMAT. FINANC. (1h)		PORTUGUÊS (1h)	

Esse ciclo pode ser visualizado na forma do círculo a seguir:

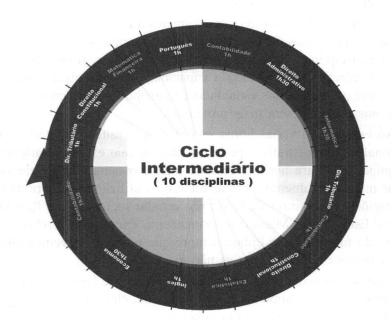

Então, nesse exemplo de ciclo, eu estudava na seguinte ordem: 1h de Contabilidade, 1h30 de Direito Administrativo, 1h30 de Informática, 1h de Direito Tributário, 1h de Contabilidade e prosseguia até 1h de

Português, quando voltava lá para o início, com 1h de Contabilidade, 1h30 de Direito Administrativo etc. Nesse ciclo há dez disciplinas.

Pense sempre nisso como um ciclo, não como um quadro. Então, por exemplo, se você for dividir uma disciplina em dois blocos, coloque-os preferencialmente na primeira e na terceira linhas ou na segunda e na quarta, porque se colocar na primeira e na quarta linhas, pode parecer que deu uma boa distância entre elas, mas isso não é verdade, porque em seguida ao estudo da quarta linha, você estudará a primeira linha, e isso poderá acontecer até no mesmo dia de estudo, pois a diferença é de poucas horas.

Tente intercalar disciplinas mais teóricas com disciplinas de Exatas, em lugares igualmente espaçados. Coloque estas também igualmente espaçadas, se possível, como se fossem uma disciplina só. Idem para Direito Administrativo e Constitucional, pois o cérebro funciona igualzinho para as disciplinas de estudo parecido e a ideia é fazê-lo variar o máximo, ativando suas diferentes regiões.

Explicando melhor, quando estudamos disciplinas de Exatas, muitos grupos de neurônios são diferentes daqueles utilizados ao estudarmos os Direitos ou Português. Se pudermos estudar alternadamente os diferentes tipos de disciplinas, estaremos sempre utilizando regiões descansadas do nosso cérebro, aumentando a capacidade de raciocinar, entender e memorizar o que estamos estudando e reduzindo o cansaço mental. Em suma, nosso estudo será mais proveitoso.

Ao estudarmos várias horas seguidas os Direitos Tributário, Constitucional e Administrativo, pode até parecer que estamos variando de disciplina, mas para nosso cérebro é tudo a mesma coisa e ele vai se cansar mais rapidamente, porque estaremos utilizando sempre as mesmas regiões. O mesmo vale se formos estudar seguidamente Raciocínio Lógico, Estatística e Matemática Financeira. Para nosso cérebro é tudo farinha do mesmo saco. Então, sempre que possível, devemos alternar as disciplinas de Exatas com as não exatas.

Caso seu concurso não contenha disciplinas de Exatas, como os da área jurídica, por exemplo, essa dica não vale, claro, mas uma sugestão que eu daria é que aumente um pouco o intervalo entre as disciplinas, ou seja, dê uns 15 a 20 minutos de descanso entre uma e outra.

Sei que a esta hora aparecerão aqueles mesmos concurseiros ainda anestesiados pelo intenso estudo do dia anterior se perguntando: *"Este*

UNIDADE II – Como Estudar Antes do Edital

retardado errou, é muito burro, não sei como passou! Como isso é possível? Como antes ele estudava 2h30 de Contabilidade de cada vez e agora estuda 1h ou 1h30min? Como eram cinco disciplinas em 24h e agora são dez em 16h? Que toupeira! Eu sabia que passar para fiscal não deveria ser difícil assim como esses caras falam, porque se até uma anta dessas passou, é moleza!". Calma, sofredor, posso até ser toupeira mesmo em outros assuntos, mas pelo menos deste assunto eu entendo, então prometo que logo você vai entender o porquê de ter feito assim.

Em relação ao ciclo inicial, aos poucos eu acrescentei Economia, Inglês, Matemática Financeira, Estatística e Informática. Não fiz isso de um dia para o outro, eu utilizei outros ciclos diferentes entre os do meu primeiro exemplo e o deste segundo exemplo.

Como eu já tinha uma base melhor em Contabilidade, Tributário etc., não precisava mais ficar muito tempo estudando-as para "pegar no tranco", logo de cara já ficava por dentro do assunto a ser estudado, assim não precisava mais reservar longos blocos de 2h ou 2h30 de cada vez, eu podia reservar 1h apenas, por exemplo, porque meu estudo renderia melhor assim. Agora vejam Economia. Como eu estava começando nela e a dita cuja envolve muita coisa complicada e era tudo novidade para mim, reservei duas horas de estudo contínuo dela, pois achei que assim eu aproveitaria melhor do que se dividisse em dois blocos de uma hora cada um. E Inglês, por que 30 minutos só? Porque eu achava que bastava ler algum texto rapidamente ou fazer alguma prova do livro que eu tinha repleto de provas resolvidas. E no AFRFB em Inglês só caía interpretação de textos, então pude estudar assim. Se fosse estudar Inglês para um concurso que exigisse gramática, aí eu teria reservado um bloco de duração maior.

Evite estudar direto mais de 2h30 cada disciplina, pois seu rendimento será bem menor. A ideia é variar bastante as matérias. Duas horas já é um ótimo limite na maioria das vezes, porque mais do que isso compensa dividir a disciplina em blocos diferentes. Claro que estudar 30 minutos, por exemplo, salvo raras exceções, também não é proveitoso, pois ainda estará entrando no ritmo e terá que parar, porém mais do que 2h30 só em casos extremos.

Se tiver reservado 3h30 para Contabilidade, como no exemplo dado, separe essas 3h30 em três blocos, como eu fiz, ou em dois.

Isso trará duas vantagens: primeira, você sempre estudará a matéria com o cérebro pronto para as novidades e não entrará na curva descendente de aprendizado, quando seu rendimento cai demais após algum tempo de estudo; e segunda, estará sempre vendo aquela matéria, o que é ótimo para manter sua memória em dia. Nesse exemplo dado, você verá Contabilidade praticamente todos os dias e não em um dia aqui e outro lá na frente, proporcionando um aproveitamento muito melhor do que se estudasse 3h30 direto e depois ficasse dias sem encará-la.

Atente para outro detalhe desse ciclo: por que eu não coloquei Matemática Financeira (MF) no último bloco, depois de Português, para manter um tempo perfeitamente equidistante de Estatística, já que o cérebro considera as duas como a mesma coisa? Algum palpite? Pense olhando para o quadro antes de ler a resposta. É porque se eu colocasse MF depois de Português, eu estudaria três horas seguidas de disciplinas "decorebas" (Tributário, Constitucional e Português) e depois duas horas direto de Exatas (MF e Contabilidade – olhem a famigerada devendo ser estudada logo após o último bloco, no topo da tabela, no primeiro bloco). Então foi só antecipar MF para antes de Português que a ordem passou a ser esta: duas horas de decoreba (Tributário e Constitucional), uma hora de Exatas (MF), uma hora de decoreba (Português), uma hora de Exatas (Contabilidade, lá no início) e daí por diante.

Deixe o ciclo sempre ao seu lado e não se esqueça de ir fazendo uma marca em cada quadrinho que for estudando. Eu o deixava colado na parede na minha frente. Quando necessário, estude mais tempo cada bloco, ou mude a ordem, mas depois volte aos blocos que ficaram para trás.

Pode parecer muita coisa para se pensar na hora de organizar um ciclo, mas lá pelo terceiro ciclo já estará fera nessas coisas. E mais: conforme for utilizando o ciclo atual, você já irá pensando em como fará seu futuro ciclo, a coisa sairá naturalmente. E não é para perder seu tempo de estudo fazendo estes ciclos, e sim para fazer naqueles minutos de intervalo ou quando seu cérebro e seu corpo estiverem saturados, querendo realmente um descanso.

Nas primeiras semanas utilizando este método, talvez até nos primeiros meses, muita gente desiste, porque acha que não está rendendo legal, que o estudo organizado de outras formas renderia melhor. Em um prazo curto dá essa impressão mesmo. Como va-

UNIDADE II – Como Estudar Antes do Edital

mos estudando várias disciplinas ao mesmo tempo, a impressão que temos às vezes é de que nunca atingiremos um nível razoável de conhecimento nas matérias, pois como elas caminham mais juntas, temos a desanimadora ideia de que nunca chegaremos ao fim. Quando "matamos" algumas disciplinas separadamente, temos a impressão de que já estudamos "X" disciplinas, logo, faltam somente "Y". Só que esquecemos que ao estudarmos as tais "Y", as "X" irão embora da memória rapidamente.

Exemplificando, pensemos em um candidato que começou do zero para enfrentar um concurso com dez disciplinas. Se ele fizer a prova daqui a dois meses, talvez tire uma nota melhor se tiver estudado as disciplinas "X" relativamente bem e quase nada das "Y" do que se tivesse estudado em ciclo, porque possivelmente usando o ciclo não terá atingido um grau de conhecimento suficiente para responder às questões do concurso nem das "X" e nem das "Y". No primeiro caso, poderá fazer mais pontos nas disciplinas "X" e, mesmo saindo-se mal nas "Y", tirará uma nota global maior do que se tivesse estudado em ciclo.

Entretanto, se a prova fosse daqui a três ou seis meses, eu sou capaz de apostar que ele teria se saído melhor se tivesse estudado pelos ciclos, porque teria um nível de conhecimento maior nas disciplinas do que se tivesse estudado-as separadamente ou até mesmo seguindo um calendário de estudo.

Aparentemente, o ganho inicial usando o ciclo é menor que o obtido usando os outros métodos, mas o nível de conhecimento acumulado e memorizado com o ciclo vai crescendo cada vez mais e em pouco tempo de estudo atinge um nível maior do que o utilizado nos outros métodos. Sou capaz de apostar uma grana nisso.

Seguindo a ideia desse exemplo bem genérico, se o candidato começar do zero e estudar as disciplinas separadamente por dois meses, tirará nota 50 no concurso, e se tivesse usado o ciclo, teria tirado 45, mas se a prova for daqui a cinco meses, tirará 65 usando o primeiro modo contra 75 usando o ciclo. Se for daqui a um ano, tirará 80 contra 90. Claro que chutei os valores anteriores, foi só para exemplificar com números a ideia que quero passar, que é a de que o ganho obtido ao longo do tempo usando o ciclo é maior, apesar de parecer menor no início.

Então não desanime nas primeiras semanas ao usar o ciclo se achar que não está progredindo muito no conhecimento, principalmente se ficar olhando para as questões de provas anteriores, porque daqui a um tempo você verá que ele funciona mesmo. O troço é bom, garanto.

Porém, como nem tudo na vida é perfeito, o ciclo tem um problema: ele o deixa muito solto, pois não estabelece rigidamente um horário para você estudar todos os dias. Por isso, tome cuidado com esta "liberdade". Não é porque não há um horário diário para estudar que você irá relaxar. Tem que haver compromisso de sua parte e motivação para rodá-lo o mais rápido possível.

Outra coisa que quero salientar é a seguinte: eu não aconselho que se mantenha preso ao ciclo após o edital, eu o acho muito eficiente antes do edital, mas depois ele tem que sofrer sérios ajustes. Alguns princípios que passei neste capítulo eu ainda indico, como revezar, sempre que possível, disciplinas de Exatas com decoreba; que não estude muitas horas seguidas uma disciplina só, pois tem que fazer o máximo de revezamento possível entre elas; que não estude mais do que 2h30 direto sem um intervalo etc. No entanto, depois do edital eu considero mais eficiente que façam um quadro de controle de horas de estudo de cada disciplina, conforme explicarei no capítulo próprio.

O uso dos ciclos é excelente, porque, dentre outros motivos, obriga-o a não deixar nenhuma disciplina para trás, pois estará vendo todas as matérias toda semana, algumas mais de uma vez. Isso eu fazia muito errado antigamente, porque tirava uma só disciplina para estudar por uma ou duas semanas, só ela, e me desesperava quando voltava a uma anterior e não lembrava nada. Muita gente faz isso, o que é totalmente errado, na minha opinião, conforme já escrevi.

Deixe-me comentar outra coisa: as pessoas estudam para concursos como se ainda estivessem na faculdade ou na escola. Lá o normal era fazer uma prova por semana, então podia estudar desesperadamente uma matéria de cada vez e depois da prova esquecer tudo. No concurso não, você vai estudar sem nem ter ideia de quando sairá um edital, pois muitas vezes ele só sairá daqui a um ou dois anos. Então por que ainda estuda como se estivesse na faculdade, se naquela época esquecia tudo depois de uma semana? Isso não é produtivo, caia na real. É tudo muito diferente daqueles tempos de vida mansa em que você não xingava tanto sua memória. Para um concurso você tem que estudar todo ou quase todo o programa, e o principal, deve

UNIDADE II – Como Estudar Antes do Edital **311**

manter na memória tudo que estudou. O uso dos ciclos irá ajudá-lo muito mais nisso do que esses estudos de uma só matéria por horas seguidas, às vezes dias.

Pense sempre nisto: manter o estudo na memória é muitas vezes mais importante do que só se preocupar em sempre estudar novos tópicos do programa, sem manter na memória o que estudou. No concurso você não vai fazer prova de uma ou duas disciplinas por semana, e sim de 5 a 25 em um final de semana só, então por que ainda estuda como antigamente? Acorde, antes que seja tarde.

Com o ciclo, não esquecerá muito as coisas, pois estará sempre revendo tudo. Além da motivação de marcar cada vez mais "tracinhos" no ciclo, estudando mais e mais. É a dica que mais recebi agradecimentos por ter divulgado, inclusive de primeiros lugares em diversos concursos muito concorridos. Antes de eu ter divulgado o método dos ciclos no meu "Manual", nunca ninguém tinha ouvido falar disso, mas hoje centenas de pessoas o seguem, e gostam muito. Para mim funcionou. Para o Deme também, assim como para tantos outros. Como quase tudo na vida, experimente. Abra sua mente, livre-se dos preconceitos e use por algumas semanas. Caso não se adapte, beleza, volte ao seu método anterior, seja lá qual for.

Acredito que você ainda possa ter dúvidas sobre o ciclo de estudos, então darei mais uma dica: assista a uma live que fiz explicando-o no YouTube do Gran Cursos Online, que foi ao ar em 20/6/2020, chamada: "Ciclo de estudos – Aprenda definitivamente a fazer o seu com Alexandre Meirelles". Não precisa ver tudo, pode começar aos 13 minutos e parar com 1h04min.

E para terminar este capítulo farei um pedido: por favor, não me mande seus ciclos para eu analisar se estão bons ou não, porque nunca fiz nem farei isso. Eu tento ensinar como fazer. A ideia geral. Mas cada um que sabe qual sua base anterior, dificuldades e facilidades para aprender, qual concurso fará etc. Canso de receber e-mails com este pedido, mas continuarei não os atendendo, e não é por má vontade, é por simplesmente não acreditar que eu possa fazer um ciclo melhor do que a própria pessoa.

Há horas em que posso parecer grosso ou idiota em escrever este tipo de coisa, mas não é, eu respondo a dezenas de e-mails todos os dias numa boa desde o início de 2006. Também não respondo sobre as decisões ou rumos que cada um deve tomar, como se deve largar ou não um emprego ou assumir ou não um cargo, isso eu não respondo mesmo. Eu não gosto de aconselhar nem os meus amigos sobre isso, porque depois posso sair como culpado caso algo dê errado no futuro, quanto mais aconselhar quem nem conheço a vida e não vai ser trocando e-mails que conhecerei melhor a pessoa e me sentirei mais confiante para opinar sobre as decisões que cada um deve tomar. Os e-mails que me enviarem com dúvidas gerais tentarei responder com o maior prazer, mas sobre decisões pessoais e opiniões sobre ciclos não, ok?

14) Como podemos classificar as disciplinas

As disciplinas de qualquer área de concurso podem ser classificadas em básicas, secundárias e específicas.

a) Disciplinas Básicas

As básicas, conforme já vimos na primeira unidade, são as que geralmente valem mais pontos nos concursos de sua área escolhida. Quase sempre são grandes, servem de base para diversas outras e para adquirir um bom conhecimento sobre elas demora mais tempo.

Como exemplo, já vimos que na área fiscal são estas seis:

- Contabilidade Geral;
- Direito Tributário;
- Direito Constitucional;
- Direito Administrativo;
- Língua Portuguesa;
- Raciocínio Lógico.

As disciplinas básicas devem ser estudadas profundamente, visando tirar a maior nota possível na prova, pois a maioria dos candidatos que realmente concorrerão a uma vaga fará o mesmo.

As bancas, por saberem que essas são as principais disciplinas, geralmente cobram questões mais difíceis em cima delas, pois partem do princípio de que quem estuda para aquela área, sabe muito das básicas.

Imagine a vida de um Auditor Fiscal, por exemplo. Você consegue imaginar alguém trabalhando neste cargo que não saiba bem Direito Tributário e Contabilidade? Ele praticamente só utilizará em seu dia a dia as seis disciplinas acima e as específicas, conforme veremos adiante. E até Raciocínio Lógico será muito importante, afinal, o cotidiano do Auditor é pura lógica, apesar de ser claro que nunca utilizará as famosas tabelas-verdade para nada.

Claro que sempre temos nossos "calos", ou seja, aquelas disciplinas que já estudamos muito e mesmo assim ainda sentimos dificuldade. Caso tenha os seus calos, para melhorar o seu desempenho, há alguns conselhos óbvios, que são: tente fazer um curso com outro professor, utilize outro livro teórico e faça centenas de exercícios. Se você fizer isso e mesmo assim ainda não se garantir em arrebentar na prova, beleza, saiba que praticamente todos os aprovados também não tirarão notas muito altas em todas as básicas, pois os "calos" são universais, ou seja, os outros também possuem os seus, mesmo que não sejam nas mesmas disciplinas que você. Mas que isso não sirva de desculpa para deixar o "calo" de lado, devendo fazer mais e mais exercícios dessa matéria para melhorar o desempenho.

Dificilmente soube de algum caso em que um candidato com nota total suficiente para passar não tenha sido aprovado por causa de uma disciplina básica, por não ter feito o mínimo nela. Tirando o Português, que sempre eliminou bastante em diversos concursos da área fiscal. Logo, mesmo aparecendo provas bem difíceis nessas disciplinas, não eliminam a imensa maioria dos candidatos mais preparados, porque estes estão mais do que calejados nelas.

Devido a este maior aprofundamento necessário e geralmente à maior dificuldade das básicas, aconselho que passe os seus primeiros meses na vida de concurseiro estudando praticamente só elas.

Seu objetivo é acertar no mínimo de 70 a 80% dos exercícios que fizer de provas semelhantes ao do seu concurso, caso ele geralmente possua média para ser aprovado um pouco abaixo disso. Se for um daqueles concursos em que para ser aprovado tem que tirar nota final acima de 90%, aí seu objetivo terá que ser o de praticamente gabaritar os exercícios de prova feitos em casa.

As básicas deverão ser estudadas muito antes do edital, pois quando este sair, já terá que estar "voando" nelas, gastando pouco tempo após o edital com as ditas cujas, somente para revisar e fazer os principais exercícios.

Muitos candidatos aprovados ficaram de 50 a 60% do total de horas de estudo em toda a vida de concurseiro somente as estudando. Eu e o Deme investimos exatamente 60% do total de horas estudadas com as básicas.

Sabemos que existem concursos dentro de áreas que valorizam pouco algumas básicas. Voltando ao exemplo da área fiscal, há concursos que atribuem poucos pontos aos Direitos Constitucional e Administrativo, como é o caso do AFR-SP. Então, se o seu objetivo é um cargo que não valoriza muito algumas das básicas, classifique-as como secundárias, não perca tanto tempo com elas como se fossem básicas.

UNIDADE II – Como Estudar Antes do Edital

b) Disciplinas Secundárias ou Intermediárias

Quando tiver ganhado uma base razoável nas básicas, passe a estudar as secundárias, também chamadas de intermediárias.

As secundárias são as que aparecem em quase todos os concursos de sua área, mas que geralmente não são tão grandes e complicadas como as básicas ou, mesmo que sejam, valem menos pontos na maioria dos concursos.

Na área fiscal, seriam:

- Economia;
- Finanças Públicas;
- Matemática Financeira;
- Estatística;
- Direito Empresarial, anteriormente chamado de Comercial;
- Direito Penal;
- Direito Civil;
- Administração;
- Análise de Balanços (um dos ramos da Contabilidade);
- Auditoria;
- Inglês, em alguns poucos concursos.

As secundárias quase nunca são cobradas com a mesma profundidade que as básicas, mas há concursos que eliminam muito nessas disciplinas. No nosso exemplo da área fiscal, principalmente em Economia e nas de Exatas.

Os candidatos aprovados geralmente não tiram notas tão altas nas secundárias, somente em algumas, dependendo das facilidades de cada um, ou seja, na média, tiram notas boas, mas não muito altas. Porém, há um grande perigo: é muito mais comum encontrarmos candidatos eliminados nelas do que nas básicas, quando há a obrigação de tirar mínimos por disciplina.

E como saber se é hora de começar a estudar as secundárias, após estudar bastante as básicas? Se o concurso ainda estiver longe e você já estiver naquela fase em que passa mais tempo fazendo exercícios das básicas do que estudando a teoria delas, comece a acrescentar as secundárias aos poucos, iniciando pelas que sabe que terá mais dificuldade para aprender. Mas se o edital já estiver em cima, aí não tem outro jeito, é jogar tudo no meio de um balaio de gato e estudar o máximo que der de todas.

c) Disciplinas Específicas

Estudadas as secundárias razoavelmente, é hora de pegar as específicas.

As específicas são aquelas que servem somente para um ou poucos concursos da sua área. Só para não sairmos do padrão, eis os exemplos da área fiscal para os concursos de nível superior da Receita Federal do Brasil:

• Direito Previdenciário;
• Comércio Internacional.

O mais comum é que as específicas sejam as disciplinas que abrangem a legislação do órgão para o qual fará o concurso. No exemplo anterior, o da RFB, são eles que lidam com Direito Previdenciário e Comércio Internacional, certo? Então são as suas específicas. Até uns anos atrás caíam no concurso as legislações do IPI, da Aduana e do Imposto de Renda, mas isso não acontece mais. Também caía uma disciplina chamada Organização do Ministério da Fazenda, que obviamente era mais uma específica deles. Se um dia voltarem a cair, serão específicas, com certeza. Elas nunca cairiam em um concurso para fiscal estadual ou municipal, por exemplo, pois estes fiscos não lidam com esses assuntos.

Então quais seriam as específicas para os fiscos estaduais? Basicamente a Legislação dos tributos estaduais, que são ICMS, IPVA, ITCMD, e as taxas de cada estado. E as específicas dos fiscos municipais? As legislações do ISS, do IPTU, do ITBI e as taxas de cada município.

No caso de concursos para tribunais, as específicas quase sempre são as legislações utilizadas naquele tribunal e as que versam sobre o funcionamento de cada um. Por exemplo, se fosse um concurso para o Tribunal Regional Eleitoral, seriam Direito Eleitoral e possivelmente também a legislação que regula o funcionamento do Tribunal. Se fosse para o Tribunal Regional do Trabalho, seriam Direito do Trabalho e talvez a legislação daquele tribunal.

E se fosse um concurso para a Polícia Rodoviária Federal? A Legislação de Trânsito e talvez mais uma ou outra.

UNIDADE II – Como Estudar Antes do Edital

Entendeu quais são as específicas de cada concurso? São aquelas que praticamente só caem naquele concurso e que quase sempre farão parte do cotidiano do futuro servidor. E após o concurso, dificilmente você as aproveitará em outro que não seja para o mesmo órgão ou outro parecido. Sendo assim, se estudou Direito Eleitoral para o TRE, só o usará de novo se vier a fazer outro concurso para esse órgão, não valendo para outros tribunais. Já se estudou o ICMS, vai conseguir aproveitar boa parte dele se vier a prestar concursos para outros fiscos estaduais, mas não para a RFB, pois a Receita Federal não cobra o ICMS, por não ser imposto de sua competência.

Geralmente as específicas são as disciplinas mais decorebas do concurso. Então, quase sempre podem ser deixadas para a fase final do estudo, para mantermos mais facilmente na memória até o dia da prova.

Caso você esteja estudando para uma área e, mesmo que tenha um cargo dos sonhos, está disposto a encarar outros concursos dentro da mesma área se surgirem antes do seu tão sonhado, deixe as específicas para bem perto do edital ou após a publicação dele, se for o caso.

Se você tiver um bom conhecimento das básicas e das secundárias quando tiver saído o edital, haverá tempo para estudar as específicas e se sair bem no concurso. Lembre-se de que elas costumam ser muito decorebas, então podem ser estudadas mais à frente.

Porém, se você quer um Fisco estadual e está ignorando a Receita Federal ou então o concurso para ela está muito longe, sugiro que comece logo a estudar a Legislação do ICMS, pois é complicada e muito grande. O mesmo conselho vale para a Legislação de Trânsito no caso da PRF, ou do Direito respectivo de cada tribunal. Portanto, se já tiver certeza de qual será seu próximo concurso, dependendo da complexidade da disciplina específica, comece-a logo.

Veja bem que são coisas diferentes, não estou sendo incoerente no que escrevi anteriormente. Quando sugeri para deixar as específicas para o final, indiquei para fazer isso com as que você conseguir estudar razoavelmente após o edital ou então se ainda não souber ao certo qual concurso irá fazer a seguir. E quando sugeri para começar antes o estudo de alguma específica, é para o caso de já saber que vai utilizar aquela disciplina em seu próximo concurso e que ela é grande e mais complicada, como é o caso do estudo do ICMS.

Se você já tiver estudado bem as básicas e as secundárias, quando aparecer algum edital dentro de sua área será mais tranquilo estudar as específicas nas semanas que restam até a prova e se sair bem. O que não pode é quando sair o edital ainda não ter um bom conhecimento nas básicas e em várias secundárias, e ainda ter de começar do zero as específicas, aí é quase certo tomar chumbo.

Confesso que não sei dividir as disciplinas para as áreas diferentes da fiscal, mas bastará você analisar quais foram as disciplinas que caíram nos últimos concursos de sua área e seus respectivos pesos, que conseguirá dividi-las e seguir as dicas desse capítulo.

15) Como dividir as fases do estudo de uma disciplina

O estudo das diferentes disciplinas passa por diferentes fases quanto ao seu aprendizado. Há aquelas que requerem maior aprofundamento e dedicação e outras que não necessitam de tanto. Mas quais são essas fases e como saber quais deverei alcançar para cada disciplina? Isso é o que explicarei a seguir.

Se você perguntar a algum aprovado se ele dividiu assim seu estudo, possivelmente ele responderá que nunca ouviu falar nestas tais três fases, porque esta denominação é invenção minha e do Deme, mas a grande maioria deles fez isso naturalmente, conforme vamos ver.

A primeira fase no estudo de uma disciplina é a do estudo básico, que é mais conceitual. Nela estamos começando a aprender a disciplina, então temos que nos preocupar principalmente em estudar os materiais teóricos, que darão um alicerce para que possamos fazer as questões de prova depois.

Nessa fase você utiliza basicamente materiais teóricos e passa cerca de 70% do seu tempo estudando a teoria. Pouco tempo sobra para fazer exercícios, quase sempre somente os que estão no livro teórico, geralmente ao final de cada capítulo de teoria.

Essa fase inicial não tem como ser pulada, ela é a base do nosso aprendizado.

A segunda fase é a do estudo intermediário, do aprofundamento do nosso conhecimento na disciplina. Se possível, utilizamos aqui materiais com muitos exercícios comentados. É a fase em que aprendemos a pensar como a banca organizadora.

Nessa fase devemos fazer diversos exercícios, se possível estudando as explicações das resoluções das questões. Os exercícios ocuparão uns 70% do tempo de estudo e o tempo restante será para revisão da teoria ou para estudo de algum material novo realmente importante.

A terceira fase é a do estudo avançado, em que viramos uma máquina de fazer questões, cada vez mais rapidamente. É a fase do automatismo. E é também a mais prazerosa, porque é quando sentimos de fato que todos aqueles meses de estudo intenso não foram em vão.

O tempo dedicado aos exercícios ocupará quase que a totalidade do seu tempo de estudo.

Você vai se dedicar a resolver as questões conferindo somente o gabarito, gastando pouco tempo lendo os comentários dos exercícios feitos pelos autores, se houver. Caso tenha errado a questão, procure rapidamente entender o porquê e vá para a próxima.

Atingida a terceira fase, de vez em quando faça uma revisão no material teórico, principalmente nos resumos e na leitura dos principais artigos.

E agora sei que me farão duas perguntas: *"Mas quando saberei qual é o momento para passar de uma fase para a outra? Tenho que atingir a terceira fase em todas as disciplinas?"*.

Bem, vamos fazer como o famoso Jack e dividir por partes.

A transição de uma fase para outra é natural, é o andamento comum no estudo de um concurseiro realmente organizado e compromissado. Nós já não sabemos que é primordial fazermos o máximo de exercícios que pudermos, da forma mais rápida possível, e que devemos saber como a banca organizadora pensa? Então, se nós estudarmos materiais teóricos somente, nunca atingiremos este objetivo, por isso precisamos passar para a fase dois e, se possível, para a três.

Conforme se sentir mais confiante para encarar os exercícios, diminua seu tempo de estudo teórico e aumente o tempo dedicado a resolver as questões. Não se preocupe em marcar o tempo gasto com cada tarefa, tal como 70% do tempo para teoria ou para exercícios, faça isso de forma natural.

Muitos candidatos ficam com medo de encarar os exercícios e acabam estudando muita teoria por um longo tempo. Se for esperar para aprender muito bem a teoria e saber tudo de tudo, não vai passar para as fases dos exercícios nunca, pois muitas disciplinas possuem um conteúdo teórico quase infinito, basta procurar os mesmos assuntos em vários livros que você vai constatar o que estou afirmando. Adquira uma base teórica de razoável para boa e comece logo a aumentar o tempo de resolução das questões. Não adie nem tenha medo de encará-las, antes errar em casa do que na prova.

UNIDADE II – Como Estudar Antes do Edital **321**

Como o conteúdo de muitos concursos é imenso, não dará tempo para que atinja a terceira fase em diversas disciplinas. Então se preocupe em atingi-la naquelas matérias de maior importância para o seu concurso, as que costumam eliminar mais e/ou as que possuem maior peso. No mínimo você tem que chegar nessa fase nas disciplinas básicas. Haverá disciplinas em que só estudará a primeira fase, outras até a segunda e outras até a terceira. Você vai decidir isso de acordo com o tempo disponível e a importância de cada uma, dependendo do concurso.

16) Como encontrar provas e exercícios da instituição organizadora

Uma preocupação constante que você deve ter durante seus estudos é em conhecer sua banca examinadora. Não existe a hipótese de fazer uma prova de concurso sem anteriormente ter resolvido diversos exercícios daquela banca específica, a não ser, claro, quando não houver provas anteriores daquela banca.

Muitos concurseiros, principalmente os que estão há menos tempo nessa vida, já ouviram falar que fazer exercícios é o que interessa, então fazem tudo que encontram pela frente, não importando de qual banca é. Esse é um erro de principiante, que você não poderá cometer.

As bancas divergem muito no tipo de questões que formulam. Algumas costumam ser mais práticas, outras mais "decorebas", outras fazem enunciados extensos e rebuscados, outras são mais diretas, outras, ainda, cobram mais jurisprudência atualizada que as demais etc.

Se sua banca for o Cebraspe/UnB, provavelmente sua prova será para marcar "certo" ou "errado", sendo que, para cada alternativa marcada erradamente, perderá alguns pontos das que acertou. Essa banca costuma elaborar enunciados muito extensos e complicados, assim como as alternativas. Produz provas muito inteligentes, aprofundando os temas. As questões costumam ser multidisciplinares, abordando diversas matérias no mesmo enunciado. Utiliza gráficos para analisar as questões e cobra as mais novas jurisprudências do STF e do STJ.

Calvin & Hobbes, Bill Watterson © 1993 Watterson / Dist. by Universal Uclick

UNIDADE II – Como Estudar Antes do Edital   **323**

Se for a FCC, os enunciados são diretos e, geralmente, cobram um conhecimento mais "decoreba", não tão profundo, exigindo que o concurseiro decore a lei ao pé da letra, abrangendo uma quantidade maior de itens do programa das matérias. Não é à toa que ela foi apelidada pelos concurseiros de "Fundação Copie e Cole". Contudo, saliento que algumas provas dela foram se tornando cada vez mais inteligentes, como as da área fiscal, logo, não espere mais pela velha "Copia e Cola" para algumas áreas.

Hoje, o Cebraspe (Cespe) e a FCC dominam bem as áreas de tribunais, fiscal, controle e jurídica. São com certeza as maiores referências e as que elaboram as melhores provas.

Algumas bancas menores produzem questões horrorosas, sendo meramente decorebas, prejudicando a seleção dos reais candidatos que estudaram mais. São as que gostam de cobrar teclas de atalho em provas de Informática, prazos em Direito etc. Assim é muito fácil ser o elaborador das questões, qualquer estudante de ensino médio pode ser um, basta abrir a lei e colocar números diferentes de dias nas alternativas perguntando algum prazo. Ridículo.

No início de 2012, foi amplamente divulgada na mídia uma questão de uma determinada banca que, na prova de Conhecimentos Gerais, perguntou de qual estado era a "*Luiza do Canadá*". E já havia outra, em uma prova para Procurador Municipal, perguntado qual foi a mais forte contratação do Flamengo para a temporada de 2011 (uma pergunta: seria a "mais forte" ou "mais famosa?", pois "mais forte" para mim é comparar o tamanho dos jogadores e imaginá-los lutando no UFC, e não o mais famoso, o melhor etc.); também perguntou quantas vezes a Marta ganhou o prêmio de melhor jogadora de futebol do mundo e de quantos graus foi a magnitude de um terremoto havido no Chile em janeiro de 2011. Outra banca perguntou o nome do livro da Bruna Surfistinha em uma prova para a ANAC. É de se lamentar, e só posso afirmar que para esse tipo de banca é muito difícil estudar decentemente para algumas disciplinas.

Bem, somente de ler esses parágrafos, tirando o último, deu para perceber a importância de saber qual será sua banca, se possível, e estudar por questões de provas dela.

E se não souber qual será a banca? Bem, veja o histórico de concursos realizados para aquele cargo ou ente da federação e baixe as provas da banca. É comum alguns estados e municípios utilizarem sempre as mesmas bancas, geralmente das respectivas universidades públicas.

E se souber a banca, mas esta não possuir quase nenhuma prova da área pretendida? Bem, aí não tem muito jeito, é resolver as provas que a banca já fez para cargos e áreas parecidas e depois partir para as de outras bancas. Resolver as provas de outras áreas muito distintas não adianta muito, talvez seja melhor resolver as questões de sua área que sejam de outra banca. As bancas mais desconhecidas tendem a elaborar provas muito decorebas, então foque mais na letra de lei. Não adianta muito resolver questões da FCC ou do Cebraspe, por exemplo, pois essas tendem a elaborar questões mais inteligentes que as que você encontrará na prova da banca desconhecida.

As bancas tendem a evoluir com o aumento da concorrência entre elas, assim, algumas já estão começando a formular questões mais inteligentes.

Enfim, prova é o que não falta, mas se possível siga as de sua banca.

Entretanto, como obter essas provas? Principalmente, em sites de questões de concursos, que são vários, para todos os bolsos e gostos.

Também não se esqueça de pesquisar nos sites da própria banca organizadora. Pena que alguns desses retiram as provas do ar após um tempo.

Cuidado com o gabarito que você baixa. Saiba que alguns dias após um concurso a banca divulga o gabarito preliminar e estipula um prazo para que os candidatos façam os recursos contra as questões que possuem erros. Passadas algumas semanas, a banca divulga seu gabarito final, que contém algumas questões que foram anuladas ou com troca de alguns gabaritos.

Geralmente este gabarito final sai no mesmo dia em que divulga a relação dos aprovados. Este gabarito final é o que você deve tentar encontrar, para não ficar estudando por um gabarito preliminar, que pode ter sofrido alterações, fazendo-o perder tempo tentando encontrar questões sem solução ou com erros e até mesmo ensinando-o coisas erradas.

O grande problema é que a maioria dos gabaritos que os sites das bancas divulgam são os preliminares, pois depois elas não se dão ao trabalho de atualizar o site com o gabarito final. Ela se preocupa em divulgar o gabarito preliminar logo na semana da prova para atender à

UNIDADE II – Como Estudar Antes do Edital

grande demanda de candidatos que o procuram, mas, passadas algumas semanas, não se preocupa mais em atualizá-lo.

Bem, e como conseguir o gabarito definitivo? Isso é uma droga mesmo. Às vezes damos sorte e o gabarito baixado já é o definitivo. Se for, quase sempre o site divulga que é o gabarito final ou então você encontra umas observações no próprio gabarito ou então vê algumas questões com o gabarito escrito "anulada" ou um "X" ou asterisco no seu lugar, que mostra se tratar do definitivo e que aquela questão foi anulada.

Caso não encontre o gabarito definitivo nos sites, por se tratar de uma prova mais antiga, tente no velho Google bom de guerra. Algumas vezes você dá sorte, eu já consegui alguns assim. Geralmente, o gabarito que você encontra nos sites de questões já é o definitivo. Mas se suspeitar que não é, vai ter que correr atrás caso sua dúvida realmente seja importante.

Quase todos os sites de questões comentam as questões das mais diversas bancas, alguns já possuem mais de um milhão delas cadastradas. Atualmente, é indispensável você assinar pelo menos um deles. Talvez você não precise assinar um nos seus primeiros meses de estudo, pois seu material escrito, se for bom, já conterá muitas questões comentadas. Mas futuramente, após ganhar uma base e já ter estudado o seu material, você terá que resolver centenas ou milhares de questões mais, e nada melhor que um site de questões para ajudá-lo nisso.

Não é para perder tempo resolvendo provas de nível muito inferior ou superior ao que fará, tente se ater a provas de nível parecido. Com o tempo de estudo, saberá reconhecer facilmente em uma prova se ela tem um nível semelhante ao que necessita ou não. Só de bater o olho você já perceberá se a prova servirá para o seu aprendizado ou se pode ser dispensada.

Já recebi diversos e-mails de candidatos perguntando se é válido resolver questões de concursos ocorridos há alguns anos ou de outras bancas. Assim como quase tudo na vida, "isso é relativo", então vamos ao que penso sobre o assunto.

O que será que vale mais, resolver uma prova feita por sua banca organizadora, para o cargo pretendido por você, mas que foi há cinco anos, ou resolver uma prova feita pela mesma banca, mas para um cargo do mesmo nível de conhecimento, só que bem mais recente?

COMO ESTUDAR PARA CONCURSOS – *Alexandre Meirelles*

Eu acredito que seja a última opção. Resolver uma prova mais antiga é uma tarefa muito arriscada, porque pode ter havido mudanças na legislação e muito provavelmente os professores que compõem aquela banca não são mais os mesmos. Acredito ser mais provável que sua prova venha mais com a cara deste concurso mais novo, mesmo que para outro cargo, do que parecida com o concurso que teve para o seu cargo, mas ocorrido há alguns anos. A "cara" da banca pode ter mudado, como sempre acontece, e os professores que elaboram as provas serem os mesmos dentro de um certo período de tempo.

Para provar que esse meu conselho não é loucura, o professor Leandro Cadenas, no dia 11/05/2007, publicou um artigo no site do Ponto dos Concursos (artigo 184) com 86 alternativas repetidas de questões de Direito Constitucional da ESAF, todas ocorridas em 2006. Vou repetir bem o que ele mostrou, para não achar que estou exagerando:

1º) foram 86 alternativas repetidas, das quais algumas apareceram em três provas distintas;

2º) todas as questões foram no ano de 2006;

3º) todas da mesma banca, a ESAF;

4º) todas de Direito Constitucional.

E olhe que a ESAF é tida como uma das melhores bancas de concurso e que, apesar de cometer muitos erros de quase todas as espécies, ainda é a minha favorita. Eu não sou seu fã, mas desgosto menos dela do que das outras.

Tomei a liberdade de reproduzir a seguir três exemplos deste artigo do Cadenas, que apareceram em três concursos diferentes, todos em 2006. Antes, faço um alerta: alguns itens estão corretos e outros, não, dependendo do que o examinador queria com cada alternativa. Então nada de estudar os itens como se fossem verdades, ok?

1-A) (TRF/ESAF/2006) Obedecendo ao princípio geral de repartição de competência adotado pela Constituição de 1988, a exploração dos serviços locais de gás canalizado foi reservada para os municípios.

UNIDADE II – Como Estudar Antes do Edital | **327**

1-B) (ACE-TCU/ESAF/2006) A exploração dos serviços locais de gás canalizado pode ser feita pelos Estados, desde que a União, mediante instrumento próprio, faça uma autorização, concessão ou permissão para a sua execução.

1-C) (Analista-MPOG/ESAF/2006) Compete ao município organizar e prestar, diretamente ou sob regime de concessão ou permissão, os serviços públicos de interesse local, incluídos o de transporte coletivo e o de exploração local de gás canalizado, os quais têm caráter essencial.

Nós fizemos um resumo sobre esse artigo da CF no capítulo sobre como elaborar resumos e mapas mentais. Se você voltar e der uma olhada no resumo e no texto do referido artigo, verá que essas três alternativas estão erradas. Aquele resumo seria mais do que suficiente para respondê-las.

2-A) (ACE-TCU/ESAF/2006) A decretação da intervenção da União nos Estados, em razão de recusa de execução de decisão judicial, só pode ocorrer após solicitação do Presidente do Tribunal de Justiça Estadual ao Presidente da República.

2-B) (Analista-MPOG/ESAF/2006) A intervenção da União nos Estados dependerá de provimento, pelo Supremo Tribunal Federal, de representação do Procurador-Geral da República, no caso de recusa à execução de lei federal.

2-C) (PFN/ESAF/2006) A decretação de intervenção da União nos Estados, em razão de recusa à execução de lei federal, dependerá de provimento, pelo Supremo Tribunal Federal, de representação proposta pelo Procurador-Geral da República.

3-A) (AFC-CGU/ESAF/2006) Observados os limites constitucionais, a utilização, pelo Governo do Distrito Federal, das polícias civil e militar e do corpo de bombeiros militar será disciplinada em lei distrital.

3-B) (Analista-MPOG/ESAF/2006) A utilização, pelo Governo do Distrito Federal, das polícias civil e militar e do corpo de bombeiros militar é matéria que se insere dentro da competência legislativa exclusiva desse ente da Federação.

3-C) (TRF/ESAF/2006) Nos termos da Constituição Federal, a utilização, pelo Governo do Distrito Federal, das polícias civil e militar do Distrito Federal deverá ser disciplinada em lei distrital, pois esses órgãos são subordinados ao Governador do Distrito Federal.

Também vimos um resumo sobre esse assunto no capítulo sobre resumos. Olhando para ele e lendo as três alternativas, era só nos lembrarmos do mapa do Brasil encontrado no desenho que já encontraríamos o mesmo erro em todas elas, pois todas mencionavam "lei distrital" em vez de "lei federal". Viu agora como um simples desenho inserido em um resumo pode nos ajudar bastante?

Voltando ao tema da importância de resolver provas anteriores, concorda comigo que, se tivesse resolvido uma questão de cada um dos três assuntos, você acertaria no seu concurso, caso caísse uma das outras duas parecidas? E repare bem que foram todas em 2006. Se ainda tivesse feito as provas de 2005 e 2004, com certeza haveria mais questões repetidas.

Ficou mais do que evidente que os professores que compuseram as bancas de Constitucional nesses diferentes concursos eram os mesmos ou seguiam as mesmas ideias.

No concurso em que fui aprovado em 2005 para Auditor Fiscal da Receita Federal do Brasil, das 20 questões de Direito Administrativo, o Deme encontrou 16 iguais às de concursos anteriores da mesma banca, iguaizinhas. Como ele já as tinha resolvido em casa algumas vezes, respondeu a tudo imediatamente, com certeza da resposta e sem perder muito tempo. E não deu outra, gabaritou a prova, matou as 20. E isso acontece em muitos concursos, em diversas disciplinas.

Sendo assim, definitivamente compensa mais resolver exercícios recentes de concursos parecidos feitos pela sua banca do que provas antigas para o seu cargo pretendido. Contudo, deve responder estas também dentro do possível, tomando o cuidado de saber se as questões não contêm normas desatualizadas.

Logicamente que se estiver resolvendo uma prova por um livro atualizado, pode estudar sem medo de estar vendo algo defasado. Então, se tiver certeza de que aqueles exercícios estão atualizados, faça tudo o que aparecer pela frente, preferencialmente de sua banca, claro.

"Mas quantos exercícios eu devo fazer?". Já perdi a conta de quantas vezes me fizeram essa pergunta. Colega, essa resposta é muito simples, faça o máximo que puder. Se for uma disciplina muito importante para o seu concurso, como Contabilidade na área fiscal, caramba, eu diria que 1.000 é pouco. E 1.000 questões não são tantas assim. Ao estudar por um bom livro do assunto, você já terá feito mais de 500 exercícios só nele.

UNIDADE II – Como Estudar Antes do Edital

Siga essa minha frase: *"Fazer prova é o que aprova"*. Logo, resolver diversas provas é que o levará à aprovação.

Possuo amigos que estudam baseados na quantidade de exercícios que devem fazer de cada disciplina. E obtiveram êxito com essa forma de estudar. Ponha na sua cabeça que você deverá virar uma máquina de resolver exercícios, mais do que um devorador de livros de teoria, como muitos fazem.

Há concursos que são feitos por bancas muito desconhecidas, tornando-se quase impossível achar questões anteriores. Aí, colega, não tem jeito, vai ter de fazer de outras bancas mesmo. Estude bem a teoria, faça os exercícios que aparecerem na sua frente que você acredita que sejam do nível do cargo pretendido e vá confiante. Todo mundo estará perdido igual a você, tenha certeza disso, vai passar quem tiver estudado melhor a teoria, praticado mais e souber fazer melhor a prova.

Você tem que saber pensar como a sua banca quer que você pense. Há muitos concurseiros que ficam brigando com a banca enquanto estudam. Pare com isso, é o que a banca pensa e ponto-final. Se em algum concurso anterior a banca afirmou que o céu é verde com bolinhas amarelas e não anulou a questão mesmo depois dos recursos, a partir de agora você olhará para o céu e verá tudo verde e cheio de bolinhas amarelas. Não são bolinhas brancas, vermelhas nem laranja, são amarelas e pronto.

Se o seu concurso é organizado pelo Cebraspe/UnB, você deverá seguir a "doutrina cebraspiana"; se for da Carlos Chagas, a "doutrina Carlos-Chaguiana", e por aí vai. Claro que acabei de inventar esses nomes, mas é assim mesmo que você deverá pensar a partir de agora. Não brigue com o examinador, pois você sempre perderá esta briga.

Há determinados pontos da matéria em que uma banca pensa de um jeito e outra banca pensa de outro. Para saber como sua banca pensa, só resolvendo suas provas ou estudando por algum livro que saliente essas diferenças de posicionamento entre as bancas, mas saiba que são raros esses livros. E não adianta depois reclamar que outra banca pensa de forma diferente, você perderá a questão e ponto-final. Uma banca não forma jurisprudência para outra.

Outro cuidado que você deve ter é com a organização dessas provas. Mantenha todas em uma ou mais pastas, de preferência divididas por banca, ano e/ou cargo. Quando resolvê-las, grampeie na respectiva prova as folhas de rascunho que foram usadas, isso facilitará seu estudo no futuro.

Quando resolver alguma prova, anote o tempo gasto em cada disciplina, mesmo que resolva as matérias em épocas diferentes. Depois, quando terminar de resolver a prova toda, verifique quanto tempo foi gasto no total e veja se seria ou não suficiente para resolvê-la no dia da prova real. Caso tenha levado mais tempo que o permitido pelo edital, veja onde estão os maiores fatores que o levaram a isso e vá os corrigindo com o tempo.

Um último lembrete: nunca faça exercícios sem gabarito. Nunca. Se uma lista de exercícios não tiver as respostas corretas, jogue-a no lixo ou guarde-a sem resolver até um dia aparecer o gabarito.

17) Como se preparar para provas discursivas e redações

Após ter escrito a primeira edição desta obra, recebi inúmeros elogios sobre o seu conteúdo, mas houve uma crítica/sugestão bem especial: faltou abordar as provas discursivas, que entraram na moda recentemente e se tornaram o grande temor de muitos candidatos.

Sendo assim, resolvi adicionar este capítulo para a segunda edição, afinal, fiz a promessa de que este seria o livro mais completo sobre como estudar para concursos.

E lá fui eu ler livros e conversar com alguns especialistas no assunto, visando obter um conteúdo realmente interessante para abordar aqui, assim sairia dos básicos "treine bastante", "estude português" etc., que qualquer um sabe desde que foi alfabetizado.

Entretanto, após começar este estudo, deparei-me com uma dura constatação: estas tais provas discursivas viraram uma espécie de disciplina à parte, esta é a mais pura realidade. Como não gosto de iludir ninguém, muito menos meu nobre leitor, prefiro ir direto a sua jugular, pois você tem de estar ciente que ganhou mais uma "disciplina" para estudar.

Sendo assim, não espere estar preparado para suas provas discursivas após a leitura deste capítulo, pois não vai. *"Mas, então, para que vou perder tempo lendo isto?"*, me perguntarão alguns. E responderei: *"Porque aqui reuni algumas dicas que te ajudarão a ter um norte a ser seguido, resumidas a partir de alguns dos melhores livros"*. Simples assim, sem falsas promessas, sem rodeios. Entretanto, saliento, deverá prosseguir o estudo do assunto com a ajuda de livros e professores especializados.

Pois bem, feita esta introdução, vamos às dicas e explicações sobre essas provas.

As provas discursivas já eram cobradas para cargos de analista e técnico de tribunais, magistraturas, procuradorias, TCU etc., mas marcaram os concursos quando se tornaram novidade em mais alguns certames a partir de 2009, como AFRFB, ATRFB, BACEN, MPU etc. A segunda fase da prova da OAB também começou a exigir a discursiva, com alto índice de reprovação. Enfim, com certeza elas vieram para ficar e se tornaram um grande diferencial na classificação dos candidatos, deixando muitos bem preparados de fora da relação dos aprovados.

Alguns concursos selecionam os candidatos mais bem classificados nas provas objetivas para fazer as provas discursivas posteriormente. Já outros aplicam todas as provas em uma fase só, tanto as objetivas quanto as discursivas.

Antes que me perguntem se fiz provas discursivas em minha trajetória como concurseiro, contarei rapidamente as duas experiências que tive com elas, deixando de fora as redações de vestibular que todo mundo já conhece, pois fiz várias.

A primeira foi em 1992, no meu concurso para Fiscal da Prefeitura de BH. A prova objetiva tinha 50 questões e valia 100 pontos, e a redação, 50. Como a prova objetiva foi fácil, muitos candidatos bem preparados tiraram notas muito altas, acima de 80, e a decisão ficou para a redação, que foi uma verdadeira loteria. O tema era sobre algo como escrever uma carta para o Prefeito, mas não me lembro do enunciado ao certo.

Quando saíram as notas, a impressão que tivemos é a de que os corretores jogaram as provas para o alto e a nota foi dada conforme a localização delas. As que grudaram no teto ou se apoiaram na pá do ventilador ganharam 10; as que caíram em cima do armário, 9; as que ficaram em cima da mesa, 6; as que caíram no chão foram menores que 5, com seus azarados reprovados pela nota mínima. Bem, para minha sorte, a minha prova caiu em cima do armário, ganhei meu 9 (45 pontos de 50) e passei no concurso, o que me valeu um ótimo cargo por 11 anos.

Minha segunda experiência foi no concurso para Fiscal do estado de Minas Gerais, em 1993. Foram três fases ao todo, todas eliminatórias, com intervalo de uns 30 a 60 dias entre elas. A terceira e decisiva fase foi uma prova discursiva sobre Legislação Tributária Estadual, Direito Tributário e Contabilidade completa, incluindo Custos e Análise de Balanços. Como consolo, era permitido consultar a legislação estadual.

A correção foi outra aleatoriedade. Como exemplo disso, deixo o seguinte fato: uma questão envolvia uma polêmica. Na época havia uma corrente de doutrinadores que entendia que, para a resolução da questão, seria o caso de se empregar um determinado artigo e outra corrente que

UNIDADE II – Como Estudar Antes do Edital **333**

entendia que seria outro o artigo correto para tal. Bem, como a banca possuía alguém que defendia uma das correntes antagônicas, simplesmente aconteceu o seguinte: quem seguiu a opinião dele ganhou nota máxima ou bem alta na questão, mas quem seguiu pela outra corrente a zerou, sendo reprovado. Obviamente que ninguém sabia quem era o examinador, muito menos sua opinião. Bem, mais uma vez dei sorte, chutei o lado certo na hora de bater o pênalti e fui aprovado.

Revoltante foi ver a correção da prova de amigos com a questão perfeitamente defendida, conforme a opinião da outra corrente, mas com um risco vermelho atravessando-a, e não aceitaram seus recursos.

Bem, sei que muita coisa melhorou na correção das provas discursivas e redações, isso é fato, claro, mas continuo sendo contra sua realização. Não sou só contra, sou revoltado com a aplicação delas, considero isso o cúmulo do absurdo, mas de que vale minha opinião? De nada, óbvio.

Sei que muitos defendem a realização de provas discursivas ou redações. De minha parte, só serei a favor disso, quando garantirem que não haverá subjetividade nas correções, o que considero impossível, porque um exemplo simples exemplificaria isso: suponhamos que você seja o examinador. Há centenas de provas para serem corrigidas em poucos dias e você ganha pouquíssimo por produção. Você está em casa, com suas provas digitalizadas na tela, e já corrigiu algumas. Porém, no meio da correção, vem seu filho e mostra um boletim escolar cheio de notas baixas. Em seguida, sua mulher reclama que as notas baixas do filho são culpa sua, pois não faz outra coisa a não ser corrigir redações. Em meio a essa pressão, há o tempo curto para você dar conta das correções. Com a cabeça explodindo, imagine como será a correção do restante dos textos? Coitados dos autores; não concorda comigo?

E isso acontece sempre, não é uma brincadeira, foi só um exemplo de mil outros possíveis. Eu pergunto: *"Você consegue estudar com ânimo igual todos os dias, como se fosse um robô? Então por que o corretor não ficaria com humor diferente todos os dias?"* Isso é da natureza humana, é meramente impossível haver algum corretor que não seja assim. Aí me dirão os professores do ramo: *"Mas há uma grade de correção, os critérios são bem definidos etc."*. OK, concordo que a subjetividade caiu bastante, mas não acabou nem nunca acabará. Eu tenho certeza absoluta de que se der a mesma redação para o mesmo corretor a corrigir em dias diferentes, as notas serão diferentes.

Poderão ser bem próximas, claro, mas um ponto sequer já muda toda a relação de aprovados. Então, se os direitos não são iguais para todos, não pode ser avaliado em um concurso, porque a condição básica para sua realização é não haver subjetividade.

Contudo, mais uma vez, de que adianta minha ojeriza a este tipo de prova? De nada, foi um mero desabafo, então vamos ao que interessa, porque já enrolamos bastante para começar o assunto.

Essa prova pode ser basicamente de dois tipos: as questões discursivas e as redações de textos dissertativos, cada um com suas particularidades.

Analisando o primeiro tipo, as questões discursivas são aquelas nas quais a banca solicita que você escreva sobre determinado assunto da matéria, por exemplo, falar sobre "atos administrativos" em uma prova de Direito Administrativo.

Uma questão discursiva pode ser argumentativa ou expositiva. A primeira solicita ao concurseiro que defenda uma posição sobre um determinado assunto. Geralmente, apresentam um texto inicial para introduzir o tema, mas o enunciado deixa você mais à vontade para escrever, sem direcionar muito quais pontos deverá obrigatoriamente abordar em seu texto. Avalia mais sua capacidade de argumentar e redigir um bom texto. Já o segundo tipo direciona mais sua resposta, não deixando muita liberdade para emitir sua opinião, pois o enunciado determina quais pontos deverão ser abordados em sua resposta. Este avalia tanto seu texto propriamente dito quanto seu conhecimento acerca do assunto.

A maioria dos concursos cobra somente a resolução de uma questão discursiva cujo texto varia entre 30 e 60 linhas. Já outros concursos cobram mais questões, podendo chegar a até seis, sendo o espaço de linhas em alguns casos maior ou menor.

No caso dos concursos que não cobravam este tipo de prova e passaram a cobrar, as correções no início foram muito "boazinhas", ou seja, não foram rigorosas, conferindo notas altas em sua grande maioria.

Depois, muitas notas continuaram altas, mas houve uma concentração maior nos extremos, em detrimento do meio termo: havia um número alto de candidatos com mais de 90% de aproveitamento e, naturalmente, um número muito expressivo de candidatos reprovados

UNIDADE II – Como Estudar Antes do Edital

com menos de 50%. Nos tribunais regionais, por exemplo, para ser aprovado nas vagas declaradamente existentes, um candidato precisa ter 95% de aproveitamento na discursiva. Menos que isso, impossível ser nomeado rapidamente. Esse efeito vem aos poucos contaminando outras áreas, como as áreas fiscais. Somente os concursos nas áreas policiais – Polícias Federal, Legislativa e Rodoviária Federal apresentam médias menos exigentes para a aprovação.

Hoje, as muitas notas altas não são mais pela benevolência das bancas, e, sim, porque a preparação dos candidatos aumentou demais e porque os temas geralmente são básicos.

Há um fato a ser observado: sem uma boa preparação para as provas discursivas, a chance de o candidato ser aprovado reduz drasticamente, pois muitos concorrentes tirarão notas muito altas.

Analisando agora o segundo tipo, as redações são as que pedem para escrever um texto, como aqueles dos vestibulares, pedindo para dissertar sobre "o efeito do pulo de uma pulga na rotação terrestre" ou "o efeito da menstruação de uma baleia na tonalidade do mar vermelho", que foram dois temas de redações que recebi para fazer como trote quando era cadete, com, no mínimo, 50 linhas cada. E se não ficasse boa, sabe o que aconteceria comigo? Bem, digamos que por alguns dias a minha vida seria como a vista naqueles filmes de recrutas americanos. Pensando bem, acho que foi daí que nasceu minha revolta com redações.

As redações são sempre de textos dissertativos porque as provas pedem para você desenvolver uma ideia em torno de um tema. Se fosse para narrar algum acontecimento ou uma história, por exemplo, seria um texto narrativo. Sabe quando você chega ao cursinho e conta para o seu amigo o trânsito que pegou no caminho? Pois é, eis um exemplo de narração. Caso fosse para descrever como é o professor ou o caminho que pegou para o curso, isso seria exemplos de descrição. Logo, existem basicamente três tipos de textos: dissertativos, narrativos e descritivos, mas, por enquanto, se preocupe só com o primeiro para fins de prova, OK?

As questões discursivas exigem um conhecimento ainda maior do programa que cai no concurso, enquanto que as redações avaliam mais sua capacidade de escrever bons textos.

Vamos, neste capítulo, fornecer dicas de cada uma das duas provas, sendo que a maioria serve para ambas. Para facilitar, eu as dividi em tópicos, OK? Então vamos a eles, começando pelas dicas mais simples, mas que não poderiam ficar de fora.

Entretanto, antes de começar, esclareço que as dicas são baseadas na norma culta da língua, aquela mais "radical", digamos assim. Sei que encontrarão dicionários e autores que possibilitam formas mais brandas de uso da língua, afinal, daqui a pouco, haverá estudiosos da língua defendendo até "nós vai" como correto, por ser o linguajar do povo, mas lembre-se de que seu corretor poderá ser extremamente apegado ao uso mais culto da língua, logo, convém não se arriscar.

a) Melhore sua caligrafia, caso não possua uma letra legível

Somente treinando, nem que seja naqueles antigos cadernos de caligrafia, para melhorar sua letra. Hoje em dia a tendência é a de que as novas gerações possuam letras cada vez piores, devido ao intenso uso do teclado. Contudo, não tem jeito, se sua letra for feia, vai ter que melhorá-la urgentemente.

Imagine você a situação do tal corretor estressado do nosso exemplo. Centenas de provas para corrigir e aparece uma letra de difícil entendimento. Sinceramente, você vai conseguir corrigir aquela prova imparcialmente? Não se iluda, é óbvio que não. Um estudo realizado pela *Open University*, da Inglaterra, apontou uma boa divergência de notas dadas a redações idênticas escritas com letras diferentes, sendo uma bem legível e a outra nem tanto.

Confesso que se eu fosse um corretor, os alunos com letra ruim seriam bem mal tratados por mim, pois ralei muito quando criança para ter uma letra decente; então, não tem jeito, eu corrigiria essas provas com má-vontade, mesmo que inconscientemente. Assim, deixo a pergunta para a sua reflexão: "Você acha que só eu seria louco a este ponto? Não, né?" Dessa forma, só lhe restou uma opção: Melhorar sua caligrafia.

Há outras pessoas que possuem caligrafias reais, ou seja, letras bonitas, mas com distorções na grafia das letras, como aquele uso do til do "a" com a cedilha do "c" (faça somente o sinal do til em cima do "a", não faça muita firula com ele). Esse uso faz com que o aluno perca pontos. Algumas bancas também tiram pontos quando usamos aquele "R" maiúsculo cheio de voltinhas ou colocamos uma bolinha em cima do "i" e do "j", em vez de usar um ponto, que é o correto.

Não é obrigatória a letra cursiva, você pode usar letra de fôrma.

Esclarecendo, letra cursiva é aquela escrita com uma letra emendando na outra (também conhecida como letra de mão), não podendo haver espaço em branco entre as letras de uma mesma palavra. Nosso alfabeto é o latino, e nele a letra cursiva é escrita sem espaços, ao contrário de alguns outros alfabetos. No entanto, nenhum concurso até hoje exigiu a letra cursiva, servindo, também, a letra de fôrma. O que se exige é legibilidade. Então, caso sua letra cursiva seja ruim, fique com a de fôrma mesmo, tranquilamente, mas veja se é bem legível. E se usar a letra de fôrma, diferencie as letras maiúsculas das minúsculas.

Calvin & Hobbes, Bill Watterson © 1995 Watterson / Dist. by Universal Uclick

Muitas pessoas acham que possuem uma letra legível. Quem nunca pegou um caderno de alguém e, ao dizer para o dono que estava muito difícil para entender a letra dele, o cara não disse: *"Tá doido, minha letra é fácil de entender!"*? Então, sabendo que o dono da letra quase sempre a acha legível, recomendo que entregue um texto que você escreveu para que outras pessoas o leiam, pedindo a elas um retorno sobre as dificuldades encontradas para entender sua letra. Às vezes sua caligrafia é boa, mas alguma letra é de difícil entendimento ou parece muito com alguma outra. Se sua letra G parecer com a J, por exemplo, o corretor poderá achar que você cometeu algum erro de ortografia ao trocar o G pelo J quando escreveu "tigela" e tirar pontos de sua nota.

Outra dica: se quiser apagar um texto, simplesmente o risque com uma linha, não rabisque tudo, não deixe sua prova com borrões. O Cebraspe, inclusive, já proibiu em algumas provas o uso de parênteses para isolar algo escrito indevidamente.

Finalizando este tópico, saiba que o uso do pingo nas letras "i" e "j" minúsculas é obrigatório, mas não deve ser usado nas maiúsculas. Lembre-se de que não pode usar um círculo, tem de ser um ponto.

b) Treine muito

Foi mal, foi mal, sei que anteriormente disse que não escreveria um capítulo só com essas dicas óbvias, mas elas também têm de constar, OK? Então me perdoe, não xingue a dona Cida, pois ela é maravilhosa e não tem culpa de ter um filho que resolveu escrever um livro com este tipo de dica banal.

Os melhores escritores são aqueles que sempre leram muito. O escritor britânico Martin Amis disse: *"Escrever é uma rua de mão dupla, o que acontece na outra pista é a leitura"*. Mario Quintana, um de nossos maiores poetas, disse uma frase mais pesada: *"Os verdadeiros analfabetos são os que aprenderam a ler e não leem"*.

Entretanto, infelizmente, muitos candidatos só agora começarão a perceber que aqueles velhos conselhos para largar a TV e ler um livro no lugar eram perfeitos. Bem, talvez agora não dê mais tempo para sanar esta deficiência com a leitura, caso você a possua, então vai ter de treinar ainda mais sua escrita. Vai pagar seus pecados por ter ficado tanto tempo inútil em frente à TV.

Como consolo, saiba que o próprio estudo, usando bons livros para concursos, melhorará sua escrita e ainda servirá para incorporar ao seu vocabulário as palavras específicas utilizadas em cada disciplina.

Bem, mas já que é para treinar bastante, então basta sair escrevendo tudo que aparece pela frente? Não, claro que não, pois sem um *feedback* não vai adiantar muito. Logo, se possível, procure um professor que corrija alguns textos que você escrever. Busque de preferência a correção de um professor de redação e outro da disciplina abordada no texto, caso sua prova possua questões discursivas. Infelizmente, sei que isso é um pouco difícil de conseguir, mas para alguns é possível.

UNIDADE II – Como Estudar Antes do Edital **339**

Caso seja muito difícil pagar um professor especializado, procure algum parente ou amigo com boa experiência em escrever e peça ajuda. Não tenha vergonha em pedir esse favor, vergonha é não passar no concurso por pouco, porque não teve coragem de pedir a tal ajuda.

Também é altamente recomendável que forme um grupo de colegas para que todos corrijam as redações mutuamente e deem um retorno bem embasado e sincero. Lembre-se de que é possível formar um grupo composto por amigos virtuais, conseguindo colegas em fóruns, por exemplo. Formado um grupo, haverá a cobrança de elaborar uma questão discursiva ou redação por semana, por exemplo, não deixando que você se esqueça dessa sua nova obrigação. Além da prática "forçada", haverá os benefícios de receber um retorno dos colegas sobre os seus textos e aprender ainda mais, corrigindo as redações deles.

Para adquirir uma boa escrita, é essencial a prática constante, então não deixe para treinar somente depois do edital ou da primeira fase, caso esta seja só de questões objetivas. Não acredite que na hora da prova você incorporará o espírito de um grande escritor e as palavras sairão psicografadas fluentemente no papel, porque o máximo que conseguirá incorporar será um espírito de baixo nível intelectual, para pagar seus pecados, por não ter praticado muito. Então treine desde já, para ontem!

Marie von Elner-Eschenbach disse que *"Ninguém consegue escrever como Deus se não sofrer como um cão"*. Saiba que ela estava certíssima.

c) Melhore seu Português

Ai, ai, coitada da dona Cida...

Sei que você já está estudando nossa nobre Língua para o concurso, mas preciso deixar umas dicas a mais.

Primeiramente, sugiro que procure na internet um texto chamado *"Os 100 erros mais comuns da Língua Portuguesa"*. Toda vez que o leio, encontro coisas que sempre erro. E não adianta, leio de novo o texto e continuo cometendo os mesmos erros.

Não satisfeito só em saber estes 100, li um livro chamado *"Os 300 Erros Mais Comuns da Língua Portuguesa"*, da editora LaSelva Negócios. Paguei menos de R$ 20. Desses 300, assinalei uns 70 para ler periodicamente. Depois comprei e li o livro "Não Erre Mais!", do Luiz Antonio Sacconi. Este é ótimo, ainda mais completo.

Outras dicas de livros bem úteis e fáceis são os dois da Dad Squarisi que estão na bibliografia, principalmente o *"Escrever Melhor"*.

Como exemplo desses erros mais comuns, veja esta frase tão encontrada no nosso dia a dia: *"João é gente boa, apesar de o mesmo ser flamenguista"*. Onde está o erro da frase? Será que João, mesmo tendo escolhido o time errado, não pode ser gente boa? Não, não é isso, pois há muita gente de mau gosto que é gente fina... o erro maior está no uso da palavra *"mesmo"*. É este erro que encontramos em quase todas as placas de elevador: *"Antes de entrar no elevador, verifique se o mesmo encontra-se parado neste andar"*. Procure no Google sobre o "uso do mesmo" e veja como usá-lo corretamente.

Confira na lista a seguir se sabe usar corretamente todas estas expressões, mas caberá a você procurar entender o uso correto de cada uma, OK?

- A x há (este erro é um dos campeões nos e-mails que recebo)
- A princípio x em princípio x por princípio
- À medida que x na medida em que
- A fim x afim
- Acerca de x cerca de
- Ao encontro de x de encontro a
- Ao invés de x em vez de
- Além x aquém
- A moral x O moral
- Aonde x onde
- Ao par x a par
- Através x por meio de
- Dizer x falar
- Fronteira x divisa x limite
- Haver x a ver
- Mandado x mandato
- Mas x mais
- Onde x em que

UNIDADE II – Como Estudar Antes do Edital

- Perca x perda
- Porque x por que x porquê x por quê
- Se não x senão
- Trás x traz
- Tachar x taxar
- Tampouco x tão pouco
- Viagem x viajem

Essas expressões são encontradas facilmente por aí, em materiais para concursos, pois costumam cair em provas objetivas, porém, há inúmeros erros, que não vemos nesses materiais, que são mais comuns em redações, por isso indiquei aqueles outros livros, pois contêm vários desses equívocos mais comuns na escrita.

Aprenda como usar as siglas, sabendo quando precisamos escrever todas as letras maiúsculas e quando só usamos a primeira letra maiúscula.

A seguir apresento dez erros comuns que eu escolhi, retirados de diversas fontes bibliográficas, mas principalmente do livro do Sacconi, que consta da bibliografia deste trabalho. Primeiramente, apresento dez frases que contêm um erro, e, posteriormente, apresento as frases escritas corretamente, com uma breve explicação do erro cometido anteriormente. Leia-as atentamente, marque de amarelo as que você não souber, para evitar que as utilize indevidamente em sua prova. Sendo assim, veja se consegue encontrar o erro nestas expressões ou frases:

1. "a grosso modo";
2. "não há qualquer possibilidade";
3. "aquele candidato estuda às custas do pai";
4. "o Governo investiu bastante, sendo que só 10% no Nordeste";
5. "2013 será o ano da minha aprovação";
6. "o partido quer unificar as legendas, seja de direita ou de esquerda";
7. "meu estudo anda em ritmo intenso, muito embora pudesse estudar ainda mais";
8. "no STF tem 11 ministros";
9. "analisando a situação sob outro prisma";
10. "os juízes são melhor remunerados que os demais".

Acredite em mim, todas as expressões do parágrafo anterior contêm erros. Veja a seguir como elas deveriam ser escritas, seguidas de um pequeno resumo sobre o uso correto de cada uma, cabendo a você o estudo mais aprofundado, se julgar necessário:

1. "grosso modo". Não existe o "a" que tanta gente usa nessa expressão;

2. "não há nenhuma possibilidade". Em frases negativas, use "nenhum", nunca "qualquer";

3. "aquele candidato estuda à custa do pai". Não existe a expressão "às custas de";

4. "o Governo investiu bastante, mas só 10% no Nordeste". Não existe "sendo que", use "mas, porém, contudo" etc.;

5. "O ano de 2013 será o da minha aprovação". Não inicie períodos com algarismos;

6. "o partido quer unificar as legendas, seja de direita, seja de esquerda". Começou com "quer", "seja" ou "ou", seja fiel, use "quer... quer", "seja... seja" ou "ou... ou". Não troque uma pela outra;

7. "meu estudo anda em ritmo intenso, embora pudesse estudar ainda mais". Não existe "muito embora", use somente "embora";

8. "no STF há 11 ministros". Quando a frase é impessoal, você já sabe que não pode flexionar o verbo "haver", correto? Pois bem, ele também não deve ser substituído pelo verbo "ter". Logo, não diga que "tem muitos vascaínos no meu trabalho", diga "há muitos vascaínos no meu trabalho", o que é muito bom, pois, com certeza, seu ambiente de trabalho é muito elitizado. Assim como está errada a famosa frase da porta do banheiro: "Tem gente aí?". O correto seria: "Há gente aí?", mas concordo que você seria chato duas vezes, falando e agindo dessa forma;

9. "analisando a situação por outro prisma". A luz não passa "sob" um prisma, ela passa "por" ou "através de" um prisma;

10. "os juízes são mais bem remunerados que os demais". Apesar de ser aceito por alguns gramáticos, evite usar "melhor" ou "pior" antes de verbos no particípio, use "mais bem" ou "mais mal".

Esses foram só alguns dos exemplos de erros mais comuns. Quer corrigir mais 90 desses erros comuns? Acesse meu site, <www.

UNIDADE II – Como Estudar Antes do Edital | **343**

mentoriaconcursos.com.br>, e procure pelo artigo "Meus 100 erros de português – Alexandre Meirelles". Até eu me aventurei a escrever sobre 100 erros bem comuns que não estão naquele artigo mais famoso de 100 erros que indiquei antes. Vá por mim, com certeza você comete vários destes 100, 300 ou milhões de erros, afinal, nossa língua é tida como uma das mais difíceis do mundo. Entendeu agora por que disse que os erros que você pode cometer ao escrever são diferentes dos que você aprende ao estudar para as provas objetivas?

Como você sabe, há divergências quanto ao uso correto de diversas expressões do Português. Por isso, é bom não se aventurar, optando por uma dica X ou Y. O melhor a se fazer, nesses casos, é empregar expressões simples. Assim, em vez de usar um "posto que", empregue um "embora"; em vez de usar um "porquanto", empregue um simples "pois" ou "porque". Se usar uma expressão rara, o examinador irá exigir que o texto acompanhe a qualidade dessa expressão. Desse modo, seus argumentos também deverão ser "raros". Afinal, redações e questões discursivas exigem coerência, e a linguagem deve acompanhar a qualidade dos seus argumentos.

Complementando este tópico, saiba que você pode usar uma sigla ou uma abreviatura, mas desde que antes a tenha escrito entre parênteses após sua descrição por extenso. Por exemplo, pode usar a sigla TRE, desde que antes a tenha mencionado em outra passagem do texto, da seguinte forma: "Tribunal Regional Eleitoral (TRE)".

O novo Acordo Ortográfico, que foi promulgado pelo Decreto n° 6.583/2008, prorrogado pelo Decreto n° 7.875/2012, estabeleceu que as antigas regras valiam até o último dia do ano de 2015, assim as bancas não mais aceitam as palavras escritas de acordo com a regra antiga. Por exemplo, não são mais aceitas as grafias "idéia", "vôo" etc. Como consolo, saiba que ele alterou somente 0,5% das nossas palavras, ou seja, uma a cada duzentas.

Quanto ao uso de pronomes, para dar coesão às suas ideias, dê preferência ao uso de eSSe, eSSa, iSSo. Tais formas pronominais servem para você se referir de forma resumida a uma ideia anterior. Assim, a frase nova não surge do nada, por meio do pronome, estabelece-se vínculo com a frase anterior.

Contudo, se você for se referir a um nome, uma palavra somente, presente no final da frase anterior, será melhor empregar esTa e esTe.

Veja a diferença entre os usos:

Adquiri um bom livro com dicas para concursos. Isso (a aquisição do livro), por certo, me ajudará com os estudos.

Adquiri um bom livro com dicas para concursos. Este (o livro), por certo, me ajudará com os estudos.

No entanto, se sua intenção é se referir a algo que ainda será escrito (ideia ou palavra), use apenas "isto, este, esta", pois a referência futura é feita com estes pronomes.

Exemplo: Isto, por certo, me ajudará com os estudos: a aquisição de um livro com dicas para concursos.

Bem, poderia dar também aquelas dicas já manjadas, tais como: na dúvida da grafia de uma palavra, troque-a por um sinônimo; ou deixar sua prova bem limpa, sem muitas rasuras ou sujeiras; ou não usar uma palavra repetidamente, para trocá-la por um sinônimo; mas aí coitadinha da minha mãezinha, iria ser mais xingada que mãe de juiz de futebol.

Se não percebeu o que fiz, e por isso não xingou minha mãe, que bom! Contudo, esclareço que passei o parágrafo anterior falando apenas de dicas óbvias; mas não poderia deixar de comentá-las, pois alguns leitores precisam delas.

d) Faça um roteiro ou rascunho antes

Não responda diretamente na prova. Faça um rascunho antes, nem que seja um roteiro do que vai responder, com a enumeração dos tópicos a serem abordados, caso o tempo esteja limitado. Isso porque, quando respondemos diretamente numa prova, deixamos tópicos importantes de fora, somos repetitivos, rasuramos bastante, não temos controle sobre o tamanho do texto etc.

Outra dica é antes de partir para a redação, montar um mapa mental do que se lembra sobre o assunto, pois isso também vai organizar melhor suas ideias.

Hoje em dia, praticamente todas as bancas proíbem o uso de lápis em sala de aula, admitindo o uso de somente uma caneta fabricada em material transparente, ou seja, a boa e velha *BIC*.

Cuidado para não perder muito tempo com o rascunho, pois poderá acabar o tempo da prova e ainda não ter terminado de passar o

UNIDADE II – Como Estudar Antes do Edital **345**

texto a limpo. Caso o tempo seja escasso, faça somente um roteiro dos tópicos que abordará em sua redação e escreva diretamente na prova, mas saiba que isso não é o mais indicado, apesar de muitas vezes se tornar sua única opção.

e) Evite frases longas e leia o texto depois para conferir o uso correto da pontuação

Não escreva uma frase com mais do que três ou, no máximo, quatro linhas. Se sua frase estiver muito longa, reescreva-a para inserir algum ponto no meio dela.

Também não escreva muitas frases curtas seguidas, de uma linha só, por exemplo. A leitura fica muito "picada" (com muitas pausas), prejudicando a compreensão e a fluidez das ideias.

Da mesma forma, não use exclamações em redações para concursos! Não faça isso! O texto ficará muito chato! Parecerá que você está gritando com o corretor! Logo, ele não vai gostar! Acredito que só de ler este parágrafo você já percebeu o quanto isso é chato! Então não abuse desta pontuação!

As interrogações são permitidas, desde que sejam respondidas. Não deixe perguntas no ar para reflexão do corretor. Sinceramente, você acha que ele vai gostar de parar para refletir no que está sendo perguntado? Se forem empregadas na conclusão da redação então, nem pensar.

Evite intercalações no texto, como frases explicativas entre vírgulas, parênteses ou travessões, principalmente se contiverem várias palavras, pois a frase perde um pouco do sentido, a informação a ser transmitida fica "quebrada". Use apenas frases intercaladas se realmente for necessário.

Compare estes dois exemplos bem simples e veja qual é o mais fácil de entender:

"Os concurseiros de hoje em dia – seja qual for a banca que elabora a prova e seus critérios de correção – precisam treinar muito para as provas discursivas".

"Os concurseiros de hoje em dia precisam treinar muito para as provas discursivas, seja qual for a banca que elabora a prova e seus critérios de correção".

Viu como as intercalações atrapalham o entendimento do assunto e são facilmente inseridas em uma frase ou oração após o texto principal?

Então, só as utilize quando for realmente necessário e se houver nelas poucas palavras.

Após escrever um texto, leia-o, verifique se as frases estão cansativas ou muito "picadas" e se a pontuação está correta.

Como brincadeira, leia esta frase e coloque a vírgula no local correto: "Se o homem soubesse o valor que tem a mulher andaria de quatro à sua procura". Se você for uma leitora, certamente colocou a vírgula depois de "mulher", mas se você for um leitor, colocou a vírgula depois de "tem". Acertei ou não?

f) Outros tipos de erro, como o uso de palavras rebuscadas ou gerundismos

Neste tópico apresentarei diversas recomendações não interligadas, mas que devem ser seguidas, OK?

Não queira escrever como muitos advogados, com palavras que não usamos no dia a dia. Escreva de forma simples, com palavras habituais, mas nunca de forma deselegante, agressiva ou pejorativa, claro.

Principalmente se você for formado em Direito, cuidado, pois no seu meio é corriqueiro usar palavras rebuscadas desnecessariamente. Quem irá corrigir sua prova poderá ser um licenciado em Letras, e não um bacharel em Direito. Se esses colegas advogados soubessem quantas piadas dentro das repartições públicas são feitas com essas palavras rebuscadas e como elas podem gerar uma má-vontade na análise de seus pedidos, nunca as usariam.

Dispense os "destarte", "outrossim", "em face de" etc. Aliás, o tal "face ao exposto..." que muitos advogados adoram escrever em seus pedidos, nem existe em nossa língua, é erro mesmo, o que existe é "em face de".

Não use "a gente", use "nós". E, por favor, não confunda "a gente" com "agente", como tantos concurseiros fazem. "Agente" é profissão, como o James Bond, e "a gente" é "nós". Então diga que "A gente gosta dos filmes do agente 007". Percebeu a diferença?

Evite estes novos verbos terminados em "-izar", como "inicializar", "disponibilizar", "contabilizar", "totalizar", "instrumentalizar", "equalizar", "finalizar" etc. Use, respectivamente, "iniciar", "dispor", "somar", "somar" também, "instrumentar", "igualar", "terminar" etc.

Ricardo Freire escreveu um artigo chamado "Complicabilizando", na *Revista Época*, que condenava o uso desse modismo do "izar". Bem-

UNIDADE II – Como Estudar Antes do Edital **347**

-humorado, continha o seguinte trecho: *"Precisamos reparabilizar nessas palavras que o pessoal inventabiliza só para complicabilizar. Caso contrário, daqui a pouco nossos filhos vão pensabilizar que o certo é ficar se expressabilizando dessa maneira. Já posso até ouvir as reclamações: 'Você não vai me impedibilizar de falabilizar do jeito que eu bem quilibiliser '"*.

Só utilize uma palavra estrangeira se não houver outra traduzida para nosso idioma. Por exemplo, "royalties" é uma palavra estrangeira mais do que consagrada, porém, note que a escrevi entre aspas, assim, sempre que usar uma palavra em outro idioma, mesmo que consagrada, escreva-a entre aspas. No computador, recomenda-se que a escreva em itálico ou também entre aspas, mas na prova só terá a opção de colocar as aspas, claro, você não vai ficar escrevendo palavras tortas para representar itálico.

Também não sofra da "Síndrome das Atendentes de Telemarketing", usando os horrorosos gerundismos, tais como "vou estar fazendo". Use "farei", simplesmente isso.

Além disso, evite frases e ditados muito batidos, tais como: *"Afinal, jogo é jogo, e treino é treino"*, *"bola da vez"*, *"fazer a lição de casa"*, *"fechar com chave de ouro"*, *"pelo andar da carruagem"*, *"conquistar nosso espaço"* ou *"separar o joio do trigo"*.

Deixe de fora os chavões, como *"inflação galopante"*, *"vitória/ derrota esmagadora"*, *"sentir na pele"*, *"no fundo do poço"*, *"de vento em popa"*, *"ter um lugar ao sol"*, *"leque de opções"*, *"a cada dia que passa"*, *"a sete chaves"*, *"a toque de caixa"*, *"aparar as arestas"*, *"como todos sabem"*, *"erro gritante"*, *"lavar a alma"*, *"luz no fim do túnel"*, *"petição de miséria"* ou *"pôr a casa em ordem"*.

Não seja redundante, pleonástico, escrevendo coisas do tipo: *"panorama geral"*, *"consenso geral"*, *"elo de ligação"*, *"encarar de frente"*, *"criar novos empregos"*, *"prioridade absoluta"*, *"fazer planos para o futuro"*, *"desfecho final"*, *"vereador municipal"*, *"sociedade como um todo"*, *"eixo central"*, *"cooperação conjunta"*, *"países do mundo"*, *"juntamente com"*, *"há anos atrás"*, *"habitat natural"*, *"conviver junto"*, *"surpresa inesperada"* ou *"manter o mesmo"*. Faça algumas das seguintes perguntas para si: Existe panorama que não seja geral? Encarar de costas? Planos para o passado? Vereador estadual? Desfecho inicial? Países em Marte? Conviver separado? Manter algo que não seja o mesmo? Então por que ser redundante? Escreva simplesmente e, respectivamente, "panorama", "consenso", "elo", "encarar", criar empregos", "prioridade", "fazer planos", "desfecho", "vereador", "sociedade", "eixo", "cooperação", "países", "com", "há anos", "habitat", "conviver", "surpresa" e "manter".

Cuidado com a coerência. Não escreva, por exemplo, que "a educação é um dos grandes problemas do país, pois é muito ruim". A educação não é nenhum problema, a falta dela que é. É diferente de você escrever que "a corrupção é um dos grandes problemas do país", porque a corrupção é realmente um problema. A educação, a saúde, a segurança não são problemas, mas, sim, a sua falta.

Não se utilize de recursos como *no dia a dia do meu trabalho como Auditor Fiscal de BH, constato...*". Além de perder pontos, certamente, ainda poderá ser eliminado do concurso por suposta tentativa de identificação, assunto que veremos mais adiante.

Nunca escreva na primeira pessoa do singular, como em *percebo que a poluição mundial aumenta a cada dia*", use o verbo "ser" seguido de um adjetivo, como *"é conhecido que a poluição mundial aumenta a cada dia*". Ou então use o verbo seguido do "se", desta forma: *"Percebe-se que a poluição mundial aumenta a cada dia*". Veja que quase sempre essas duas formas são acompanhadas da palavra "que".

Apesar de admitido por alguns professores, o uso da primeira pessoa do plural ("nós"), é recomendável que você trabalhe com a terceira pessoa. É ela que comprova a impessoalidade da análise que você está fazendo.

Não insira ironias ou brincadeiras entre aspas. Assim como não se deve generalizar, exagerar ou fazer acusações, como em *"precisamos impor a pena de morte para os políticos corruptos, pois estes são os maiores responsáveis pela miséria que assola nosso país*" ou *"este Governo do PT está cheio de corruptos*". Esse erro é muito comum em textos argumentativos, nos quais o candidato quer impor suas ideias a qualquer custo. Não se empolgue, não generalize, você não está conversando com seus amigos em um boteco.

Não termine frases com reticências, pois deixa o texto sem conclusão. O corretor não é adivinho. Também não abuse do "*etc.*", "e outros", "outros mais", "e demais", que devem ser evitados. Se você inserir a expressão "por exemplo" ou "como", não precisa enunciar vários exemplos, bastam dois ou três, e não precisa terminar com "etc.", "outros" ou "outros mais", porque já está implícita a ideia de que são alguns exemplos entre tantos. Neste meu livro, abuso do "etc.", mas não é uma

UNIDADE II – Como Estudar Antes do Edital **349**

redação para concurso, é um livro de dicas, logo, é desculpável que eu faça isso, digamos assim. E não escreva "e etc.", escreva somente "etc.", sempre com um ponto após o "c" (a vírgula antes do "etc." é opcional).

Aprenda quando se deve usar letra maiúscula após o sinal de dois- -pontos e quando não se deve usar.

Não comece orações com números, escreva-os por extenso.

Resumindo, tenha sempre uma coisa em mente: redija um texto simples e claro, não escreva algo complicado ou use palavras rebuscadas. O corretor só deseja um texto simples e objetivo, respondendo ao pedido no enunciado, sem erros de português, nada mais do que isso. Então não queira "aparecer", pois irá perder pontos preciosos.

Coloque-se no lugar do corretor, com centenas ou milhares de redações para corrigir, todas sobre o mesmo assunto. Você consegue imaginar coisa mais chata? Difícil, não é? Então colabore com ele, porque ele não estará lendo aqueles textos todos por prazer, e sim por obrigação.

Seja objetivo em sua resposta. Não fuja do tema solicitado, o corretor não é bobo. Acredite, em matéria de leitura de textos, ele é mil vezes mais malandro do que você, que perderá pontos caso fuja do tema.

g) Citando leis e demais normas

Ao citar uma determinada legislação, lembre-se de que deve ser iniciada com letra maiúscula, como "Lei 8.112/90", "Lei Complementar 123/06" ou "Decreto-Lei 406/68".

Entretanto, só use a inicial maiúscula quando se referir a uma determinada norma. Em generalizações, use minúsculas, como em "as leis delegadas são elaboradas pelo Presidente da República".

Use o ponto para separar os milhares no número da lei, mas se for escrever o ano com quatro algarismos, dispense o ponto, pois nunca devemos inseri-lo em anos. Logo, escreva "Lei 8.112/1990" ou "Lei 8.112/90". Preferencialmente, use o ano só com dois algarismos. Alguns gramáticos afirmam que o ponto no ano da lei é opcional, mas, na dúvida, não o utilize.

Caso tenha esquecido o artigo que contém o assunto que deseja abordar, não há problema nenhum, basta escrever "A Lei 8.112/90 determina que...", por exemplo.

Só use o hífen em "Decreto-Lei", não há hífen nas demais normas legais, então escreva: "Lei Complementar", "Lei Ordinária" etc. E o plural de "decreto-lei" é "decretos-leis". Há quem aceite também "decretos-lei", mas não é unânime. Logo, adivinhe como você deve escrever? "decretos-leis", claro.

Ah! Antes que me esqueça, lembre-se de que o verbo correto é "viger", e não "vigir", logo, escreva "a Lei XYZ vigeu até 2012". Nenhuma lei "vigiu" neste país.

h) Treine com uma folha igual à de sua banca

Veja como é o modelo de folha utilizado pela sua banca, imprima várias iguais e treine sempre com ele, assim você ficará familiarizado com o tamanho da letra, o espaçamento, a largura da linha etc.

Caso sua prova seja do Cebraspe, fica mais fácil fazer isso, pois no site dessa banca há o modelo de rascunho anexo às provas objetivas que são seguidas de discursivas. É só baixar uma dessas provas e imprimir a última folha do caderno.

É parecida com a apresentada a seguir, imaginando-a em tamanho A4 e com uma maior numeração das linhas. Repare que as linhas múltiplas de cinco possuem suas numerações com fundo cinza, para melhor orientar o examinador quanto à extensão dos parágrafos. É recomendável que você não ultrapasse dois hachurados por parágrafo. Logo, escrever sete linhas por parágrafo você pode, mas dez ou mais nem pensar.

1	
2	
3	
4	
5	
6	
7	
8	
9	
10	
11	

UNIDADE II – Como Estudar Antes do Edital | **351**

Fora o rascunho, há a folha para passar a limpo o texto final de sua questão, a folha de resposta, que é um pouco diferente da folha de rascunho. Digamos que seja milimetricamente menor. Por isso, numa redação cujo máximo de linhas seja 30, é bom ocupar no rascunho umas 28, completando, assim, as 30 linhas na folha definitiva.

Eis como era o modelo da folha de resposta da saudosa ESAF:

	Desenvolvimento (de 15 a 30 linhas)	Reservado ao examinador
1		
2		
3		
4		
5		
6		
7		

Note que a folha de rascunho só possui uma primeira coluna com a numeração da linha e outra maior para o texto propriamente dito, enquanto a folha da redação final possui adicionalmente uma coluna à direita para o corretor fazer suas anotações, que se resumem, geralmente, a algumas siglas, indicando perdas na pontuação.

Logo, muito cuidado se sua banca utilizar folhas diferentes para o rascunho e o gabarito, pois como a folha de rascunho não possui a coluna reservada ao examinador, ela possui uma largura maior do que a folha final; então, ao passar a limpo, o seu texto poderá ultrapassar o máximo de linhas permitido, acarretando perda de pontos. Para que isso não aconteça, a dica é inserir uma coluna a mais na sua folha de rascunho durante a prova, para que esta fique com as linhas da mesma largura da folha final. Dessa forma, sempre insira a coluna da direita no rascunho, inclusive ao treinar em casa, para se acostumar com uma linha de largura menor que a utilizada na folha de resposta.

A FCC não divide a folha da redação em colunas, normalmente, é uma folha igual à de um caderno comum.

O espaço entre as linhas no rascunho e na folha definitiva é diferente na FCC. O do rascunho é milimetricamente menor do que a folha definitiva. Isso faz com que muita gente se atrapalhe ao passar o texto a limpo, pois parte da conclusão costuma não caber na folha final. Perceba que, quando a altura de uma linha é maior, você tende a escrever com uma letra maior, por isso a diferença que ocorrerá na extensão do texto entre a folha de rascunho e a de resposta. Não é só a largura da linha que faz diferença, a altura também faz.

Vá até o fim da margem direita, ao escrever. Se for preciso, separe as sílabas, mas não faça um texto alinhado à esquerda somente.

Por último, pergunte se pode retirar o grampo da prova, para facilitar seu manuseio.

i) Conheça sua banca

Procure saber qual será sua banca, pois elas adotam formas diferentes de elaborar as questões e corrigir as provas.

Já são encontrados livros especializados em provas discursivas ou técnicas de redação para algumas destas bancas; então, compre-os e estude por eles, pois são muitos pontos em jogo. Assim, não economize, porque uma reprovação poderá sair caro.

Para facilitar sua vida, vejamos a seguir separadamente algumas informações sobre as duas maiores bancas do país: Cebraspe/UnB e FCC.

i.1) Cebraspe/UnB

É uma instituição organizadora que possui ampla experiência com as provas discursivas, por utilizá-las há muitos anos; logo, geralmente, suas provas são mais bem corrigidas que as das outras instituições. Contudo, lembre-se de que, infelizmente, essa correção é sempre subjetiva, podendo ser em menor ou maior grau, mas nunca será totalmente objetiva.

O Cebraspe/UnB dá mais importância ao conteúdo do texto e à capacidade de escrever bem do que aos erros de gramática.

Ele não mostra no edital uma grade de correção específica. Você só ficará sabendo qual tópico a ser respondido vale mais quando receber sua prova corrigida. Então, por exemplo, se o enunciado pedir para responder três pontos principais, você saberá o valor de cada tópico apenas quando receber o resultado provisório da sua prova.

UNIDADE II – Como Estudar Antes do Edital   353

Os editais mais recentes sempre apresentam o critério de pontuação da nota do candidato. São sempre iguais, variando somente a pontuação máxima de cada prova discursiva de cada concurso.

Vejamos, então, fragmentos do edital para Agente da Polícia Federal de 2012, cuja prova objetiva vale 120 pontos, e a discursiva, 13:

"12.2.2 – A prova discursiva consistirá na elaboração de texto, com, no máximo, 30 linhas.

12.2.3 – Os textos da prova discursiva serão avaliados quanto:

a) apresentação textual (legibilidade, respeito às margens e indicação de parágrafos);

b) desenvolvimento de tema (objetividade e posicionamento frente ao tema; articulação dos argumentos; consistência e coerência da argumentação);

c) domínio da modalidade escrita da Língua Portuguesa:

c.1) grafia/acentuação;

c.2) pontuação;

c.3) morfossintaxe;

c.4) propriedade vocabular.

12.2.4 – Nos casos de fuga ao tema, de não haver texto ou de identificação em local indevido, o candidato receberá nota no texto igual a 0,0.

12.2.6 – Os critérios avaliativos descritos nas letras 'a' e 'b' do subitem 12.2.3 totalizarão a nota relativa ao domínio do conteúdo (NC), cuja pontuação máxima será limitada ao valor de 13,00 pontos.

12.2.7 – A avaliação do domínio da modalidade escrita de Língua Portuguesa totalizará o número de erros (NE) do candidato.

12.2.8 – Será computado o número total de linhas (TL) efetivamente escritas pelo candidato.

12.2.9 – Será desconsiderado, para efeito de avaliação, qualquer fragmento de texto que for escrito fora do local apropriado e/ou que ultrapassar a extensão máxima de 30 linhas.

12.2.10 – Será calculada, então, para cada candidato, a nota na prova discursiva (NPD) como sendo igual à NC menos duas vezes o resultado do quociente NE/TL.

12.2.10.1 – Se NPD for menor que zero, então considerar-se-á NPD = zero.

12.2.11 – Será eliminado do concurso público o candidato que obtiver NPD < 6,50 pontos."

Os outros editais mais recentes possuem a mesma sistemática de correção. Dessa forma, vamos a um exemplo numérico em cima desse edital, para que você entenda como a nota é obtida.

A Nota na Prova Discursiva – NPD – poderia ser, no máximo, igual a 13.

Primeiro, eles dão uma nota pelo conteúdo, conforme os subitens "a" e "b" do item 12.2.3, ou seja, analisam se foi respeitado o espaço fornecido e se houve resposta adequada ao enunciado. Em suma, principalmente, a banca quer saber se você entende o assunto da temática proposta. Daí, ela dá uma nota para isso, que pode ser, no máximo, 13, neste exemplo, e a chama de Nota do Conteúdo – NC.

Suponhamos que no conteúdo você tenha tirado 9 dos 13 pontos possíveis. Logo, NC = 9. Veja que a NC máxima poderia ser 13, mas você tirou 9.

Dada a NC em cima do conteúdo, ela desconta seus erros no uso do Português conforme a fórmula explicada a seguir, que é uma razão entre o número de erros e a quantidade de linhas escritas. Repare que, quanto mais linhas escrever, caso possua um Português razoável, maior será sua pontuação, porque aumentando o denominador dessa razão (TL), a divisão (NE/TL) será menor.

Você poderia escrever no máximo 30 linhas, então suponhamos que tenha escrito 25. Logo, o Total de Linhas (TL) foi igual a 25.

Suponhamos que, nas 25 linhas, você tenha cometido 10 erros de ortografia, concordância, acentuação, pontuação etc. Logo, seu Número de Erros (NE) foi igual a 10.

Veja, então, como ficou sua pontuação final, a NPD:

$$NPD = NC - 2.\frac{NE}{TL} = 9 - 2.\frac{10}{25} = 9 - 0,8 = 8,2$$

Perceba como o Cebraspe penaliza pouco os erros de português. Você cometeu 10 erros de português e ainda assim só diminuiu sua nota final de 9 para 8,2. Se você tivesse cometido 25 erros, ou seja, um por linha, ainda teria ficado com 7. Em alguns editais, sequer há o desconto dos erros em dobro, a fórmula é simplesmente NPD = NC – (NE/TL), penalizando ainda menos os erros de português.

UNIDADE II – Como Estudar Antes do Edital | **355**

Agora, para deixar bem claro, alguns erros prejudicam o entendimento do texto, o que o levaria a perder pontos muito mais valiosos no conteúdo, pois prejudicaria seus argumentos, a clareza das ideias, a coerência etc. Então, às vezes, eles acabam valendo mais pontos do que em uma análise mais superficial poderia indicar.

Contudo, uma coisa é fato: realmente, o Cebraspe penaliza menos os erros de português que a maioria das outras bancas.

Por último, repare que um dos itens avaliados é a legibilidade do texto, ou seja, sua caligrafia é importante. Por isso, se sua prova for elaborada pelo Cebraspe, capriche ainda mais na letra. Deixo claro que ninguém vai ganhar pontos por escrever com uma letra bonita, o ensino fundamental já passou faz tempo em sua vida, uma letra melhor só evitará que perca pontos por difícil entendimento na leitura das palavras. Este critério não está explicitamente sendo avaliado na FCC, conforme veremos, o que não quer dizer que uma letra ruim não vá prejudicá-lo.

Conteúdo da resposta	Pontos a deduzir
Capacidade de argumentação	(até – 14)
Sequência lógica do pensamento	(até – 14)
Alinhamento ao tema	(até – 8)
Cobertura dos tópicos apresentados	(até – 9)

Tipos de erro	Pontos a deduzir
Aspectos formais: Erros de forma em geral e erros de ortografia	(-0,25 cada erro)
Aspectos Gramaticais: Morfologia, sintaxe de emprego e colocação, sintaxe de regência e pontuação	(-0,50 cada erro)
Aspectos Textuais: Sintaxe de construção (coesão prejudicada); clareza; concisão; unidade temática/estilo; coerência; propriedade vocabular; paralelismo semântico e sintático; paragrafação	(-0,75 cada erro)
Cada linha excedente ao máximo exigido	(-0,50)
Cada linha não escrita, considerando o mínimo exigido	(-0,75)

i.2) FCC

A FCC costuma descontar mais pontos pelo uso incorreto do português.

No último dia útil de 2011 foi publicado o edital para o cargo de Auditor-Fiscal da Prefeitura de São Paulo, que também cobrou provas discursivas. Era uma redação, valendo 40 pontos, sobre algum tema da atualidade e duas questões sobre Direito Tributário ou Legislação Tributária, valendo 20 pontos cada uma. Eis alguns fragmentos do referido edital, devidamente editados:

"8.5 – Na avaliação da Redação, serão considerados para atribuição dos pontos os seguintes aspectos:

8.5.1 –Conteúdo – até 20 (vinte) pontos:

a) perspectiva adotada no tratamento do tema;

b) capacidade de análise e senso crítico em relação ao tema proposto;

c) consistência dos argumentos, clareza e coerência no seu encadeamento.

A nota será prejudicada, proporcionalmente, caso ocorra uma abordagem tangencial, parcial ou diluída em meio a divagações e/ou colagem de textos e de questões apresentadas na prova.

8.5.3 – Estrutura – até 10 (dez) pontos:

a) respeito ao gênero solicitado;

b) progressão textual e encadeamento de ideias;

c) articulação de frases e parágrafos (coesão textual).

8.5.4 – Expressão – até 10 (dez) pontos:

A avaliação da expressão não será feita de modo estanque ou mecânico, mas sim de acordo com sua estreita correlação com o conteúdo desenvolvido.

A avaliação será feita considerando-se:

a) desempenho linguístico de acordo com o nível de conhecimento exigido;

b) adequação do nível de linguagem adotado à produção proposta e coerência no uso;

c) domínio da norma culta formal, com atenção aos seguintes itens: estrutura sintática de orações e períodos, elementos coesivos; concordância verbal e nominal; pontuação; regência verbal e nominal; emprego de pronomes; flexão verbal e nominal; uso de tempos e modos verbais; grafia e acentuação.

Constarão da avaliação das duas questões discursivas o domínio técnico do conteúdo aplicado, a correção gramatical e a adequação vocabular, considerados os mecanismos básicos de constituição do vernáculo e os procedimentos de coesão e argumentação".

UNIDADE II – Como Estudar Antes do Edital

Perceba que entre as três maiores bancas analisadas aqui, a FCC é a que menos informações fornece sobre como será feita a correção quanto aos pontos descontados para cada tipo de erro. Por exemplo, se você errar na ortografia de uma palavra, perderá quantos pontos? Se fosse na prova da ESAF da CGU você saberia que iria perder 0,25 ponto, mas na FCC perderá até 10 de um total de 40. Claro que ela não tirará 10 pontos por um simples erro de ortografia, mas quantos pontos descontará? Você só saberá quando receber sua prova corrigida, ou seja, tarde demais.

Em provas discursivas, valendo 100 pontos, é comum ela descontar de cinco em cinco pontos, ou seja, ninguém vai ter nota igual a 83 ou 67, será 85 ou 65, por exemplo.

Na prova corrigida por ela é muito difícil entender o que você errou, porque ela fornece informações muito vagas, simples anotações no corpo da folha. As correções do Cebraspe apontam bem o erro cometido e o quanto perdeu por isso.

Em suma, juntando as três bancas, note que, se você for capaz de escrever uma boa redação para qualquer uma dessas bancas, será para as outras, pois os critérios não variam tanto. O que varia é a pontuação retirada de cada tipo de erro, ou se avalia mais o conteúdo ou os erros de português, o formato da folha de resposta etc., mas quanto ao texto em si, não mudam quase nada. Assim, um bom texto escrito para uma banca será também para as demais. O que irá variar será sua nota final, dependendo dos pesos de cada item a ser observado.

É diferente, por exemplo, das provas objetivas, nas quais uma banca é mais teórica, outra é mais prática, outra é mais superficial, outra elabora questões mais complicadas, já outras fazem questões meramente decorebas etc. Então, o livro mais indicado para uma determinada disciplina, por exemplo, poderá variar conforme a banca. Na prova discursiva não, o estudo para redigir bem um texto para uma delas vale para as outras, então os livros e cursos recomendados são praticamente os mesmos. Só veja que alguns livros dão mais ênfase às redações, enquanto outros priorizam as questões discursivas, assim, analise bem isso antes de comprá-los.

j) Não identifique sua prova

A não ser que sua prova assim o solicite, o que duvido que faça, pois estará sujeita à anulação na Justiça, não escreva seu nome na prova.

Lembra-se do meu concurso para Fiscal da Prefeitura em 1992? Pois é, como a prova pediu a identificação dos candidatos, um não aprovado entrou na Justiça e a Prefeitura levou três anos para poder ganhar a ação e chamar os aprovados, por isso eu passei em 1992, mas só comecei a trabalhar em 1995.

A prova será identificada por meio de um número que já virá impresso, para que depois não haja suspeita de favorecimento à correção. Sua assinatura será requisitada em uma folha à parte.

Tome muito cuidado, pois caso faça algo em sua prova que o examinador possa achar que está tentando se identificar, poderá ser eliminado. E, quando digo que não pode se identificar, refiro-me a utilizar algo como sinais gráficos ou cor da caneta muito diferente, por exemplo.

Por isso, também não é recomendável que sublinhe palavras. Além de favorecer a identificação da prova, o corretor poderá se sentir ofendido, pensando: "*Será que este cara não acha que eu sei que esta palavra é importante no meio deste contexto?*". Então, não corra o risco de brincar com o brio e o humor dele, além de ser eliminado porque supostamente tentou se identificar. Enfim, em hipótese alguma, admite-se grifo no corpo do texto.

k) Título: Colocar ou não? Caso sim, como devo fazer?

Em geral, o uso do título é facultativo. A Fundação Universa o proíbe expressamente em edital. As demais bancas, não. Já a Fundação Cesgranrio costuma pedir título expresso no enunciado da redação.

Alguns autores sugerem que não seja inserido um título em seu texto, a não ser que o enunciado o solicite. Alegam que se colocar um título sem ter sido solicitado expressamente, correrá o risco de ser desclassificado por ter identificado sua prova.

Caso seja pedido um título, diretamente ou não, opte por uma frase curta que resuma a ideia central do seu texto. O título de um texto deve logo dizer qual assunto é tratado nele, diferentemente do título de um romance, que pode servir para estimular a curiosidade, por exemplo. Nada de bolar títulos grandes, confusos, poéticos etc.

Veja o título deste meu livro: é bem direto, não deixando dúvidas sobre o assunto de que trata. Imagine se fosse "Como melhorar suas HBCs". Seria um desastre de vendas. Quando escrevi aquele monte

UNIDADE II – Como Estudar Antes do Edital

359

de dicas ao passar para AFRFB, o Vicente Paulo o chamou de "Manual do Concurseiro" e o publicou no seu site, que foi rapidamente republicado em diversos outros, até hoje. Muitos o consideram como o texto mais lido da história dos concursos, e tenho certeza que muito disso aconteceu por causa do título, pois chama a atenção de quem está perdido, procurando algum resumo de como começar a estudar para concursos.

Um exemplo famoso sobre a importância de um bom título é o livro "O Monge e o Executivo", famoso *best seller* de James C. Hunter. Nos EUA, onde foi lançado, vendeu pouco, pois tinha o horroroso título "The Servant". Quando chegou ao Brasil, a editora trocou o nome para "O Monge e o Executivo" e inseriu o subtítulo: "Uma história da essência da liderança", não deixando dúvidas sobre qual assunto tratava. Graças a esse título e ao ótimo conteúdo do livro, claro, estourou de vender por aqui. A própria editora credita grande parte do sucesso de vendas a essa mudança. Nos EUA, vendeu "somente" 200 mil exemplares, enquanto, aqui, quase três milhões. Esse foi só mais um exemplo da importância de ter um bom título.

Mais algumas recomendações sobre o título: não deixe uma linha em branco entre o título e o corpo do texto, comece o corpo do texto na linha imediatamente inferior à do título. Não coloque o ponto final após o título, se este não tiver verbo. Não comece o texto com as mesmas palavras usadas do título. Não destaque seu título com sublinhado ou escrito em outra cor, por exemplo, para não ser acusado de tentativa de identificação.

Aproveitando a orientação de não deixar uma linha em branco entre o título e o corpo do texto, também não deixe linhas em branco entre os parágrafos.

l) Leia primeiro o tema da discursiva ou intercale questões objetivas com discursivas

Caso sua prova contenha somente um ou dois temas de discursivas e várias questões objetivas juntas, sugiro que comece a prova lendo o(s) tema(s) da discursiva e depois parta para as objetivas. Recomendo isso porque enquanto estiver resolvendo as objetivas, seu subconsciente tentará lembrar alguns tópicos das discursivas. Se durante a resolução das objetivas surgirem essas lembranças sobre o assunto, anote-as, para não as esquecer. Isso o ajudará na hora que for resolvê-las.

Agora, caso sua prova contenha, por exemplo, quatro questões discursivas e outras tantas objetivas, sugiro que leia seus enunciados e escolha duas primeiras para responder logo, depois resolva todas ou quase todas as objetivas e, em seguida, faça as duas discursivas restantes. No tempo restante, caso haja, resolva as demais objetivas.

Sugiro isso principalmente por dois motivos: primeiro, porque escrever muito diretamente dói a mão, então é legal escrever um tanto, descansar a mão fazendo as objetivas, e, depois, escrever as discursivas restantes. E segundo porque alternar os dois tipos também será bom para descansar seu cérebro, pois você o desgasta muito durante o processo de criação, ao redigir um texto, usando regiões diferentes das usadas ao resolver questões objetivas, para as quais se exige pensamento mais analítico.

Caso queira fazer os quatro rascunhos, partir para as objetivas e depois passar a limpo os rascunhos, tudo bem, é uma boa hipótese também.

Saiba controlar muito bem esta divisão de tempo entre as discursivas e as objetivas, caso estejam misturadas em uma prova só, pois isso derruba muita gente boa.

m) Não deixe as questões em branco

Ainda que não saiba praticamente nada sobre o que está sendo solicitado, não deixe a questão em branco. Lembre que boa parte da pontuação é dada pelo uso correto da língua, logo, tente não fugir muito do tema, mas escreva algo, buscando garantir alguns pontos pelo texto. Melhor ganhar uns pontinhos a mais pelo bom uso do português do que zerar com certeza.

n) Conhecendo um pouco seus futuros corretores

Um corretor recebe algo entre R$ 1,00 e R$ 3,00 por redação corrigida. Essa é a média nacional, podendo ser maior em raros casos. No ENEM de 2011, o Cebraspe pagou cerca de R$ 1,60 por redação corrigida, conforme o coordenador da instituição e um professor que corrigiu as redações. Esse professor disse que gastava em média dois minutos e meio por redação, mas, lendo melhor sua entrevista, notamos que o tempo gasto não chegava a dois minutos, pois ele afirmou que recebia 100 redações por dia

UNIDADE II – Como Estudar Antes do Edital **361**

e que levava três horas para corrigi-las. Esse exemplo do ENEM de 2011, corrigido pelo Cebraspe, serve de analogia com o nosso querido concurso público. São coisas diferentes, claro, mas o processo de correção não muda muito.

Bem, lembra-se de quando pedi para melhorar sua caligrafia, escrever textos simples e diretos etc.? Então, coloque-se no lugar do corretor e facilite seu trabalho, porque ele não estará disposto a perder muito tempo por uma quantia dessas, tentando entender sua letra ou o que você quis dizer com palavras ou frases complicadas.

E mais: sabendo desse baixo valor recebido, você consegue imaginar advogados tributaristas, corrigindo sua prova de Direito Tributário, por exemplo? Não, né? Bem, então responda mentalmente a mais estas perguntas: Você acha que as redações são corrigidas consecutivamente por um profissional formado em Língua Portuguesa e por outro da matéria que é objeto da questão? Suponha que você é um advogado tributarista e seja convidado a corrigir 400 redações, você se daria ao trabalho de levar dias de sua vida para ganhar uns mil reais por este trabalho? A resposta para ambas as questões é um sonoro "não", claro. Logo, saiba que vai ser muito difícil que seus textos sejam corrigidos por um profissional da disciplina objeto da questão discursiva. Muito provavelmente elas serão corrigidas por examinadores de formação diversa, a maioria, provavelmente das Letras.

Bem, é claro que devemos todo o respeito aos profissionais de Letras e à eficiência ao corrigirem textos, mas por serem só eles, você deverá tomar mais alguns cuidados ao redigir seus textos.

Primeiro, responda ao enunciado na ordem dos temas requeridos. Já foram vistas diversas questões de alunos que perderam pontos por causa disso, pois se a ordem dos assuntos for trocada, o corretor perde seu roteiro para corrigir aquela questão.

Segundo, use primeiramente a mesma palavra usada no enunciado, não a troque por um sinônimo, pretendendo mostrar conhecimento. Como o examinador pode ser leigo quanto ao conhecimento aprofundado do assunto, ele pode não reconhecer expressões sinonímias do proposto no tema e simplesmente tirará pontos de sua redação por ter deixado de abordar o que foi perguntado. Vários candidatos já perderam pontos por isso também. Lembre: não ser um professor especialista no assunto que analisará suas redações, e sim, um professor de português ou de outra formação.

Está duvidando de mim? Então veja os critérios de correção adotados pela banca, eles não abordam o conteúdo, abordam somente tópicos sobre o uso da língua. São tópicos de estruturação textual e de uso do idioma. Os professores são treinados para analisar seu texto e identificar alguns padrões pré-estabelecidos de resposta, mas não sabem fugir muito daquilo no que se refere ao conteúdo.

O Cebraspe/UnB, em seu jornal publicado no segundo trimestre de 2010, mostrou como é feita sua correção. Todas as provas são digitalizadas e inseridas em um sistema, o qual só os professores possuem acesso. Estes, mesmo a distância, acessam o site com suas senhas e corrigem os textos diretamente na tela. Praticamente não usam mais papel. As provas são digitalizadas sem nenhuma identificação, somente um código. Coisa de primeiro mundo.

Perceba então que as bancas não precisam mais reunir os professores em um local físico, como os vestibulares faziam. Só que há um problema com isso: Como assegurar que os professores, de diferentes formações e culturas, possuam uma correção padronizada? A grade de correção, os critérios e o treinamento virtual ajudam muito, mas, com certeza, não há como acabar com a subjetividade, por mais que melhorem seus procedimentos a cada dia.

o) Escrevendo o texto

Bem, você já sabe agora as orientações básicas do que pode ou não fazer, ao escrever seu texto, mas como escrevê-lo?

Lembro que este capítulo de forma alguma o livrará de estudar a fundo o assunto, é somente para orientações gerais de como proceder. Como expliquei lá no início, as provas discursivas se tornaram uma espécie de disciplina à parte; dessa forma, pretender ensinar tudo aqui seria como escrever outro capítulo sobre Estatística, outro sobre Direito Administrativo etc. Repito: nosso intuito é situá-lo no assunto, dar um norte para que você prossiga sua caminhada, não é substituir os livros e professores especializados.

Então, prosseguindo com nossas orientações gerais, como deve ser escrito o texto?

UNIDADE II – Como Estudar Antes do Edital

A primeira coisa a fazer, ao se deparar com o enunciado, é esmiuçá-lo ao máximo, ter certeza do que o examinador quer que você mencione em seu texto. Para isso, leia atentamente e sublinhe as palavras-chaves. Verifique se é para dar sua opinião sobre o assunto, isto é, se o texto deverá ser argumentativo, ou se é para, simplesmente, explicar algum assunto, sem argumentar nada, ou seja, confeccionar um texto expositivo.

O segundo passo é fazer um banco de ideias, escrevendo todas as palavras-chaves que você se lembrar daquele assunto. É simplesmente uma lista, que deve ser feita rapidamente, não é para escrever frases completas, são meros lembretes sobre os tópicos a serem abordados em seu texto. Depois de feita a lista, organize as palavras, conforme a distribuição pelos parágrafos. Pronto, está montado o roteiro do seu texto.

Decida quantos parágrafos terá sua resposta. Geralmente, recomenda--se um de introdução, uns três ou quatro de desenvolvimento e um de conclusão. O desenvolvimento poderá ter mais ou menos parágrafos que essa recomendação, mas não fugirá muito disso.

Se forem muitas linhas, como 60, será necessário aumentar o número de parágrafos, para que estes não fiquem muito grandes, mas sempre busque uma simetria aproximada em seus tamanhos. Como exemplo, a ESAF já retirou pontos de candidatos que escreveram alguns pará- grafos com dez linhas e outro com somente três. Ela argumentou que *"são inadequados para o texto dissertativo os parágrafos organizados com apenas um período"*, contrariando diversos estudiosos do assunto, e ficou por isso mesmo, isto é, os candidatos foram penalizados e não tiveram seus recursos aceitos. Para ela, um parágrafo exige introdução, desenvolvimento e conclusão, ou seja, o desenvolvimento completo de uma ideia. Trata-se do parágrafo padrão.

Para uma redação de 60 linhas, por exemplo, poderá escrever um parágrafo de introdução de cinco a sete linhas; uns seis ou sete pará- grafos de desenvolvimento de seis a oito linhas; e, por último, um de conclusão de cinco a sete linhas. Não vá escrever três parágrafos de desenvolvimento com 15 linhas em cada um, pois eles não podem ser tão grandes assim.

Quando começar um parágrafo, não cole a primeira linha na margem esquerda. O recuo ideal é entre 2 e 4cm, para deixar bem claro que ali começou um novo parágrafo. Um recuo de até 4cm não é problema, mas recuo curto é erro. Agora o importante é manter o paralelismo: o espaço que gastou para um recuo deve ser similar aos demais.

As informações mais importantes do parágrafo devem estar logo no início da primeira frase, de preferência. Não faça rodeios para chegar a elas.

Sempre que possível, escreva frases na ordem direta. Veja como é complicado entender o início do nosso lindo Hino Nacional: "Ouviram do Ipiranga as margens plácidas de um povo heroico o brado retumbante". É lindo, mas vai entender isso na Cochinchina. Claro que nossa sugestão não é alterar o hino, mas se fosse um texto de prova, você deveria ter escrito: "as margens plácidas do Ipiranga ouviram o brado retumbante de um povo heroico". Viu como ficou bem mais fácil entender quem é o sujeito e qual é o significado da frase?

Agora chegou a hora de escrever o rascunho, revisá-lo e passá-lo a limpo para o caderno de respostas. Se não der tempo para fazer um rascunho, escreva o texto diretamente na prova, mas sempre faça pelo menos o roteiro antes.

Tudo bem, *falar é fácil, difícil é fazer*". Sei que fica parecendo fácil, após ler os parágrafos anteriores, mas obviamente não é.

Escrever é um processo muito lento e difícil. Confesso que não tinha muita ideia disso até começar a redigir este livro. Sempre tive facilidade para escrever, geralmente escrevo bastante e rapidamente, basta ver as respostas que publico no Fórum Concurseiros, por exemplo. Contudo, quando o texto é para valer, é brabo. Veja o quanto é complicado compor uma mísera página de uma redação, agora imagine escrever um livro inteiro praticamente oriundo da sua cabeça, como este. Imagino que escrever um livro de questões comentadas seja bem mais simples, pois não se cria nada, mas, mesmo assim, ainda é muito brabo. Depois deste livro, passei a dar muito mais valor ao trabalho dos autores, pois é muito pesado.

Contudo, voltando ao nosso assunto, como devem ser os parágrafos de introdução, desenvolvimento e conclusão? Analisemos agora cada um deles.

o.1) Parágrafo de Introdução

Comece-o logo, utilizando as palavras-chaves do tema da questão, simples assim, curto e grosso. O corretor gostará de saber logo de cara

UNIDADE II – Como Estudar Antes do Edital | **365**

que você entendeu o que é para escrever. Se possível, mencione os aspectos que vai tratar no seu texto nos parágrafos de desenvolvimento.

Alguns candidatos partem logo para o desenvolvimento do assunto, sem explicar o que vai ser tratado naquele texto. Você deve compor seu texto pensando sempre que alguém que não conhece o enunciado da redação irá lê-lo. Se não introduzisse o assunto a ser desenvolvido, essa pessoa ficaria perdida. Sei que sua redação vai ser lida somente pelo corretor e que este já está cansado de saber qual é o enunciado, mas quando você escreve um texto, ele tem de fazer sentido para quem não sabe do que se trata, e isso é avaliado pelo examinador, com certeza.

Se for um texto argumentativo, diga logo no parágrafo de introdução qual é a sua opinião sobre o assunto, não faça mistério.

o.2) Parágrafos de Desenvolvimento

É neles que você irá desenvolver cada aspecto que, porventura, tenha citado na introdução, um em cada parágrafo. Também será no desenvolvimento que você irá empregar mecanismos de defesa para atestar sua tese inicial (seu ponto de vista).

Um erro bastante comum é cair em contradição com a introdução ou a conclusão, então verifique se seu texto está coerente com as ideias que você defendeu. E acredite: é bem mais fácil cair em contradição do que você imagina, ainda mais no nervosismo da prova.

Veja se no enunciado ele apontou quais tópicos sua resposta deverá abordar. Se fez isso, separe um parágrafo para cada um dos tópicos. Não misture mais de um tópico em um mesmo parágrafo.

Na prova para Analista de Controle Externo do TCU, ocorrida em 2009, realizada pelo Cebraspe/UnB, havia um longo texto introdutório e, ao final do enunciado, pedia o seguinte:

"...discorra, de forma fundamentada e de acordo com a Constituição Federal brasileira, sobre os seguintes aspectos:

- *natureza jurídica do TCU;*

- *relação entre o TCU e o Poder Legislativo;*

- *eventual vinculação hierárquica da Corte de Contas com o Congresso Nacional."*

Veja agora este outro retirado da prova para Juiz Federal do TRF da 1ª Região em 2011:

"Com base no direito ambiental, discorra sobre os princípios do poluidor-pagador, da precaução e da prevenção, bem como sobre as condições específicas da responsabilização penal da pessoa jurídica".

Perceba que este também pediu para abordar três aspectos, só não os separou, mas, só de olhar o enunciado dessas duas questões, a estrutura da sua resposta já estaria montada: seria um parágrafo de introdução, três de desenvolvimento e um de conclusão. Lembre-se de que é para escrever os parágrafos na ordem dos tópicos apresentados, de preferência.

Claro que a divisão dos parágrafos, às vezes, não é tão simples assim, ainda mais quando é para elaborar uma redação sobre determinado tema proposto, mas busque organizar sempre um parágrafo para cada tópico que for abordar em sua resposta. Escolha quais tópicos irá escrever e separe-os em parágrafos distintos, com tamanhos aproximados.

Evite períodos com mais que três linhas e parágrafos com mais que oito linhas. O ideal é que os parágrafos contenham entre quatro e seis linhas. Isso não é uma regra, é uma recomendação, mas que deve ser seguida sempre que possível.

Se for um texto para emitir sua opinião, ou seja, argumentar, não misture seus argumentos no mesmo parágrafo. Escreva um parágrafo para cada argumento, preocupando-se em apresentá-lo, explicar o porquê da sua crença nele e concluí-lo, isso dentro do mesmo parágrafo.

Não queira revolucionar o mundo com novas ideias, escreva o que é sabido de todos, mas sem cair em chavões.

o.3) Parágrafo de Conclusão

É nele que você fecha as ideias do seu texto, reforçando suas posições ou opiniões. Lembre-se de que será o último parágrafo lido pelo corretor antes de ele dar sua nota, então a conclusão não pode ser desprezada, mesmo que esteja cansado, que o tempo esteja se esgotando, ou que as linhas não sejam suficientes para fechar o texto.

Veja que a estrutura do texto completo é simples: é uma tese ou assunto apresentado no parágrafo de introdução, seus argumentos ou explicações desenvolvidos nos parágrafos seguintes e seu resumo e

UNIDADE II – Como Estudar Antes do Edital

367

conclusão no último parágrafo. Não fuja disso. É essa *a receita de bolo* a ser seguida.

No parágrafo de conclusão, se for um texto argumentativo, reforce sua posição adotada e faça um breve resumo do que defendeu, sem ser repetitivo. Seja conciso. Em hipótese alguma insira um novo argumento, pois ele é só para reforçar as ideias já expostas, não é para inovar neste parágrafo. Se for um texto expositivo, é praticamente a mesma coisa, reforce suas ideias, resuma o que escreveu bem concisamente e não escreva nenhuma informação ou argumento que já não tenha escrito nos parágrafos anteriores.

Comece sua conclusão conectando-a com o restante do texto, usando expressões como: "cabe concluir que", "portanto", "em suma" etc. Evite remeter o leitor ao corpo do texto, usando "conforme visto anteriormente", "dado o exposto neste texto", "após as considerações acima", "segundo o que foi apresentado" etc.

Não escreva recados ou mensagens utópicas ou idealistas, parecendo um ativista político, tal como "Precisamos de um Brasil com menos corrupção!". Aliás, a conclusão não é para usar pontos de interrogação ou de exclamação. Você não está escrevendo o jornal do seu futuro sindicato, deixe isso para depois que for aprovado.

Com tempo disponível, antes de passar a limpo o rascunho, confira-o. Veja se respondeu a todas as perguntas, indicando-as nitidamente nos respectivos parágrafos; se os parágrafos possuem tamanhos parecidos; se há dúvida em alguma palavra escrita; se algum parágrafo ou ideia não está incoerente com outro; se os parágrafos estão bem interligados; se possui o número de linhas permitido; se há alguma frase ou parágrafo muito longo; etc. Enfim, é para fazer uma revisão geral do que escreveu no rascunho, porque, depois que passar a limpo, as alterações poderão ser mínimas.

Reserve alguns minutos para passar o texto a limpo, porque isso demora, não é rápido como preencher um cartão de respostas objetivas. Não vai adiantar de nada escrever um texto perfeito, mas deixar de transcrevê-lo integralmente para a folha de resposta.

Depois que passar o texto a limpo, revise-o, veja se não comeu nenhuma letra ou sinal de pontuação, por exemplo. Se for possível, não revise o texto final imediatamente após tê-lo passado a limpo, dê alguns minutos de intervalo. Faça outra questão, tome uma água. Isso porque tendemos a não enxergar nossos erros quando acabamos de os cometer. Eles são mais facilmente encontrados após alguns minutos.

p) Momento certo para começar a treinar para as discursivas

Apesar de ser nosso último tópico, veremos algo muito importante, que é saber o momento certo de começar a treinar para as discursivas e como criá-las.

Caso você já tenha uma boa previsão de que irá enfrentar concursos com provas discursivas para algumas disciplinas, o ideal é que comece a praticar antes do edital.

Entretanto, qual seria a melhor época? Seria fazer uma discursiva toda vez que estudar a disciplina? Acredito que não. Sugiro que, quando tiver um nível razoável em boa parte da disciplina, analise cada capítulo de seu principal material teórico e imagine uma questão que envolva os principais tópicos sobre um determinado capítulo, mas desde que seja uma visão geral do assunto, não aprofundada. Acredito que nem seja preciso fazer isso para todos os capítulos, talvez alguns possam ficar de fora.

Explicarei melhor. As questões discursivas não costumam cobrar temas muito específicos de um assunto, elas perguntam coisas mais gerais. Não são como algumas questões objetivas, que perguntam picuinhas, meros detalhes. As discursivas fazem um apanhado geral sobre um tema qualquer, muitas vezes relacionado ao seu futuro trabalho. Então, quando tiver um nível razoável da matéria, pense quais seriam as questões mais prováveis de cair, que sejam mais generalistas.

Se for fazer um concurso para o cargo de Auditor Fiscal, veja quais assuntos seriam os principais para o seu trabalho relativos às disciplinas previstas para a discursiva. É muito difícil que perguntem sobre o funcionamento do Poder Judiciário, por exemplo. Se seu cargo de Auditor for para a esfera federal, muito provavelmente não perguntarão sobre temas estaduais ou municipais. E vice-versa.

Repare as questões que caíram nas provas anteriores para o seu cargo ou algum parecido, elas, muitas vezes, abordaram temas que têm a ver com o cargo pretendido, dentro da disciplina cobrada, claro.

Se seu concurso for para algum tribunal, provavelmente as discursivas ou o tema da redação serão sobre atividades exercidas por ele. Por exemplo, se seu concurso for para o TRE, é possível que

UNIDADE II – Como Estudar Antes do Edital | **369**

perguntem algo relacionado ao Direito Eleitoral, eleições, Lei da Ficha Limpa etc., não perguntarão sobre Direito do Trabalho. Se for para o TRT, será o contrário.

Veja só alguns trechos retirados de questões discursivas ou redações de algumas provas e repare que ou haverá uma relação entre os temas e os cargos, ou, então, haverá questões com aspectos gerais sobre o assunto, e não sobre detalhes:

(Cespe/UnB – 2008 – Ministério da Saúde) "...*redija um texto dissertativo acerca do seguinte tema: A necessidade de humanização dos serviços públicos de saúde*".

(Cespe/UnB – 2008 – TCU) "...*discorra, de forma fundamentada e de acordo com a Constituição Federal brasileira, sobre os seguintes aspectos:*
• *natureza jurídica do TCU;*
• *relação entre o TCU e o Poder Legislativo;*
• *eventual vinculação hierárquica da Corte de Contas com o Congresso Nacional*".

(Cespe/UnB – 2009 – Anatel) "...*O PAPEL DA ANATEL NA SOCIEDADE BRASILEIRA. Ao elaborar seu texto, aborde, necessariamente, os seguintes aspectos:*
• *natureza jurídica da ANATEL;*
• *características da natureza jurídica da ANATEL;*
• *pelo menos três atribuições da ANATEL*".

(FCC 2011 – TRE/TO) "*No tocante ao Direito Eleitoral, discorra, fundamentalmente, sobre as convenções partidárias*".

(ESAF – Direito Tributário – 2010 – AFRFB) "*O STF tem entendido que não se tipifica crime material contra a ordem tributária, previsto no art. 1º, inciso I, da Lei nº 8.137/90, antes do lançamento definitivo do tributo. Sobre o lançamento tributário:*
a) *conceitue-o, mencionando, entre outros aspectos, a competência para efetuá-lo, seus requisitos e sua finalidade;*

b) explique e exemplifique as suas diferentes modalidades;

c) para cada modalidade de lançamento, mencione o prazo que possui a autoridade administrativa para efetuá-lo, e quando se dá o termo inicial da contagem desse prazo; e

d) cite as hipóteses em que, de acordo com o Código Tributário Nacional, admite-se a revisão do lançamento por parte da autoridade administrativa".

Bem, você pode nunca ter visto Direito Tributário, então saiba que o "lançamento" é uma das principais funções do Auditor Fiscal, pois só este, e mais nenhum outro cargo, pode lançar tributos. Ora, com certeza, seria um dos temas mais prováveis a serem cobrados em uma prova de Tributário para Auditor. Seria uma das primeiras questões discursivas que o candidato deveria ter treinado.

Veja agora a questão que caiu na mesma prova, porém, na disciplina de Direito Administrativo:

> (ESAF – Direito Tributário – 2010 – AFRFB) *"Considerando as atribuições inerentes aos ocupantes do cargo de Auditor Fiscal da Receita Federal do Brasil ..., desenvolva, objetivamente, um texto abordando os seguintes tópicos:*
>
> *a) produção de efeitos jurídicos do Ato Administrativo;*
>
> *b) o 'motivo' do ato administrativo e os conceitos jurídicos indeterminados;*
>
> *c) a convalidação do ato administrativo e seus efeitos".*

O assunto "Atos Administrativos" é um dos principais do Direito Administrativo. Perceba que a questão cobrou seus aspectos gerais, não perguntou detalhes.

Uma banca pode formular uma questão discursiva sobre um pequeno detalhe do programa? Claro que sim, mas não é comum. E se ela fizer essa bobagem, não tem como tentar adivinhar o tema antes, treinando em casa, porque aí os assuntos seriam infinitos. Então esqueça isso. Logo, não treine discursivas para temas muito específicos, a não ser, claro, que esteja estudando há tempos e já tenha feito diversas questões sobre os temas mais genéricos ou afins com o seu cargo pretendido.

UNIDADE II – Como Estudar Antes do Edital

371

Há no mercado alguns livros só de questões discursivas das principais disciplinas. Os autores elaboraram questões a partir dos principais tópicos de cada matéria. Certamente, eu investiria uma grana, comprando-os; e tempo, estudando-os, claro.

Contudo, qual seria o momento do estudo das discursivas? Seria após ter uma boa noção do assunto e resolvido diversas questões objetivas. Após várias objetivas, você já estará apto a saber quais temas são mais cobrados, deixando de lado os mais picuinhas. Escreva em um papel quais os principais tópicos sobre aquele assunto. Os próprios subtítulos dentro do capítulo o ajudarão com isso. Depois, formule uma questão discursiva, abrangendo os principais.

Não precisa ser nada muito elaborado, basta abordar alguns tópicos do capítulo escolhido. O principal é ter memorizado os principais tópicos e aprimorar sua capacidade de escrever sobre eles. Quanto a aprofundar o conteúdo, você ainda ficará craque, estudando-o mais futuramente.

Não é necessário terminar de estudar toda uma disciplina para começar a treinar suas discursivas. Você pode já fazer isso antes de terminar tudo, após já ter uma base razoável no tema escolhido. Por exemplo, se estudou mais da metade do programa de Administrativo e resolveu diversas questões sobre "Atos Administrativos", já pode treinar uma discursiva parecida com aquela que vimos do AFRFB, por exemplo.

Não precisa ficar craque na disciplina para começar a treinar para as discursivas. Como disse, pode começar já no meio do caminho. Só não aconselho que crie e resolva algumas discursivas a cada assunto estudado, antes de partir para o seguinte. Se parar para elaborar uma questão discursiva a cada assunto visto, vai demorar muito a andar com a matéria, e isso desanima bastante.

Não deixe a publicação do edital se aproximar para começar a treinar as discursivas, pois já vimos que isso requer muita prática. No entanto, também não comece desde muito cedo, quando ainda estiver "cru" nas principais disciplinas.

Bem, este foi o último dos tópicos sobre as provas discursivas.

Finalizando este capítulo, confesso que não esperava que ficasse tão grande.

Conforme alertei no início, não tinha a pretensão de dar um curso sobre provas discursivas e redações, pois nem teria conhecimento para isso. Simplesmente quis reunir o maior número de orientações e informações possíveis, reunidas a partir da leitura dos livros mais famosos e de conversas com alguns especialistas, para que, a partir de agora, você esteja apto a procurar livros ou professores especializados e treinar bastante, sem cometer os erros mais comuns.

Tenho a certeza de que se você já não tivesse estudado bastante sobre as provas discursivas, aproveitaria muito a leitura deste novo capítulo criado para a segunda edição deste livro. Confesso que aprendi muito também e percebi que com certeza cometi inúmeros dos erros apontados neste capítulo, quando escrevi o restante do livro. No futuro espero lê-lo mais atentamente, corrigindo esses erros.

18) Como utilizar um tablet *para estudar*

Como percebi que está na moda o uso de *tablets* no meio concurseiro, resolvi pesquisar bastante sobre o assunto e incluir um capítulo dedicado a eles a partir da terceira edição desta obra.

Confesso que não os usei enquanto estudava, pois eles ainda não existiam. Hoje eu tenho iPad, Samsung Galaxy Tab e Kindle, e confesso mais uma vez que quase não os uso. Mas sou da antiga geração, estou velho e ranzinza, então não sou parâmetro nenhum para os meus leitores mais novos ou mais *high tech* do que eu.

Vou escrever aqui o que sei sobre o assunto, mas adianto que caberá a você escolher se usará ou não um *tablet* nos seus estudos e aprender sozinho o uso dos programas. Por favor, não me mande dúvidas sobre como instalar ou usar algum desses softwares indicados, porque, repito, sou ranzinza e não os uso para estudar, pelo simples fato de que não estudo mais para concursos faz anos (ainda bem).

Os *tablets* se diferenciam dos notebooks e netbooks basicamente porque não possuem um teclado, são bem mais leves e as baterias duram mais. Possuem vantagens e desvantagens em relação aos netbooks, mas com certeza, em relação ao transporte para outros locais, os *tablets* são bem melhores. E outra coisa, e essa é muito importante para os concurseiros: suas telas cansam muito menos os olhos que as dos notebooks e computadores. Você é capaz de passar oito horas lendo um *tablet*, mas em um netbook é quase impossível, pois seus olhos queimarão demais.

Outra vantagem do uso de *tablets* é a economia com impressão, pois, lendo seus textos em PDF na tela, não precisará imprimir, claro. Eu ainda sou adepto do papel, não gosto de ler na tela, mas muita gente não se importa.

Antes era bem pior ler os PDFs na tela, porque não dava para fazer anotações, mas hoje, como veremos, existem inúmeros softwares gratuitos ou muito baratos que fazem de tudo com seus textos. Está aí a maior vantagem dos tablets para mim, a de poder fazer anotações à mão na tela. Assim, seu estudo fica muito mais ativo do que se fosse ler somente numa tela de computador. Sei que existem softwares que permitem digitar suas anotações no PDF, mas não é a mesma coisa do que anotar à mão, puxando setas, rabiscando etc. É como se fosse um papel todo cheio de anotações. O estudo fica bem mais ativo dessa forma, e seu cérebro gosta mais.

Outra vantagem do *tablet* é poder copiar diversas aulas em vídeo nele e poder assisti-las na praia, na academia, no ônibus, no banheiro do trabalho escondido do chefe etc. Hoje é normal os concurseiros possuírem centenas de arquivos em texto e em vídeo gravados no computador em casa. Imagine poder levar todos eles em um aparelho de menos de meio quilo para cima e para baixo.

Existe outra vantagem, a de poder ler deitado. Sei que não é in-dicado que se leia assim, claro que não, aconselho que não faça isso enquanto for possível, mas, para quem tem problema na coluna, às vezes é a única opção para algumas horas de estudo no dia. Porém, saliento, além de dar sono ler deitado, nosso aprendizado é prejudicado, porque dificulta fazer anotações, desenhos, resumos etc. Você já sabe que, sempre que for possível, deve estudar de modo mais ativo, não deve ser passivo no estudo, ou seja, deve estudar fazendo anotações e marcações, não estudar o texto como se estivesse lendo *Guerra dos Tronos* ou *50 Tons de Cinza*.

OK, talvez você já esteja com vontade de adquirir um *tablet*, mas qual adquirir? Qual é o mais recomendado? O que posso fazer com ele para render melhor no meu estudo? Bem, vamos começar explicando o uso dos dois mais famosos que existem: o iPad e o Samsung Galaxy Tab (ou o Galaxy Note). Depois caberá a você a escolha, adianto, porque alguns usuários querem ver os fãs do outro no inferno, e se eu pensar em afirmar que um é melhor que o outro, é capaz de amanhã aparecerem uns caras aqui para me fazerem de *sparring* do UFC.

Vou também dar algumas dicas de *softwares* utilizados no estudo para ambos os aparelhos, tais como:

- Leitores de PDF, mas que não são só leitores, e sim programas que possibilitam fazer anotações coloridas, incluir páginas em branco no meio do arquivo, marcar o texto de amarelo ou da cor que quiser, desenhar setas e gráficos etc. Enfim, fazer o que quiser com o texto, como se fosse uma folha de papel.

UNIDADE II – Como Estudar Antes do Edital 375

- Caderno, que nada mais é do que a versão digital de um caderno em papel. Hoje é comum você ir aos cursinhos e encontrar os alunos sem nenhum caderno de papel, somente com o *tablet* na mão, e nele anotar o que o professor diz, os resumos da matéria etc. E aqui eu sugiro que relembre o que escrevi lá no capítulo dois desta unidade, na parte em que pedi para que você não anotasse tudo que o professor falasse, somente o essencial. Veja a vantagem que é ter tudo em um aparelho com o peso de um só caderno, sem carregar aquele monte de cadernos pesados e que acumulam poeira em casa.

- Reprodutor de vídeo, para que você possa assistir em qualquer lugar às suas aulas nos mais diversos formatos de vídeo existentes (AVI, FLV, MKV, RMVB etc.). E ainda com uma vantagem extra, que os concurseiros adoram: usar o acelerador, para assistir aos vídeos em velocidade de 1.5x ou 2x mais rápido que a velocidade normal, para ganhar tempo de estudo. No final deste capítulo, vou explicar isso melhor.

- *Softwares* próprios para concurseiros, como legislações, controladores de tempo de estudo etc.

Eu indicarei alguns desses softwares, os que, geralmente, o pessoal mais usa, mas existem diversos outros, então pode ser que haja outros melhores ou mais baratos, o que não duvido.

Você pode baixá-los diretamente do *tablet*, usando o *"Play Store"*, no caso do Android, ou o *"AppStore"*, no caso da Apple.

Perceba que às vezes eu colocarei o preço em dólares e em outras em reais, conforme o que constar no site do desenvolvedor, então preste atenção nisso, por favor.

Outra ressalva necessária antes de prosseguir com o assunto: nesse mundo de tecnologia de ponta a cada dia sai um novo modelo com novas vantagens, então pode ser que, enquanto você estiver lendo este capítulo, já tenha saído algum *tablet* novo no mercado, os preços tenham mudado etc. Por favor, não compre sem antes dar uma pesquisada em sites de comparação de preços, como o Buscapé. E pesquise também no MercadoLivre e na OLX, pois pode ser que você encontre algum usado bem interessante. A vantagem da OLX é que você pode combinar com o vendedor de olhar o tablet antes de comprá-lo. Eu já comprei até bicicleta e notebook na OLX, sem nenhum problema, sempre encontrando o vendedor em algum local público e testando bem o produto antes.

Dê preferência a um tablet de 10", pois os de telas com 7" ou 8" costumam ser ruins para estudar.

Bem, vamos iniciar, começando pela cria do falecido Steve Jobs, o iPad, fabricado pela Apple.

a) iPad

É sem dúvida o *tablet* mais conhecido no mercado. É estável, sua bateria dura muito mais que a da concorrência e, a partir da versão 3, vem com a tal tela retina, que é muito melhor para a vista do que a dos demais aparelhos. As desvantagens mais famosas são o preço, tanto do aparelho quanto dos seus softwares, e o tal o do iTunes, que é o programa utilizado para passar arquivos do computador para o *tablet*. Ele é bem chatinho, muito mais complicado de usar do que o famoso Windows Explorer usado há anos por todo mundo.

Existem iPads com telas de 8 e de 10 polegadas. O de 8 polegadas é o iPad mini, que é mais leve e mais barato que o iPad Air e os das seguidas gerações, que são de 10 polegadas, pelo menos até a 7a, que era a atual quando escrevi este trecho no final de 2020. Escolher entre um e outro vai depender do tamanho do furo no seu bolso e do gosto. Todos servem perfeitamente para assistir às aulas em vídeo e ler os materiais de estudo, mas é claro que o de tela maior proporciona uma visão melhor. Contudo, o peso é realmente bem diferente entre os modelos, porque, enquanto o Mini pesa uns 330g, um iPad maior pesa entre 500 e 600g.

Um dos leitores de PDF mais usados é o iAnnotate PDF, que custa menos de $10. Funciona com arquivos do Word e do PowerPoint também. Outra opção muito usada é o Xodo, que é gratuito. Obviamente, se você ficar satisfeito com o Xodo, não precisa gastar sua grana com nenhum outro. Com eles você pode fazer anotações desenhar, rolar as páginas verticalmente etc.

Para utilizar como um caderno, existem o *NoteShelf e o Notes Plus*. Usando um deles você provavelmente não vai mais sentir falta do caderno de papel. Ambos custam em torno de $6. Baixe as versões gratuitas de ambos e compare-os antes de comprar um dos dois ou outro similar.

Para reproduzir vídeos, sugiro o VLC Player, que é gratuito e quase todo mundo usa, inclusive no computador, celular etc. Com ele você poderá acelerar o vídeo e assistir às suas aulas numa boa.

Outro software que aconselho utilizar é algum que possua as legislações mais usadas por nós, que é basicamente a versão digital daquele livrão que as editoras chamam de *Vade Mecum*. Existem alguns, dentre eles o *Vade Mecum* da F&E System APPS, que possui uma versão gratuita, a *Vade Mecum Lite Brasil*, que vem com muitos códigos, leis, súmulas etc., e uma versão paga, a *Vade Mecum Direito Brasil*, que possibilita fazer anotações e marcações nas leis, dentre outras vantagens, e custa US$10. Perceba que você também tem a opção de salvar suas leis mais usadas em PDF e anotar nelas à vontade com o *iAnnotate*. Esses aplicativos que contêm as leis são ótimos para nos ajudar quando estamos estudando fora de casa, como numa biblioteca, e precisamos consultar alguma lei.

Por último, para quem gosta de usar *flash cards*, existem diversos softwares, gratuitos ou pagos. Basta pesquisar por *"flash cards"* na Apple Store. Mas o mais usado, sem dúvida, é o Anki. Já comentei sobre ele quando abordei os *flash cards* no capítulo de resumos.

Enfim, toda hora surge um novo software sobre concursos.

b) Samsung Galay Tab

Existem basicamente o Galaxy Tab e o Note, que possuem versões com telas de 5, 7, 8 ou 10 polegadas. O Galaxy Note 10.1 é o mais indicado, mas é mais caro e às vezes é difícil de achar.

Utiliza o sistema Android, ao contrário do iPad, que usa o iOS. Existem mais softwares gratuitos para o Android do que para o iOS.

Ele já vem com um aplicativo que cria, lê e edita os arquivos do Office (Word, Excel e PowerPoint), que é o Polaris Office.

Comparando o preço com o iPad, o Galaxy Tab é mais barato. Mas os preços variam muito conforme o tamanho da memória (16GB, 32GB...) e se possui 3G e *wifi*. Quanto menos memória, menos aulas poderá gravar nele, mas nada que uma memória MicroSD daquelas de celular não ajude, pois ela pode aumentar a capacidade. O que é uma vantagem em relação ao iPad, pois este não tem entrada para memória adicional.

O Galaxy Tab tem outra grande vantagem em relação ao iPad, que é ser multitarefa, ou seja, possibilita rodar mais de uma aplicação ao mesmo tempo, enquanto que no iPad não pode, é um programa rodando de cada vez. Sinceramente, no caso dos estudos, acho isso meio dispensável, mas há quem goste de deixar a tela dividida em duas, com um lado mostrando uma aula em vídeo e o outro com um caderno aberto para ir fazendo anotações enquanto assiste à explicação. Para quem tem um iPad, terá que anotar no bom e velho caderno de papel enquanto assiste à aula.

Contudo, para a galera do iPad não ficar enfezada comigo, é melhor ler na tela do iPad do que na do Galaxy por causa da melhor qualidade da tela retina do iPad e devido ao formato da tela, porque, enquanto o iPad possui as proporções de uma folha A4, o Galaxy tem o formato da TV, logo, o material em PDF fica mais bem encaixado no iPad do que no Galaxy, mas nada que seja imprescindível, porque é fácil se acostumar com o formato da tela do Galaxy. Mas com certeza são vantagens do iPad, principalmente porque o uso da tela retina faz uma boa diferença para a vista de muita gente após algumas horas seguidas de uso, mas há quem não veja muita diferença.

Há quem goste de falar que um é mais rápido que o outro, mas no caso dos estudos isso é uma bobagem, não faz diferença nenhuma, ou será que ter um processador mais rápido vai fazer você ler um PDF ou assistir a uma aula mais rapidamente? A menos que seja o processador que fica dentro do seu cérebro, aí concordo, mas o processador do *tablet* é bobagem.

Quanto ao software leitor de PDF, sugiro o *ezPDFReader*, que custa R$10. Faz basicamente o mesmo que o *iAnnotate* do iPad faz.

Quanto ao uso como caderno, sugiro o *Lecture Notes* (R$20) ou o *Handy Note Pro* (R$10). Ambos possuem uma versão gratuita para teste. Recomendo que use a versão de teste de cada um e pague pelo programa que agradá-lo mais. No *Lecture Notes* você pode também importar seus PDFs, cortar suas margens, fazer anotações etc.

Para assistir aos vídeos, tem o *RockPlayer*, o *Dice Player* e o *VLC*. Se for vídeo que utilize o *Flash*, pode usar o mesmo *Puffin Web Browser* recomendado para o iPad. Saliento que o player nativo da Samsung também é muito bom, podendo até acelerar a velocidade. Então talvez não haja necessidade de usar outro.

Como o Galaxy é multitarefa, você pode deixar rodando a aula em vídeo e numa janela ao lado fazer suas anotações no *Lecture Notes*, podendo até gravar o áudio das aulas neste.

De softwares complementares sugiro o *Vade Mecum Jurídico Completo* (gratuito) ou o *Vade Mecum Jurídico Pro* (R$ 2,40). E, se for possível, o SuperProvas, que possui milhares de questões de concursos e é o mesmo que eu recomendei no capítulo 16 desta unidade.

Outro aplicativo útil para o Galaxy é o *Screen Filter*, que controla melhor a iluminação do *tablet*, economizando a bateria e, principalmente, diminuindo o cansaço de sua vista. Tem uma versão gratuita para teste e uma paga (Pro) que custa uns R$10.

Também existe uma versão do *Aprovado* para o Android, aquele aplicativo gratuito que gerencia suas horas de estudo que eu já indiquei para o iPad.

Por último, para quem gosta de *Flash Cards*, acredito que o melhor software para elaborá-los no Android seja o *AnkiDroid*, que é gratuito para esse sistema. Sinceramente? Acho muito mais fácil e rápido fazê-los à mão.

c) Qual caneta utilizar?

Para escrever bem no caderno e nos PDFs, você precisará de uma boa caneta. As canetas "*xing-ling*" da vida podem causar só dor de cabeça.

A mais indicada pela maioria do pessoal é a *Adonit Jot Pro*, que é um pouco mais cara (custa uns R$150 no Mercado Livre), mas escreve muito bem, só que tem gente que já relatou que, após um bom tempo de uso, ela risca a tela do *tablet*.

Por isso, tem quem prefira as fabricadas pela Bamboo, Target, Griffin ou Ozaki. Isso varia de acordo com o freguês. Você vai encontrar boas canetas de uns R$30 até uns R$120. Não deixe de procurar no site do Mercado Livre, que possui vários tipos diferentes. Por exemplo, já vi anunciantes vendendo uma boa caneta da Bamboo por R$50 (procure por "*Bamboo Stylus*").

O Samsung Galaxy Note tem a vantagem de já vir com sua caneta, a *Samsung S Pen*, que é muito boa e dispensa qualquer outra.

d) Como eu transfiro os arquivos para o *tablet*?

Sugiro utilizar o *DropBox* tanto para o iPad quanto para o Galaxy. Grosso modo, é uma espécie de HD virtual que serve para enviar os arquivos do seu computador para o site dele e logo após você pode baixá-los para o *tablet*. Os seus arquivos estarão sempre à disposição no site do *DropBox*, ou seja, na famosa "nuvem", podendo ser baixados quando e onde quiser.

Tem ainda a opção de transferir via cabo a partir do computador, só que o *DropBox* é mais prático em alguns casos. Tem a desvantagem de vir com um espaço bem limitado gratuitamente, mas que você consegue aumentá-lo indicando-o para amigos ou talvez cadastrando outros e-mails que você tenha.

Também existem o *GoogleDrive* e o *SugarSync*, dentre outros. Compare principalmente as capacidades de armazenamento e os preços, claro.

e) E se eu não tiver grana para comprar um iPad ou um Galaxy?

Bem, para começar, utilizar um *tablet* não é imprescindível, claro que não. Contudo, se você achou interessante possuir um após ter lido este capítulo, mas estiver vendendo o almoço para comprar a janta, saiba que existem outras opções boas no mercado e bem mais baratas.

Pesquise por "*tablet*" nos sites do Submarino, FNAC, Lojas Americanas etc. Você encontrará vários fabricados pela Philips, CCE, AOC etc. Alguns são de qualidade duvidosa, mas outros poderão atender bem às suas necessidades.

Apenas tome cuidado com a memória para não comprar algo muito pequeno, como 4GB ou 8GB. Até pode comprar, mas só se tiver entrada para um cartão de memória externa que você terá que ter, se possível com 32GB ou 64GB. A memória externa quase sempre é a MicroSD, que é a mesma que você deve usar no seu celular.

Tem também a opção de usar um leitor de textos, como o *Kindle* ou o *Kobo*. Ele só serve para ler textos e possui uma tela ainda melhor para diminuir o cansaço de sua vista do que os *tablets*, mas não possui as diversas outras funcionalidades que os *tablets* têm, como poder assistir a vídeos e fazer boas anotações nos textos, por exemplo. Além disso, não tem luz própria suficiente para ler no escuro e alguns PDFs ficam ruins para ler nele. Contudo, não deixa de ser uma alternativa

UNIDADE II – Como Estudar Antes do Edital

bem mais barata e útil. Eu tenho um *Kindle* desde 2009 e sempre leio livros com ele. Na praia, por exemplo, você lê muito melhor em um *Kindle* do que em um *tablet*.

Caso opte por um *Kindle*, um software indispensável para ele é o *Calibre*, que transforma seus arquivos em PDF para o formato MOBI, que é lido de forma bem melhor no *Kindle*. Explicando melhor, o *Kindle* lê PDF, mas a leitura não fica muito legal, o ideal mesmo é que o arquivo seja transformado para o formato nativo do aparelho, que é MOBI. O Calibre faz isso facilmente e é gratuito. Se seu leitor for um *Kobo*, use o Calibre também.

Existe, ainda, o *Kindle Paperwhite*, que tem a tela iluminada, logo, dá para ler no escuro, mas custa quase o dobro do comum. E o *Kindle Fire*, que não é somente um leitor de textos, e sim um *tablet* propriamente dito, como o iPad e o Galaxy.

f) Dá para você me explicar melhor como posso acelerar vídeos?

Sim, claro. Eu prometi lá atrás, no início deste capítulo. E como promessa é dívida e não sou mais concurseiro, agora posso pagar minhas dívidas (rs.).

A ideia é que você assista a alguns vídeos em velocidades superiores à normal, chamada de "1x" pelos programas, e assim poupar tempo de estudo. Obviamente, quanto mais você aumentar a velocidade de exibição do vídeo, mais tempo sobrará para estudar seus livros.

Quando um professor fala muito rápido, como eu, é difícil aumentar muito a velocidade, mas mesmo para esses dá para chegar pelo menos a "1.3x", aumentando assim em 30% sua velocidade. Para os que falam mais devagar, ou que estão explicando coisas que você já tem uma certa facilidade, dá para chegar a 2x numa boa. Assim, um curso de 50h dá para assistir em 25h, economizando tempo para mais 25h de HBC.

É questão de se acostumar com o professor. Assista no início a 1x mesmo, depois aumente para 1.1x e vá aumentando até onde der. De preferência, use fones de ouvido, pois ajudam nesse processo de entender o cara falando mais rápido. Pelas caixas de som fica mais difícil.

Eu só recomendo que use a velocidade normal de 1x quando for algum assunto bem complicado, e só neste caso. Nos demais casos, sempre dá para acelerar o vídeo, ok?

Espero que você não use o Internet Explorer (IE) como seu navegador web porque este é bem pior que o Google Chrome ou o Mozilla Firefox. Estes são mais rápidos e funcionam melhor para o que veremos a seguir e quase tudo o mais. Siga minha sugestão e a de várias publicações especializadas, esqueça o IE.

Caso esteja assistindo a algum curso direto na plataforma do site do curso on-line, geralmente não dá para agilizar o vídeo, mas às vezes dá para baixá-lo e assistir depois com o programa que veremos logo a seguir.

Bem, como você pode fazer isso? Quais programas pode usar em cada situação? Bem, apresentarei isso por três maneiras diferentes.

f.1) Usando o programa VLC

Ele pode ser baixado gratuitamente neste site: <www.videolan.org>.

É bem fácil de instalar e reproduz vídeos nos formatos FLV, MP4 etc. Para isso, basta abrir o programa, abrir a pasta de vídeos ou o arquivo de vídeo pretendido e clicar em "Exibir → Barra de status", e assim aparece um campo escrito "1x" lá embaixo, que, ao clicar nele, abre uma barrinha pra você regular a velocidade.

Outra coisa boa que o VLC também possui é a opção de capturar qualquer imagem do vídeo. Para isso, é só ir em: "Vídeo → Capturar imagem".

Antes de capturar uma imagem pela primeira vez, aconselho que antes vá lá em cima, em "Ferramentas → Preferências → Vídeo". Na parte chamada "Capturas de vídeo", indique a pasta na qual serão gravadas as imagens. Aproveite e logo abaixo mude o formato de PNG para JPG. Só precisa fazer essas alterações uma vez.

Há outros programas que fazem a mesma coisa, como o Dice Player, só verifique se o som não vai sair com voz meio de criança ou robô. O VLC e o Dice não fazem isso; ela só fica mais rápida, claro.

Também dá para aumentar a velocidade no Windows Media Player, mas sugiro que use mesmo o VLC. Caso insista no WMP, clique com botão direito em cima do vídeo, depois "Aprimoramentos → Configurações de velocidade de execução" e regule a velocidade na barrinha que vai aparecer.

f.2) Usando o Youtube

Acesse www.youtube.com/html5 no seu navegador favorito.

Vão aparecer umas seis caixinhas azuis marcadas ou não com um "V". Logo abaixo dessas, aparecerá uma caixinha com algo parecido com "Solicitar Player HMTL5" ou "Request the HTML5". Clique nela para alterá-la para "O player HTML5 é usado sempre que possível" ou algo parecido em inglês. Se já estava assim, melhor ainda. Só precisa fazer isso uma vez.

Beleza, a partir de agora, quase sempre que você assistir a um vídeo no Youtube, haverá quatro ícones embaixo do vídeo à direita, sendo um deles o símbolo de uma engrenagem. Basta clicar nele e depois em "Velocidade → Normal" e marcar a velocidade que quiser. Só que ele só aumenta ou diminui em 25% de cada vez, não tem como colocar só mais 10%, por exemplo.

Para regular melhor a velocidade, a próxima dica vai ajudar ainda mais. Vai ser difícil ver algum vídeo do Youtube ou do Vimeo sem poder regular a velocidade do jeito que achar melhor se usar as opções f.2 e f.3 combinadas, pois ou uma ou as duas irão funcionar.

f.3) Video Speed Controller

É uma extensão que você instala gratuitamente no Chrome ou no Firefox. Não sei se funciona no IE. Aliás, quem é este tal de IE?

No Chrome, basta ir lá em cima, embaixo do "X" que fecha a janela, clicar no botão que tem três barrinhas horizontais, depois em "Mais ferramentas → Extensões", procurar por "Video speed controller" e mandar instalar. No Firefox é praticamente o mesmo caminho. Às vezes ele só passa a funcionar legal depois que o computador for reiniciado.

A partir de então, quase sempre que você assistir a um vídeo do Youtube ou do Vimeo, dentre outros sites de hospedagem de vídeos, aparecerá um quadradinho lá em cima do vídeo, à esquerda, escrito

"1.00". É só clicar nele para aparecerem uns botões ao lado com os sinais de "+" e "-", daí é só clicar nesses para aumentar ou diminuir a velocidade do vídeo. Ou então digitar "D" para aumentar em 10% ou "S" para reduzir em 10%.

Beleza, agora ninguém mais tem motivos para perder tempo assistindo a vídeos na velocidade normal, ok? Sejam eles de estudo ou de assuntos diversos no Youtube.

Bem, isso foi o que encontrei de mais útil quanto ao uso dos *tablets* nos estudos. Aproveitei e expandi um pouco para softwares de PCs. Busquei mostrar seus prós e contras, as diferenças entre os aparelhos mais usados e os softwares mais indicados. Agora caberá a você decidir se acha isso interessante ou não. Fora a questão do bolso cheio ou furado, claro. Repito, não o considero imprescindível, muito longe disso, existem muitas outras coisas muito mais importantes neste livro do que o uso de um bicho desses, mas talvez você tenha gostado da ideia. Acredito que fiz a minha parte apresentando o dito cujo, a escolha agora é sua.

Conclusão da Unidade II

Sei que você levou algumas horas para ler esta segunda unidade. Mesmo tendo tirado você de seu estudo propriamente dito durante este tempo, estou muito mais tranquilo, pois tenho certeza de que você aproveitará muitas informações obtidas e rapidamente recuperará as horas investidas com essa leitura.

Imagino que talvez você esteja um pouco desanimado, achando que nunca conseguirá seguir tudo isso, e assim não será aprovado. Tire isso da sua cabeça. Ninguém até hoje utilizou isso tudo. Se você conseguir usar várias dessas dicas, já será ótimo, mas desde que sejam válidas para o seu jeito, nunca se esqueça disso.

Em todo este livro já escrevi algumas vezes e não cansarei de repetir: não existe uma fórmula mágica diferente do acúmulo de HBCs, mas existem diversas dicas que estou tentando ensinar há várias páginas e ainda apresentarei muitas mais, cabendo a cada um escolher as que mais se encaixarem em seu perfil.

Siga esses ensinamentos, experimente por alguns dias o que achar diferente do que estava acostumado a fazer. Acredite não só em mim, mas em todos os aprovados que seguiram algumas dessas dicas com sucesso.

Você já leu muitas páginas deste livro, mas por mais que esteja empolgado para começar a estudar, não deixe de ler o restante, mesmo se for somente após ter estudado algumas horas ou dias, pois muitos conselhos legais ainda estão por vir.

Experimente dar uma folheada rápida em todas as páginas que já leu; se preferir, leia as marcações que fez com a caneta amarela. Veja a quantidade de ensinamentos que essas páginas trouxeram a você. Acredito que isso provará que a leitura até agora não foi em vão, e assim você terá mais vontade de ler o que ainda falta. A leitura da parte restante será bem mais light e rápida, eu sei que essas duas primeiras unidades foram muito pesadas e, por isso, mais demoradas.

Na terceira unidade iremos aprender muitas coisas úteis que devem ser feitas após a publicação do edital. Há inúmeras informações que garanto que você nunca viu em lugar nenhum, que se mostrarão muito importantes para a sua aprovação.

A cada dia que se passa, acumulando mais HBCs com garra e organização, você estará mais próximo de conquistar sua tão sonhada vaga no cargo dos sonhos.

Mostre-se um guerreiro, um verdadeiro brasileiro que não desiste nunca, lembrando sempre do trecho *"Verás que um filho teu não foge à luta"* do nosso maravilhoso Hino Nacional e continue comigo por mais algumas dezenas de páginas.

Faça como o Rocky Balboa, mantendo sempre ativo seu "olho de tigre". E é com esses mesmos olhos sedentos por mais informações e centenas de HBCs que começaremos agora a terceira unidade.

Unidade III

O Estudo Após o Edital

Quantos candidatos, talvez até mesmo você, tinham um bom nível de conhecimento quando o edital foi publicado, mas não souberam se organizar e se preparar corretamente naqueles 45 a 90 dias que há entre o edital e a prova e o resultado não foi satisfatório? Devido a esse e a outros fatores, há ocorrências de candidatos que na época da publicação do edital não estavam entre os melhores em relação ao nível de conhecimento, mas que foram aprovados, ultrapassando os menos organizados. São os famosos "furadores de fila".

Se você ainda não passou por isso, considere-se um felizardo, porque dói muito ver uma pessoa que sabia bem menos que você há poucas semanas sendo aprovado e você não. Podem chamar de inveja ou algo parecido, mas que o sentimento é horrível é, com certeza. Você se sente bastante decepcionado, sem vontade de se encarar no espelho por alguns dias.

Foi para evitar esse sentimento de decepção e aumentar as chances de fazê-lo atingir a glória imortal que escrevemos esta terceira unidade. Como foi dito no filme Gladiador: *"O que você faz nesta vida, ecoa na eternidade"*.

Após ter lido as duas primeiras unidades, considero-o munido de informações suficientes para estudar de forma muito mais proveitosa e organizada. Porém, infelizmente, tudo que aprendeu sobre como estudar de forma eficiente poderá ir por água abaixo se não souber se organizar corretamente após a publicação do edital. Após a publicação, como dizíamos no Exército, *"é quando a cobra começa a fumar"*.

Saber analisar corretamente o edital, elaborar um calendário de estudos, controlar a quantidade de horas para se dedicar a cada disciplina e saber se preparar e revisar o conteúdo nos últimos dias que antecedem à prova são atitudes essenciais para quem quer ser aprovado.

Sendo assim, suplico, imploro, ajoelhado no milho e tomando chibatadas: não pule esta terceira unidade.

1) Orientações iniciais

Chegou o dia da publicação do tão aguardado edital. Você está estudando faz meses e meses e cheio de dúvidas, tais como: Quando o edital será publicado? Quando será a prova? Quais disciplinas surgirão de surpresa? Quais não serão mais exigidas? Quantos pontos valerá cada uma? Quantas vagas haverá em cada cidade? Qual será a banca? E agora está tudo lá, à sua disposição.

Passado o stress inicial com a publicação do edital, é hora de estudar detalhadamente o dito cujo. Pegue sua caneta marca-texto amarela e marque o mais importante. Nem que leve algumas horas fazendo isso, mas faça, não vá estudar desesperadamente sem saber corretamente as regras do jogo.

Inicialmente, não espalhe para todo mundo que seu edital saiu. Selecione realmente as pessoas que irão apoiá-lo nestes próximos meses e somente para elas conte a notícia. Também não prometa a ninguém que vai passar dessa vez. Não gere mais pressão ou olho grande contra você.

Converse calmamente com seus familiares, amigos e namorado(a) e explique que nos próximos meses se dedicará muito menos a eles. Peça compreensão, porque a recompensa em caso de sucesso será de todos. Não comece uma guerra, consiga o máximo de apoio possível.

Faça de tudo para arrumar mais tempo para estudar. Diminua o tempo gasto na academia; tire férias ou licenças no trabalho; cancele cursos que não tenham a ver com o concurso; adie consultas médicas, se possível; enfim, siga o ditado que afirma: *"Tempo não se tem, tempo se cria"*.

Meu amigo, o edital foi publicado, cada minuto gasto fazendo alguma atividade que não seja estudando para a prova, ou deve ser para um merecido descanso ou lazer ou algo realmente importante e inadiável. Eventos sociais deverão ser reduzidos aos estritamente imprescindíveis. E um evento tido como imprescindível, desculpe-me, não inclui o casamento ou aniversário de um amigo da faculdade ou de um primo. O comparecimento a um casamento só é admissível se for de seus pais; se for de um irmão é desculpável.

Não estou brincando, estou falando muito sério. Enquanto você está em um evento social, há dezenas de milhares de concorrentes estudando. Se tiver que ir a alguma festa, beba o mínimo possível, fique o estritamente necessário e saia de fininho. Se a pessoa que está fazendo o aniversário ou casamento é um amigo seu, ele vai entender. Se não entender, paciência, depois da prova você o chama para um chopp e explica o motivo de sua ausência.

Quando você resolve sair à noite, seu dia de estudo será prejudicado, pois passará o dia pensando naquilo, e, principalmente se for mulher, pensará na roupa, cabelo, unhas etc. E no dia seguinte seu estudo também renderá pouco, principalmente se tiver bebido e/ou ficado até tarde, pois além de pensar nas coisas que aconteceram na noite anterior, estará mais cansado, prejudicando seu desempenho mental. Isso sem contar a possibilidade de passar por momentos estressantes, tais como problemas com carros, brigas, discussões, fofocas etc. O prejuízo é muito grande, não são somente aquelas horas gastas para tomar um banho, colocar uma roupa e ir até o local, é muito mais que isso, então não se iluda, pois o prejuízo é realmente enorme.

Claro que tomar um ou dois chopes, ir a um cinema, andar na praia ou algo parecido são atividades muito boas para dar uma aliviada no stress. Não estou sendo louco a ponto de afirmar para não fazer nem isso, mas é para realmente analisar muito bem quando é hora de sair e o que fazer durante essa saída.

Faltando duas semanas para a minha prova do AFRFB em 2005, um dos meus melhores amigos do mestrado se casou. Eu fui à cerimônia, dei um abraço nele e voltei rapidamente para casa. Todos os meus amigos foram à festa e se divertiram bastante, mas eu não podia estar com eles. Como ele era meu amigo, eu já o tinha avisado antes de que faria dessa forma. Mesmo sem ter entendido bem, porque ninguém entende essa vida de louco que concurseiro leva, só a gente que se entende, ele ficou numa boa comigo depois.

Se tiver que apresentar algum trabalho em um curso, tente adiá-lo o máximo possível, mas se não der, paciência também.

Há mulheres que não perdem um capítulo da novela ou do Big Brother, mesmo após o edital. E homens que não perdem jogos de futebol. Caramba, você tem certeza de que realmente é hora para isso? Será que não tem outra coisa para fazer que garanta um futuro melhor para você e seus familiares? Caso ainda não tenha adivinhado a resposta, vou dar uma dica: suas iniciais são HBC.

UNIDADE III – O Estudo Após o Edital

Selecione muito bem quais cursos irá fazer após o edital. Dê preferência aos cursos de exercícios em disciplinas que ainda tenha dificuldade ou das novas disciplinas. Analise se realmente precisa fazer cursos de todas as disciplinas novas, porque em muitas delas você pode se virar sozinho. O tempo após o edital é muito precioso, não o desperdice à toa com deslocamentos e em sala de aula. Tem gente que sai se inscrevendo em diversos cursos após o edital e quase não deixa tempo para estudar. Caramba, o principal é o estudo em casa, nunca se esqueça disso. Então, repito, selecione muito bem os cursos que fará. Procure cursos e professores de renome, de preferência opte pelos que oferecem muitos exercícios e pouca teoria.

O mesmo cuidado vale para livros e apostilas a serem comprados. Não saia comprando todos os livros que encontrar, pois não terá tempo de ler tudo, o que só contribuirá para ficar nervoso, com a falsa impressão de que não sabe nada, e que vai se ferrar na prova por não tê-los lido.

Um conselho que dou com muita ênfase é o de imprimir separadamente o programa de cada disciplina. Selecione com o mouse o programa de cada um, cole em uma página em branco do Word e imprima uma disciplina por folha, de preferência colocando cada tópico em uma linha separada. Na hora em que for estudar aquela disciplina, sempre deixe seu programa respectivo ao lado, para evitar estudar algo que não cairá na prova. Por incrível que pareça, é comum candidatos experientes estudarem tópicos que não cairão, só porque caiu no concurso anterior ou em outro concurso que tenha feito. E também é útil para ir assinalando os tópicos estudados ou revisados.

Um erro muito comum que o candidato comete ocorre quando ele compra o primeiro material que encontra na internet em relação a uma disciplina que apareceu de surpresa no edital. Não faça isso. Espere uns dias, talvez até umas duas ou três semanas, que logo aparecerá uma boa indicação de material a ser comprado. Enquanto isso vá estudando pelo material que você já tem, o que, garanto, não é pouco.

Lembro-me bem quando saiu o edital do AFRFB em 2005 e nele vieram cinco disciplinas novas. Uma delas era Direito Internacional Público. Inúmeros candidatos saíram desesperados para encontrar um bom livro acadêmico e compraram um dos mais famosos de todos. Nada contra o livro para quem é da área acadêmica ou para quem estuda para a área jurídica, mas para a área fiscal ele era terrível, com linguajar muito pesado e muito doutrinário. Semanas depois apareceu um excelente material específico para aquele concurso, feito pelo Rodrigo Luz e pelo Missagia, e todos aqueles que tinham comprado o tal livro deixaram ele de lado e estudaram pelo novo material, infinitamente mais indicado para aquele concurso. Perderam a grana e, o que é pior, horas preciosíssimas de estudo.

O surgimento de disciplinas novas em relação ao concurso anterior é cada vez mais comum em algumas áreas, principalmente na fiscal. No último concurso para o AFRFB, o de 2009, surgiram oito disciplinas novas em relação ao concurso anterior, o de 2005.

Não adianta se desesperar ou desistir de fazer a prova, lembre-se de que as novidades são as mesmas para os melhores candidatos e para os futuros primeiros colocados. Por essas e outras que sempre ouvimos que devemos estudar o máximo possível antes de sair o edital, porque depois dele a maior parte do tempo deve servir para revisar o que já foi estudado e estudar as novidades, se surgirem.

Costumo brincar que quase todo edital é um "kinder ovo", com alguma surpresa dentro. Mas por que isso acontece cada vez mais frequentemente? Porque são formas de selecionar servidores que teoricamente realizarão melhor as tarefas quando pressionados.

Sei que nunca serei o responsável por elaborar o edital de um concurso, mas se um dia isso ocorrer, no dia de São Nunca, com certeza, vou inserir algumas disciplinas inéditas, desde que condizentes com o futuro trabalho, claro. Os órgãos públicos querem candidatos que sabem agir sob pressão e que são mais estáveis emocionalmente. Não é à toa que elaboram provas cada vez mais difíceis, sem tempo suficiente para resolvê-las e com matérias "Kinder Ovo".

O trabalho no setor público cada vez mais se assemelha ao da iniciativa privada, então por que não exigir do futuro funcionário, além do conhecimento, a capacidade de trazer bons resultados quando pressionado? Como a Constituição só admite provas e títulos para a admissão de servidores (ainda bem, claro), por que não fazer da prova uma espécie de seleção dos melhores candidatos em conhecimento e também em estabilidade emocional?

Então, se vierem novidades, não dê um tiro na cabeça nem chame o Anderson Silva de fracote no meio da rua, respire fundo, abra seu Aurélio de palavrões, utilize todos os seus impropérios de A a Z contra os elaboradores da prova, tome um banho frio e organize sua vida. Fique tranquilo, pois quando tiver terminado de ler esta unidade, garanto, saberá como se organizar corretamente até o dia da prova.

Segure a ansiedade, pois surgirão ótimas dicas de cursos e materiais para estudar em poucos dias, deixe que professores ou outros candidatos que não leram este livro se desesperem por você e encontrem as melhores soluções. Elas vão surgir em poucos dias, garanto a você, e poupará seu tempo de estudo e sua grana.

2) Extraindo o que interessa do edital

Imprima o edital, pegue sua caneta marca-texto amarela e busque as informações mais importantes a serem destacadas, que geralmente são, dentre outras:

a) **data-limite para inscrição**. Por favor, não cometa a sandice de esquecer-se de se inscrever, como tantos candidatos, até experientes, já fizeram. E também não agende o pagamento da taxa para depois do prazo limite, pois alguns candidatos já foram eliminados por isso. Logo, por mais que esteja duro, pague dentro do prazo, nada de agendar pela internet para pagar no futuro. Daqui a pouco os candidatos vão agendar para dois dias depois da prova, e caso não tenham um bom desempenho, mandam cancelar o agendamento no banco (rs.);

b) **cidades em que poderá realizar a prova**. Se tiver que viajar para ela, imediatamente compre a passagem para a cidade, pois as mais baratas e nos melhores horários acabarão rapidamente, por causa dos outros candidatos;

c) **data e horário da(s) prova(s)**;

d) **banca responsável pela elaboração**. Aproveite para baixar as provas mais recentes dela, caso não as tenha ainda. E, até o dia da sua prova, fique de olho nas provas que a banca fará, para baixar as últimas elaboradas por ela. Não se esqueça de que muitas vezes as equipes dos professores permanecem as mesmas para algumas disciplinas, logo, as provas tendem a ser mais parecidas com as últimas, pois possivelmente serão elaboradas pelas mesmas pessoas. Logicamente que me refiro a provas para cargos parecidos e do mesmo nível de escolaridade;

e) **formação necessária e demais requisitos para ingresso no cargo**. Conforme a Súmula 266 do STJ, o diploma só poderá ser exigido na posse e não na inscrição para o concurso. Anteriormente, eram comuns editais que exigiam que o candidato fosse formado já na data da inscrição, mas o STJ derrubou essa hipótese;

f) **data-limite para atualização da legislação**. Se não houver essa informação no edital, poderá ocorrer de algum concurso cobrar inclu-

UNIDADE III – O Estudo Após o Edital   **395**

sive uma legislação publicada após o edital, de dias antes da prova. Infelizmente, isso já ocorreu algumas vezes e continuará ocorrendo, mas saiba que são raros os casos. Geralmente os concursos cobram a legislação vigente até a data de publicação do edital e colocam isso expressamente nele, mas isso não vale sempre. Logo, caso não esteja no edital que a legislação a ser cobrada será a válida na data do edital ou alguma outra, fique atento às mudanças até, pelo menos, umas duas ou três semanas antes da prova, pois também é quase impossível que uma norma alterada na semana da prova seja cobrada, pois não daria tempo para o examinador elaborar a questão, imprimir e distribuir as provas. O STJ já se pronunciou sobre esse assunto, em seu Informativo de Jurisprudência 649, entendendo como legítima tal cobrança por parte da banca, afinal, em suas palavras, "é dever do candidato manter-se atualizado quanto à matéria".

g) **cor da caneta que poderá marcar o cartão-resposta**. Alguns concursos só aceitam caneta preta ou azul. Levar somente uma caneta azul para uma prova que só pode ser marcada de preta é brincadeira. Falha das mais primárias;

h) **tipo de relógio que poderá ser utilizado, se analógico, digital ou nenhum**. Aconselho que sempre vá com um analógico (de ponteiro), para evitar que o fiscal mande-o retirar o digital. Há editais que não dizem nada quanto ao uso do relógio e na hora da prova alguns fiscais proíbem o uso do digital, levando-o a um enorme prejuízo. Alguns concursos não permitem nenhum relógio, o que considero um absurdo total, o cúmulo da imbecilidade, coisa ditada por quem nunca fez uma prova de concurso. E mesmo nestes editais que proíbem qualquer relógio, leve um analógico, pois já soube de concursos que na hora deixaram usar;

i) **roupa permitida.** Acredite se quiser, mas há alguns concursos para cargos jurídicos em que a banca exige calça comprida, por exemplo;

j) **mínimos necessários para não ser eliminado**. Analise se o mínimo é por disciplina, por grupo de disciplinas ou por prova. Isso faz muita diferença na hora de estudar, conforme veremos nesta unidade ainda;

k) **número de questões e peso de cada disciplina**;

l) **critérios de desempate entre as disciplinas**. Principalmente no caso daqueles concursos nos quais para ser aprovado as notas são muito altas, como alguns de nível médio do Judiciário, este critério passa a ser muito importante.

Aproveitando o item acima, quero aproveitar para esclarecer uma coisa. Nunca entendi os candidatos, principalmente vestibulandos, que dizem: *"Eu passei, mas não fui chamado; eram 50 vagas, fiz todos os mínimos, mas fiquei em 100º"*. Caraca, se eram 50 vagas e ele ficou de fora dos 50 primeiros, ele não passou, simples, foi somente habilitado no critério dos mínimos, não foi eliminado do concurso neste critério, que era um dos requisitos. Aprovado é quem ficou dentro do número inicial de vagas ou quem foi chamado depois para a nomeação, mesmo que fora do número inicial de vagas previsto.

Há concursos em que dezenas de milhares de candidatos conseguem os mínimos, mas só alguns são chamados, conforme a oferta inicial de vagas. Caramba, então estes milhares foram aprovados? Você não está mais na escola, em que era aprovado ou reprovado; em concurso, ou você passa e garante seu emprego ou não passa. O resto é desculpa de quem não passou. Desculpe-me ser direto e grosso com isso, mas é a mais pura verdade.

A exceção eu faço para aquele candidato que passou no número inicial de vagas previsto e não foi chamado pelo órgão. Este passou sim, foi efetivamente aprovado, mas o "bendito" do órgão não o nomeou. Ainda bem que agora há jurisprudência obrigando a nomear todos os classificados dentro do número de vagas previsto no edital, mas antes isso não acontecia em alguns casos, infelizmente.

Eu já fiz um concurso para 50 vagas e fiquei em 53º, com todos os mínimos, tive a mesma nota do 45º em diante, mas fiquei para trás no desempate. Chamaram até o 52º, pois dois desistiram, e eu fui o primeiro a ficar de fora. Eu me lembro que viajei até o local da posse e fiquei gorando para que três não aparecessem, mas foram somente dois os desistentes. Se tivessem me chamado, eu me consideraria aprovado, mesmo que fora dos 50 previstos, mas como não fui, eu não passei e ponto-final, mais um concurso reprovado no meu currículo. Serviu como experiência. E passei por isso em dois vestibulares também, reclassificaram alguns e eu fui o primeiro a ficar de fora. Três vezes sendo o primeiro a ficar de fora doeu muito, mas fazer o quê? Fui reprovado neles e pronto, qual a vergonha nisso? No meu primeiro caso relatado, fiquei na frente dos milhares que ficaram do 54º em diante e dos milhões que queriam ter feito aquela prova e não fizeram, por saber que não passariam.

3) Estudando de acordo com o critério de mínimos

Vamos dividir os concursos em dois tipos: os que exigem nota mínima por disciplina, como o AFRFB, e os que só exigem mínimo por prova, como o AFR-SP e outros tantos mais.

a) Concursos que exigem nota mínima por disciplina

Nestes concursos você tem que ir preparado para fazer os mínimos em todas as matérias, e com alguma sobra. Não pode deixar de estudar nenhuma disciplina, pois, se fizer isso, provavelmente será reprovado nela.

No caso dos concursos da RFB, você deve acertar 40% em cada disciplina separadamente. Logo, se você fizer 35% em uma disciplina e gabaritar todas as outras, esqueça! Está fora, vá estudar para o próximo concurso, mesmo que tenha tido pontuação para ter sido o primeiro colocado. Isso é muito cruel com centenas de candidatos, mas é a regra do jogo, que é a mesma para todos.

Não se iluda achando que por estar acertando 50 ou 60% nos exercícios em casa garantirá pelo menos os 40%, pois correrá sério risco. Em casa temos tempo de sobra e nada de stress. Na prova não, há pouco tempo e o stress chega nas alturas, consequentemente seu percentual de acertos cairá. As bancas estão sempre piorando o nível da prova e muitas vezes em casa nosso resultado é distorcido porque resolvemos questões que já vimos antes, seja em sala de aula seja em outro livro. Temos que tomar muito cuidado com essas falsas ilusões. Já vi concurseiro comemorando porque tinha gabaritado uma prova em casa e dizendo que iria arrebentar no concurso, mas não considerou que tinha resolvido as questões dessa prova antes, talvez dividida em diferentes materiais. Tente manter uma meta em casa de acertar pelo menos uns 70% das provas anteriores, isso nas suas piores matérias, ao fazer questões de concursos do mesmo nível.

E aí, isso é suficiente para ser aprovado? Claro que não, pois quase sempre não bastará fazer os mínimos. Vários candidatos farão os mínimos, então você terá que tirar a maior nota possível.

b) Concursos que exigem nota mínima por prova ou por conjunto de disciplinas

Alguns concursos exigem mínimo por grupo(s) de disciplinas e outros por prova(s). As dicas a seguir são as mesmas para qualquer um desses dois casos.

Como você não tem que tirar uma nota mínima em cada disciplina, dependendo da situação poderá deixar de lado uma ou mais disciplinas.

Nesses concursos você tem que se preocupar em pontuar o máximo possível, não importa em qual disciplina, pois o que interessa é o total de pontos na prova.

Às vezes temos muita dificuldade em alguma disciplina ou então até poderíamos aprendê-la satisfatoriamente, mas o programa é imenso e, devido à pouca quantidade de pontos que ela vale, não compensa estudá-la após a publicação do edital. Então usamos nosso tempo precioso para estudar disciplinas que nos garantirão mais pontos.

Quando você for analisar o que vai estudar de cada matéria, sempre pense no seu Ganho Marginal (GM), que é um conceito muito estudado na Economia sob uma determinada ótica, mas que podemos adaptá-lo para muitas outras coisas.

Bem, já vi que se eu não explicar o que é este tal de GM, muitos leitores deste livro dirão que compraram um livro em que eu inventei coisas sem explicar o que são. Então vamos explicar o dito cujo, porque esta definição, ou melhor, o quanto o GM nos é útil, é muito importante.

Grosso modo, o GM parece muito com a famosa relação custo-benefício.

Imagine a seguinte situação: você está duro igual pedra, só tem R$ 5,00 na carteira para comprar comida para sobreviver por cinco dias. O que é melhor, comprar dez miojos e comer dois por dia ou comprar um brigadeiro de chocolate que custa cinco pratas? Onde está o maior GM? É sazon no miojo e ponto final.

Enquanto você está estudando em casa, principalmente após um edital, ou quando está fazendo uma prova no dia D, tem que pensar no GM o tempo todo. Como assim? Ora, você terá tempo de estudar todo o programa até a prova? Tirando alguns poucos candidatos, muito provavelmente não. Então, como não há mínimo por disci-

UNIDADE III – O Estudo Após o Edital **399**

plina, podemos dispensar algumas disciplinas ou alguns assuntos de algumas delas.

Um exemplo real (já ocorreu algo similar algumas vezes na área fiscal): quando no edital aparece de surpresa o conteúdo de Estatística Inferencial, chamada pelos concurseiros de "Avançada", com somente umas quatro questões no meio de trezentas. Se o concurso não exigir mínimo por disciplina, e sabendo que o programa dessa matéria, além de grande, é bem complicado, principalmente para quem não é da área de exatas, há uma solução é bem fácil: Você terá menos uma matéria para estudar. Sim! Fique tranquilo, porque simplesmente ignorará a sua existência totalmente ou pelo menos grande parte dela. As cem horas que ficará estudando esta belezura e, talvez, quiçá, se os astros estiverem a seu favor, acertar umas duas ou três questões na prova, não compensarão os diversos pontos que perderá por não ter usado essas mesmas cem horas estudando as outras disciplinas ou as revisando.

Talvez não precisemos ser tão radicais assim, pois alguns pontos, caso já tenha alguma base em exatas, sejam aprendidos mais rapidamente, mas estudar todo o conteúdo quase nunca é indicado, por ser extenso e de difícil compreensão, se não houver um número mínimo por disciplina.

Entretanto, caso já tenha caído no edital anterior, aí é para estudá--la sim, pelo menos os pontos mais fáceis, pois muitos concorrentes terão tempo para fazer isso e ganharão alguns pontos preciosos a mais do que você.

Note que não estou sugerindo que você nunca estude a referida disciplina ou outra em situação similar, só aconselho que analise cada matéria considerando quanto ela vale em cada concurso, se precisa tirar o mínimo nela, do tempo disponível para estudar e o seu GM.

Enfim, GM para o concurseiro é estudar aquilo que ele acredita que vai lhe render mais pontos com menos esforço.

No concurso que fiz para o AFR-SP usei muito o GM. Eu me dei ao "luxo" de não tocar em duas disciplinas, Direito Civil e Direito Comercial, pois valiam 24 pontos de um total de 480. Acertei só uma das 12 questões dessas, que foi de Civil, porque zerei as seis de Comercial. E daí? Fiz muito mais pontos nas outras disciplinas usando o mesmo tempo que gastaria estudando-as. Para que eu ia gastar tantas horas de estudo com duas disciplinas que valiam tão pouco e com programas imensos, que eu praticamente nunca tinha visto na vida, com tantas outras coisas para estudar das que valiam mais, se eu poderia "zerar" as duas belezinhas? Essa é uma atitude que não poderia ter no outro tipo de concurso, com mínimo por disciplina, conforme vimos anteriormente.

Hoje eu acho que fiz um pouco errado na ocasião desse exemplo dos dois Direitos desprezados por mim. E explico o porquê, deixando a dica para fazerem de forma diferente do que fiz. Geralmente, quando uma disciplina vale poucos pontos e são poucas questões, a banca tende a perguntar coisas mais gerais e fáceis em algumas delas. Logo, hoje eu teria dado uma olhada superficial em cada uma, principalmente nos assuntos mais fáceis. Como são poucas questões, a banca tende a fazer uma pergunta de cada tópico do programa, então, às vezes, com poucas horas de estudo, lendo só o principal de algum material mais resumido já há chances de acertar uma ou outra, ganhando alguns pontos que poderão ser preciosos. Mas estudá-las a fundo nem pensar. É mais um exemplo do GM, pois com pouco esforço poderá garantir uns pontinhos a mais.

Quando seu concurso exigir mínimo por disciplina, o GM será bem menos importante, pois não poderá dispensar muita coisa. Mas quando for mínimo por prova ou por grupo de disciplinas, se for o caso, GM neles!

Outro exemplo de aplicação do GM é analisar bem se é o caso de virar um "expert" em alguma disciplina ou deixá-la razoavelmente estudada e partir para outra na qual ainda não se encontra seguro. Algumas vezes levaremos mais horas de estudo para evoluirmos de 80% para 95 ou 100% da matéria do que para sair do zero e chegar até os 80%.

A evolução no conhecimento partindo do zero acontece muito rapidamente no início, por isso é comum que candidatos com poucos meses de estudo acertem uns 50% da prova. E aí quando eles veem que a nota para passar foi de 75%, por exemplo, eles acham que já estudaram mais da metade, que chegaram bem perto de passar. Mas não é assim na realidade, porque para chegar aos 50% é relativamente rápido. Basta saber 40% das questões da prova, ou seja, as mais

UNIDADE III – O Estudo Após o Edital **401**

fáceis, e chutar os outros 60%, que se chega à média de 50% de acertos no final. Ao passo que adquirir conhecimento para conseguir acertar mais 20 ou 25% das questões, que serão mais difíceis que aquelas que ele acertou com pouco tempo de estudo, vai demandar muitos meses de estudo a mais, arrisco a dizer que até bem mais que os meses anteriores.

Tudo bem, já começou a acertar 75%, mas e para chegar aos 90%, que é a nota dos primeiros lugares em alguns concursos difíceis? E sair dos 90% e chegar aos 100%? Nesta etapa leva-se bem mais tempo do que todo aquele despendido até então. Assim, tem uma hora em que não compensa estudar mais determinadas disciplinas, pois o GM será pequeno em relação ao GM que terá ao estudar disciplinas nas quais a média de acerto é de 60 ou 70%.

No AFRFB de 2005, o Deme ficou com nota final igual a 90% e eu fiquei com 73,3%. Ele foi o primeiro lugar nacional, com a nota mais fantástica da história, e eu fui o 103º no Brasil, sendo o sexto para MG. Eu me lembro que na época um amigo meu comentou comigo que cheguei perto dele. E eu dei risada, porque a diferença de conhecimento entre nós dois era colossal, um verdadeiro Grand Canyon. Para ele saber mais que os meus 73% e chegar aos 90%, foram centenas, talvez milhares de horas de estudo a mais. Mesmo que ele tivesse feito a prova doente, em uma escola barulhenta como realmente foi, ainda assim teria passado com muita sobra e eu não, pois com qualquer descuido eu poderia ter sido eliminado, sabendo que a nota para passar foi de 67%. Eu tive uma sobra de 6%, enquanto que a folga dele foi de 23%. Em média, eu acertei as questões fáceis e as médias, ele acertou essas e várias das mais difíceis.

O percentual de acertos aumenta conforme estudamos cada vez mais, claro, mas o que quis dizer anteriormente, em outras palavras, é que nosso índice de acertos aumenta muito rapidamente no início da nossa vida de concurseiro, mas depois, para conseguir cada 1% a mais de conhecimento, necessitamos cada vez mais de HBCs.

Analise o gráfico a seguir que você vai entender melhor o que ocorre. Repare que a subida até chegar aos 50% de acertos é muito rápida, o tempo é relativamente pequeno para conseguir chegar lá. Mas depois, para aumentar o percentual de acertos, você precisará cada vez mais de horas de estudo. Acertar as questões mais fáceis, responsáveis até por metade da prova, é rápido, mas ultrapassar os 70% vai demorar bem mais, porque aí você terá que acertar as médias e as difíceis, o que demandará muito tempo de estudo.

No gráfico eu marquei minha nota no AFRFB, 73,3%, e a do Deme, 90%. Veja que ele estudou um período de tempo muito maior que o meu para chegar naquela nota absurda. Claro que a escala de tempo foi um chute meu, nada Estatístico. O gráfico foi só para mostrar como essa curva é, mas não se atenha ao tempo marcado no eixo dos "X".

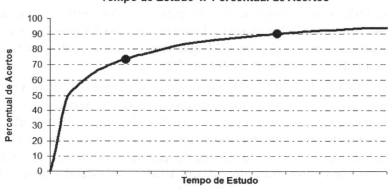

Claro que, se for possível, devemos chegar à prova com 90% ou mais de conhecimento em tudo, mas como quase nunca isso é possível, teremos que saber usar o GM para podermos aumentar a média final com menos tempo de estudo.

"E na hora da prova, eu penso neste tal de GM também?" SSSSIIIIIMMMMM! Claro, óbvio. Para que você ficará tentando acertar uma questão de Interpretação de Texto gigante ou alguma resolução imensa de uma questão de Raciocínio Lógico ou outra de Exatas se ela vale só um pontinho e você pode neste mesmo tempo resolver umas cinco questões de outro assunto, supondo que não terá tempo para resolver tudo? Então, a não ser que sobre tempo, esqueça por um período as questões de Interpretação e as grandes de Exatas. Esse é mais um dos exemplos de GM.

4) Calendário de estudos: como elaborar o seu

Agora que você já sabe o que interessa do edital, chegou a hora de organizar o seu estudo. Eu nunca encontrei este método escrito em material nenhum, foram coisas que surgiram na minha cabeça e que me ajudaram muito, mas muito mesmo. Vários aprovados já me agradeceram por ter-lhes ensinado.

Primeiramente, quero afirmar que é MUITO importante ser organizado após a publicação do edital, mais do que na fase pré-edital. Não é para perder tempo com mil planilhas e fichinhas coloridas, é para se organizar rapidamente e de uma forma que potencializará seu conhecimento em poucos dias.

Ser organizado é importantíssimo neste momento, acredite em mim, tenho certeza de que nunca teria tido os resultados que tive em pouco tempo de estudo se não tivesse sido muito organizado após o edital. E olhe que fora dos estudos sou o cara mais bagunceiro do mundo, sou totalmente desorganizado em casa e no trabalho. Mas eu sabia que se fosse desorganizado nos estudos, com o pouco tempo que tive para estudar, não iria conseguir nada. Então agi totalmente diferente da vida real e graças a esta decisão conquistei tudo que queria neste mundo dos concursos.

A primeira coisa que você deve montar é um calendário de estudo. Não é para especificar o que estudar em cada dia, como aqueles quadros de horário de estudo que muitos colegas recomendam, não tem nada a ver com isso, é simplesmente desenhar um calendário grande, que começará no dia do edital e irá até o dia da prova, e usá-lo da forma que ensinarei detalhadamente agora, é só seguir esta ordem que você não terá dificuldades em elaborar o seu.

Eu achei mais prático fazer meu calendário cortando uma folha de cartolina branca ao meio. Também há a opção de desenhar no Word e imprimir em um tamanho de folha maior, como A2 ou A3. Aliás, uma boa dica é que você já deixe um calendário semipronto no computador, assim, no dia em que sair o edital, é só inserir ou eliminar linhas e anotar os dias do mês, conforme veremos a seguir.

Na primeira linha, coloque os dias de segunda-feira a domingo e no final uma coluna intitulada "total". Sendo assim, ele terá oito colunas. Insira linhas em branco conforme for o número de semanas entre o edital e o final de semana da prova, desenhando as linhas divisórias de cada dia, formando os retângulos relativos aos diferentes dias.

Comece a segunda linha com a semana da publicação do edital, mesmo que já tenha passado alguns dias. Logo, por exemplo, se o edital saiu numa quarta-feira, não tem problema o calendário ter começado na segunda-feira anterior.

Anote o dia do mês em uma das extremidades de cada retângulo. Eu preferi anotar na extremidade esquerda superior, mas fica a seu critério. Anote à caneta, para não correr o risco de apagar depois. As demais informações deverão ser anotadas a lápis.

Neste momento, seu calendário estará parecido com este abaixo, que começou em uma segunda-feira, dia 3, com provas nos dias 26 e 27 do mês seguinte:

2ª	3ª	4ª	5ª	6ª	Sábado	Domingo	Total
3	4	5	6	7	8	9	
10	11	12	13	14	15	16	
17	18	19	20	21	22	23	
24	25	26	27	28	29	30	
31	1	2	3	4	5	6	
7	8	9	10	11	12	13	
14	15	16	17	18	19	20	
21	22	23	24	25	26 Prova 1	27 Prova 2	

A seguir, escreva a lápis dentro de cada dia os seus compromissos imprescindíveis, aqueles que exemplificamos no início desta unidade (casamento dos pais etc.).

Reserve pelo menos os três últimos dias só para revisões. Se puder deixar uma semana só para revisar, ótimo, vai depender de quando terá estudado em todo ou quase todo o programa.

UNIDADE III – O Estudo Após o Edital

405

Beleza, agora escreva a lápis, em um dos outros três cantos, quantas horas líquidas você prevê que conseguirá estudar naquele dia. Eu me acostumei a escrever no canto inferior esquerdo, mas tanto faz.

Seja realista, não jogue muito para cima, porque pode prejudicar muito sua divisão de estudo por disciplina, que veremos a seguir.

Posso dar uma mãozinha? Em um dia em que trabalhe o dia todo e tenha só a noite livre, insira de três a quatro horas no máximo, já contando com uma hora durante o dia, que pode ser na sua hora do almoço ou antes de ir trabalhar. Se tiver um dia inteiro livre para estudar, marque de seis a nove horas. Se tiver o dia livre e for fazer algum curso à noite, umas cinco a seis horas. Mas deixo claro que isso é com você, que é ciente do seu ritmo de estudo diário. Cada um é de um jeito, eu exemplifiquei com a média do que geralmente vejo entre os concurseiros. Lembrando que são horas líquidas de estudo, e não brutas, que o pessoal erroneamente gosta de contar.

Um problema que acontece quando ensino este calendário para os concurseiros é que eles se iludem. Os concurseiros adoram fazer promessas quando sai o edital, do tipo: *"A partir de hoje, serei outro cara, estudarei doze horas líquidas por dia"*. Vai nada, meu amigo, no máximo vai aumentar sua carga de estudo, mas se não estudava nem cinco horas, não vai ser agora que vai aguentar estudar doze horas. Se conseguir, ótimo, mas quase nunca isso acontece. É claro que após o edital devemos buscar estudar mais do que antes, mas cuidado com essas promessas ilusórias.

Anote em um papel separado o seu estudo diário, aquele que você já aprendeu no capítulo sobre como controlar o tempo de estudo, e no final do dia passe o tempo estudado de cada disciplina para o respectivo dia do calendário.

Se hoje você estudou 2h15 de Português, anote no calendário dentro do dia atual: "Port → 2h15".

Ao final do dia, some quantas horas estudou e compare com sua previsão feita para aquele dia. Se estudou menos, veja se foi por falha sua ou não. Se estudou mais, durma tranquilo.

Ao final da semana, some na última coluna quantas horas foram estudadas. Serve para depois comparar as semanas, verificar o desempenho e consertar as falhas, se tiverem existido.

Até hoje guardo os meus calendários, tanto o do AFRFB quanto o do AFR-SP. Eu os guardarei para sempre, e confesso que só não emoldurei porque os mostro em minhas palestras. Fico arrepiado só de olhar, pois tenho certeza absolutíssima de que boa parcela do meu sucesso nessas duas aprovações foi devida à organização que obtive usando-os.

Já recebi inúmeros e-mails de aprovados agradecendo-me por essas dicas sobre como se organizar após o edital. Não foram poucos, foram dezenas, talvez mais de cem. E uma aprovada no AFR-SP de 2009 mandou-me por sedex o seu calendário, agradecendo-me pela ajuda que ele deu em sua aprovação. Senti-me muito feliz ao ver o quanto ela seguiu minhas dicas, tendo contribuído um pouco para o seu sucesso.

O calendário que utilizei no AFRFB, de 24/10/2005, dia do edital, até os dias 17 e 18/12/2005, dias das provas, foi este a seguir. Quando eu inventei isso, no dia 24/10/2005, não pensei em colocar uma coluna a mais para a soma semanal. Só a criei depois quando estudei para o AFR-SP, pois senti que fez falta para o AFRFB. Vivendo e aprendendo.

Como sei que não dará para enxergar o que está escrito dentro de cada dia, colei a seguir três dias de estudo, que foram bem intensos, os últimos antes dos dias 15 e 16, que foram reservados só para as revisões. Foi na semana da prova e o desespero batia forte.

12			13			14		
DC → 2h30'		5	DC → 2h20'		4	DP → 1h25'		3
DP → 2h20'			FP → 1h05'			DIP → 1h50'		
CI → 4h20'			DT → 2h20'			Ec → 2h05'		
			DA → 2h25'			CI → 1h20'		
			MF → 40'			e → 1h40'		
8		9h10'	7	Est → 20'	9h10'	8	Est → 10'	8h55'
							Juiz → 25'	

Veja no canto inferior esquerdo que estavam previstos para eu estudar, respectivamente, oito, sete e oito horas, mas acabei estudando 9h10, 9h10 e 8h55.

Só para não restarem dúvidas sobre as anotações, por exemplo, no dia 12 estudei 2h30 de Direito Constitucional (DC), 2h20 de Direito Previdenciário (DP) e 4h20 de Comércio Internacional (CI), totalizando 9h10 de estudo. Sempre horas líquidas, claro. E aproveito para esclarecer que as 4h20 de CI foram intercaladas com as de DC e DP.

A primeira orientação sobre como você deve se organizar após o edital é a elaboração do calendário. No próximo capítulo explicarei como administrar o tempo de estudo de cada disciplina. É importantíssimo que ela seja realizada em conjunto com o calendário, pois, assim como Romeu e Julieta, foram feitos um para o outro.

5) Quadro de controle de estudo: que bodega é essa?

No capítulo anterior pedi para que você montasse um calendário dos dias que terá até a prova e que estipulasse uma média de quantas horas poderá estudar por dia. Mas ficou pendente o problema principal que há após um edital: *"Como dividir o tempo de estudo para cada disciplina e como controlar este tempo?"*. Para ajudá-lo a resolver esse problema, que é crucial, criei um Quadro de Controle de Estudo (QCE).

Eu acredito que, após a publicação do edital, o QCE seja a ferramenta de organização para o controle de estudo mais adequada para esse fim. Nunca vi coisa mais útil e eficiente em nenhum material ou livro de dicas de estudo para concursos ou coisas do gênero. Não é porque fui eu que inventei isso, não quero bancar aqui o prepotente, eu afirmo isso porque realmente acredito que seja muito bom. Enfim, não importa quem o inventou, faça o seu, garanto que o ajudará bastante.

Como exemplo, imaginemos um edital para o cargo XYZ, com somente as seguintes disciplinas e pesos:

Disciplina	Questões	Peso	Total de Pontos
Legislação	25	2	50
Língua Portuguesa	15	2	30
Raciocínio Lógico	20	1	20
Dir. Constitucional	10	1	10
Informática	10	1	10
TOTAL	80		120

De posse do quadro acima, lembrando que você encontra um parecido em qualquer edital, digite no Word ou no Excel uma tabela com cinco colunas e com três linhas a mais que o número de disciplinas, seguindo o modelo da tabela a seguir:

UNIDADE III – O Estudo Após o Edital

Quadro de Controle de Estudo - Cargo XYZ				
Disciplina	Total de Pontos	% do Total de Pontos	Horas Iniciais de Estudo	Tempo Restante de Estudo
Legislação	50	41,67%		
Língua Portuguesa	30	25,00%		
Raciocínio Lógico	20	16,67%		
Dir. Constitucional	10	8,33%		
Informática	10	8,33%		
Total	120	100,00%		

Agora vamos entender cada coluna que há na tabela.

1) **Disciplina:** nome de cada disciplina presente no edital;

2) **Total de Pontos:** extraído da tabela do edital, é o produto do número de questões pelo peso de cada disciplina. Se quiser inserir uma coluna antes com o número de questões de cada disciplina, fica a gosto do freguês;

3) **% do Total de Pontos:** percentual do total dos pontos de cada disciplina. No caso do exemplo para o cargo XYZ, bastou multiplicar por cem o resultado da divisão do total de pontos de cada disciplina pelo total de pontos do concurso, no caso, 120;

4) **Horas Iniciais de Estudo:** em cada célula é para você escrever quanto tempo estudará cada disciplina até a véspera dos dias das revisões. A seguir tecerei maiores comentários para esclarecer suas dúvidas quanto a este campo, que é o grande "X" da questão.

Lembra-se do capítulo anterior, quando pedi para anotar no calendário quantas horas líquidas você acredita que conseguirá estudar diariamente até os dias anteriores aos das revisões e depois somar este total de horas? Então, agora é que precisaremos utilizar esse total de horas de estudo, pois virá a parte mais importante de todas, e, como sou seu amigo, pois você confiou em mim ao comprar este livro, aviso de antemão para pedir para um parente ficar ao seu lado para chamar a emergência caso você tenha um ataque: divida este total de horas pelas disciplinas, segundo os critérios que veremos a seguir.

Bem (supondo que você está refeito do ataque), como já respondi a dezenas de e-mails me perguntando sobre como fazer isso, vou poupar seus neurônios de uma vez, reproduzindo as perguntas mais comuns com suas respectivas respostas.

Antes, peço que pense o tempo todo no ganho marginal (GM) de cada disciplina, pois o GM é o quesito principal na distribuição do tempo.

1ª) *Eu devo seguir o percentual de pontos de cada disciplina na distribuição das horas?*

Resposta: Não, colega, até sei que alguns colegas indicam isso, mas não cometa esta bobagem. Certamente você tem uma base em várias delas, como Português, então não é para reservar 25% do seu tempo restante de estudo para essa matéria, claro que não, estude menos que isso e use este tempo que sobrou para as outras que souber menos.

2ª) *O tempo disponível não dá, há várias disciplinas nas quais o tempo que reservei não vai dar para estudar do jeito que eu pensava que daria, então como faço, pois estou quase surtando?*

Resposta: Bem-vindo ao mundo dos concursos, caro amigo. Você acha que ainda está na escola, quando tínhamos só que decorar aquele questionário com 30 perguntas que a tia dava e ainda reclamávamos que era muita coisa, mesmo sabendo que a prova toda estaria nele?

Saiba que, dependendo do concurso, nem o futuro primeiro lugar fará suas provas tendo estudado ou revisado tudo do jeito que queria. A matéria é quase infinita e os materiais disponíveis idem. Por isso não adianta perder muito tempo na internet acumulando mil materiais, simulados, listas de exercícios e livros, pois não vai dar para olhar nem metade deles. Se quiser mais tempo para estudar algumas disciplinas, ou terá que arrumar mais tempo para estudar em alguns dias ou terá que tirar de outra disciplina.

E aqui dou um aviso: quando tiramos um tempo de uma disciplina para passar para outra dói demais, dá vontade de chorar, parece o Mike Tyson bancando o seu dentista enfiando o "aviãozinho" no seu nervo exposto. Sem anestesia, claro.

3ª) *Como faço para arrumar mais tempo, pois o tempo total que tenho aqui na tabela não é suficiente?*

UNIDADE III – O Estudo Após o Edital

Resposta: Lembra que escrevi que ir a um casamento após a publicação do edital só é permitido se for o casamento dos seus pais? E que esse é o momento para tirar férias ou licenças? Agora começa a entender o que eu estava avisando?

É, meu amigo, lembro-me bem de uma frase que eu sempre ouvia na Escola de Cadetes, quando estava no primeiro ano e éramos chamados de "bichos": *"Enquanto o mundo gira, o bicho se vira"*. Então, você não quer ser "calouro" no seu cargo dos sonhos? *"Enquanto o mundo gira, o concurseiro se vira"*. Arrume tempo, meu amigo, pense no Faustão falando para você: *"Se vira nos 30"*.

Contudo, nunca é demais relembrar: durma bem e evite energéticos.

4ª) *Conforme os dias forem passando, posso remanejar o tempo restante de cada disciplina, "trocando" o tempo entre elas?*

Resposta: Claro que sim, meu amigo, você não é o Nostradamus para saber, no dia em que saiu o edital, exatamente quanto tempo precisará de estudo de cada disciplina e quanto conseguirá estudar por dia.

Essa programação feita combinando o Calendário com o QCE é para dar um "norte" a você, pois sem esse "norte", muito provavelmente se perderá totalmente no seu estudo, que é uma falha que quase todos cometem.

Então é claro que está livre para remanejar o tempo de cada disciplina depois, só que deve estar ciente de que quando você aumenta o tempo de uma, deve compensar estudando mais que sua programação inicial ou tirando de outra, ok? Ou vai ter de arrumar mais horas de estudo, e é aí que começa a inventar uma desculpa para não ir ao casamento do primo do papagaio do vizinho ou então vai ter de estudar menos outra disciplina.

É normal aparecerem disciplinas novas no edital, que não temos nem ideia se são grandes ou pequenas. Como saber então, no dia do edital, quanto tempo vai precisar para estudar cada uma delas? Você deverá estimar o tempo baseando-se nas suas primeiras impressões e depois reajustá-lo, se for o caso.

Quando saiu o edital do AFRFB, em 2005, havia seis disciplinas novas, das quais duas eu não tinha nem ideia do tamanho. Eu estabeleci um tempo para cada uma delas e depois acabei aumentando o de uma, pois era maior do que eu pensava, e diminuindo o de outra, pois era menor que o imaginado.

Enfim, remanejar o tempo de estudo é completamente normal, aliás, é quase impossível não fazer isso, mas nunca perca o controle sobre o seu planejamento. Você que deve controlar o seu estudo, e não o contrário.

5ª) *Estou fazendo o curso X nos dias Y e Z, é para computar o tempo em sala dentro das horas do quadro ou são coisas distintas?*

Resposta: Tempo assistindo a aulas e HBC em casa são coisas bem diferentes. O tempo que é para dividir pelas disciplinas é o tempo de HBC em sua casa.

Logicamente, se estiver fazendo um curso, poderá diminuir o tempo de HBC da respectiva disciplina.

6ª) *Eu distribuí o tempo de cada disciplina conforme a planilha anexada a este e-mail, você acha que está legal?*

Resposta: Desculpe-me, mas não faço a mínima ideia, isso quem sabe é você, pois não sei da sua base anterior. Nesta resposta não poderei ajudá-lo, pois mostro como fazer as coisas, mas não me meto em questões pessoais.

Acabadas as perguntas e como já sei que muitos me xingarão no dia em que forem fazer o calendário e montar o QCE, deixo claro que este processo é muito cansativo mentalmente, mas antes passar por isso no dia em que saiu o edital do que, dias antes da prova, passar pelo desespero de constatar que estudou bastante algumas disciplinas e pouco outras. Esse sim é um motivo muito maior para entrar em pânico, e que é provável que aconteça faltando poucos dias para a prova, o que é infinitamente pior.

Não tenho vergonha nenhuma em afirmar que quase chorei ao olhar algumas vezes para os meus calendários e QCEs, pensando em como arrumar mais horas de estudo, ao perceber que o tempo que ainda tinha disponível estava sendo insuficiente para chegar à prova com mais condições de ser aprovado. Mas os segui direitinho, fazendo ajustes a todo o momento, e tive sucesso.

UNIDADE III – O Estudo Após o Edital | **413**

E a seguir vamos explicar a última coluna que faltava do nosso QCE. Ou pensou que já tinha acabado?

5) **Tempo Restante de Estudo:** na coluna anterior foi inserido o número de horas que estudaremos de cada disciplina, certo? Então, o número de horas despendido com o estudo da disciplina deverá ser deduzido daquele total e lançado nesta coluna, até zerar, já perto dos dias das revisões.

Exemplo: suponha que você irá estudar 20h de Informática até o dia das revisões e inseriu esse número na coluna "Horas Iniciais de Estudo". No dia seguinte, se estudou duas horas dessa disciplina, bastará riscar o "20h" e deixar "18h", que é o saldo de horas ainda a serem estudadas. Depois de amanhã, se você estudar mais 1h30, riscará os "18h" e deixará "16h30", e seguirá assim até zerar. Nesse exemplo, a linha da disciplina Informática ficaria assim no QCE:

Quadro de Controle de Estudo - Cargo XYZ			
Disciplina	Total de Pontos	% do Total de Pontos	Horas Iniciais de Estudo	Tempo Restante de Estudo
Informática	10	8,33%	20	20h 18h 16h30 0

Caso consiga mais duas horas de estudo para uma disciplina, por exemplo, insira um "+2h" na linha respectiva e aumente o saldo dela. Se fosse no exemplo anterior, quando ainda tínhamos 16h30 para estudar, se arrumássemos mais duas horas de estudo o QCE ficaria assim:

Quadro de Controle de Estudo - Cargo XYZ			
Disciplina	Total de Pontos	% do Total de Pontos	Horas Iniciais de Estudo	Tempo Restante de Estudo
Informática	10	8,33%	20	20h 18h 16h30 (+2h) 18h30 0

O mesmo você faria caso estivesse tirando algum tempo de estudo da disciplina.

O principal objetivo dessa última coluna é zerar todas as linhas, ou seja, estudar todas as horas previamente programas para cada disciplina, igual fizemos nesse exemplo da Informática.

Como essa coluna vai ser a única em que vamos inserir anotações após a impressão do QCE, é interessante deixá-la com a maior largura possível, mesmo sabendo que possivelmente vai necessitar imprimir outro depois de alguns dias. Por isso, é recomendável fazê-lo no computador. Quando imprimir outro, passe para este novo o número de horas que restou para estudar de cada disciplina do anterior, como se estivesse transferindo o saldo de uma conta.

Deixe, se possível, a revisão final de cada disciplina para os dias de revisão ou para os dias anteriores a estes, para sedimentar o mais importante e/ou a parte mais facilmente esquecível para a sua memória de curto prazo. Mas não confunda, o tempo que você estipulou de estudo para cada uma deve zerar antes dos dias das revisões.

O estudo nos dias das revisões não obedecerá mais ao QCE, você que decidirá quais são as coisas mais importantes a serem revisadas nestes últimos dias.

Como exemplos de assuntos a serem estudados nos dias das revisões, citamos aquela decorada final nas fórmulas, a leitura dos artigos mais importantes das leis, dos seus resumos de alguma disciplina ou das partes grifadas em amarelo em seus livros.

Os últimos dias não são para estudar coisas novas, a não ser que isso seja absolutamente inevitável, porque quase sempre seu GM será maior revisando rapidamente tudo aquilo que já estudou, para não perder pontos naquelas questõezinhas por ter esquecido, do que estudando um assunto novo para talvez ganhar um ou dois pontos. É muito mais provável que você perca mais pontos por não ter revisado o que estudou do que ganhe os tais dois pontos possíveis estudando algo novo.

Lembre, conforme comentamos no capítulo anterior, todo o tempo gasto no estudo de cada disciplina deverá ser anotado no respectivo quadrinho do dia no calendário. Assim você vai controlando o estudo revezado das disciplinas, para que não fique muitos dias sem estudar alguma(s). Afinal, o calendário e o QCE são como Romeu e Julieta, lembra? São inseparáveis e se é para um morrer, que o outro morra junto.

E antes que você me pergunte se deve usar o método dos ciclos após o edital, eu respondo que não necessariamente. O controle do estudo deve ser feito basicamente usando o calendário e o QCE. O problema de usar o ciclo neste período são as matérias que aparecem de surpresa no edital, pois alguns materiais de estudo demoram a surgir e, também, porque não temos uma noção muito boa do quanto teremos

UNIDADE III – O Estudo Após o Edital   **415**

de estudar cada uma por não sabermos seus tamanhos e complexidades, e isso esculhamba todo o ciclo.

Se você tentar usar o ciclo após o edital, notará que deverá alterá-lo toda hora, atrapalhando mais do que ajudando a sua organização. Por isso acredito que o calendário e o QCE, não esquecendo de seguir as ideias básicas do ciclo a seguir relembradas, deixem seu estudo mais bem organizado.

E estas são as ideias básicas do ciclo que não podemos nos esquecer, mesmo após o edital:

1) alterne as disciplinas de Exatas com as de "decoreba", dentro do possível;

2) evite estudar a mesma disciplina mais de duas horas seguidas. Mesmo que tenha que estudar mais do que duas horas daquela disciplina em um dia, procure colocar alguma outra entre o tempo de estudo dela, para relaxar seu cérebro e aumentar tanto a concentração quanto a memorização.

Lembra-se do tanto que insisti para procurar sempre o maior GM a cada momento? O QCE é puro GM, basta saber utilizá-lo para orientar seus estudos, aumentando suas chances de aprovação.

E sabe outra grande vantagem ao usarmos o QCE? Ele o fará estudar mais do que tinha previsto quando saiu o edital. Quando fiz este quadro na época do AFRFB, o programado era estudar 280h entre o edital e as revisões, em uns 50 dias. Conforme fui estudando e o desespero foi aumentando ao ver que não ia dar para fechar as matérias do jeito que eu queria, fui estudando cada vez mais e no fim tinha acumulado 320h, 40h a mais do que previ 50 dias antes. Além do conhecimento que acumulei nestas 40h, tive uma sensação de alívio e de dever cumprido imensa, aumentando minha confiança em ser aprovado.

Utilize-o, pois suas chances de aprovação aumentarão consideravelmente.

6) A semana da prova

Eis uma semana das mais importantes do seu estudo e, quem sabe, da sua vida. Então devemos seguir várias recomendações para que tudo dê certo no dia da sua prova. Um mísero descuido nesta semana poderá ocasionar sua reprovação. Sendo assim, baseado em meus acertos e erros nos diversos concursos que fiz, e também na experiência de diversos outros candidatos, escrevi este capítulo. Dividi-o em diversas dicas, a seguir relacionadas:

a) Revise a matéria nos dias anteriores à prova, mas sem exageros.

Não sou adepto daquelas famosas recomendações para tirar a véspera ou até mesmo alguns dias anteriores à prova para não estudar. Acredito que devemos utilizar estes dias para revisarmos a parte mais decoreba do programa, sem estudar assuntos novos e reservar um tempo para o descanso.

Pegue as principais leis e leia seus artigos mais cobrados, pois em toda prova há várias questões que abordam a lei seca.

O descanso nesses dias é fundamental, principalmente na véspera. Durma bem, nem pense em varar a noite assistindo a programas na TV, discutindo a matéria com amigos ou, muito menos, estudando.

Imagine um time de futebol na véspera de uma final. O que os jogadores fazem? Assistem a uma última orientação do técnico, na qual este dá uma repassada em tudo que terão que fazer no jogo; assistem aos jogos do adversário; descansam e dormem cedo; alimentam-se bem, tomando cuidado com alimentos estranhos; não bebem e nem vão a baladas; não fazem nada que possa contundi-los, ou seja, no máximo jogam um bate-bola de leve. É a mesma coisa com a gente na véspera de uma prova, é só fazer as respectivas analogias, como trocar a palestra do técnico pelo estudo dos nossos resumos e fórmulas. O resto é a mesma coisa.

b) Não ingira álcool e cuidado com a alimentação.

Durante essa semana, principalmente na véspera, não é hora de comer alimentos pesados ou, o pior, comidas típicas da cidade onde estiver fazendo a prova.

UNIDADE III – O Estudo Após o Edital

417

Em 1992, quando fui fazer a prova para Fiscal da Prefeitura de BH, eu e três amigos cariocas fomos jantar na véspera em um restaurante com comida típica mineira. Resultado: fui ao banheiro umas duas vezes durante a prova, um amigo meu foi umas seis. Ele não passou por uma questão, sem nenhum exagero meu. Eu passei, mas raspando, e ele não. Tudo porque fomos idiotas e resolvemos experimentar feijão tropeiro e outras comidas locais, apesar de os nossos "estômagos de carioca" nunca terem encarado algo parecido. Coisas da pouca idade.

Se estiver em uma cidade diferente da sua, deixe para sair do seu padrão de alimentação após a prova. Depois dela, coma quantos tropeiros, acarajés, vatapás, carurus, baião de dois, buchada de bode ou sopa de sovaco de cobra quiser, mas antes, nem pensar.

c) Evite exercícios físicos em que haja contato e/ou que possibilitem contundi-lo.

Não jogue bola, basquete etc. Uma contusão pode tirar muito a sua concentração durante a prova, sem falar que pode ocorrer algo mais grave. Já pensou se durante uma partida de tênis você torce o punho ou provoca alguma dor crônica nas costas?

Caso queira relaxar, faça uma caminhada ou uma corridinha leve.

d) Evite qualquer tipo de conversa que possa estressá-lo ou magoá-lo.

Não é hora para "discutir a relação" ou tocar em assuntos complicados no trabalho ou em casa. Esse tipo de diálogo poderá distraí-lo durante a prova e nos estudos durante a semana.

e) Faça um check-list de tudo o que deverá levar para a prova.

Apronte tudo na véspera e confira o check-list antes de sair para a prova.

Como sugestão, aponto os principais itens que deverão constar nele, que podem ser alterados a gosto do freguês:

- cartão de inscrição;
- documento de identidade;
- lapiseira com grafites de sobra;
- canetas azuis ou pretas, conforme constar no edital; sempre leve duas, nunca somente uma;

- borracha;
- caneta marca-texto, útil para grifar as expressões "exceto", "incorreta", "não" etc. nos enunciados, mas que também podem ser marcadas mais facilmente com a caneta ou o lápis, fazendo um círculo ao redor da palavra;
- barra de cereal;
- chocolate, lembrando que já vimos que uma barra de cereal faz um efeito melhor que uma de chocolate;
- garrafa de água com recipiente transparente, pois alguns editais, como os mais novos do Cebraspe, proíbem qualquer outra cor, como a azul;
- balas;
- remédios, pois uma dor de cabeça ou nas costas na hora da prova pode atrapalhar muito seu desempenho. Lembra-se do caso do meu amigo que passou sua prova no banheiro? Pois é, depois daquele "perrengue", passei a levar também remédios para diarreia, alergia e lenços de papel;
- se for mulher, pense se não é a época de levar absorventes femininos. E, mesmo que não esteja no seu período menstrual, talvez seja prudente levar alguns, pois já soube de mulheres que, mesmo não sendo a hora, precisaram deles durante a prova devido ao alto estresse no qual se encontravam, pois todos sabemos que o estresse pode adiantar ou atrasar o ciclo menstrual. Resumindo, se você for mulher, leve absorventes;
- se for mulher ou homem cabeludo, não se esqueça de levar um prendedor de cabelo, porque muitas bancas obrigam que suas orelhas fiquem à mostra, para evitar cola. O pessoal se esquece de levar um bom prendedor, aí na prova tem que improvisar uma caneta, que escorregará o tempo todo e tirará sua atenção;
- relógio, lembrando que há editais que não permitem o digital, então dê preferência a um analógico. Há alguns editais que proíbem qualquer tipo de relógio, os fiscais que avisam na sala quanto tempo já passou, o que é péssimo, porque gera tensão, desconcentração e um menor controle sobre o tempo de prova.

Quanto às canetas, alguns editais recentes, como os Cebraspe/UnB, exigem que sejam fabricadas em material transparente, ou seja, a boa e velha caneta BIC. O Cebraspe só aceita preta, nem azul aceita mais, e

UNIDADE III – O Estudo Após o Edital **419**

agora começou a proibir até mesmo lapiseira, borracha e marca-texto, só permitindo a caneta propriamente dita.

É óbvio que todos nós somos a favor de um rigoroso controle para que não haja cola, mas daí a proibir relógio analógico, lapiseira, borracha, água em garrafa não transparente etc. já é demais, totalmente desnecessário, a meu ver. Mas é como reza um famoso ditado: *"Manda quem pode e obedece quem tem juízo"*.

f) Na véspera da prova, deixe o café da manhã pronto ou "no gatilho".

Em hipótese alguma, nunca, faça a prova em jejum ou só com um cafezinho na barriga. Lembre-se da importância da glicose no bom funcionamento do seu cérebro.

g) Não desanime, por mais que duvide de sua aprovação.

É muito comum durante essa semana aparecerem candidatos dizendo "não vou passar", "não deu tempo para estudar tudo", "a concorrência é muito grande", "estudei pelo livro errado", "vou me ferrar por culpa do professor ou do cursinho" etc. Lembre que, quando se age dessa forma, o cérebro automaticamente se programará para a não aprovação. Ora, uma vez que ele seja programado para a reprovação, ele vai agir como um perdedor durante a prova e ficará pensando nas desculpas que dará aos outros pela sua não aprovação. Se você quiser vencer na vida, já passou da hora de ter um "cérebro de vencedor".

Também é muito comum a sensação de que esquecemos tudo ou que estamos confundindo as coisas. Mas não se estresse com esses pensamentos, pois são absolutamente normais, todos passam por isso, até os primeiros lugares.

Após ter feito uma formação em Programação Neurolinguística (PNL), passei a acreditar ainda mais que se você for para um combate como um derrotado, derrotado você será. Ir com um pensamento vencedor não garantirá nada, mas é o mínimo que deverá fazer para ser aprovado, pois, sem isso, estará fora da jogada.

Programe seu cérebro para a aprovação, busque pensamentos positivos. Visualize o tempo todo a sua aprovação.

Imagine-se fazendo uma boa prova e depois vendo o seu nome no Diário Oficial e dando a notícia da aprovação aos seus familiares e amigos.

Antes de passar para o próximo tópico, gostaria de comentar um pouco mais sobre o tipo de preparação mental que deverá fazer nos dias que antecederem à sua prova.

Em 1995, um PhD de nome Daniel Goleman publicou um livro que se tornou um dos mais vendidos da história, chamado *Inteligência Emocional*. Não pense que é mais um desses livros de autoajuda, porque não é. É um livro muito bem embasado cientificamente, que mostra, dentre outras coisas, como a incapacidade de saber controlar as emoções pode atrapalhar muito o futuro de uma pessoa.

No livro do Manoel Pastana, encontrado na bibliografia, há diversas páginas explicando muito bem este assunto, que eu tentarei resumir a seguir, adequando a mensagem ao contexto da preparação para a prova.

Durante nossa fase de estudos, devemos estudar pensando somente na vitória. Precisamos estudar o máximo que conseguirmos, sempre pensando na aprovação, mas mantendo a saúde e o lazer em dia, claro. Sem esse tipo de pensamento, não conseguiremos render o máximo que necessitamos. Essa autocobrança é bastante válida, desde que mantida sob controle, e é ela que nos faz superar nossos limites para estudarmos cada vez mais.

Acontece que, quando estamos perto da prova, o medo de não passar toma conta da gente e vários candidatos muito bem preparados acabam não passando, graças a esse abalo emocional. Conheço pessoas que sempre ficam doentes nas semanas anteriores à de um concurso, tudo por causa do estresse a que estão submetidas, e acabam não passando nunca, apesar de saberem mais a matéria que muitos dos aprovados.

Se este medo de não passar estiver tomando conta de você, imagine que não será o fim do mundo caso não venha a ser aprovado. Pense que você ainda terá saúde e ânimo para enfrentar os outros concursos que virão pela frente, por mais que já esteja cansado de tanto estudar e não conseguir ser aprovado. Pense que sua vida não acabará por causa disso. Fazendo assim, conseguirá relaxar um pouco e tirar o peso do mundo de cima das suas costas.

Enquanto você ficar pensando que caso não passe será o fim do mundo, o seu desempenho na prova será seriamente prejudicado.

Repare que não estou pedindo para você se conformar com a derrota e ir fazer a prova desanimado, não é isso. É para ir fazer a prova consciente de que, caso não passe, não terá que virar um homem-bomba e se jogar na frente do prédio do órgão para o qual fez o concurso.

Uma coisa é assumir uma estratégia mental para tirar a pressão dos seus ombros, outra coisa é entregar os pontos de uma vez. Esta é uma atitude do candidato derrotado, enquanto aquela é a do candidato que fará a prova mais relaxado e prestes a obter um desempenho de acordo com o que estudou, ou até mais do que isso.

Quando chegar a hora da prova, faça-a com o máximo de atenção, concentração e comprometimento que conseguir, e obtenha o melhor desempenho possível.

Seja inteligente ao lidar com suas emoções e na hora da prova, colega, é "faca na caveira", nada de "pedir para sair".

h) Formas de motivação.

Uma forma de se motivar nestes dias em que o desânimo e o desespero poderão aparecer é lendo histórias de aprovados ou casos de sucesso de pessoas que ralaram muito na vida.

Conforme escrevi anteriormente, acredito que palestras ou livros de motivação surtem efeitos que não perduram por um longo prazo. Não acredito muito em palestras ou livros de motivação que o motivem por um longo prazo. Acredito que essa motivação funcione somente por alguns dias. Por isso, na véspera das minhas provas, eu assisti a finais de filmes que me emocionam positivamente, como Rocky III e IV, Homens de Honra, Dois Filhos de Francisco etc. Assisti a uns cinco finais de filmes, durante umas duas horas, que me fizeram ganhar uma energia extra para o dia seguinte. Foi muito bom para levantar meu astral e me fazer acreditar que eu poderia passar. Logicamente, o significado dos filmes varia de uma pessoa para outra. Reveja aquele(s) que desperte(m) em você esses sentimentos.

Entretanto, cuidado para não colocar um filme triste só porque gosta dele. Tem que ser um filme que levante o seu astral, com o mocinho ferrando o bandido no final ou com um final feliz. Ninguém vai inventar de ver o filme "O Campeão", de 1979, só porque o ator é pai da Angelina Jolie, porque vai chorar igual um bebê com cólica e nem fará a prova no dia seguinte. Em tempo: o filme é ótimo, mas não é nem um pouco apropriado para ser visto neste dia.

Obviamente, é para selecionar passagens de filmes aos quais você já tenha assistido por completo, caso contrário, não farão quase nenhum efeito.

Se fosse hoje, eu iria aos poucos editar um vídeo com algumas passagens legais dos meus filmes favoritos. E o assistiria de vez em quando. Fora os finais dos filmes já mencionados, não deixaria de fora passagens como estas:

À Procura da Felicidade, quando o Will Smith diz para o seu filho: *"Nunca deixe alguém dizer para você que não pode fazer algo. Nem mesmo eu. Você tem um sonho. Você tem que protegê-lo. As pessoas não sabem fazer algo por si próprio e querem te dizer que você também não pode. Se você quer algo, corra atrás. Ponto-final!"*. E também aproveitaria para ver a parte final, intitulada "Felicidade".

Gladiador: *"Meu nome é Maximus Decimus Meridius, comandante dos exércitos do norte, general das Legiões Felix, servo leal do verdadeiro Imperador, Marcus Aurelius. Pai de um filho assassinado, marido de uma esposa assassinada. E terei minha vingança, nesta vida ou na próxima"*.

Coração Valente: *"Filhos da Escócia, sou o William Wallace! Vejo um exército inteiro de meus compatriotas aqui, desafiando a tirania. Vocês lutarão? Sim. Lutem e talvez morram. Corram, e viverão. Pelo menos por um tempo. E morrendo em suas camas, daqui a muitos anos, estarão dispostos a negociar todos os dias daqui em diante por uma chance única, apenas por uma chance, de retornar aqui e dizer aos nossos inimigos que podem tirar nossas vidas, mas nunca tirarão nossa liberdade!"*.

O Resgate do Soldado Ryan: toda a parte final, após o Tom Hanks dizer para o Ryan: *"Faça por merecer"*.

As Duas Torres, a segunda parte da trilogia do Senhor dos Anéis: "Frodo: *Não consigo fazer isso, Sam. Isso não é justo. Na verdade, nem devíamos estar aqui.* Sam: *Mas estamos, é como nas grandes histórias, Sr. Frodo. As que tinham mesmo importância eram repletas de escuridão e perigo. E, às vezes, você não queria saber o fim, por que como podiam ter um final feliz? Mas, no fim, essa sombra é só uma coisa passageira. Até a escuridão tem de passar. Um novo dia virá. E, quando o sol brilhar, brilhará ainda mais forte. Eram essas as histórias que ficavam na lembrança, que significavam algo. As pessoas dessas histórias tinham várias oportunidades de voltar atrás, mas não voltavam. Elas seguiam em frente, porque tinham no que se agarrar"*.

UNIDADE III – O Estudo Após o Edital **423**

Aliás, espero que ninguém me roube essa ideia de fazer um filme só com esses melhores momentos e resolva vendê-lo por aí. Antes de mais nada, é pirataria. Depois, porque tenho muitos colegas que gostariam de pegar um cara desses vendendo produto ilegal e sem nota (rs).

Mas, cá para nós e sem ninguém mais ficar sabendo, se você fizer uma montagem dessas, mande-a para mim, ok?

Enfim, busque uma forma de se motivar na véspera da prova e arranque de sua cabeça qualquer pensamento negativo.

7) O dia da prova

Noite maldormida; cansaço mental e físico; dores na cabeça e nas costas; pernas bambas; frio na barriga; estômago embrulhado; piriri; desânimo; esgotamento físico e mental; sensação de estar misturando ou esquecendo tudo; vontade de chorar; medo de não passar, desapontando os parentes e dando uma chance para alguns idiotas rirem de você; vontade de se alistar na Legião Estrangeira e sumir pelo resto da vida. Sei que devemos evitar ao máximo essas sensações, porém, saiba que você provavelmente sentirá algumas delas. Juro que tive todas essas sensações nos concursos que prestei, algumas delas simultaneamente.

São sensações normais que nos atingem no dia da prova, mas devemos nos livrar delas o mais rápido possível, pois se elas nos acompanharem até o local da prova, teremos um desempenho abaixo daquele que estamos preparados para ter.

Conforme escrevemos no capítulo anterior, tire essas ideias da sua cabeça. Não sei como você fará isso, mas vai ter de fazer. Tome um banho rápido para despertar; escute músicas animadas em casa e/ou no trajeto até o local da prova; pense na sua aprovação e em mensagens positivas para estimular o seu cérebro etc.

A seguir, daremos mais algumas dicas úteis para fazer no dia da prova.

a) Coloque dois despertadores, mas pelo menos um deles não pode ser ligado à energia elétrica, pois se faltar energia durante a noite, perderá a prova. Pode ser o celular.

Deixe-o relativamente longe de você, não o deixe do seu lado, pois correrá o risco de desligá-lo quando tocar e continuar a dormir. Quem nunca fez isso? Então coloque-o a uma distância suficiente para que seja necessário se levantar para desligar.

Não confie cegamente no atendente do hotel, no serviço de despertador da companhia telefônica ou em somente um despertador, não cometa esse erro que já eliminou tantos candidatos descuidados. Eles podem ser utilizados, com certeza, mas sempre atuando em conjunto, nunca isoladamente.

UNIDADE III – O Estudo Após o Edital

Cuidado com a confusão dos "AM" e "PM" na marcação da hora nos despertadores. Também tome cuidado com as diferenças nos fusos horários entre Brasília, a sua cidade de origem e a cidade onde fará a prova.

b) Confira o check-list visto no capítulo anterior.

c) Respire fundo de três a oito vezes para relaxar e diminuir a ansiedade. Inspire rapidamente, de uma vez só, segure o ar por uns cinco segundos e depois expire lentamente.

Faça esse relaxamento quantas vezes achar necessário, em casa, no caminho até o local da prova, antes da prova já dentro da sala de aula e até mesmo durante a prova, se estiver muito tenso.

Outro exercício de respiração também indicado por especialistas para ser feito antes de entrar na sala é feito inspirando por quatro segundos, segurando o ar por 16 e expirando por 8. Essa técnica é conhecida como 1:4:2, que é a proporção entre os tempos. Treine em casa para ter uma ideia do tempo de duração.

É realmente indicado que relaxe durante a prova, faça isso algumas vezes, dependendo da duração da prova e da sua saúde. Isso é particular, não existe uma regra para o número de vezes, pois cada pessoa é de um jeito.

Você gastará menos de um minuto relaxando, e os benefícios são muitos, como evitar brancos, aumentar sua concentração, diminuir o estresse e as dores. Assim, de tempos em tempos, altere sua posição na cadeira para aumentar a circulação sanguínea nos membros e nas costas. Mexa os dedos das mãos; deixe os braços caírem ao longo do corpo; alongue as costas, pescoço, braços e pernas. Feche os olhos e relaxe.

Só não faça barulho nem incomode os outros, para que seus concorrentes não joguem praga em você, atrapalhando seu desempenho (rs.).

d) Saia com tempo de sobra para chegar até o local da prova.

Pense na Lei de Murphy, que gosta de aprontar nessas horas mais importantes, como um pneu furado ou um defeito mecânico no carro; colisão do carro; ônibus lotados ou muito demorados, afinal, provavelmente será um fim de semana etc.

Lembre-se de que geralmente o trânsito perto dos locais de prova fica muito intenso e o estacionamento torna-se difícil. Por isso, talvez o mais interessante seja ir de táxi ou de carona.

Tente saber dias antes se haverá alguma corrida ou outro evento perto do local da sua prova, que poderá engarrafar o trânsito ou mudar seu trajeto.

Se possível, percorra o trajeto na semana da prova, para aprender o caminho, cronometrar o tempo gasto e estudar as possibilidades alternativas caso o trânsito mude ou engarrafe.

Tenha a certeza absoluta de qual realmente será o local de sua prova, pois já soube diversas vezes da banca mudar o local dias antes. Sendo assim, não basta ter recebido um cartão com determinado endereço antes, pois eles, por algum problema posterior, podem alterá-lo, publicar no site e ponto final. Não adiantará chorar depois, porque nem a Justiça anulará o concurso por isso nem dará o cargo de presente para você. Portanto, entre no site da banca organizadora ou ligue pra ela na semana da prova e confira o local com certeza absoluta.

Se for realizar a prova em uma cidade distante, procure chegar com dois dias de antecedência ou pelo menos no dia anterior pela manhã. Se for em uma cidade não tão distante, analise se não será melhor dormir na cidade da prova, evitando ter que acordar muito cedo para viajar até lá, com risco de haver algum transtorno no caminho, além de fazer a prova mais sonolento.

Recentemente, li sobre um candidato bem preparado que no trajeto para a prova foi assaltado e teve seus documentos roubados, ficando impossibilitado de se identificar e fazer a prova, sendo eliminado do concurso. Se eu tivesse pensado nessa hipótese quando prestei meus concursos, teria deixado outro documento meu com algum amigo que iria fazer a prova no mesmo lugar. Antes ser precavido do que perder a prova.

Não entendo quando dizem que quem toma esses tipos de precauções é pessimista. Alguns até seguem o folclore de que quem pensa assim atrai coisas ruins e aquilo realmente acontecerá. Caramba, quanta bobagem, ser pessimista é sair de casa acreditando que algo de ruim vai acontecer. O que é bem diferente de pensar que nada de ruim vai acontecer, mas estar preparado para o pior.

São inúmeros os casos de candidatos que perderam a prova pelos motivos descritos, então seja precavido. Não adianta depois não fazer

UNIDADE III – O Estudo Após o Edital

427

a prova por algo parecido e depois viver de desculpas pelos cantos. Ou faz a prova e passa, ou a culpa da reprovação é sua, pelo menos na imensa maioria dos casos. Aprenda isso e deixe de viver de "desculpites".

e) Evite candidatos inconvenientes ou desconhecidos. Fique isolado em seu canto, não dê papo para estranhos.

Sempre aparece um mané para dizer que achou a prova muito fácil, principalmente quando há duas provas e há um intervalo entre elas. E ouvir isso, quando você achou o contrário, o deixará muito estressado. O engraçado é que é muito difícil ter notícias de que algum deles passou. Acho que é de tanta praga que a galera joga neles ao ouvir essas bobagens. Se achar que a prova foi fácil, não fale isso para ninguém, pois só ganhará antipatia dos outros. E depois, se não passar, por mais que a prova tenha sido fácil mesmo e a nota de corte tenha sido bem alta, vai virar motivo de piada. Todos dirão: *"Se o fulano achou a prova muito fácil, então por que não passou?"*.

f) Entre logo na sala e, se o local não for marcado, sente-se lá atrás e longe do sol.

Não entendo como alguém gosta de se sentar lá na frente, escutando o barulho do corredor, dos fiscais conversando, das pessoas que saem para ir ao banheiro ou para irem embora. É inconcebível não sentar lá atrás, na minha opinião. Você já leu em algum edital que quem se sentar na frente ganhará pontos por isso? Que servirá como critério de desempate? Então você não tem que parecer um bom aluno para o fiscal, pois isso não servirá para nada.

No dia da prova, siga o contrário da dica que demos para não assistir às aulas nos cursinhos lá atrás. Sente-se no fundo da sala, longe dos fiscais de prova, que quase sempre são inconvenientes.

Eu já vi de tudo: candidato que marcou errado uma resposta porque um outro esbarrou nele ao sair para entregar sua prova; outro candidato que discutiu com o fiscal lá na frente, atrapalhando quem estava fazendo a prova, principalmente quem estava mais próximo; e, dentre outros casos, o mais comum: fiscais conversando sem parar entre eles.

Nos minutos finais da prova você estará cansado, precisando se concentrar para fazer as últimas e decisivas questões e perderá concentração e tempo com o barulho de quem estará saindo, fora que ainda poderá se distrair e marcar errado no cartão-resposta.

Caso a porta de entrada da sala seja lá atrás, faça o contrário, sente-se lá na frente, o mais distante possível dela. Também evite sentar perto de algum ventilador ou ar-condicionado barulhento ou de uma janela que dê acesso à rua, tradicional fonte de distrações e barulhos.

Se possível, evite ficar próximo a candidatos que estejam fungando o nariz, tossindo ou espirrando sem parar ou que tenham tiques nervosos que o incomodem.

Se você for canhoto, entre logo na sala e procure uma cadeira adequada. Passar longas horas estressantes sentado todo torto vai prejudicar seu rendimento, com certeza.

E, por último, evite sentar onde incidir a luz do sol ou o vento frio do ar-condicionado.

g) Use roupas confortáveis, não vista roupas e calçados apertados.

Dia de prova não é dia de desfile ou dia para arrumar pretendentes. A não ser que não tenha estudado nada e queira ir lá para arrumar alguém com cara de CDF e que vá garantir seu futuro (rs).

Vestir uma roupa apertada, ou sentir calor ou frio por estar com roupas inadequadas, atrapalhará muito sua concentração, podendo mandar pontos preciosos para o lixo.

Vá com uma roupa bem leve e fresca, caso esteja sol, ou bem agasalhado, de moletom, caso esteja frio. Vá prevenido, leve um agasalho com uma roupa fresca por baixo. Mesmo em dias de calor, nunca se sabe se na sala poderá haver um ar-condicionado ligado no frio, então leve um casaco na mochila.

Não use camisas de time, religião, política, do cursinho, com piadas indecentes ou que o tornem o centro das atenções. Sempre aparecerão engraçadinhos para discutir com você, estressando-o inutilmente.

Em minhas palestras sempre brinco dizendo que quando chegava para fazer uma prova e via uma menina de unha feita ou um cara de barba feita, eu pensava: *"Menos um"*. Afinal, como é que alguém pode se preocupar com a aparência no dia da prova?

UNIDADE III – O Estudo Após o Edital

429

Pode parecer brincadeira, mas não é, eu pensava isso mesmo. O dia da prova é para chegar assustando, com cara de nerd louco. Seu intuito é assustar a concorrência.

h) Alimente-se, de preferência com uma barra de cereal, e beba um pouco de água de vez em quando, para deixar seu cérebro sempre em bom estado de concentração.

Não beba muita água de uma vez só, para não ir ao banheiro o tempo todo, beba aos poucos. Porém, se já estiver perto do final da prova e você sentir que dará para segurar a vontade de ir ao banheiro sem que atrapalhe sua concentração, beba um maior volume de água, pois seu cérebro agradecerá bastante, tal o estado de nervos em que se encontrará.

Vá ao banheiro um pouco antes da prova começar, para evitar uma ida indesejável durante ela.

i) Se houver mais de uma prova, em hipótese alguma discuta questões com outros candidatos ou procure as respostas em suas anotações no intervalo entre as provas.

Acredite, o alívio por ter marcado uma resposta correta não vale o desespero por ter respondido errado. Ao conferir, você pode checar que acertou dez questões, mas se tiver errado uma por distração, o que é mais do que normal, pois até quem passa em primeiro lugar comete esse tipo de erro, a decepção com este erro vai ser maior que a alegria de ter acertado todas as outras.

j) Não estude nos intervalos entre as provas.

Se houver uma prova de manhã e outra à tarde, não estude nesse intervalo, descanse. Ligue o despertador do relógio ou do celular se for tirar um cochilo no carro. Se conseguir descansar, nem que seja por 15 ou 20 minutos, será muito bom para desestressar. Muito cuidado para não fazer isso com o celular no silencioso, coloque o alarme bem alto.

Por outro lado, se houver algumas horas de intervalo entre as duas provas, não é de todo ruim dar uma lembrada nas fórmulas, por exemplo. Não é aconselhável fazer isso se estiver muito estressado e cansado, pois compensa mais descansar nesse intervalo do almoço, mas se estiver conseguindo manter os nervos em ordem e já tiver descansado uns minutos, fazer uma revisão rápida não vai matar ninguém.

k) Analise a possibilidade de levar seu almoço de casa.

Quando fizer provas de manhã e à tarde, a não ser que conheça a região e saiba que haverá restaurantes de sobra, leve um almoço leve de casa, nem que seja um sanduíche bem reforçado.

É comum fazermos provas em regiões com poucos restaurantes em volta, ou fechados aos domingos, ou com multidões de candidatos entupindo-os. E o que você fará nessas situações? Vai encarar um churrasquinho de gato ou o famoso cachorro quente "Jesus te chama"?

Eu me ferrei com isso quando fiz a prova do AFR-SP. Acabei a prova da manhã e os restaurantes em volta estavam completamente entupidos de candidatos, afinal havia milhares deles na mesma escola. Consegui encontrar uma padaria a alguns quarteirões de distância, mas mesmo assim só havia um sanduíche de salame para eu comer, porque a galera já tinha acabado com queijo, presunto, hambúrguer etc. Nem coca-cola tinha mais.

Naquele dia eu só pensava: *"Como fui idiota, por que não pensei nisso ontem?"*.

Então, para que não arrisque passar por situação semelhante, comum em tantos concursos, leve um bom lanche de casa. Se conseguir uma opção melhor na hora, ótimo, coma lá, mas não deixe de ter um sanduba saudável o esperando, caso seja necessário.

Agora, por favor, que ninguém leve um sanduíche com maionese ou uma marmita de feijoada, OK?

l) Cuidado com o celular.

Há editais que proíbem a simples entrada em sala com o celular, mas a maioria permite que entre, mas, obviamente, deixando-o fora de seu alcance e desligado. Algumas bancas disponibilizam uns sacos plásticos para guardar seus pertences junto aos fiscais.

Saiba que se seu celular tocar durante a prova ou for simplesmente encontrado em seu poder, mesmo que desligado, muito provavelmente você será desligado do concurso.

UNIDADE III – O Estudo Após o Edital

Logo, leia atentamente o edital para verificar se poderá ou não levá-lo, e se não puder, leve um cartão telefônico, caso precise ligar para alguém.

m) Leia as instruções expressas na capa.

Preencha seus dados, confira se não está faltando nenhuma página no caderno de prova e leia as instruções.

Sei que hoje em dia é muito difícil haver algo nas instruções que você já não saiba, mas como nunca podemos confiar cegamente nessas bancas, é melhor ler tudo.

Uma vez que chegamos, infelizmente, ao final deste livro, vou contar mais um caso da minha vida, que tem tudo a ver com este tópico.

Eu fiquei mais alerta nessa história de ler as instruções depois da minha prova para entrar no mestrado em Estatística da UFMG. Todo ano ela continha 15 questões objetivas, com umas três horas de duração, e nem sonhando poderia ser resolvida nesse tempo, devido à complexidade das questões. Além disso, uma resposta errada tirava uma certa. Nos anos anteriores, passou nas 15 vagas quem fez, praticamente, de três a cinco pontos.

Acredito que pela pouca idade e experiência neste tipo de prova – pois quase todos eram recém-saídos da faculdade –, os candidatos arriscavam muito, marcando várias questões com dúvida, perdendo pontos preciosos, diminuindo bastante a nota de corte. Todo mundo sabia dessa nota de corte baixa, o que gerou alguns comentários de colegas que diziam que iriam fazer as cinco ou seis questões mais fáceis e ponto final, nem precisavam estudar tanto para saber as outras. Marcariam só essas mais fáceis e poderiam até errar uma que, ainda assim, passariam.

Pois bem, veio a prova e muita gente nem leu as instruções da capa. Os professores, devido aos comentários dos colegas, tinham introduzido uma regra nova: era obrigatório marcar pelo menos nove questões. Veja que não era obrigatório acertar nove questões, a nova regra era que, no mínimo, nove deveriam ser assinaladas no cartão-resposta, mesmo que algumas estivessem incorretas.

Bem, o que aconteceu nem preciso dizer, né? Alguns colegas, que até sabiam bem o conteúdo e resolveriam de nove a doze questões, marcaram apenas umas seis, as que tinham mais certeza, e, assim, saíram confiantes da prova. Resultado: eliminados. Aquele ano quem fez cinco ou seis pontos passou.

Deu muita pena ver colegas, alguns verdadeiros amigos, que estudaram tanto, de fora do curso por não terem lido o enunciado.

Bem, eu li, marquei nove das que tinha mais certeza das onze que tinha conseguido resolver e passei, sabendo menos que colegas que não leram o enunciado.

Essas foram as principais dicas que eu poderia passar para você seguir no dia da prova. Sugiro que se lembre de ler este capítulo novamente na semana do exame, porque até lá já terá se esquecido de alguns detalhes importantes.

Lembre: o dia da prova é o seu dia D. Talvez, em toda a sua vida, você jamais tenha um dia em que possa mudar tanto seu futuro quanto este. Então aproveite-o e encare-o sem medo, com muita raça.

Uma vez disseram que *"perder o medo de perder é a condição fundamental para ganhar"*. Pense nessa frase e não tenha medo de não passar, ponha na cabeça que vai ser aprovado e faça o seu melhor. Assim, caso não passe, o que também não será nenhum fim do mundo, não ficará se lamentando depois, pois terá a consciência de que fez o seu melhor naquele dia. Estude mais para o próximo e alcance seu sucesso após mais alguns meses.

8) Resolvendo a prova

É imenso o número de candidatos que chegam bem preparados para a prova e descobrem que não sabem resolvê-la, não por não saberem a matéria, e sim porque não adotam uma estratégia de resolução adequada.

Sabendo disso, resolvi explicar nesse capítulo alguns métodos para que você (tendo estudado o programa, claro) não perca sua vaga por ter adotado uma estratégia errada na hora de resolver a prova.

Sem falsa modéstia, isso sempre foi um diferencial meu. Desde novo eu costumava me sair melhor na prova do que vários colegas que sabiam bem mais do que eu. Foram inúmeras as vezes em que ouvi: *"Como é que você tirou mais do que eu, se eu sabia bem mais do que você?"*. Foram tantas as vezes que passei a acreditar que realmente eu entendia da arte de "saber fazer provas". Adianto que não possuo nenhum conhecimento milagroso, nada do que algum aluno mais rodado já não tenha ouvido por aí.

Primeiramente, vou dividir os concursos em dois tipos, a mesma divisão que fizemos algumas páginas atrás, no capítulo sobre como estudar de acordo com o critério de mínimos. Mas aqui o foco não é mais como estudar dependendo do tipo de critério de mínimos, e sim como resolver esses dois tipos diferentes de prova.

1) Concursos com mínimo por disciplina

A maioria dos especialistas em concursos indica que se comece a prova pela disciplina que se sabe mais, ou que envolva cálculos ou textos para aproveitar seu cérebro mais descansado. E aí aconselham a começar por Português, Contabilidade, Matemática etc. Depois de escolhida essa disciplina inicial, eles sugerem que ela seja resolvida, pulando as questões bem mais difíceis, para somente depois passar para a próxima disciplina.

Bem, eu sugiro que se faça um pouco diferente, só um pouco, mas que fará muita diferença no fim da história.

Você não precisa resolver quase tudo de cada disciplina logo na primeira passada. É para fazer a quantidade de questões que achar que deu para razoavelmente garantir o mínimo, pulando as questões mais demoradas, e passar para a próxima disciplina.

Entenderam a diferença do que sugerimos para o que alguns outros especialistas aconselham? A sugestão deles é para ser ouvida em parte, só até "garantirem" o mínimo, aí "suspenda" esta disciplina e parta para outra. Não a faça até o fim logo de cara, porque você se ferrará nas outras. Quando acabar de garantir os mínimos em cada disciplina, volte para fazer as questões que você acha que conseguirá resolver em menos tempo, as que possuem maior peso e/ou as da disciplina em que achar que tem mais risco de ser eliminado.

Essa dica comum de alguns outros especialistas funciona bem quando o tempo para resolver a prova é mais do que suficiente, mas, principalmente a partir de 2005, várias provas se tornaram impossíveis de serem resolvidas no tempo estipulado. Hoje, em diversos concursos, não dá mais para seguir essa dica mais famosa, porque possivelmente você vai ser eliminado na última disciplina que tiver escolhido para resolver, pois não dará tempo de chegar a olhar para ela.

Pense no AFRFB, em que você deve fazer 40% em cada disciplina. Vejamos a prova de Português ou de Contabilidade, com 20 questões cada uma, logo você terá que acertar no mínimo oito em cada uma. Em quase todos os concursos para esse cargo, o tempo para resolver a prova é insuficiente. Sabendo disso de antemão, pule as mais demoradas, que na prova de Português são aquelas de interpretação do texto. Resolva primeiro as de gramática. Faça umas dez da disciplina com razoável certeza e pule para a próxima disciplina e faça da mesma forma.

Após ter resolvido as mais rápidas, volte e faça as mais demoradas. Se o tempo estiver realmente curto, tente resolver algumas questões de interpretação sem ler o texto, somente lendo o enunciado e procurando no meio do texto onde está aquele trecho perguntado. É claro que não é o mais indicado, que um professor de português falará para você nunca fazer isso, mas se não há tempo, não há outro jeito. A teoria passada por vários professores da disciplina de ler o texto rapidamente para ter uma primeira ideia, depois outra leitura aprofundada, para só então olhar as questões, é linda, mas isso se fosse concurso no país das maravilhas, porque no nosso quase nunca é possível.

UNIDADE III – O Estudo Após o Edital | **435**

Utilizando essa nova forma de resolver a prova, a de passar para a próxima disciplina após praticamente garantir o mínimo, você aumenta suas chances de não ser eliminado, problema de mais de 90% dos candidatos, alguns até bem preparados, mas que por não saberem administrar o tempo de prova, acabam eliminados por bobeira.

É claro que você deve acumular o maior número de pontos possível, mas correndo menos risco de ser eliminado.

Resumindo, preocupe-se primeiro em fazer os mínimos e depois em acumular pontos.

Há especialistas que indicam que devemos fazer algumas das questões de uma disciplina e depois pular para a próxima matéria, principalmente se houver muitas questões de cada uma. Alegam uma coisa que realmente é verdade: é mais fácil você tirar uma nota alta em uma disciplina que tenha muitas questões se resolvê-las aos poucos, em vez de massacrar seu cérebro com somente aquele assunto por um tempo muito prolongado.

Eis um exemplo de como faríamos conforme essa outra estratégia: no meu primeiro dia de prova do AFRFB em 2005, a prova tinha 60 questões, sendo 20 de Contabilidade, 20 de Administrativo e 20 de Constitucional. De acordo com essa última estratégia, por exemplo, resolveríamos 10 questões de uma, depois mais 10 de outra, depois 10 de outra e depois voltaríamos para as outras 10 da primeira disciplina, e assim por diante.

Não deixa de ser uma boa estratégia, bem melhor que a de fazer cada disciplina quase inteira antes de passar para a próxima, mas ainda considero como melhor método garantir os mínimos e pular para a próxima, quando há a exigência de nota mínima por disciplina.

2) Concursos com mínimo por prova, mas sem mínimo por disciplina

Nesses concursos você tem que se preocupar em pontuar o máximo possível, e não interessa em qual disciplina, o que interessa é o total de pontos obtido no total da prova.

Em um concurso sem mínimo por disciplina você deve pular todas as questões que levam muito tempo e ir fazendo as rápidas e médias, não interessando de qual disciplina. O ponto de uma questão fácil é igual ao de uma difícil e/ou demorada. E quanta gente desperdiça pontos de questões fáceis e médias porque não tiveram tempo para ler seus enunciados, pois perderam tempo com questões demoradas?

O melhor método que eu acredito que funcione nesse tipo de prova é o que o Deme chama de "passear pela prova", que também funciona com pequenas adaptações no tipo de concurso anterior, mas que neste segundo tipo funciona melhor ainda.

"Mas como é que é? Eu devo ficar passeando pela sala? Assim o fiscal vai me eliminar!"

Não, colega, não é nada disso. É para você pegar a prova e estabelecer inicialmente um tempo curto para resolver cada questão, digamos que de 30 segundos a um minuto, dependendo da quantidade de questões da prova e do tempo para resolvê-la. Esse tempo sugerido foi somente um exemplo, só para passar a ideia de que deve ser um tempo curto. Não precisa ficar olhando o relógio, é um tempo mental, aproximado. E faça tudo que puder neste tempo, passeando por toda a prova, em todas as disciplinas. Marque as questões que já tiver certeza, elimine as alternativas que não podem ser o gabarito, adiante os cálculos etc. Com essa primeira passeada você vai garantir os pontos das questões fáceis e rápidas.

Depois, volte e estabeleça mentalmente um tempo maior, digamos de um minuto e meio a dois. E faça a mesma coisa, pule as que forem grandes e faça todas as demais que puder. Só que agora as questões você já estará vendo pela segunda vez, já terá cortado algumas alternativas e talvez adiantado algumas contas. Assim você garantirá as questões de nível médio e algumas difíceis, mas que são rápidas.

Ficarão faltando as mais difíceis e/ou grandes e as que não são para serem feitas mesmo. Sim, há questões que o examinador coloca lá só para fazer o candidato perder seu tempo. Às vezes, você poderá até garantir o pontinho dela, mas não valerá a pena, pois deixará de ganhar pontos em outras questões que não teve tempo de olhar, por tê-lo perdido naquela maldita.

E continue a passear pela prova. A cada passada sobrarão menos questões, óbvio. E aí sei que irão me perguntar: *"Quantas passeadas*

UNIDADE III – O Estudo Após o Edital | **437**

você acha que devo dar?" e eu responderei: *"Não tenho nem ideia, depende do concurso, porque cada concurso tem um tempo de realização de prova e nível e número de questões diferentes do outro".*

Porém, eu seria muito irresponsável dando essa dica se não fizesse o seguinte alerta: nunca pense em fazer isso pela primeira vez em algum concurso, você deve treinar antes em algum certame menos importante ou em simulados, mesmo que em casa. Você deve ter a confiança de que isso dá certo, porque se tentar fazer isso sem treino na sua prova tão sonhada, vai se desesperar quando acabar de dar a primeira passeada e conferir que respondeu a, por exemplo, só uns 20% das questões. Minha orelha vai queimar de tanto que você vai me xingar.

Bem, até aqui demos dicas dividindo-as de acordo com o tipo de prova, mas a partir deste ponto as dicas servirão para quaisquer dos dois tipos de concurso, então vamos a elas:

a) Saiba quantos minutos você terá, em média, para resolver cada questão

Pegue o total de questões e divida pelo tempo que terá para resolver a prova. Mas antes de calcular, tire 30 minutos do tempo, pois esses minutos serão usados para marcar o gabarito e ir ao banheiro, se houver necessidade.

Exemplo: a prova contém 80 questões para serem resolvidas em 4h30. Tirando os tais 30 minutos do tempo total, terá efetivamente quatro horas para resolver as questões da prova. Quatro horas são 240 minutos, logo, dividindo 240 por 80, terá três minutos para resolver cada questão, em média, claro.

Esse tempo servirá como limite de tempo que você poderá gastar em cada questão, inicialmente. Mesmo que a estratégia adotada seja a de passear pela prova, tenha em mente sempre este limite de tempo.

Você só poderá gastar mais do que esse tempo para resolver uma questão se já tiver feito várias questões em menos tempo que isso.

Cansei de ouvir candidatos dizendo que perderam muito tempo em questões logo no início da prova e que isso ferrou tudo depois. Caramba, isso é um erro clássico, mais do que conhecido por todos, então você não pode cometer esse tipo de erro.

Se cometê-lo, por favor, não diga para ninguém que você leu este livro, porque os outros vão pensar: *"O livro do Meirelles deve ser uma porcaria, pois não ensinou este colega a sequer não cometer este erro tão básico!"*. Logo, se errar, você nunca ouviu falar de mim (rs).

b) Seja ativo fazendo a prova

Não deixe que ela o domine e nem entre em desespero. Se a prova está difícil, está para todos. Se você está nervoso porque esqueceu alguma coisa que apareceu na questão, praticamente todos também estarão passando por isso, aposto que até o futuro primeiro lugar. Você não achava que seria o único dos milhares de candidatos que não teria um branco, né? Isso é normal, pule a questão e depois volte a ela, se der tempo.

No futebol se diz que o jogo só acaba quando termina. Jogue a partida com o máximo de garra, até o último minuto. Você estudou por meses ou anos a fio pensando nesse dia e vai desistir antes do jogo acabar? Não entregue os pontos antes do apito final.

c) Marque as palavras negativas

Acostume-se a sempre marcar as expressões *"não"*, *"exceto"*, *"errada"*, *"falsa"*, *"incorreta"*, *"nenhum"*, *"nunca"*, *"menos"* etc. que aparecerem no enunciado, inclusive quando resolver exercícios em casa. Também tome cuidado com *"sempre"*, *"às vezes"*, *"alguns"*, *"todos"* etc.

No dia da prova, na primeira lida que fazemos no enunciado da questão, ficamos antenados com a tal palavra que geralmente indica para escolhermos a alternativa falsa, mas quando tentamos resolver a questão depois, nossa tendência é não lermos mais o enunciado, por causa do tempo escasso, e acabamos marcando uma alternativa que esteja correta, em vez de uma errada.

Quem nunca saiu de uma prova e depois, ao conversar com um colega ou ao conferir o gabarito, disse: *"Ué, mas ele pedia para marcar a falsa? Que droga, marquei a verdadeira"*. Se tivesse destacado a palavra negativa no enunciado, não teria errado por causa dessa falta de atenção.

Então, assim que encontrar uma dessas palavras, circunde-a ou sublinhe-a. Alguns candidatos levam caneta marca-texto amarela para a prova só para marcar essas palavras negativas. Não deixa de ser uma boa dica, que eu já utilizei muitas vezes, mas algumas bancas estão proibindo qualquer material que não seja caneta, lapiseira e borracha.

UNIDADE III – O Estudo Após o Edital **439**

d) Correta = "mais correta" ou "menos errada" e incorreta = "mais errada"

Quando uma questão pedir a alternativa correta, muitas vezes é como se estivesse pedindo a "mais correta" ou a "menos errada". Há candidatos que ficam procurando pelo em ovo à toa. Se tiver certeza de que todas as alternativas contêm erros, marque a menos errada, aquela que só permite uma exceção muito pequena, por exemplo. E se tiver mais de uma correta, marque a que for mais correta em sua opinião.

Não queira dar uma de sabichão e ter a certeza de que a questão vai ser anulada por não conter nenhuma resposta correta ou por conter mais de uma, pois são inúmeros os casos de bancas que depois não anularam esse tipo de questão. Há bancas que já não são mais somente mestres em cometer esse erro, elas já possuem verdadeiros doutorados no assunto.

E depois não adianta reclamar na justiça, pois o Judiciário já se manifestou centenas de vezes dizendo que não entra no mérito sobre se uma questão estava errada ou não, ele só julga quando a questão está fora do programa. Logo, se a banca quiser afirmar que o céu é roxo de bolinha verde, ele não se mete. Só julgará a ação se não tiver "céu" no programa do concurso.

Exemplo: suponhamos que uma alternativa de uma questão de Português seja esta: *"As palavras proparoxítonas devem ser acentuadas"*. Caramba, isso é regra básica de acentuação. Você deve acentuar as proparoxítonas, como *"página"*, *"rápido"*, *"último"*, *"ética"* etc., então para que marcar essa alternativa como errada, por saber que há raríssimas exceções, como *"deficit"* e *"habitat"*?

Agora, lembre-se de uma dica anterior, pois se estivesse escrito *"Todas as palavras proparoxítonas devem ser acentuadas"*, aí o bicho pegava, pois o *"todas"* esculhambava a alternativa. Mas mesmo assim, lembre-se sempre de marcar a menos errada ou a mais correta, pois de repente, se fosse a alternativa menos errada, seria a resposta mesmo tendo algumas raríssimas exceções.

O mesmo vale para quando a questão pedir para marcar a alternativa incorreta. Quando ela pedir assim, muitas vezes é para marcar a "mais errada".

Pense no exemplo da questão sobre acentuação. Suponhamos que ela tenha pedido para marcar a incorreta e há estas duas alternativas:

"Todas as palavras proparoxítonas devem ser acentuadas" e *"A palavra 'lívro' está corretamente acentuada"*, ou seja, devemos acentuar o "i".

Bem, você poderia dizer que as duas estão erradas, não é? Mas qual é a mais errada? A do livro, claro, pois é um escândalo acentuar a palavra "livro". Ela é tão absurda que a outra alternativa fica como a menos errada.

É o mesmo que você trair seu cônjuge, ser pego em flagrante e querer justificar que fez isso porque ontem ele(a) não quis almoçar com sua mãe. É claro que os dois estão errados, mas quem está mais errado?

Se tiver marcado uma alternativa errada, mas a banca considerou outra como errada, e você tiver certeza de que a que você marcou também está errada, não deixe de entrar com um recurso em cima dela, pois de vez em quando a banca aceita, quando o erro é bem nítido. Voltando ao primeiro exemplo da acentuação, na questão que afirma que "as proparoxítonas são acentuadas", vejo poucas chances de ela aceitar seu recurso, mas na outra que diz que "todas as proparoxítonas devem ser acentuadas", já vejo muito mais chances, pois podemos apresentar o que chamamos nas Ciências Exatas de "contraexemplos", que são os exemplos que jogam a regra por água abaixo (neste caso, o "todas").

Sei que é complicado, mas não sou eu que faço as provas, então não me xingue.

e) Cuidado para não perder muito tempo em somente uma questão

Muitos candidatos perdem mais de dez minutos em uma só questão, porque ficam com raiva de terem estudado tanto aquele assunto, mas não estarem lembrando ou achando a resposta correta. Perdem esse tempo todo por "questão de honra".

Outros são famosos por saberem muito uma disciplina, então se preocupam em gabaritá-la, para não ouvirem cobranças dos colegas.

Isso é a maior bobagem que pode cometer. Não faça isso.

Quando fiz a prova do AFR-SP, havia três questões de Estatística Inferencial que eu sabia resolver, mas que iriam me tomar muitos minutos cada fazendo seus cálculos. Como aquela prova era impossível de ser resolvida no tempo estabelecido, chutei as três sem perder nem um minuto olhando para elas, porque logo vi que iriam demorar muito (confesso que com um pouco de dor de cotovelo).

De que adiantaria resolver aquelas três e deixar de resolver no mesmo tempo outras dez? Eu tinha que passar no concurso, esse era meu objetivo, e não aparecer depois como o cara que gabaritou a disciplina, mas correndo risco de ser reprovado. Como chuto muito bem, errei as três, mas beleza, mesmo assim valeu a pena, porque ganhei mais pontos nas outras que pude resolver naquele tempo.

Resumindo, na prova, não faça questões por "questão de honra".

f) Quando o tempo para resolver a prova é mais do que suficiente

Se durante sua prova você tiver a certeza de que o tempo para resolvê-la não será um problema, pois vai sobrar tempo, vá ao banheiro, se possível, mais de uma vez. Relaxe, lave o rosto, beba uma água, alongue-se etc.

Quando voltar para a prova, perceberá que renderá melhor após ter dado essa espairecida. Até mesmo poderá se lembrar de alguma questão na qual tenha tido um branco antes ou então encontrar algum erro que não tinha visto, como nos cálculos.

g) Fique na sala até o tempo acabar

Mesmo que o tempo seja mais do que suficiente para resolver a prova, não se preocupe em ir embora logo que terminar sua prova, fique o máximo de tempo que achar necessário, revise as questões, veja se não errou nenhuma bobagem, marque o gabarito com muita calma etc.

Porém, se você for fazer outra prova em seguida, não fique enrolando na sala à toa, vá embora e aproveite para relaxar um pouco antes do outro combate.

h) Como evitar os famosos "brancos"

Antes de prosseguirmos, deixe-me esclarecer uma confusão que muitos fazem. Uma coisa é ter um branco de uma informação que está lá à sua disposição, mas naquele momento está bloqueada pelo cérebro, e que horas depois você vai se lembrar dela; outra coisa é não se lembrar mais do assunto porque não o memorizou corretamente. Neste caso, você até se lembra de que estudou aquilo, mas não vai adiantar sair da prova achando que se lembrará dele, porque não vai, pois não o memorizou suficientemente.

Eu, por exemplo, se pegar hoje para fazer uma prova de fiscal, passados tantos anos sem estudar, não acertarei quase nada, apesar de ter certeza de que vários daqueles assuntos um dia eu soube, mas como não os revisei nesse tempo todo, esqueci quase tudo. Isso não é branco, é esquecimento mesmo.

Então não confunda um branco com um esquecimento de fato, ok? Logo, as dicas para se livrar dos brancos não servem para se lembrar de assuntos realmente esquecidos, pois para estes só há um remédio: estudar de novo.

Explicarei grosso modo o que acontece quando estamos muito estressados, sem me ater muito a detalhes científicos, ok?

Quando estamos fazendo uma prova, geralmente estamos muito estressados e o nosso cérebro, que zela pelo nosso bem-estar o tempo todo, concentra suas energias para tentar nos acalmar. E aí você está lá, todo preocupado e estressado porque não se lembra daquele assunto que você tem certeza de que estudou, e seu cérebro não está nem aí para essa sua necessidade, pois está preocupado em não o deixar sofrer algum mal mais grave.

Entendeu agora, a partir dessa simples descrição, o motivo de você sofrer brancos no meio da prova? E não adianta ficar cada vez mais estressado com a situação, pois quanto mais ficar estressado, mais o cérebro vai se preocupar com seu estresse e esconderá cada vez mais a informação. Pode reparar que quase sempre que fazemos isso, a informação continua no "branco".

E por que ao sairmos da prova quase sempre nos lembramos daquele assunto? Porque você diminuiu seu estresse, ora bolas. E nem adianta xingar sua memória, pois até quem tem ótima memória está sujeito a passar por isso.

Ter branco é normal, praticamente todos os candidatos têm os seus durante a prova. Aqueles que estudaram mais tendem a ter menos brancos, porque sedimentaram muito mais as informações no cérebro e costumam fazer suas provas muito mais confiantes, só por isso, e mesmo estes sofrem seus brancos de vez em quando.

Bem, e o que você poderá fazer se acontecer um branco no meio de sua prova? Algumas coisas, mas a principal dica seria tentar esquecer aquele assunto por alguns minutos, passando para o próximo. E por que no próximo assunto também não sofrerá um branco? Poderá sofrer sim, enquanto você estiver com o estresse lá em cima, mas geralmente isso

UNIDADE III – O Estudo Após o Edital **443**

só acontece com uma ou outra questão; não me pergunte o porquê, só agradeça pelo seu cérebro não apagar tudo de uma vez.

Tente relaxar, respire fundo e devagar, vá ao banheiro se ainda houver tempo, pule para a próxima questão, que depois, provavelmente, ao voltar para aquele assunto após alguns minutos, lembrar-se-á de tudo. É comum até mesmo que no meio da resolução de outra questão uma lâmpada acenda em sua cabeça e você venha a se lembrar da resposta lá de trás, a tal que tinha dado branco. Afinal, a informação estava lá o tempo todo em sua memória, mas como você estava muito estressado em obtê-la rapidamente, o cérebro a bloqueou. Porém, o cérebro não a apagou por completo, ela está lá guardada, pronta para ser usada assim que você estiver menos estressado.

Há dois tipos de respiração recomendados para fazer em situações de prova. O primeiro é quando você está muito nervoso. Nessas horas, você está desequilibrado emocionalmente, então precisa oxigenar melhor seu lado direito do cérebro, que controla suas emoções. Para isso, basta tampar sua narina direita com o dedão e inspirar e expirar calmamente umas 20 a 30 vezes somente com a narina esquerda. Isso servirá para acalmá-lo. Experimente fazer isso em um dia que estiver estressado e comprove seu resultado rápido. Isso diminuirá os brancos em sua prova e os erros por pura distração devida ao nervosismo.

O outro tipo de respiração é para ser realizado quando você está estafado mentalmente. Nessas horas você precisa oxigenar o lado esquerdo do seu cérebro, o lado racional. Para isso, basta fazer o mesmo que na situação anterior, mas com os lados trocados, ou seja, tampe sua narina esquerda com o dedão e inspire e expire lentamente de 20 a 30 vezes somente usando sua narina direita.

Não pense que eu troquei os lados nos dois tipos de respiração que ensinei, pois o lado esquerdo do corpo ativa o lado direito do cérebro e vice-versa, logo, para oxigenar o lado esquerdo do cérebro, precisa respirar com a narina direita, e vice-versa.

Uma dica que também funciona em muitos casos é relaxar um pouco e tentar se lembrar de que forma você estudou aquele assunto. Onde foi? Usou qual livro? Em que parte da página estava o assunto, foi em uma página da esquerda ou da direita? Estava em cima, embaixo ou no meio da página? Você tinha algum resumo com aquela informação? Se fez, como ele era?

Essa é mais uma das vantagens de fazer algum resumo sobre o assunto, pois nessas horas de desespero é muito mais fácil se lembrar da informação momentaneamente esquecida.

Outra dica para nos salvar daquele branco é escrever um banco de ideias sobre aquele assunto, que corresponde ao número de coisas relacionadas a aquele assunto do qual você lembra. Escreva todos os títulos ou frases resumidas do que lembrar. Muitas vezes a resposta surgirá. Essa dica funciona, mas algumas vezes toma alguns minutos preciosos, então cuidado com o tempo.

Outra dica que comigo funciona bem é se imaginar perguntando a um colega sobre aquele assunto. Quando mudamos a maneira de raciocinar sobre um tema, desencadeamos outras conexões no nosso cérebro, que às vezes nos ajudam a lembrar. Experimente, no dia que você esquecer uma palavra quando estiver escrevendo um texto, por exemplo. Ela está ali, na ponta da língua, mas não se lembra. Pergunte a alguém ao seu lado ou então simplesmente se imagine perguntando a alguém, pensando assim: *"Fulano, como é mesmo que chamamos o nome da tropa de elite da polícia do Rio? Ah, pode deixar, já me lembrei, é o BOPE"*. Repare que muitas vezes você acaba se lembrando antes da pessoa responder.

Quando estamos resolvendo exercícios em casa, mesmo não estando estressados, também sofremos alguns brancos ou esquecimentos. Experimente essas dicas e veja se alguma funciona melhor para você.

9) Dicas sobre como chutar

Calvin & Hobbes, Bill Watterson © 1987 Watterson / Dist. by Universal Uclick

Sempre fui horrível nos meus chutes. Na prova do AFR-SP consegui chutar as 12 questões de Direito Civil e Comercial e só acertar uma. E não foi só dessa vez, meu desempenho nos chutes sempre foi horroroso. E eu sei disso porque sou tão revoltado com meus chutes que sempre marquei um "ch" (letras iniciais da palavra chute) ao lado do enunciado das questões que chutava e passava isso para a minha cópia do gabarito para conferir em casa, acredite se quiser, sei que é maluquice minha, mas sempre fiz essa anotação, só para depois, por curiosidade, constatar se continuava horroroso nos chutes ou se tinha dado mais sorte daquela vez.

Depois que fui aprovado, já que mais uma vez obtive um desempenho ridículo nos chutes, comecei a me interessar se haveria ou não métodos melhores para chutar, e passei a pesquisar o assunto, analisar os gabaritos e as provas etc. Acabei descobrindo algumas coisas interessantes, que passarei para você neste capítulo.

O melhor material que encontrei até hoje sobre o assunto foi um texto chamado "*A Técnica do Chute*", do Paulo César Pereira, o Sapoia. É só buscar no Google que você encontrará este artigo, e também no Youtube, pois ele disponibilizou sua técnica em vários vídeos, já assistidos por mais de um milhão de pessoas. O endereço do seu site está na bibliografia no final deste livro.

Ressalvo que a palavra "chute" já diz tudo, ou seja, é para ser utilizado quando realmente não sabemos a resposta, óbvio. Então tudo que pudermos utilizar para melhorar nossa chance de 20% ao marcarmos uma resposta a esmo já será bem-vindo. Esses 20% são a probabilidade de marcar a resposta correta dentre as cinco alternativas possíveis. Se sua prova tiver quatro alternativas, o percentual aumentará, pois passará a ser de 25%.

Outra ressalva que faço é para que chutem conforme as dicas abaixo somente quando não tiverem a mínima ideia de qual alternativa marcar, quando a questão for "grego" para você, mas se tiver um palpite de qual é a resposta, siga-o. E, por exemplo, se estiver em dúvida entre duas alternativas, pense em utilizar um dos métodos abaixo, mas não pense em mudar de opinião e marcar uma terceira alternativa, a qual você já tinha descartado, só para seguir uma dessas dicas.

Então vamos agora apontar as principais dicas sobre como chutar. Lembrando que algumas dicas valem simultaneamente para as mesmas questões, ou seja, caberá a você escolher na hora qual método adotar.

Também salientamos que o aumento nas chances de acertar são mínimos, mas ainda assim é melhor do que chutar a esmo, ficando somente nos 20%.

Como os métodos trabalham com estatísticas e tendências, usamos muito as palavras "geralmente", "devem", "deverão" etc. para explicá-los, pois não servem para apontar a resposta correta com certeza absoluta, óbvio que não, são meros indicativos de que a resposta possivelmente será essa ou aquela, deixando bem claro que inúmeras questões de sua prova não seguirão esses métodos. Porém, em vez de chutar a esmo, o melhor a fazer é seguir um deles.

a) Chute nas alternativas que contenham mais texto

Nas questões de Direito e Legislações, dê preferência às alternativas maiores, as que possuem mais texto impresso.

O examinador, para correr menos riscos de ver sua questão anulada, tende a explicar mais as alternativas corretas.

Como sou Estatístico, fiz uma contagem das respostas corretas nos últimos três grandes concursos da área fiscal: Auditor Fiscal da RFB (AFRFB), Analista Tributário da RFB (ATRFB) e Agente Fiscal de Rendas de SP (AFR-SP). Os dois primeiros feitos pela ESAF e o de SP, pela FCC, sendo todos de 2009.

UNIDADE III – O Estudo Após o Edital

447

Para explicar como fiz essa pesquisa, marquei todas as alternativas que possuíam as maiores respostas das provas de Direito e Legislação. Pulei várias questões, pois ou apresentavam simples palavras como respostas, ou números ou aquele tipo de questão em que é para marcar algo como "as alternativas I e III estão corretas". Só fiz a conferência para as questões que realmente apresentavam alternativas com textos com mais de uma linha na maioria dos casos.

E obtive os seguintes resultados:

AFRFB 2009 – ESAF: O pior desempenho possível, com somente 10 acertos em 61 questões, ou seja, 18% de aproveitamento, menor até do que o chute a esmo, de 20%.

ATRFB 2009 – ESAF: Aproveitamento excepcional, com 14 corretas em 34 questões. A média só não foi maior por causa de Direito Internacional Público, que teve só uma correta dentre suas dez. Mas os Direitos Administrativo, Constitucional, Tributário e Previdenciário e Administração Financeira e Orçamentária, o desempenho foi entre 45 e 50% para cada um. Como o mínimo por disciplina é de 40% para não ser eliminado, já garantiria o mínimo só chutando as maiores alternativas nessas cinco matérias, o que não daria para ser aprovado, claro, mas ajudaria no total de pontos.

AFR-SP 2009 – FCC: Bom aproveitamento, com 20 corretas em 61 questões, dando 33% de aproveitamento, o que já é bem melhor que os 20% normais.

Juntando esses três concursos, obtivemos 44 corretas em 151 questões, dando 29% de aproveitamento, número este melhor do que os 20%, ressaltando o caso do ATRFB-2009, no qual essa dica funcionou muito bem.

Conforme expliquei anteriormente, as dicas sobre como chutar aumentam somente um pouco sua chance, mas é melhor do que nada, concorda? Se quiser ter um resultado realmente significativo, só tem uma solução: acumular mais HBCs, claro.

b) Alternativas com palavras exclusivas ou inclusivas

Alternativas com as palavras "sempre", "nunca", "jamais", "sem exceções" ou "somente" geralmente estão erradas.

Certamente você já ouviu que "para toda regra, há uma exceção". Mas não é para toda regra que essa expressão vale, afinal, como ela é uma regra, ela também tem suas exceções, mas quase sempre a dica é válida, então por isso o uso do "sempre", "nunca" ou algo parecido costuma invalidar a alternativa.

Exemplo: *"A pena de morte nunca poderá ser aplicada no Brasil"*. A palavra "nunca" esculhambou tudo, pois poderemos ter pena de morte em caso de guerra declarada. Como curiosidade, saiba que se um dia isso infelizmente ocorrer, a execução será feita por fuzilamento, conforme o artigo 56 do Código Penal Militar.

Alternativas com as palavras *"geralmente"*, *"em geral"* ou *"alguns"* quase sempre estão corretas.

Essa dica não é para ser seguida à risca, é só para fazê-lo desconfiar das alternativas que não admitem exceções ou generalizam demais.

c) Usando a técnica do IBOPE

Há diversos outros nomes que os especialistas já deram para essa técnica, mas eu a chamo de "IBOPE" faz muitos anos.

O IBOPE é o seguinte: se você já tiver respondido com bastante segurança nove questões de dez, por exemplo, chute a alternativa que menos tenha saído nas outras. O problema é que é difícil você ter bastante segurança das outras nove, aí o tiro poderá sair pela culatra, pois, se você tiver errado uma dessas, a chance de errar a que falta vai aumentar com o IBOPE.

Muitas bancas tendem a manter um número igual para todas as letras, para evitar que alguém chute todas as questões em uma alternativa só e acerte bastante assim. O ENEM sempre usa isso e a FCC também gosta.

Agora, se tiver feito sete das dez, por exemplo, o ideal é chutar as três que faltam em uma alternativa só, numa letra diferente das que você mais obteve com certeza nas questões que você sabia fazer. Não compensa chutar letras diferentes para cada uma, é mais fácil você garantir uns pontos chutando a mesma letra nas que faltam. Não seja ambicioso tentando acertar as três chutando uma letra diferente em cada uma, porque é mais provável que você fique a ver navios.

UNIDADE III – O Estudo Após o Edital

O IBOPE costuma funcionar mais nos concursos em que há mínimos por disciplina, principalmente quando há uma só ordem de gabarito, e não várias, para evitar a cola em sala de aula.

Esta técnica já foi mais indicada, contudo, hoje, alguns estatísticos especializados em concursos, como o Victor Maia, mostraram que ela tende a prejudicar seu desempenho.

Ele explicou bem isso numa palestra que eu fui em agosto de 2016 (você pode me ver lá no fundão aos 54min50). Procure por "Mitos em Concursos Públicos" no canal EduQC no YouTube. É de 3/8/2016. Sugiro que a assista, principalmente se você for encarar provas do Cebraspe. Ele é outro doido que tem mestrado em Estatística rs.

d) Cuidado com a letra A

Evite ler a primeira alternativa, já achar que é a resposta correta e marcar o gabarito sem nem ler as demais. Ela pode conter uma pegadinha.

Não estou afirmando para nunca marcar a letra "A", não é isso, mesmo porque já explicamos que as bancas tendem a dar 20% das respostas para cada letra, é só para ficar com uma pulga atrás da orelha antes de marcar "A".

Sempre que leio sobre tomarmos cuidado com a letra "A", lembro-me de um vestibular que fiz para a UERJ no início dos anos 1990. Adivinha qual era a pior disciplina para mim, Matemático de carteirinha? Biologia, claro. Pois bem, a prova continha 25 questões dessa minha desgraça. Adivinha quantas respostas foram letra "A"? 24!!! Só uma das 25 não era. Acredita nisso? Na época saiu até nos jornais da Globo, tal foi o escândalo. Os organizadores disseram que resolveram fazer uma experiência, pois acreditavam que quem realmente sabia a matéria teria confiança suficiente para marcar todas essas letras "A".

Caramba, para um cara como eu, que não sabe nem se capivara é um mamífero ou uma ave, nem as questões que eu tinha o palpite que era "A" eu marcava. E mesmo quem sabia a matéria, ao começar a marcar tantas letras "A", começaria a procurar pelo em ovo e trocaria o gabarito de algumas, achando que era tudo pegadinha.

Eu até inicialmente tinha achado sete alternativas "A", mas acabei trocando algumas, por achar que estava marcando muitas letras "A" logo na minha pior matéria, e no fim só marquei quatro das sete, que foi minha nota na disciplina. Lembra quando lá atrás eu escrevi que não passei no total de pontos por uma questão em dois vestibulares? Esse foi um deles. E, obviamente, passei a ter mais raiva ainda da disciplina, apesar de a culpa não ser dela, e sim daqueles caras que fizeram essa bobagem. Se aqueles biólogos quisessem fazer uma experiência, que tivessem feito com um camundongo, e não comigo, ora bolas.

E eu achava que tinha sido vítima da única vez que fizeram uma insanidade dessas, mas recentemente houve um concurso para a Unifal que teve 64% de letras A, sendo 30 seguidas. Muita maldade, para não dizer uma palavra mais feia.

e) Evite marcar alternativas com conteúdo que você nunca viu antes

A não ser que seja um tópico de uma disciplina que você não faça a mínima ideia do que se trata, se você tiver estudado um assunto, mesmo que por alto, e encontrar uma alternativa com expressões, nomes ou regras que você nunca tenha visto, comece a pensar que aquilo está incorreto, que é invenção do examinador.

f) Chute números intermediários

Quando as alternativas forem números, evite chutar no maior ou no menor, escolha um dos três intermediários. Dificilmente a resposta é um dos dois limites.

g) Chute nas respostas que mais aparecem

Se as alternativas forem:

A) João, José e Maria
B) João, José e Andrea
C) Andrea, Rui e Ana
D) Ana, Andrea e Maria
E) Rui, Pedro e Ivo

UNIDADE III – O Estudo Após o Edital

451

Chute na "C", pois aparece "Andrea" três vezes e "Rui" e "Ana" aparecem duas.

Coloque-se no lugar do examinador e do candidato. Você, como candidato, conseguiu resolver só uma parte da questão e já achou que "Andrea" é uma das respostas. Se você não souber resolver o resto ou o tempo acabou, só eliminará duas alternativas antes de chutar, correto? Mas e se você tivesse encontrado só o "Ivo" como resposta? Então nem precisaria continuar a questão, pois já saberia a resposta.

Agora se coloque no lugar do examinador imaginando que esse caso do "Ivo" poderia acontecer, você concorda comigo que teria colocado mais "Ivo" nas alternativas?

Eu já fiz algumas questões que fugiram a essa regra, em que bastou encontrar uma parte da resposta e ela já servia para eliminar quatro alternativas, deixando-me só com a correta, poupando meu tempo, mas são raríssimos os casos, geralmente encontrar parte da resposta só serve para irmos eliminando algumas alternativas.

h) Alternativas opostas

Se houver duas alternativas em que uma diz o contrário da outra, é quase certo que o gabarito seja uma das duas.

Entretanto, cuidado com essa dica, não a interprete de forma errada. Se uma questão contiver em uma alternativa que "o céu é roxo" e em outra que "o céu é rosa", as duas estarão erradas, óbvio, mas não foi isso que eu dei como dica, eu mencionei quando as alternativas são opostas. Nesse exemplo, se a segunda alternativa fosse "o céu não é roxo", ela seria o gabarito, concorda comigo?

Lembre: essa dica é para quando as alternativas são opostas uma à outra, e não quando são meros exemplos, sem que um exclua totalmente o outro.

Se forem opostas e você não tiver ideia do assunto, chute uma dessas duas, sabendo que mesmo assim o gabarito poderá ser uma das outras três alternativas, por alguma jogada do uso do Português, por exemplo, mas geralmente não é.

Já cansei de ver questões de concursos muito difíceis nos quais poderia ser usada essa dica, e não me lembro de ter visto uma resposta que era uma das outras três.

i) Alternativas parecidas

Quando há duas alternativas muito parecidas, a resposta costuma ser uma delas, pois o examinador deve ter imaginado uma resposta correta e inseriu-a em uma das alternativas, mas elaborou outra alternativa bem parecida com a correta, visando confundir o candidato.

j) Itens politicamente corretos costumam estar certos e os que forem contra os bons costumes ou a lógica, costumam estar errados

As bancas gostam de inserir alternativas com dizeres politicamente corretos, principalmente se forem sobre o órgão para o qual está prestando o concurso. É comum aparecerem alternativas assim: *"O funcionário do órgão X deve zelar pelo patrimônio do órgão e atender polidamente os contribuintes"*.

Pode até não ser a resposta da questão, claro, pois ela pode estar pedindo a alternativa incorreta, mas nunca vi um item politicamente correto estar incorreto.

E também nunca vi o oposto, ou seja, uma alternativa ser verdadeira mesmo sendo politicamente incorreta, afrontando os bons costumes ou a lógica, ou sendo preconceituosa.

k) Itens corretos quase sempre possuem redação de fácil entendimento

Os examinadores se preocupam em redigir a alternativa correta sem dar margem a dúvidas, por isso tendem a escrever mais nelas, conforme vimos em uma dica anterior, e deixá-la de leitura fácil, mesmo que extensa.

Para tornar uma alternativa incorreta, o examinador pode ter simplesmente tirado uma palavra do texto, e aí o texto não fica muito bem redigido.

UNIDADE III – O Estudo Após o Edital | **453**

Resumindo, desconfie de alternativas que possuem um texto de difícil compreensão quanto à nossa língua. Não é se você entendeu ou não o assunto, pois ele pode ser realmente difícil ou você nunca ter visto algo parecido, eu me refiro ao uso do Português, quando as palavras e frases não se encaixam muito bem.

Bem, essas foram as dicas sobre como aumentar um pouco suas chances na hora de chutar as alternativas, mas o mais indicado ainda é acumular mais HBCs e depender cada vez menos do acaso.

I) Chutes em provas de "certo" ou "errado" (Cebraspe/UnB)

Cuidado com o chute neste tipo de prova. Há quem diga que a melhor opção é a seguinte: faça todas as questões que mais tem certeza da resposta, conte quantas foram "certo" ou "errado" e depois chute todo o resto na que teve menos respostas. Exemplo: em uma prova de 100 questões, você marcou com relativa confiança 40 "certas" e 30 "erradas". Então chute "errado" nas 30 restantes. Parte da premissa de que as provas do Cebraspe/UnB distribuem em torno de 50% para cada tipo de resposta.

Esse raciocínio pode levá-lo a piorar seu resultado, segundo alguns estatísticos especializados em concursos, como o Victor Maia.

O trem começa a sair dos trilhos quando você parte da ideia de que você acertou a resposta daquelas 70 questões marcadas com confiança no nosso exemplo. Como você errou algumas dessas, muito provavelmente, seu chute será bastante prejudicado usando esta técnica.

Assista a uma palestra do Victor Maia no Youtube chamada "Mitos em concursos públicos". Dura 58min43. É um pouco complicada de entender alguns pontos, mas a explicação sobre as falhas desta técnica e da técnica do IBOPE estão nela. Não concordei com alguns detalhes da palestra, mas aprendi que esta dica de chutar todo o resto na opção que você menos marcou antes é furada total. Lá pelos 54min50 do vídeo você reconhecerá um cara na última fila, de camisa preta do Yoda, já que está difícil usar a camisa do Vasco ultimamente (rs.).

Bem, mas como eu chutaria em uma prova desse tipo? Você deve estar querendo me perguntar isso. Afinal, muita gente tem medo de marcar as respostas que não possui certeza, pois normalmente para cada alternativa em que você errou a resposta, elimina-se a pontuação de uma que você acertou. E aí o colega acaba deixando várias questões em branco. Vamos então ao que eu faria.

Eu marcaria todas as respostas que tivesse alguma ideia do que estaria fazendo. Eu só não marcaria as de conteúdo do qual eu não fizesse realmente a mínima ideia da resposta. Mas se tivesse uma leve desconfiança, eu marcaria a resposta. Simplesmente por que se fosse marcar só o que tivesse mais certeza, deixaria muitas questões em branco, e isso muito provavelmente não me aprovaria. É neste ponto que eu divirjo um pouco do Victor, pois ele diz para nunca deixar nada em branco, baseado em seus estudos. Resumindo a nossa única diferença de opinião, e com todo o respeito que eu tenho pelo seu trabalho, que é bem sério, eu sugiro para deixar muito poucas questões em branco, somente aquelas que forem grego para você, enquanto ele diz para marcar até essas.

Para não haver confusão, já que lá no capítulo sete desta unidade eu expliquei que na minha prova do mestrado em Estatística da UFMG eu só marquei nove das 15 questões, para não diminuir minha nota final, naquela prova eu sabia que uma pontuação bem baixa, mas positiva, garantiria minha vaga. É bem diferente de um concurso em que tenho que obter uma pontuação alta.

Enfim, sugiro que não use a técnica mais conhecida de marcar todas as respostas que não sabe na opção que menos apareceu, seja usando o IBOPE nas questões de quatro ou cinco alternativas, seja nas do Cebraspe de "certo" ou "errado". O xará do meu filho me convenceu naquela palestra do vídeo que indiquei e em conversas posteriores. E como ele é mestre em Estatística como o doido que escreveu este livro, foi fácil me convencer (rs.).

10) A hora de marcar o gabarito

Pode parecer exagero ou bobagem escrever um capítulo só sobre esse assunto, mas como já vi tanta gente fazendo bobagem com a hora mais importante da prova, e que é tão simples, sugiro que o leia, afinal, são poucas palavras, mas que podem ajudá-lo muito na hora da prova.

Primeira dica: muito cuidado com o seu cartão-resposta durante a prova. É muito comum vermos candidatos derrubando água ou suando em cima do cartão, praticamente inutilizando-o.

Quando fiz a prova para o AFR-SP, dei mole com o sachê de álcool que a FCC dava para que limpássemos os dedos após termos impresso as digitais, e ele vazou todo em cima do meu cartão, o que me prejudicou bastante, pois me tomou muito tempo, cerca de uma hora, tentando melhorar a aparência do dito cujo.

Se tiver curiosidade, leia depois o artigo que escrevi sobre como foi minha preparação para o AFR-SP, para entender o perrengue que passei. Fiquei muito tempo durante a prova indo ao banheiro para pegar papel higiênico para enxugar o cartão, assoprando, sentando em cima para tirar as ondulações etc. Esse tempo perdido me tomou muitos pontos, pois o tempo restante não foi suficiente para responder a todas as questões. Depois, ao ver a prova e verificar que várias questões, as quais não tive tempo de resolver, eu sabia responder tranquilamente, fiquei muito triste. Ainda bem que não fizeram falta esses pontos que eu deixei de resolver por causa do cartão, mas poderiam ter me reprovado, e de duas formas distintas, tanto pela perda dos pontos das questões que não tive tempo para resolver, quanto pela eliminação do concurso caso o cartão não passasse pela leitora, que foi o que mais temi que acontecesse. E não saía da minha cabeça a cara que os fiscais de sala e o chefe dos fiscais, que eu tinha pedido para chamar, fizeram para mim ao dizerem que duvidavam muito que aquele "resto" de cartão fosse corrigido, porque estava todo borrado e manchado.

Ainda bem que a FCC corrigiu aquele meu gabarito e não me cortou nenhum ponto, mas tenho quase certeza de que não foi corrigido pela leitora, e sim manualmente, tal era o estado lastimável que aquele #$%@&* de cartão ficou.

Por essas e outras que na primeira unidade pedi para tomar cuidado com o excesso de álcool enquanto fosse concurseiro (rs.).

As próximas dicas sobre o preenchimento do cartão é para evitar que você marque a alternativa errada ao passar a limpo a sua resposta da prova para ele.

Uma dica é bem simples, mas muito útil: conforme for resolvendo as questões, escreva destacadamente a letra da sua resposta na prova ao lado do número da questão. Essa identificação em destaque ajuda bastante depois na hora de passar suas respostas para o gabarito, otimizando o tempo e diminuindo o risco de se confundir na marcação devido à pressa. É muito comum, na pressa, enxergarmos um "C" em vez de um "D" assinalado nas alternativas, por exemplo.

Então, se tiver marcado letra "D", escreva um "D" com um a dois centímetros de altura ao lado do número da questão. É bom escrever ao lado do número para depois não achar que a resposta é de outra questão.

Não precisa ter medo do fiscal da sala achar que está querendo passar cola para o colega ao lado, é só não escrever com cinco centímetros de altura. Eu sempre fiz isso minha vida inteira, desde garoto, e nunca me chamaram a atenção.

Outra dica é alertá-lo para o fato de que não precisa esperar os últimos minutos da prova para começar a passar o gabarito. Exemplificando, suponhamos que sua prova tenha 100 questões a serem respondidas em cinco horas de prova. Após umas quatro horas, se já tiver resolvido umas 80, marque-as logo no cartão, a lápis, conforme veremos a seguir. Essa marcação intermediária, antes da marcação final, ajuda a relaxar um pouco, pois a essa altura o seu cérebro já estará aos frangalhos respondendo a muitas questões sem parar, então servirá como um refresco para ele. Depois desses minutos de descanso, seu desempenho será melhor.

Ainda que depois você identifique algum erro que tenha cometido na resposta de alguma questão, como estará marcada a lápis, poderá consertar tranquilamente.

"Mas como assim marcar a lápis se o edital exige que marquemos à caneta?"

Colega, é muito comum passarmos alguma alternativa errada para o gabarito na pressa de ter de marcar tudo em tão pouco tempo. E muitas vezes cometemos o pior dos erros, que é o erro em cascata, ou seja,

UNIDADE III – O Estudo Após o Edital   **457**

pulamos uma resposta sem querer e seguimos marcando várias respostas em sequência na ordem errada. E não adianta chorar, espernear, dar chilique etc., pois em hipótese alguma será dado outro gabarito para você marcar o correto. Não adiantará tentar apagar, usar o corretivo etc. Como diriam os ladrões cariocas: *"Perdeu, perdeu, playboy!"*.

Para que isso não ocorra, há outra dica, que é uma alternativa bem simples: marque primeiro uma bolinha minúscula a lápis dentro da "bolinha" ou do "quadradinho" da resposta, e depois, após conferir tudo, passe a caneta por cima. Eu nunca tive nem o trabalho de apagar a resposta a lápis com uma borracha antes de passar a caneta, pois sempre fiz um pontinho minúsculo, menor que uma cabeça de alfinete. Mas se você estiver temeroso, apague a bolinha feita a lápis antes de preencher à caneta.

Contudo, alerto: se um dia inventarem algum leitor de cartão que seja hipersensível ao lápis, que não aceite nem uma mísera bolinha, aí não pagarei seu salário pelos próximos anos porque foi eliminado, ok?

Enfim, decida na hora se você vai apagar a bolinha minúscula de lápis ou não. Eu nunca apaguei e nunca perdi nenhum ponto por isso. Mas não deixe de fazer a tal bolinha. E não faça uma marcação grande a lápis, faça a menor possível.

Lembra que sugeri para que fizesse uma marcação intermediária a lápis antes dos últimos minutos disponíveis para terminar a prova, para dar uma refrescada no cérebro? Então, passado mais algum tempo, mesmo que ainda não tenha decidido sobre todas as respostas, passe logo a caneta em cima das que sabe que não vai mais mudar as respostas. Assim, ainda terá alguns minutos no final da prova para tentar resolver as últimas questões, e ainda que o tempo esgote sem ter marcado essas últimas, já terá marcado quase todas.

Na hora de marcar o cartão em definitivo, de preferência coloque a prova embaixo, para fazer uma base melhor, mais plana. Há mesas que possuem buracos, que podem fazer com que você fure o cartão ou preencha fora do espaço permitido.

Considero um erro clássico e bobo essa imensidão de candidatos que deixam o fiscal tomar a prova sem que tenham marcado tudo. Não por permitirem que o fiscal tome a prova, e sim porque deixaram chegar a este ponto. Acostume-se a fazer uma marcação intermediária, a lápis, depois passe a caneta por cima delas quando já estiver quase tudo passado a limpo para o cartão, use os últimos minutos para tentar resolver mais algumas poucas questões e quando faltarem poucos segundos, marque essas últimas, mesmo que sejam chutes diretamente no gabarito. Mas deixar de marcar alguma resposta, mesmo que sejam chutes a esmo, é inadmissível.

Já cansei de fazer concursos que não davam nem em sonho para resolver a prova toda, nem o primeiro colocado conseguia, e nunca deixei de marcar minhas respostas, mesmo tentando resolver tudo até o final. E nunca cometi esse erro porque sempre fiz do jeito que indiquei neste capítulo.

E também nunca deixei de anotar o gabarito para conferir em casa depois. Alguns concursos disponibilizam um papel para que o candidato anote suas respostas. Afinal, caso contrário, como ele poderá entrar com os recursos, quando sair o gabarito oficial, se não saberá quais questões errou?

Nunca deixe de anotar seu gabarito para conferir em casa, por mais que esteja tomando uma surra na prova e vendo que se ferrou bonito. Servirá para verificar quais as disciplinas em que precisará melhorar mais, caso não passe. E cuidado com esse pessimismo no meio da prova, achando que está eliminado, pois em todos os concursos vemos inúmeros aprovados relatando depois que quase foram embora no meio de uma prova, pois tinham certeza de que estavam sendo eliminados.

Quando fiz o AFRFB em 2005, houve uma menina, que depois se tornou uma das minhas grandes amigas, que saiu da prova da manhã chorando, pois estava certa de que tinha se dado muito mal e que não havia conseguido o mínimo de 40% logo em sua disciplina favorita, Direito Tributário. Ligou para o seu marido na hora do almoço, que também estava fazendo a prova, mas em um bairro distante, e disse que não iria voltar para fazer a prova da tarde, tal era o estado emocional em que se encontrava. Ele conversou calmamente com ela e convenceu-a a não fazer isso, e pediu para que fizesse a prova da tarde nem que fosse como experiência. Pois bem, ela fez a prova da tarde e quando conferiu o gabarito dois dias depois, tinha tirado a maior nota de MG em Tributário, acertou 17 das 20 questões, e depois foi aprovada com muita sobra, ela e seu marido. Ela tinha somente 22 anos quando passou, um verdadeiro fenômeno.

UNIDADE III – O Estudo Após o Edital

Vou abrir um parêntese para contar outra historinha aqui, que servirá para você nunca mais reclamar do tempo gasto com a marcação das respostas à caneta. Antigamente não havia os leitores sensíveis à caneta ou ao lápis, então era utilizado um cartão perfurado. Cansei de fazer concursos assim, incluindo vestibulares e provas para escolas militares. Recebíamos um cartão de papelão para marcar as respostas, mas em vez de bolinhas ou retângulos para marcarmos a nossa resposta de cada questão, havia retângulos com perfurações em volta, para destacarmos o da alternativa que escolhemos. Levávamos um palito de dente e o enfiávamos com muito cuidado em cada resposta a ser perfurada e puxávamos pelo verso com as unhas. É claro que ocorriam inúmeros desastres. O mais comum acontecia quando, ao puxarmos o retângulo da nossa resposta, rasgávamos dois retângulos de uma vez só, emendando a alternativa que queríamos com a do lado. E aí perdíamos a questão, óbvio, assim como se marcássemos à caneta hoje duas alternativas. Pode rir, mas treinávamos isso nos cursinhos.

A minha situação era pior ainda, porque eu roía unha. E pedir para alguém que rói unha ficar sem fazer isso nos dias que antecedem uma prova é o mesmo que pedir para não respirar durante os mesmos dias. E o que eu tinha que fazer? Eu usava um band-aid no polegar e outro no indicador da mão direita durante a semana anterior à prova, para não roê-los. Tudo isso porque era quase impossível puxar o pedacinho de papel pelo verso sem unha.

Portanto, da próxima vez que for xingar na hora de marcar o cartão--resposta, agradeça por hoje só precisar preenchê-lo à caneta, porque poderia ainda ser na base do palito de dente.

Conclusão da Unidade III

Após lida essa terceira unidade, considero-o ciente de tudo que poderá fazer para acumular suas HBCs e encarar qualquer concurso. Se você leu tudo até aqui com bastante atenção, com certeza está apto a analisar bem o seu edital, organizar seu estudo durante essa fase angustiante e resolver sua prova adequadamente.

Estou muito feliz, afinal, não ajoelhei no milho à toa, conforme disse que iria fazer lá no início desta unidade para motivá-lo a lê-la.

Gostaria que você estivesse com a mesma certeza que eu estou, a de que você possui muito mais condições de obter sucesso em seus concursos após ter tido a feliz ideia de ter lido este livro até aqui.

Experimente folhear o livro desde o início. Caso tenha usado a caneta amarela, releia as principais marcações. Veja quantas informações valiosíssimas já assimilou.

Tenho certeza de que você decidiu adotar várias das dicas, pois sabe que seu estudo renderá muito melhor seguindo-as.

Praticamente todas as dicas sobre como estudar que eu poderia ensinar a você se encerraram nesta terceira unidade.

A leitura da próxima unidade e do apêndice será bem rápida. O objetivo é fornecer algumas informações úteis sobre outros assuntos, também necessários para o seu conhecimento.

Falta muito pouco para acabar a leitura deste livro, logo, não deixe de ler até o fim. Você gostará do que as próximas páginas contêm. E se você leu o livro até aqui, é porque já aprendeu a confiar em mim, sendo assim, garanto que vai gostar do que está por vir.

Então me acompanhe por mais alguns minutos e depois vá acumular mais HBCs, de maneira muito mais organizada do que era antes de ter começado a ler este livro.

Unidade IV

Após a Prova

Muitos concurseiros não sabem o que fazer após a prova. Não sabem elaborar recursos, quais providências tomar após serem aprovados ou, caso não tenham sido, como prosseguir nessa jornada.

Como já passei por todas essas situações algumas vezes, escrevi esta última unidade para auxiliá-lo com elas, tendo sido aprovado ou não.

É uma unidade bem pequena, mas não deixe de lê-la, pois poderá ser muito útil em um momento que você precise bastante. Em 20 minutos a fatura estará liquidada.

1) Conferindo o gabarito e elaborando recursos

Geralmente em um ou dois dias após a prova o gabarito é divulgado no site da instituição que organizou o concurso, que pode ser a FCC, o CEBRASPE, a FGV, o Cesgranrio etc., e é informado um prazo de poucos dias para entrarmos com os recursos daquelas questões com as quais não concordamos com o gabarito.

Após um prazo para analisarem os recursos, o gabarito final é divulgado, quase sempre no mesmo dia da relação dos candidatos aprovados.

Em todos os concursos há candidatos que são alavancados lá de trás para frente da classificação, pois ganharam muitos pontos nos recursos, enquanto outros descem ladeira abaixo. Não acho isso injusto, pois, na teoria, se a questão estava errada ou com o gabarito trocado, se a banca tivesse descoberto isso antes de divulgarem o gabarito inicial, a classificação já seria essa nova. Ela nada mais fez do que divulgar corretamente a classificação, mesmo que tardia. O grande problema é que em praticamente todos os concursos o processo de anulação ou alteração de questões não é perfeito, porque deixam de anular várias questões com erros escandalosos e às vezes anulam questões sem que ninguém entenda o porquê, pois estavam perfeitas.

Quando fiz o AFRFB em 2005, 11% do total de pontos do concurso foram anulados ou alterados. E havia outras questões que deveriam ter sido anuladas, mas não foram.

Quase sempre haverá questões que serão anuladas ou então terão o gabarito alterado. Quando a questão é anulada, a pontuação dela é dada para todos os candidatos, mesmo que não tenham entrado com recurso. Assim, se alguém provar que a questão estava errada, todos ganharão os pontos. Se o gabarito for alterado, por exemplo, da letra "C" para "A", todos que marcaram a letra "A" ganharão os pontos dela, e os que tinham marcado "C", não ganharão nada, ou seja, perderão aqueles pontos que tinham ganhado antes.

Sabendo disso, os candidatos sempre perguntam se precisam entrar com um recurso de uma questão que sabem que outro candidato já

UNIDADE IV – Após a Prova

entrou. Pode parecer desperdício de tempo, mas eu sempre acho que a banca pode perder o outro recurso ou então ignorá-lo. Eu, se fosse membro da banca, pensaria assim: *"Dentre milhares de candidatos, poucos entraram com recursos dessa questão, então duvido que estejam certos"*. Agora, se muitos recursos forem feitos para aquela questão, com certeza analisarão mais profundamente o caso.

Quando fizer algum recurso, evite se basear em livros e materiais de concursos. Os professores que compõem a banca quase nunca ouviram falar desses autores, pois geralmente são professores acadêmicos, que ignoram os livros específicos para concursos. Utilize as leis e as obras dos autores mais famosos no meio acadêmico, citando a edição, a página e o trecho no qual fundamenta o seu recurso. Se não tiver, vá à biblioteca de uma faculdade qualquer, que sempre possui estes livros mais conhecidos, e consulte-os.

Alguns concursos limitam o número de recursos que cada candidato pode fazer, o que acho um absurdo. No meu concurso para o AFRFB, fiz uns 25 recursos, e no de SP foram mais de 10, sem exagero.

Vários professores e candidatos publicam seus recursos em fóruns e sites especializados quando o concurso é muito divulgado. Daí é só adaptar com suas palavras e entregar.

Trate a banca sempre de forma respeitosa e, de preferência, redija seu recurso utilizando a terceira pessoa do singular.

Existem sites nos quais os candidatos inserem suas notas, para formarem um ranking, mesmo que não oficial. Em concursos em que há uma boa adesão, como os maiores da área fiscal, o ranking depois fica muito parecido com a classificação oficial. Quando fiz o AFRFB em 2005, era o sétimo do ranking de MG e fiquei em sexto, pois a primeira nota inserida no ranking era falsa. A classificação dos dez primeiros no ranking ficou praticamente inalterada em relação à classificação oficial.

Eis alguns sites que elaboram rankings, dentre outros:

- www.forumconcurseiros.com
- www.superconcurseiros.com.br
- www.rankingdoconcurso.com.br

Sempre aparecem uns idiotas inserindo notas falsas, geralmente estratosféricas, mas com o tempo são descobertos. Engraçado foi quando o Deme inseriu sua nota no AFRFB de 2005 e muitos queriam apagá--la, pois duvidavam dela, tão absurda que era. Mas era verdade, ele tirou nove mesmo e foi o primeiro lugar nacional, fazendo-nos sentir umas toupeiras.

Após a prova e elaborados os recursos, tire uns dias para descansar. Vá à praia, dê atenção aos amigos e familiares etc. e não fique dando desculpas sobre seu desempenho no concurso. Pare de viver de desculpites. Se não se saiu bem como pretendia, faça melhor na próxima vez e ponto-final.

Caso se sinta realmente prejudicado e opte por entrar na Justiça, o prazo para impetrar um mandado de segurança é de 120 dias a partir da data que o ato ilegal produza efeito e não da publicação do edital, conforme Informativo de Jurisprudência nº 646 do STF.

Entretanto, deixo um conselho de quem já viu muita gente se dar mal por ter feito o contrário: por maior que seja sua revolta e seu sentimento de injustiçado, não acredite que a justiça será feita rapidamente, pois muito provavelmente não será, afinal, nem preciso comentar sobre a demora da justiça em nosso país. Sendo assim, entre na Justiça, não deixe de acompanhar seu caso, mas não viva em função dele, não deixe de estudar para os próximos concursos, pois você poderá esperar uns dez anos para ver sua pretensão atendida e até mesmo não ser favorável.

Conheço a história de várias pessoas que fizeram seus concursos há mais de dez anos e até hoje esperam ser chamados para cargos, ainda levando uma vida bem inferior à que poderiam ter caso tivessem continuado a estudar e passado em outro concurso.

Fazendo uma analogia com o futebol, de nada adianta, na final de um campeonato, um time ter um gol mal anulado, perder o título por causa disso e ficar reclamando o resto da vida. Como se diz, é "choro de perdedor". Entretanto, um concurso tem uma vantagem muito grande em relação ao futebol em um ponto, dentre outros: Você pode tomar 15 gols antes, mas basta fazer um gol no finalzinho da partida, daqueles bem chorados, nos acréscimos, que você será o campeão. O título de campeão será seu, e a faixa será exibida em seu peito para o resto da vida. Não é como no futebol, no qual um time perde de um a cinco e esse gol marcado a favor é chamado de "gol de honra", pois não valeu de nada. No concurso não há gol de honra, ou é gol ou não é, e quando é, a alegria é imensurável, sua e de seus próximos. Ninguém vai falar no futuro que você tomou quinze gols e só fez um, lembrarão para sempre do seu gol marcado, um verdadeiro gol de placa.

2) Passei! O que eu faço além de comemorar muito?

Calvin & Hobbes, Bill Watterson © 1987 Watterson / Dist. by Universal Uclick

    Antes de mais nada, meus parabéns. Hoje é aquele dia em que você pode olhar para o espelho com muito mais orgulho. Você, provavelmente, e finalmente, "venceu na vida". Vai se sentir como o Calvin no quadrinho anterior. Vai dançar até com seu bichinho de pelúcia no meio da madrugada, assim que vir seu nome no Diário Oficial pela internet.

    Lá atrás na primeira unidade eu pedi para você ver o filme "*À Procura da Felicidade*", com o Will Smith, lembra? A última parte deste filme descreve muito bem a sensação que você sentirá.

    É uma sensação indescritível, um sentimento de paz, de dever cumprido, de orgulho, de êxtase etc. É como disse o Ayrton Senna: "*Vocês nunca conseguirão saber o que um piloto sente quando*

vence uma prova. O capacete oculta sentimentos incompreensíveis".
Até hoje, passados tantos anos de minha aprovação no AFRFB (dia
16.01.2006), não consigo comentar sobre o dia do meu resultado
sem me emocionar; eu choro mesmo, igual criança, e sempre fico
pensando quando conseguirei relembrar aquele dia sem "pagar mico"
perante os presentes em minhas palestras. Frustrante é saber depois
que muitos presentes acham que é encenação. Bem, no dia em que
passarem, verão que não é.

Ligue para os seus parentes e amigos, aqueles que realmente se
importam com você e dê a notícia. Saia para tomar um chopp com eles
e comemorar, faça um churrasco etc. Enfim, solte o grito e aproveite
o momento.

Não se preocupe em avisar os que não gostam de você e torcem
pelo seu fracasso, pois, como todos sabem, "notícia ruim vem a galope".
E, para eles, sua aprovação é uma notícia ruim.

Fique atento a tudo que vier escrito no Diário Oficial sobre o
seu concurso. Dê uma nova lida no edital na parte em que fala dos
documentos necessários para a posse e saiba de cor qual é o prazo de
validade do concurso.

Uma boa notícia é que faz pouco tempo que o STJ decidiu que o
órgão é obrigado a nomeá-lo, coisa que não acontecia antes, pois se
dizia que "a aprovação em concurso público era mera expectativa de
direito". Agora não é mais, logo, se você estiver dentro do número de
vagas previsto no edital, desde que não seja uma vaga chamada de
"cadastro de reserva", estará com sua nomeação garantida. Mas saiba
que o órgão tem todo o prazo previsto no edital para nomeá-lo, podendo
deixar para o último dia da prorrogação, se quiser.

Obviamente, o órgão tem que nomear seguindo a ordem de classificação dos aprovados.

E outra coisa que você deve saber: a formação necessária para
tomar posse você tem que ter no dia da posse, e não em nenhum período antes. Logo, se você se formar na véspera da posse, terá direito
a ser nomeado tranquilamente. Antigamente alguns editais exigiam a
formação no dia da publicação do edital, e esse foi o principal motivo
para eu não ter assumido o Fiscal do estado de MG em 1993, pois não
era formado no dia do edital, só depois, e teria que brigar na justiça
para ser nomeado. Isso não existe mais.

Muitos cargos exigem diversas certidões negativas no dia da posse e fornecem um tempo suficiente para tirá-las com calma, mas alguns dão poucas semanas para obtê-las. Logo, se possível, adiante-as o quanto antes, não espere ser convocado para correr atrás. Em muitos estados a maioria delas é gratuita e várias podem ser obtidas pela internet, sem custo algum. O mínimo que você pode fazer é já saber onde conseguir todas elas e quantos dias demora cada uma.

Mesmo que a validade delas expire, é importante você saber se não há problemas com seu nome. E antes que me diga que isso será impossível, digo que já vi muitos aprovados desesperados por causa das pessoas homônimas, ou seja, que têm o mesmo nome que você. Isso é um estresse total, pois até provar que aquela pessoa não é você, pedindo para algum órgão público limpar seu nome, sabendo que infelizmente alguns têm serviços muito demorados, o bicho pode pegar para o seu lado.

Eu, para minha sorte, não possuo nenhuma pessoa homônima no Brasil. Mas quem se chama "José da Silva", por exemplo, estará ferrado, porque a quantidade de pessoas homônimas será gigantesca, e a chance de algum órgão expedir uma certidão contrária aos seus interesses será grande.

Sei que as pessoas são diferenciadas não só pelo nome, como também pelo RG, CPF etc., mas quem disse a você que isso funciona tudo bonitinho nos mais diferentes cadastros públicos do país? Isso é o "samba do crioulo doido".

Então, assim que puder, verifique suas certidões. As que puder obter gratuitamente pela internet, tire de uma vez, mesmo ainda distante do seu concurso e sabendo que ela vencerá logo, pois já tirará um peso da consciência, não perderá tempo nenhum fazendo isso e, se der algum problema, terá mais tempo para resolver.

Eu sempre fui muito cara de pau ao ser aprovado, pois fiz o seguinte: eu visitava os locais de trabalho antes, para pegar mais informações, conversar com os futuros colegas, esclarecer algumas dúvidas, ver os locais onde poderia ser lotado etc. Tem gente que tem vergonha de fazer isso, pois tem medo de parecer metido ou coisa parecida, mas isso eu garanto que é a maior bobagem. Toda vez que você aparece em um local como já aprovado, mesmo que ainda não nomeado, o pessoal o trata muito bem, mas muito bem mesmo.

UNIDADE IV – Após a Prova

469

Eu fiz até pior, mas a situação e a ansiedade me levaram a isso. Quando saiu o gabarito do AFRFB em 2005, passados alguns dias e eu vendo que minha pontuação estava muito boa dentro dos rankings nos sites de concurso, resolvi visitar as futuras cidades onde eu poderia ficar lotado, mesmo sem ter saído ainda o resultado. E explico o porquê de ter feito isso. Eu morava em BH e não conhecia as cidades do interior onde havia delegacias para trabalhar na Receita Federal (RFB). Eu estava de férias e o boato era de que não haveria vagas para BH. Então, caso eu passasse realmente, como eu poderia escolher uma cidade para viver nos próximos anos se eu não a conhecia?

Então lá fui eu tirar uns dias das minhas férias para visitar Divinópolis, Sete Lagoas, Uberaba, Poços de Caldas etc. Procurei na internet os endereços de cada delegacia da RFB, fui até elas e na maior cara dura expliquei a minha situação (que eu só poderia ir naquele período em que estaria de férias) e perguntei como era o trabalho, a cidade, o tipo de serviço que se fazia em cada lugar, em quais setores os futuros novatos iriam trabalhar e depois ainda conversei com alguns habitantes para perguntar mais da cidade, além de dar uma boa volta nela. Comprei os jornais locais também, para ter uma ideia de preços, violência etc. E em todas fui muito bem recebido pelos virtuais futuros colegas. Até com o Delegado de uma dessas delegacias eu me reuni.

No fim eu não precisei me mudar, pois o boato era falso e houve muitas vagas para BH, onde acabei escolhendo, mas ainda assim serviu para dar muitas dicas para outros colegas aprovados, que não quiseram ou não conseguiram ficar em BH por causa da classificação.

Acho inconcebível uma pessoa escolher uma cidade sem tê-la visitado antes, dando um tiro no escuro. Isso pode ser motivo para muito estresse e tristeza no futuro, então analise bem cada opção fornecida, visite cada cidade, converse bastante, não seja envergonhado, seja muito cara de pau. Nesta época, quando fizer a barba ou se depilar, tem que cair serragem, e não os pelos.

Eu sempre digo que a vida de um aprovado para um concurso federal ou estadual passa por três momentos distintos, todos muito angustiantes:

1º) quando está estudando até o dia em que sai o resultado. Durante esse tempo o que mais se ouve é: *"Quero passar nem que seja em último lugar, a colocação não importa, eu quero é deixar essa vida de concurseiro"*;

2°) após aprovado, vem a fase da angústia para escolher a cidade que deseja trabalhar. O aprovado se esquece totalmente que um dia disse a frase a "colocação não importa" e passa a viver uma tensão muito grande para que não caia na cidade X, que caia na Y ou na Z. Se cair na cidade que não queria, é a morte, passará a ser o mais infeliz dos mortais, pelo menos por alguns dias ou meses. Dificilmente terá a consciência de agradecer que conseguiu sua tão sonhada vaga e que depois, com o tempo, se assim quiser, conseguirá uma transferência;

3°) OK! Você passou no concurso e chegou à sua cidade, tenha gostado dela ou não. Acabou o sofrimento, certo? Não, não acabou, pois tem a terceira fase de angústia, a de saber em que setor vai trabalhar. E não ria de mim e ache que é exagero meu, pois eu admito que em um dos meus cargos essa foi a fase que mais me angustiou, a que mais me deixou desesperado. Isso acontece porque quando você se apresenta em sua cidade, geralmente com mais alguns colegas aprovados, os mais antigos começam a aterrorizar dizendo que tal setor é horroroso, que o tal chefe é o "cão chupando manga", que tal setor que é legal para trabalhar etc. E você, que achava que já estava livre das angústias recentemente sofridas, passará por mais essa.

Antes que continuemos, quero passar algo para você, fruto de anos de experiência e passagens por quatro cargos diferentes. Tudo é transitório no serviço público. O que hoje está bom, amanhã poderá não estar mais. Dentro de cada local de trabalho há diferenças absurdas no relacionamento entre os colegas, no ritmo do trabalho, nas pressões sofridas etc. E onde é ruim hoje, será bom amanhã, e vice-versa. Dificilmente conseguimos entrar em um cargo já trabalhando com o que gostaríamos, nos melhores serviços, aqueles que todo mundo quer. E a explicação é bem simples para esse fato: quando você entrar, os colegas que estão com aqueles chefes mais chatos, nos locais mais distantes e/ou com os trabalhos mais pesados, estarão contando seus últimos meses dia a dia, esperando a "carne fresca" chegar para ocupar o lugar deles.

Isso é assim em qualquer cargo, nenhum é diferente. Passou para Juiz Federal? Você acha que terá uma vaga naquele Fórum mais bem falado e localizado da cidade, que todos dizem que é o melhor para trabalhar?

UNIDADE IV – Após a Prova

Claro que não, pois isso seria muito injusto com quem está há mais tempo na casa carregando o piano nas tarefas e locais menos visados.

Muitos conseguem a cidade dos sonhos e o trabalho desejado logo de cara, mas a maioria não. E isso não é o fim do mundo, pois, como já expliquei, tudo muda, e se o local não for do seu gosto, você conseguirá se mudar futuramente, afinal, se "a montanha não vai a Maomé, Maomé vai à montanha". Caiu em uma cidade que você não queria? Depois peça remoção, na pior das hipóteses quando houver um próximo concurso, se não conseguir antes. Pode até ser que não tenha de primeira uma vaga para o local onde você gostaria, mas pelo menos para um lugar melhor já conseguirá. Caiu para trabalhar em um setor que você considera muito chato? Daqui a pouco você consegue sair, na pior das hipóteses também no próximo concurso.

Colega, você ficará neste cargo por 20 ou 30 anos, então passar dois ou quatro anos um pouco angustiado será um pedágio pequeno a ser pago perto de tudo que desfrutará a mais depois. Se você estivesse em uma empresa na iniciativa privada, quanto tempo levaria para atingir um bom posto? Com quase certeza em muito mais tempo.

Enfim, comemore bastante, providencie suas certidões, visite os possíveis locais de trabalho, adquira o máximo de informações que conseguir e seja feliz.

3) Não passei! E agora, é o fim do mundo?

Bem-vindo ao clube dos concurseiros que não foram aprovados. Este clube é composto por gênios, professores famosos no meio dos concursos, dezenas de primeiros lugares, juízes, fiscais, promotores, delegados, enfim, inúmeras pessoas de sucesso.

Não passar em um concurso não é o fim do mundo. Mas pode ser, se você não souber aproveitar a ocasião para analisar seus erros, corrigi-los e continuar persistindo até alcançar seu objetivo.

Steve Jobs disse muito bem: *"Você pode encarar um erro como uma besteira a ser esquecida, ou como um resultado que aponta em uma nova direção"*. Pense nisso.

Entretanto, infelizmente, o mais provável é que por alguns meses você adote a postura de vítima da banca do seu concurso, afinal, começará a sofrer de uma doença muito famosa no mundo dos concursos, a desculpite.

E o que é essa doença chamada "desculpite", conhecida como a "doença dos fracassos"? É o grande problema da maior parte dos concurseiros. Essa doença é grave, eu sofri dela por 11 anos, mas agora estou curado. Você vê essa doença principalmente nos corredores de cursinhos. É todo mundo dando desculpas do porquê de não ter passado ou não conseguir estudar. Geralmente o inimigo comum da primeira é a banca organizadora do concurso e o da segunda, são os filhos, trabalho, barulho, doenças etc.

Calvin & Hobbes, Bill Watterson © 1993 Watterson / Dist. by Universal Uclick

UNIDADE IV – Após a Prova

473

Se você não passou por uma questão, tudo bem, é de doer mesmo, eu sei muito bem o que é isso. Mas analise bem: veja o caso da prova do AFRFB de 2005, que tinha 180 questões, valendo 300 pontos (120 tinham peso dois). Para as 11 regiões, tirando uma delas, quem fez 200 pontos e todos os mínimos, passou. Suponhamos um candidato que tenha feito 199 pontos, então ele perdeu 101, que seriam umas 70 questões das 180, ou seja, errou mais de um 1/3 do total. Aí veio a ESAF e errou a digitação ou o gabarito de uma delas e não a anulou. De quem é a maior culpa, da ESAF que errou uma ou cinco questões ou sua, que errou as outras 69 ou 65 questões? Ora, é muito simples colocar a culpa toda de sua reprovação na banca, no professor que não adivinhou as questões, no barulho que fazia lá fora, no piriri que deu no meio da prova etc.

Claro que não quero dizer com isso que as pessoas não têm que se revoltar com os erros da banca, quem me conhece sabe que sou revoltado com o que a ESAF errou no AFRFB e em vários outros concursos. E se você se sentir realmente prejudicado, tem mais é que procurar seus direitos na justiça, e torço muito para que consiga êxito. No concurso em que fui aprovado no AFRFB, em 2005, houve uma baita injustiça no resultado, o que levou muitos candidatos a entrarem na justiça. Alguns deles ganharam anos depois, até 2020 houve candidatos que ganharam e se tornaram auditores após 15 anos de espera. Mas o que não pode é você viver 11 anos, como eu vivi, sofrendo de desculpite em corredor de cursinho ou na família. Levante a cabeça e estude mais para o próximo, pois vai chegar a hora em que você não vai precisar da banca para nada. Tem gente que fica meses só xingando a banca e se esquece de estudar para os próximos certames. Aí vai tomar bomba em todos estes e a culpa vai ser da banca de novo? Vai viver de se lamentar do concurso que não passou? O que vai melhorar na sua vida fazendo isso?

Na hora da prova, o examinador não quer saber quem tem filho pequeno em casa, quem está com piriri, quem ficou doente nas semanas anteriores, quem não sabe fazer contas rapidamente, quem não controlou direito o tempo da prova, quem errou a marcação do cartão de respostas, quem trabalha e não tem tempo para estudar, quem tem problema de concentração etc. Pelo contrário, talvez ele até prefira quem não tem nada disso.

Você já viu em algum edital o seguinte critério de pontuação: "Para cada filho que o candidato possuir, ganhará cinco pontos; se tiver piriri durante a prova, ganhará dez pontos; se seus pais não o apoiarem, ganhará oito pontos; se houver barulho exterior durante a prova, ganhará seis pontos; para cada questão que não tiver tido tempo para marcar o gabarito, ganhará metade dos pontos a ela atribuídos etc.". Você já viu isso alguma vez? Então pare com essa bobagem toda e encare o dragão, sem desculpites.

Colega, desculpe-me ser tão duro, mas problemas todos têm. Alguns têm mais, outros menos, mas todos têm os seus. Quando você decidiu mudar sua vida por meio do estudo para concursos públicos, a maioria dos problemas já existia ou poderia surgir. Caberá a você decidir se obterá sucesso passando por cima deles ou não. Lembra-se da famosa frase "Pede pra sair! Pede pra sair!" do filme Tropa de Elite?

Siga este meu conselho: Não peça para sair! Encare seus problemas, atropele-os e obtenha sucesso. Sei que é "fácil falar", mas conheço centenas de candidatos que tiveram problemas muito maiores que os seus, com certeza, e obtiveram sucesso. Neste livro, principalmente no apêndice, há vários desses casos para você tomar conhecimento e refletir.

Como bem disse Camões há 500 anos: *"Da determinação que tens tomada, não torne por detrás, pois é fraqueza desistir-se de coisa começada"*.

Enfim, passado esse período inútil sofrendo dessa doença, que não o ajudará em nada, pelo contrário, só o fará perder tempo e tornará pessoas próximas a você mais tristes e seus inimigos mais felizes, é hora de parar com as desculpas e entrar na batalha novamente, disposto a brigar muito mais forte da próxima vez.

A maneira de pensar e o tempo que gastará se lamentando pela reprovação é que vão determinar quanto tempo levará para alcançar sua aprovação.

Como bem disse o Rocky Balboa: *"O mais importante não é a força da pancada que você pode dar, e sim a força da pancada que você pode suportar, para levantar e bater de novo. E nada de apontar os dedos e dizer que não consegue por causa dele ou dela ou de quem seja, só covardes fazem isso e você não é covarde, você é melhor do que isso!"*.

UNIDADE IV – Após a Prova

Levante do chão, analise friamente se cometeu erros durante sua preparação, utilizou os livros corretos, fez adequadamente as revisões, fez muitos exercícios, fez bons cursinhos, soube resolver a prova etc. Em alguma coisa você errou, pois com certeza a culpa por você não ter passado não é só da banca. Se a prova foi a mesma para todos os candidatos, então como vários passaram e você não? E como tiveram dezenas de candidatos com notas altíssimas? É por que são gênios ou compraram o gabarito? Então, colega, em alguma hora na sua preparação ou durante a prova você errou, ponha isso na sua cabeça. O mundo não está conspirando contra você e Deus não o está castigando.

Não adiantará fazer exatamente tudo do jeito que fez antes, terá que alterar alguma coisa em sua rotina de estudo. Einstein disse: "Loucura é fazer a mesma coisa repetidas vezes e esperar resultados diferentes". Bem, você é louco? Mesmo que seja, não sabe disso, logo, veja em quais aspectos pode aprofundar o seu conhecimento e sua capacidade de fazer uma prova melhor.

Michael Jordan disse: "Tudo se resume a um lema muito simples: existe um jeito certo e um jeito errado de fazer as coisas. Você pode praticar arremessos durante oito horas por dia, mas, se sua técnica estiver errada, tudo o que irá conseguir é se tornar muito bom em arremessar a bola do jeito errado". Espero que, após ter lido este livro, seu arremesso comece a sair do jeito certo.

São inúmeros os casos de aprovados que foram reprovados antes e na época acharam que era o fim do mundo, mas que depois foram aprovados em outros concursos e agradeceram por não terem passado naquele em que foram reprovados, pois preferiram os cargos nos quais foram aprovados.

Veja no YouTube o discurso do Steve Jobs em uma formatura na Universidade de Stanford, ele fala justamente sobre isso, sobre como você precisa confiar que os pontos se conectarão lá na frente, mesmo que hoje você não enxergue como eles poderão se encaixar. É um vídeo de 14 minutos excepcional, que milhões de pessoas já o assistiram, e que recomendo muito. Basta pesquisar por *"Steve Jobs Stanford legendado"* no Youtube.

Não dê bola para as pessoas que dirão para você largar essa vida, que não vai passar nunca, que é um jogo de cartas marcadas etc. Estude e prove a si mesmo que é possível sim vencer na vida por meio dos concursos. Faça sua parte que haverá uma vaga te esperando lá na frente.

Acredite em seu potencial. Não duvide do que você é capaz. Grandes personalidades da história foram tidos como incapazes em suas áreas e depois ralaram muito e tiveram imenso destaque. Eis alguns exemplos:

- Walt Disney foi despedido de um jornal porque não possuía imaginação e não tinha ideias originais;
- Beethoven ouviu de especialistas que ele nunca seria um bom compositor;
- Einstein só começou a falar aos quatro anos e ler aos sete (não é verdade que ele foi reprovado em Matemática na escola, isso é um mito que ficou famoso);
- Louis Pasteur foi considerado um aluno horroroso em Química na escola;
- Thomas Edison foi tido como muito burro e incapaz de aprender qualquer coisa na escola;
- Charles Darwin ouviu de seu pai que ele só queria saber de caçar, de cachorros e de apanhar ratos, que iria ser uma desgraça para si mesmo e para toda a sua família;
- Os Beatles ouviram da gravadora Decca que o seu som era ruim, e mais, que a guitarra ficaria fora de moda dentro de algum tempo;
- Michael Jordan foi cortado do seu time de basquete do ensino médio. Andando até sua casa, trancou-se em seu quarto para chorar copiosamente e jurou treinar mais do que qualquer outro jogador dali para a frente.

Se isso aconteceu com pessoas tão geniais, por que com você não poderia acontecer? Então, por que você não seria capaz de simplesmente estudar por alguns anos e passar em um concurso? Ainda mais em uma área que só depende de nós mesmos, do nosso próprio esforço, como ocorre no mundo dos concursos.

Um trecho do livro "A Mágica de Pensar Grande", de David J. Schwartz, resume bem este capítulo. Sugiro que o leia a seguir e reflita bastante sobre estas palavras depois de sua reprovação, se ela infelizmente acontecer:

UNIDADE IV – Após a Prova

"A diferença entre o sucesso e o fracasso encontra-se na maneira pela qual são encarados os reveses, as desvantagens, os desencorajamentos e outras situações decepcionantes.

Eis cinco normas para ajudá-lo a transformar a derrota em vitória:

1) Estude seus reveses para construir com eles o seu caminho para o sucesso. Quando perder, aprenda, e então vença na vez seguinte.

2) Tenha a coragem de ser o seu próprio crítico construtivo. Procure seus erros e fraquezas e corrija-os. Isso fará de você um profissional.

3) Pare de se queixar da sorte. Pesquise os seus fracassos. Veja o que estava errado. Lembre-se de que, queixando-se da sorte, ninguém vai aonde quer.

4) Misture a perseverança com a experiência. Conserve os seus objetivos, mas não ande às cabeçadas. Procure novos métodos. Experimente.

5) Lembre-se de que todas as situações têm um lado bom. Encontre--o. Veja o lado bom e saia vencedor."

Finalizando, aconselho que leia um artigo meu chamado "Puxão de Orelhas" e que também reflita um pouco lendo a letra da música "Mais Uma Vez", do Renato Russo:

Nunca deixe que lhe digam
Que não vale a pena
Acreditar no sonho que se tem
Ou que seus planos nunca vão dar certo
Ou que você nunca vai ser alguém
Tem gente que machuca os outros
Tem gente que não sabe amar
Mas eu sei que um dia a gente aprende
Se você quiser alguém em quem confiar
Confie em si mesmo
Quem acredita sempre alcança.

4) Um sonho

Nosso país precisa avançar cada vez mais em todos os sentidos. O setor de trabalho para o qual você pretende entrar, o público, necessita continuar com sua ampla reformulação e melhoria dos serviços.

Já melhorou muito, é verdade, mas ainda necessita melhorar muito mais. Temos que ter um serviço público de primeiro mundo, no qual os contribuintes e os cidadãos sejam bem atendidos, os recursos financeiros sejam bem utilizados, a corrupção seja extinta, enfim, que a máquina pública seja muito eficiente e atenda aos desejos da nossa população, tão carente de seus serviços.

Para isso, todos nós temos que fazer nossa parte enquanto servidores públicos. Dói muito quando ouço falar de candidatos recém-aprovados que estudaram somente para terem vida boa ou, muito pior, para tentarem roubar e ficarem ricos logo.

Ser funcionário público é servir ao público, o nome já diz tudo. Não é para se servir do cargo.

Ser funcionário público é ter a certeza de que os seus direitos serão respeitados, como tirar férias; trabalhar seis ou oito horas por dia, dependendo do cargo; ter estabilidade; poder dormir tranquilo sem medo de perder o emprego no dia seguinte e diversos outros benefícios. Coisas que a iniciativa privada, infelizmente, não respeita em muitos dos casos. Mas exige uma contrapartida, que é trabalhar corretamente.

Já foi o tempo em que havia inúmeros funcionários fantasmas, em que se trabalhava muito pouco em diversos locais e/ou que a roubalheira era escancarada. Hoje, do funcionário público é exigido respeito aos horários de trabalho, produção, eficiência e honestidade, pelo menos na grande maioria dos locais.

Logo, entre no serviço público para acrescentar algo ao país, não entre pensando somente em seu umbigo, pois sairá muito frustrado dessa opção que fez na vida.

Há colegas que já entram reclamando de ter que trabalhar de seis a oito horas diárias. Dizem que não estudaram para isso, mas sim para trabalhar muito pouco. A esses eu digo que fizeram o concurso errado, pois acharam que tinham feito "concurso para aposentado". Este eu

UNIDADE IV – Após a Prova **479**

nunca vi: "concurso para aposentado", mas milhares estudam todos os anos pensando em agir como um deles assim que entrarem, ou seja, trabalhar muito pouco. Nada contra os aposentados, obviamente, pois a imensa maioria deles fez por merecer seu descanso. O que condeno são aqueles que não fazem por merecer sua futura aposentadoria.

Somente me resta torcer para que só tenha sucesso neste mundo dos concursos quem fizer por merecer o cargo no futuro. E merecer o cargo, ao contrário do que muitos pensam, não é estudar e passar no concurso, isso é somente a forma de admissão, merecer o cargo é fazer a população brasileira sentir orgulho de ver você realizando suas tarefas, do retorno que oferece em troca do dinheiro pago por eles nos impostos para bancarem seu salário. Isso é merecer o cargo, e não passar no concurso.

A reportagem de capa da *Revista Veja* de 26.10.2011 tratou da corrupção. A foto da capa era a máscara utilizada pelo protagonista do filme "V de Vingança", que, na ficção, explodiria o parlamento inglês em 2020. De acordo com a *Veja*, nos últimos dez anos foram desviados R$ 720 bilhões. Destes, R$ 7 bilhões foram descobertos (1%) e somente R$ 500 milhões foram recuperados (ínfimos 0,07%). Estima-se que sejam desviados agora R$ 85 bilhões por ano, quantia esta que daria para acabar com a miséria de todo o país, ou construir 28.000 escolas para 360 alunos cada, ou 17 milhões de sessões de quimioterapia, ou em três anos construir cinco milhões de casas populares e acabar com o déficit habitacional. Resumindo, se a corrupção acabasse, em poucos anos teríamos um país de primeiro mundo, sem miséria, moradores de rua, pobreza, analfabetos etc.

Os brasileiros possuem um trilhão de reais depositados em paraísos fiscais, o dobro de nossa dívida externa. Somos o quarto país do mundo neste ranking. Quase todo esse dinheiro é oriundo de corrupção ou de outros crimes, como lavagem de dinheiro, colarinho branco etc.

Sabemos que a corrupção nunca vai acabar, nenhum país conseguiu isso, porém, se mais funcionários e políticos trabalhassem honestamente, com certeza este mal diminuiria bastante, e diminuiríamos tantas injustiças e pobreza.

Em 2013 o Brasil ficou em 72º lugar no ranking que mede o grau de corrupção nos países, ou seja, existem 71 países menos corruptos do que o nosso. Será que assim chegaremos um dia a sermos realmente um grande país? Digite "ranking países mais corruptos 2013" no Google e veja a lista dos países que estão à nossa frente. É de revoltar. Se queremos melhorar nossa colocação nesse ranking, temos que fazer nossa parte, sendo honestos, tanto ativa quanto passivamente. Isto é, não basta não aceitar dinheiro de alguém, é preciso também não dar propinas aos demais. A honestidade não tem lado, ou você é honesto ou você não é.

Sei que é muito difícil trabalhar em um setor onde muitos o tacham de corrupto, vagabundo etc. Nesses quase 20 anos como fiscal, não saberia estimar quantas vezes ouvi isso, mas foram algumas dezenas, talvez centenas de vezes, sem exagero. Infelizmente, você ouvirá muita coisa ruim, muitas vezes dos seus melhores amigos e parentes. Quando ouvimos esse tipo de coisa, temos somente um caminho a tomar: trabalhar para que um dia os servidores não façam mais jus a essa fama.

Nossa cultura de corrupção, do "jeitinho", da lei do Gérson, das infrações rotineiras às normas legais é muito forte. Quantas vezes já não ouvi que me dei bem por ter passado para fiscal, pois assim poderia ficar rico? Que, sendo fiscal, "faço o meu salário"? E me dizem isso na maior naturalidade, sem o mínimo de decência. Quando digo que não estou ali para isso, olham-me com cara de "tudo bem, pode se fingir de santinho para mim, mas sei que você não é idiota a ponto de ser honesto enquanto muitos não são". Pode nem haver corrupção onde trabalho, não importa, para a maioria das pessoas somos um monte de corruptos; então, eu também preciso ser um, pois, se estivessem no meu lugar, seriam. Isso é lamentável, frustrante demais.

É difícil mudar essa cultura, somos de um país onde o povo cansou de votar e eleger alguns políticos porque "roubavam, mas faziam", e um dos nossos maiores presidentes, Getulio Vargas, supostamente disse que a "Constituição é como as virgens, foi feita para ser violada". Assim, fica realmente difícil pensar em grandes mudanças, mas precisamos fazer nossa parte, não interessando se outros não fazem a sua.

E a Justiça também precisa começar a colocar na cadeia os empresários sonegadores, pois só assim começaremos a impor medo neste tipo de comerciante. No Brasil são raríssimos os casos de empresários que foram para a cadeia, mesmo realizando falcatruas que lesaram o povo em milhões de reais, há até casos comprovados de fraudes de bilhões de reais. Em outros países eles mofariam na cadeia por anos e anos. Lembra-se do Wesley Snipes, ator do filme *"Blade – O Caçador de Vampiros"*, dentre outros? Pois é, sonegou seus ganhos como ator e passou dois anos na cadeia. Espero que um dia aqui seja assim também.

Segundo a Receita Federal, das 30 mil maiores empresas do país, somente 45% delas pagam o IRPJ. Será que a maioria delas dá prejuízo? Como é que são tão grandes dando prejuízo todos os anos? Para verificarmos o correto recolhimento dos tributos, só mesmo contratando mais fiscais, e estes fazendo corretamente o seu trabalho, claro.

Milhões de brasileiros possuem o sonho de ver um dia o Brasil se tornar um país de ponta. Mas, para isso, precisamos ter um serviço público eficiente, honesto e que orgulhe seus cidadãos.

Seja um orgulho para o seu país. E isso não tem nada a ver com passar no concurso.

Sei que a grande maioria dos leitores deste livro pensa o mesmo que eu, ainda bem, mas se essas palavras servirem para que alguém mal-intencionado reveja seus conceitos, nem que seja apenas um, já terá valido a pena. Dormirei mais tranquilo. E quando você estiver do lado de cá, faça sua parte e mostre aos outros o correto.

Venha para o time dos bons servidores, garanto que ele, a cada dia que passa, ganha mais adeptos, deixando as pessoas do outro time cada vez mais isoladas, de preferência, em uma cela. Vamos contribuir para que essas pessoas sejam a exceção, até um dia entrarem em extinção.

Este é o meu sonho. Espero que um dia ele se realize.

Conclusão da Unidade IV

Obrigado por ter lido esta última unidade e espero que seja útil para você.

Foi uma unidade curta, de leitura rápida, mas necessária para esclarecer mais algumas dúvidas.

Agora estou com a consciência tranquila por ter cumprido a promessa feita lá no início deste livro, poucos parágrafos antes de começar a primeira unidade, que foi a de caminhar ao seu lado desde o início de sua preparação até a sua aprovação. E ainda fui além, pois entrei em sua futura vida profissional, como vimos no último capítulo.

Acumule suas HBCs de forma organizada, pois sua aprovação ficará cada vez mais próxima. Seguindo essa combinação de HBCs com organização, em pouco tempo você desfrutará de todos os benefícios que o setor público oferece.

O final do livro está próximo, só falta agora ler a conclusão que, por ser viciado em filmes, chamei de "The End", e um apêndice.

The End

Foram anos estudando, pesquisando, escrevendo, tendo noites maldormidas e sendo cobrado por amigos e parentes para que esta obra ficasse pronta.

Não queria escrever somente mais um livro sobre dicas de "como estudar". Queria escrever um trabalho para ser lembrado e servir de referência a milhares de pessoas.

Espero que eu tenha conseguido cumprir meu objetivo. Sei que demorei muito para escrever, pois fiquei quatro anos enrolando para começá-lo, mas hoje, terminado o livro, vejo que foi melhor assim. Se o tivesse escrito há alguns anos, seria uma obra sem diversas informações muito úteis, as quais só aprendi mais recentemente. Como gosto de estudar esses assuntos, espero ter a oportunidade de incorporar novas dicas às futuras edições na medida em que for aprendendo coisas novas.

Hoje, após milhares de livros vendidos, tenho a certeza de que contribuí para a aprovação de muitos candidatos, pois foram centenas as mensagens de agradecimento que recebi de aprovados por terem lido este livro. Elas me deixam muito feliz, são dessas coisas que não têm preço.

São milhões de candidatos estudando para concursos todos os anos, milhares destes muito bem preparados. Após a leitura destas páginas e a incorporação das dicas na sua rotina de estudo, acredito que você tenha muito mais condições de concorrer com quem quer que seja para obter sua vaga tão sonhada.

Antes de fechar este livro, sugiro que leia o apêndice a seguir e depois, com mais tempo, no *site* que indiquei nele, veja aos poucos alguns artigos publicados. Eles não contêm muitas dicas de estudo a mais, mas são textos de leitura simples, que milhares de pessoas já leram e gostaram bastante. Leia-os sem compromisso, quando der vontade, como a leitura de um artigo agradável de uma revista de sua preferência.

O apêndice é sobre dicas de livros importantes para saber onde encontrar mais informações sobre como estudar ou que contêm ótimas histórias motivacionais, incluindo uma breve descrição do meu *site*.

Mantenha este livro em sua cabeceira, para futuras leituras rápidas das partes mais importantes.

Experimente suas dicas. Algumas servirão a você, algumas não. Mas não deixe de experimentá-las.

Seja organizado, acumule centenas de HBCs e faça suas provas com muita confiança.

Estude firme, persista com seu sonho, afinal, é o SEU sonho, e quando temos um sonho, devemos fazer tudo que estiver ao nosso alcance para conquistá-lo.

Espero ter contribuído um pouquinho com o seu futuro sucesso. Mas lembre sempre: o que vai fazer você ser aprovado são as HBCs. Delas, ninguém se livra.

Antes de terminar, gostaria que você refletisse um pouco sobre esta frase: *"No final, tudo compensa"*.

Envie críticas, sugestões e a notícia de que você foi aprovado para o e-mail alexmeirelles@gmail.com, curta minha fanpage no Facebook (www.facebook.com/alexcepc) e acesse meu blog, <www.metododeestudo.com.br>, para seguir minhas dicas.

Um grande abraço e desejo a você muitas HBCs pela frente e sucesso em seus concursos.

Apêndice

Dicas de Outras Leituras

Faz muitos anos que me interesso em ler tudo o que surge relaciona-do a métodos de estudo. Já devo ter lido mais de 100 livros e centenas de revistas e artigos publicados, sem exagero. Estes materiais serviram de base para o meu sucesso nos concursos e para escrever este livro.

Os principais materiais utilizados eu fiz questão de relacionar na bibliografia, mas gostaria de sugerir com mais ênfase aqueles que considero como fundamentais para quem quiser saber mais sobre técnicas de estudo ou outros assuntos correlatos.

E que me perdoem os autores que não destaquei nesta relação, mas não poderia indicar todos, pois perderia o propósito deste tópico.

Então vamos à relação dos meus livros preferidos. Poderia ter citado diversos outros, mas estes são meus *best-sellers* do concurso público.

a) *"Como Passar em Provas e Concursos"*, de William Douglas

Trata-se de um livro que contém diversas informações importantes aos candidatos, que é o maior *best-seller* do mundo dos concursos.

Depois ele escreveu uma espécie de resumo deste livro, chamado *"Guia de Leitura Rápida – Como Passar em Provas e Concursos"*.

William já escreveu dezenas de livros, e acredito que eu tenha lido quase todos, mas para os concurseiros eu considero este o principal.

Na verdade, o livro que mais gosto dele não tem muito a ver com concursos, é o *"A Última Carta do Tenente"*, da Editora Impetus. É um livro bem pequeno, que você lê em uma hora ou menos e que considero fantástico. Já o li três vezes. Uma verdadeira história que nos faz repensar muita coisa em nossas vidas.

b) *"Aprendendo, Estimulando e Ensinando Inteligência"*, de Pierluigi Piazzi

É uma coleção de três livros, conforme podemos ver na bibliografia.

O primeiro é o *"Aprendendo Inteligência"*, voltado para os alunos; o segundo é o *"Estimulando Inteligência"*, escrito para os pais; e o terceiro é o *"Ensinando Inteligência"*, feito para os professores. Independentemente de qual for o seu caso, leia os três, são fantásticos, de leitura muito agradável e rápida. Muitos de seus ensinamentos serviram de base para este livro.

Pierluigi, infelizmente, faleceu em 2015. Era ex-presidente da Mensa Brasil e possuía um jeito de escrever que com certeza mexia com os nervos de muitas pessoas. Não fazia rodeios, ia direto ao ponto, como um soco no rim. Quem dera que o sistema educacional seguisse muitas de suas ideias, pois teríamos com certeza um país muito melhor.

Considero seus livros dentre os melhores que já li em minha vida, e olhe que já li muitos livros nestes meus 40 anos...

Confesso que só não gostei muito do livro que ele escreveu sobre concursos, o "Inteligência em Concursos".

Sugiro que assista a um vídeo dele no Youtube de 1h15min, chamado *"Palestra Professor Pier – Dicas de Como Estudar Com Eficiência"*. É sensacional, muito bem-humorado e realista.

c) *"Juiz Federal* – Lições de preparação para um dos concursos mais difíceis do Brasil*"*, de Alexandre Henry Alves

Recomendo fortemente este livro para quem vai se preparar para concursos jurídicos mais pesados, que incluem provas dissertativas e orais, como de juiz ou promotor.

APÊNDICE – Dicas de Outras Leituras

487

d) *"Como Vencer a Maratona dos Concursos Públicos"*, de Lia Salgado

Sensacional. Uma verdadeira história de uma concurseira que lutou contra todas as adversidades e venceu no mundo dos concursos.

Contém diversas dicas sobre como estudar, mas considero que a virtude principal do livro é dar um tapa com luva de pelica na nossa cara e nos fazer deixar de lado nossas desculpites e partirmos com tudo para cima dos livros.

Considero uma leitura obrigatória, principalmente para as mulheres. Um ótimo livro de cabeceira, para ser lido e relido algumas vezes.

e) *"Manual de um Concurseiro* – O Caminho das Pessoas Comuns", de Alex Viégas

Um livro com ótimas dicas de estudo, principalmente sobre como elaborar resumos e fazer revisões, dentre outros temas diversos. Foi uma das obras que mais me ajudaram quando resolvi voltar a estudar em 2005, juntamente com a do William Douglas e a da Lia anteriormente indicadas.

f) *"Imunidade Emocional"*, do Felipe Lima

Meu amigo Felipe escreveu o que para mim é o melhor livro para concurseiros que realmente precisam se desfazer de bloqueios mentais que os impedem de progredirem nos estudos e conquistarem suas aprovações.

Indico não por ele ser meu amigo, mas porque realmente eu achei o conteúdo muito bom, e fiz questão de dizer isso a ele assim que terminei de ler o livro, em agosto de 2018.

Eu li a primeira edição que tinha saído pela Impetus, mas no início de 2021 ele só estava sendo vendido pelo site *http://imunidadeemocional.com.br/livro*.

g) *"A Fórmula"*, de Pablo Vinícius

Simplesmente o melhor livro que já li sobre melhora de desempenho intelectual para concurseiros ou não, mas bem voltado aos primeiros.

Pena que só fui descobri-lo no final de 2020, gostaria de tê-lo lido bem antes.

Ele faz muitas lives no Youtube do Gran Cursos Online com a psicóloga Juliana Gebrim.

Várias alterações que fiz na 5a edição deste livro foram feitas com base no livro indicado e nas suas lives.

Eu comprei seu livro pelo Instagram dele: @drpablovinicius.

h) Livros com Histórias de Superação

Sempre me pedem dicas de livros desse gênero, uma vez que já li dezenas deles. Confesso que ultimamente estou mais avesso a livros de autoajuda, pois tenho lido muito "pastel de vento", até dos autores mais famosos, mas os que contêm histórias de superação eu curto bastante, e ultimamente descobri uns excelentes.

São histórias reais que realmente mexeram muito comigo, que me trouxeram lições e me forneceram ensinamentos muito positivos, até mesmo me motivando por alguns dias ou pelo menos me fazendo reclamar menos da vida. Os principais eu gostaria de deixar aqui como dicas para leitura futura, lembrando que a maioria não possui nada relacionado a concursos, mas servem como ótimos exemplos de vida, obstinação, raça etc.

Os meus favoritos são:

"De Faxineiro a Procurador da República", de Manoel Pastana. Ele é um Procurador da República que nasceu muito pobre, no interior da região Norte, mas que com muito estudo e garra passou em diversos concursos, alguns em primeiro lugar. Em seu livro, ele narra sua emocionante história de vida e dá ótimas dicas de como estudar. Ele apareceu no programa da Ana Maria Braga. Pesquise no YouTube: *"Ana Maria Braga – Faxineiro"* e você encontrará um vídeo com 12 minutos muito interessantes, dividido em duas partes;

"Devoção", de Dicky Hoyt e Don Yaeger. A história do Team Hoyt é muito famosa, talvez você já tenha visto no Youtube, Fantástico etc. É a história de um rapaz que nasceu com uma doença muito grave, mas que com a perseverança de seu pai, e dele próprio, já fizeram centenas de corridas, incluindo dezenas de maratonas etc. É emocionante. Sugiro que busque por um vídeo de uns quatro minutos chamado "Team Hoyt – I Can

APÊNDICE – Dicas de Outras Leituras

Only Imagine" no Youtube, dentre outros, e caso queira ler um excelente livro de superação, fica a sugestão. Se conseguir assistir a seus vídeos no Youtube e não chorar, colega, você é de aço. O choro ao conhecer a história deles é bom, garanto;

"Agassi – Autobiografia", de Andre Agassi, Editora Globo, 2010. Eu li este livro de 500 páginas em cinco dias, simplesmente comecei a ler e não consegui parar;

"Ben Carson", de Ben Carson e Cecil Murphey, Editora Casa Publicadora. Esse livro já se parece mais com "história de concurseiro". Em 2009, saiu um filme muito bom sobre este livro, com o Cuba Gooding Jr., de nome *"Mãos Talentosas – A história de Benjamin Carson"*;

"Papillon", de Henri Charrière. Livro publicado pela primeira vez em 1969 e encontrado em quase todos os sebos, que deu origem ao excelente filme homônimo com Dustin Hoffman e Steve McQueen, em 1973. Era o livro europeu mais vendido da história até a chegada do "Harry Potter". Esse livro, na realidade e para decepção de milhões de pessoas, foi baseado no ótimo livro vencedor do prêmio Pullitzer de 1938: *"A Ilha do Diabo – Memórias de um Fugitivo de Caiena"*, do René Belbenoit, publicado no Brasil em 1958 pela antiga Editora José Olympio, só encontrado em poucos sebos no Brasil. Ambos os livros são fantásticos. Sempre considerei *Papillon* como o melhor livro que li em toda a minha vida, e escutei várias outras pessoas dizerem o mesmo. Já o li quatro vezes e o do René, duas.

Outros livros que não se enquadram nas categorias anteriores, mas que também indico, são:

"Nunca Deixe de Tentar", do Michael Jordan, Editora Sextante. É um livro bem pequeno, para ser lido em menos de duas horas, mas muito bom, provando que para obter sucesso basta muita persistência e disciplina, mesmo que ninguém dê nada por você no início de sua caminhada. Não cheguei a ver o Pelé, como meu pai viu tanto e sempre me matou de inveja por isso, mas pelo menos poderei contar para meus filhos que vi o "Pelé do basquete" jogar.

"Transformando Suor em Ouro", do Bernardinho, Editora Sextante. Contém vários ensinamentos muito bons, que podem ser perfeitamente adaptados para os estudos.

"A Semente da Vitória", do Nuno Cobra. É um excelente livro para você entender melhor a importância dos exercícios físicos e de um bom sono. Um livro que vende mais de 500 mil exemplares, e que não é de algum assunto "bobo", geralmente merece ser lido. E este merece.

Também sempre me pedem dicas de livros de autoajuda, pois já li vários, afinal tenho essa mania há uns 20 anos. Conforme já afirmei, tenho lido muito "pastel de vento", por isso dei uma diminuída, preferindo ler biografias, como as que já indiquei. Nunca mais li um livro de autoajuda que apresentasse algo de interessante, por isso parei com eles. Saliento que este tipo de livro varia muito de acordo com o gosto de cada um.

Entretanto, se é para indicar um livro de autoajuda, afirmo que de todos que já li, e olhe que já li muitos mesmo, o melhor foi um bem antigo, de 1959, mas repleto de dicas boas, todas atuais, chamado *"A Mágica de Pensar Grande"*, do David J. Schwartz, facilmente encontrado em sebos e livrarias, pois é muito vendido até hoje. Foi nele que há muitos anos descobri a tal doença "desculpite". E se não gostar dele, não me xingue, pois como mencionei, é questão de gosto.

Sempre que for procurar livros usados, utilize o site <www.estantevirtual.com.br>, que pesquisa em centenas de sebos de todos os estados.

Como sou muito alérgico a poeira, mas aficionado por livros desde a juventude, sempre tive problemas para ler livros usados, pois era só abrir o livro e os espirros e a coriza começavam instantaneamente. Não adiantava limpar o livro com um pano úmido, deixar no sol etc., essas coisas que os médicos sempre recomendam aos alérgicos, mas que são meros paliativos e que não resolvem o problema. Faz uns dez anos que inventei uma coisa sensacional. Todo livro ou revista que compro que não venha embalado no plástico, até mesmo livros novos, eu coloco por dois minutos no micro-ondas.

Não me xingue, pois o micro-ondas e o livro ficarão fedendo por algumas horas, mas garanto, é o fim da alergia, se você for alérgico poderá abrir o livro e ler tranquilamente, como se fosse zerado (tirando o cheiro que permanece por um bom tempo). Hoje posso comprar o livro mais velho e empoeirado do mundo sem problema nenhum. Todos riem e duvidam de mim quando falo isso, até médicos alergologistas já riram da minha cara, mas quem seguiu minha dica, não se arrependeu. Só tem que tomar cuidado com livros e revistas com as capas muito plastificadas, para não derreterem ou até mesmo atearem fogo na sua cozinha. Qualquer dia vou patentear essa minha descoberta e viver dos *royalties*.

i) Histórias de Superação Encontradas na Internet

Na internet há inúmeras histórias sobre pessoas que eram pobres, comeram "o pão que o Diabo amassou", mas que conseguiram ser aprovadas. Você as encontra rapidamente pesquisando no Google utilizando as seguintes palavras-chaves:

O motorista que virou juiz;
Morador de rua passa em concurso do BB;
História de Sucesso – Joaquim Barbosa;
Raimundo inventor Coca Zero.

Também é muito bonita a história da corredora Wilma Rudolph, negra, nascida em 1940 em uma família muito pobre, sendo a 20ª filha de um total de 22 irmãos. Com quatro anos teve paralisia infantil (poliomielite) e febre escarlate, necessitando de prótese para andar até os 12 anos, quando se recusou a aceitar sua condição de deficiente, arrancou as próteses, começou a treinar obstinadamente e já aos 16 anos ganhou uma medalha de bronze na Olimpíada de 1956. Não satisfeita com sua façanha, aos 20 anos tornou-se a mulher mais rápida do mundo, ao conquistar três ouros na Olimpíada de 1960, nas provas de 100m, 200m e 4x100m. Na opinião de vários órgãos especializados, é tida até hoje como a melhor corredora de todos os tempos. Infelizmente, faleceu de câncer aos 54 anos, em 1994. Sua história está contada em diversos livros, mas nenhum em português.

Você também encontrará diversas histórias emocionantes no YouTube, dentre as quais destaco a de um menino muito pobre que foi primeiro lugar no vestibular de Medicina, que apareceu no Faustão. Para encontrá-la, basta pesquisar por "Superação Esaú Domingão" no YouTube.

Também no YouTube, procure por "Opostos, testemunho excepcional", que é dividido em duas partes de 14 minutos cada. Não deixe de ver até os créditos finais, que possuem a melhor parte e a surpresa sobre o quê o Daniel é hoje. É emocionante e tem muito a ver com concursos.

Leia o texto *"Críticas, um Combustível para o Sucesso"*, do João Eduardo. Onde encontrá-lo? Colega, use o Google, como sempre.

Aconselho que imprima algumas dessas histórias e as entregue para os seus próximos lerem, principalmente os mais reticentes.

j) Canal Imparável, do Gabriel Granjeiro

O Gabriel, dono do Gran Cursos Online, entrevista semanalmente pessoas no YouTube que tiveram sucesso no mundo dos concursos. Várias são verdadeiras histórias de superação, algumas quase inacreditáveis. Eu fui entrevistado por ele em 2/4/2020.

k) Meu *Site:* www.mentoriaconcursos.com.br

Em meu *site*, Mentoria Concursos, há, além de vídeos, palestras, livros etc., uma seção com meus artigos mais antigos.

O *"Manual do Concurseiro"* conta minha trajetória para o concurso do AFRFB de 2005 e diversos outros casos interessantes. Talvez tenha sido o texto sobre concursos mais lido da história, então acredito realmente que tenha sua importância. As dicas de estudo que ele contém estão todas muito mais bem explicadas neste livro, mas há, nesse artigo eletrônico, várias histórias muito boas. Ele tem umas 30 páginas, mas, depois de ter lido este livro, você poderá pular umas 15 ou 20 delas.

Outro artigo relata como foi minha vida de concurseiro depois de ter sido aprovado no AFRFB e de ter resolvido encarar meu último dragão: o concurso para Fiscal do estado de São Paulo, meu atual e eterno cargo. Dezenas de pessoas já me perguntaram o porquê de eu ter optado por São Paulo em vez do AFRFB. Então nele tento explicar meus motivos, além de outros, que são particulares.

Acesse meu site e meu blog, você vai encontrar muita coisa útil neles, garanto.

Bem, agora o livro chegou ao fim mesmo, espero que tenha aproveitado sua leitura.

Sucesso!

Bibliografia

ACKERMANN, Jennifer. *A Melhor Hora para Você*. São Paulo: Gente, 2008.

ALVES, Alexandre Henry. *Juiz Federal* – Lições de preparação para um dos concursos mais difíceis do Brasil. Porto Alegre: Verbo Jurídico, 2013.

ALVES, Renato. *O Segredo dos Gênios*. São Paulo: Humano, 2006.

ANDRADE, Junia. *Redação para Concursos*. Rio de Janeiro: Ferreira, 2009.

ANTHES, Emily & Scientific American. *Instant Egghead Guide:* The Mind. New York: Scientific American, 2009.

ASSUMPÇÃO, Maria Elena O. Ortiz; BOCCHINI, Maria Otilia. *Para Escrever Bem*. Barueri, SP: Manole, 2006.

BARONE, Eric. *Como Aprender a Aprender*. Buenos Aires: Editorial Kundalini (Spanish Kindle Edition), 2010.

BUZAN, Tony. *Mind Map:* The Ultimate Thinking Tool. Londres: Thorsons, 2005.

_____. *The Mind Map Book*. EUA: Plume, 1996.

_____. *Saber pensar (Use your head)*. Lisboa: Editorial Presença, 1996.

CARBONELL, R.G.A. *Aprender a Aprender*. Madri: EDAF S.A., 2006.

CAREY, Benedict. *Como aprendemos*. Rio de Janeiro: Elsevier, 2015.

CASTRO, Claudio de Moura. *Você sabe estudar?* Porto Alegre: Penso, 2015.

CAVACO, Nanci Azevedo. *Turbine seu Cérebro* – Contribuições da neurociência para passar em concursos. São Paulo: Método, 2011.

CLEAR, James. *Hábitos Atômicos*. Rio de Janeiro: Alta Books, 2019.

_____. *Aumente sua Inteligência*. Rio de Janeiro: Ferreira, 2008.

COÉFFÉ, Michel. *Guia dos Métodos de Estudo*. São Paulo: Martins Fontes, 1998.

DELL'ISOLA, Alberto. *Mentes Geniais*. São Paulo: Universo dos Livros, 2011.

DOUGLAS, William. *Como Passar em Provas e Concursos*. Rio de Janeiro: Elsevier, 2008.

_____. *Guia de Leitura Rápida* – Como Passar em Provas e Concursos. Rio de Janeiro: Elsevier, 2006.

DRYDEN, Gordon; Vos, Jeannette. *Revolucionando o aprendizado*. São Paulo: Makron Books, 1996.

DUDLEY, Geoffrey A. *Como aprender mais*. São Paulo: Círculo do Livro, 1986.

DUHIGG, Charles. *O Poder do Hábito*. Rio de Janeiro: Objetiva, 2012.

FOER, Joshua. *A Arte e a Ciência de Memorizar Tudo*. Rio de Janeiro: Nova Fronteira, 2011.

FRY, Ron. *Como Estudar Melhor*. São Paulo: Cengage Learning, 2009.

FURTADO, Lílian; PEREIRA, Vinícius Carvalho. *Técnicas de Redação para Concursos: Teoria e Questões*. São Paulo: Método, 2011.

GREEN, Cynthia R. *Poder Cerebral: Plano de Jogo*. São Paulo: Madras, 2011.

GRIFFEY, Harriet. *A Arte da Concentração*. São Paulo: Larousse do Brasil, 2010.

HERCULANO-HOUZEL, Suzana. *Fique de Bem com seu Cérebro*. Rio de Janeiro: Sextante, 2007.

HOYT, Dick; YAEGER, Don. *Devoção*. Ribeirão Preto, SP: Novo Conceito, 2011.

IZQUIERDO, Iván. *A Arte de Esquecer* – Cérebro, Memória e Esquecimento. Rio de Janeiro: Vieira & Lent, 2004.

JORDAN, Michael. *Nunca Deixe de Tentar*. Rio de Janeiro: Sextante, 2009.

KOSTER, Mark. *Aprendendo a Estudar* – Aplique sua Inteligência nos Estudos Utilizando o Revolucionário Método PQRST. Rio de Janeiro: M. K. Koster, 1998.

LEAR, Martha Weinman. *Onde Deixei meus Óculos?* Rio de Janeiro: Sextante, 2008.

LEITÃO, Luiz Ricardo; ALMEIDA, Manoel de Carvalho; COSTA, Manuel Ferreira. *Redação de Textos Dissertativos:* ESAF. Rio de Janeiro: Ferreira, 2011.

LIMA, Felipe. *Imunidade Emocional* – Mente blindada, mindset inabalável. Niterói: Impetus, 2018.

LIMA, Felipe; DOUGLAS, William. *Mapas Mentais e Memorização para Provas e Concursos*. Niterói: Impetus, 2010.

MAIA, Alexandre. *Preparo emocional para passar em provas e concursos*. Niterói: Impetus, 2011.

MARTINS, Artunani. *Como Enfrentar com Sucesso um Concurso*. Fortaleza: Fundação ASSEFAZ, 1993.

MARTINS, Eduardo. *Os 300 erros mais comuns da Língua Portuguesa*. São Paulo: Clio Editora, 2010.

MEDEIROS, Alberto Dell'isolla Rezende. *Super Memória*. Belo Horizonte: ARME, 2006.

_____. *Super Memória para Concursos*. São Paulo: Digerati Books, 2008.

MEDINA, John. *Aumente o Poder do seu Cérebro*. Rio de Janeiro: Sextante, 2010.

MIRANDA, Roniere. *Finalmente concursado!* São Paulo: Método, 2015.

BIBLIOGRAFIA

MORGADO, Leandro. *Sucesso no Vestibular.* Curitiba: Juruá, 2003.

MURPHY, Mark. *Metas que desafiam.* São Paulo: Clio, 2012.

NEIVA, Rogerio. *Como se Preparar para Concursos Públicos com Alto Rendimento.* São Paulo: Método, 2010.

OLIVEIRA, João. *Ativando o cérebro para provas e concursos.* Rio de Janeiro: WAK, 2012.

ORR, Fred; PEREIRA, Paulo César; LOPES, Roseli Maria Ferreira. *Prepare-se para Passar!* São Paulo: Fundamento Educacional, 2010.

PASTANA, Manoel. *De Faxineiro a Procurador da República.* São Paulo: Método, 2011.

PEPICE, Demétrio. Artigos disponíveis em: <www.pontodosconcursos.com. br> e <www.cursoparaconcursos.lfg.com.br>.

PEREIRA, Gabriel; SULSBACH, Gisele. *Guia Prático de Discursivas.* São Paulo: Método, 2010.

PEREIRA, Paulo César (Sapoia). A Técnica do Chute. Disponível em: <http://sites. google.com/site/atecnicadochute>.

PIAZZI, Pierluigi. *Coleção Neuropedagogia:* Aprendendo Inteligência, Estimulando Inteligência e Ensinando Inteligência. São Paulo: Aleph, 2007, 2008 e 2009.

Revista Ciência Hoje, edição 266.

Revista Galileu, edições de junho de 2007 e agosto de 2012.

Revista Guia dos Concursos, edições 6, 8, 9 e 10.

Revista IstoÉ, edições 1.962, 2.000, 2.051, 2.229 e 2.237.

Revista Mente e Cérebro, edições 183, 192 e Especiais 2 e 23.

Revista Psicologia – Experimentos Essenciais: Cérebro e Memória, São Paulo: Duetto, 2010.

Revista Scientific American e Scientific American Mind, diversos artigos publicados em dezenas de edições.

Revista SuperInteressante, edições de outubro de 2000, dezembro de 2001, agosto de 2006, julho de 2008, abril de 2009, novembro de 2009, julho de 2010 e janeiro de 2013.*Revista Veja,* edições 2.035, nov. 2007; 2.189, nov. 2010; 2.193, dez. 2010 e 2.240, out. 2011.

Revista Veja, edições 2.035, 2.189, 2.193 e 2.240.

Revista VivaSaúde, edição 63.

RIBEIRO, Lair; CAVAZANI, Cecília. *Preparando-se para Concursos Públicos e para o Exame da OAB.* Belo Horizonte: Leitura, 2007.

SACCONI, Luiz Antonio. *Não Erre Mais! Português Agradável e Descomplicado.* São Paulo: Harbra, 2005.

SALGADO, Lia. *Como Vencer a Maratona dos Concursos Públicos.* Rio de Janeiro: Ferreira, 2007.

SALVATECCI, Alfieri Olcese. *Cómo Estudiar con Éxito*. México: Alfaomega Grupo Editor, 2007.

SANTOS, Waldir. *Concurso Público*: Estratégias e Atitudes. Salvador: Concurseiros Edições, 2008.

SARKIS, Stephanie Moulton. *10 Soluciones Simples para el Déficit de Atención en Adultos*. México: Quarzo, 2009.

SCHACTER, Daniel L. *Os Sete Pecados da Memória* – Como a Mente Esquece e Lembra. Rio de Janeiro: Rocco, 2003.

SCHWARTZ, David J. *A Mágica de Conquistar o que Você Quer*. Rio de Janeiro: Record, 1996.

SCHWARZENEGGER, Arnold. *A inacreditável história de minha vida*. Rio de Janeiro: Sextante, 2012.

SHENK, David. *O Gênio em Todos Nós*: Por que tudo que você ouviu falar sobre genética, talento e QI está errado. Rio de Janeiro: Zahar, 2011.

SHERRATT, Patrick. *Passando em provas para leigos*. Rio de Janeiro: Alta Books, 2016.

SPRENGER, Marilee. *Como Ensinar para o Aluno Lembrar*. Porto Alegre: Artmed, 2008.

SQUARISI, Dad; SALVADOR, Arlete. *A Arte de Escrever Bem*. São Paulo: Contexto, 2012.

_____; _____. *Escrever Melhor*. São Paulo: Contexto, 2012.

TIERNO, Bernabé. *As Melhores Técnicas de Estudo*. São Paulo: Martins Fontes, 2003.

VIÉGAS, Alex. *Manual de um Concurseiro* – O Caminho das Pessoas Comuns. São Paulo: Método, 2009.

VINICIUS, Pablo. *A Fórmula*. Brasília, DF: Edição do Autor, 2019.

WATTERSON, Biil. *Coleção de 12 livros do Calvin e Haroldo*. São Paulo: Conrad Editora do Brasil, 2009 a 2013.

WOZNIAK, Piotr. Artigos disponíveis em: <www.supermemo.com>.

ZIGLAR, Zig. *Além do Topo*. Volumes 1 e 2. Rio de Janeiro: Record, 1995.